Entscheidungen

des

Oberprisengerichts

in Berlin.

Herausgegeben im Auftrage des Reichs-Justizamts.

Berlin 1918.

J. Guttentag, Verlagsbuchhandlung,

G. m. b. H.

Vorbemerkung.

Die deutsche Prisengerichtsbarkeit wird auf Grund der Prisengerichtsordnung vom 15. April 1911 (Reichs-Gesetzbl. 1914 S. 301)[1]) und ihrer Ergänzungen[1]) im ersten Rechtszuge durch die Prisengerichte in Hamburg und Kiel, im zweiten Rechtszuge durch das Oberprisengericht in Berlin ausgeübt. Die Entscheidungen des Oberprisengerichts sind endgültig. Die Besetzung der Prisengerichte trägt der Verschiedenartigkeit der für die Spruchtätigkeit erforderlichen Sachkunde Rechnung. So sind die aus 5 Mitgliedern bestehenden Prisengerichte je mit einem rechtskundigen Vorsitzenden, einem rechtskundigen Beisitzer, einem Seeoffizier, einem Vertreter des Reedergewerbes und einem Vertreter des Seehandels besetzt. Das Oberprisengericht besteht aus 7 Mitgliedern, und zwar dem rechtskundigen Vorsitzenden, zwei rechtskundigen Beisitzern, einem Vertreter des Auswärtigen Amts, einem Seeoffizier, einem Vertreter des Reedergewerbes und einem Vertreter des Seehandels.

---

[1]) Für die vorliegende Sammlung kommen die Änderungen der Prisengerichtsordnung vom 4. September und 11. Dezember 1915 (Reichs-Gesetzbl. S. 553, 814) und die Änderungen der Prisenordnung vom 25. November 1914 (Reichs-Gesetzbl. S. 481), vom 18. April 1915 (Reichs-Gesetzbl. S. 227) und vom 22. Juli 1916 (Reichs-Gesetzbl. S. 773) in Betracht. Soweit in der Überschrift der Entscheidungen die Prisengerichtsordnung oder die Prisenordnung ohne weiteren Zusatz angeführt wird, ist die ursprüngliche Fassung gemeint.

Das von den Prisengerichten anzuwendende materielle Recht ist seinem wesentlichen Bestande nach in der Prisenordnung vom 30. September 1909 (Reichs-Gesetzbl. 1914 S. 275) und in einer Reihe von Verordnungen[1]) zusammengefaßt, die während dieses Krieges jeweils in Vergeltung gegenüber Maßnahmen der englischen Seekriegsgesetzgebung ergangen sind.

Die folgende Sammlung von Entscheidungen des Oberprisengerichts enthält die gesamten Urteile und Beschlüsse dieses Gerichts bis zum Ende des Jahres 1917, soweit sie grundsätzliche Bedeutung beanspruchen.

---

[1]) Siehe die Fußnote S. III.

Inhaltsangabe.

1.

„Fenix."

Urteil vom 17. Dezember 1914.

Feindliches Schiff. Anwendbarkeit des sechsten Abkommens der zweiten Haager Friedenskonferenz. Frage der Anwendung auf Schiffe, die sich bei Ausbruch der Feindseligkeiten in der unmittelbaren Nähe des Hafens befinden, ohne in diesen selbst eingelaufen zu sein. Rechtswirkung der Einziehung nach Prisenrecht.

Art. 1 Abs. 2, Art. 2, 3, 6 des sechsten Abkommens der zweiten Haager Friedenskonferenz vom 18. Oktober 1907 (Reichs-Gesetzbl. 1910 S. 181).

In der Prisensache, betreffend den russischen Dampfer „Fenix" aus Helsingfors, hat das Kaiserliche Oberprisengericht in Berlin in der Sitzung vom 17. Dezember 1914 für Recht erkannt:

Die Berufung der Reklamanten wird zurückgewiesen.

Die Kosten des Berufungsverfahrens werden den Reklamanten auferlegt.

Gründe.

Am 2. August 1914 vormittags $11^1/_2$ Uhr wurde der in Helsingfors (Finnland) beheimatete Dampfer „Fenix", nachdem am 1. August von Deutschland an Rußland der Krieg erklärt war, unweit der Elbmündung zwischen Kriegsfeuerschiff A und Tonne A, etwa 100 km von Hamburg entfernt, von einem deutschen Torpedoboot aufgebracht und nach Cuxhaven und demnächst nach Hamburg eingebracht. Nach Erledigung des prisenamtlichen Verfahrens und Erlaß der im § 26 Abs. 1 der Prisengerichtsordnung vorgeschriebenen Aufforderung wurden von der Firma H. M. Gehrckens in Hamburg zwei Reklamationen erhoben, die eine in eigenem Namen wegen gewisser, für das Schiff und dessen Mannschaft nach der Aufbringung gemachter

Aufwendungen, die andere namens der Reederei — Helsingfors Angfartygs Aktiebolag — in Helsingfors, der Eigentümerin des Schiffes, mit dem Antrage, die Einziehung des Schiffes für nicht begründet zu erklären.

Das Prisengericht in Hamburg erkannte durch Urteil vom 26. September 1914, auf welches wegen der Einzelheiten des Sachverhalts im übrigen Bezug genommen wird, dahin:

Der in Beschlag genommene Dampfer „Fenix" ist einzuziehen.

Die Reklamationen des Eigentümers und der Firma H. M. Gehrckens werden zurückgewiesen. Die durch die Reklamationen entstandenen Kosten des Verfahrens haben die Reklamanten zu tragen.

Gegen dieses Urteil haben die Reklamanten Berufung eingelegt. Es ist der Antrag gestellt:

1. Namens beider Reklamanten: unter Aufhebung des angefochtenen Urteils für Recht zu erkennen, daß der Dampfer „Fenix" freizugeben ist;
2. Namens des Reklamanten H. M. Gehrckens in zweiter Linie: das Urteil insoweit aufzuheben, daß die Einziehung des Dampfers nur gegen Zahlung der in der Reklamation der Firma H. M. Gehrckens aufgeführten Beträge an die Reklamanten für zulässig erklärt wird.

Der Kaiserliche Kommissar bei dem Oberprisengerichte hat die Zurückweisung der Berufung beantragt. In der Verhandlung vor dem Berufungsgerichte hat der Vertreter der Reklamanten das Rechtsmittel begründet und folgendes ausgeführt:

Zur Berufung der Reederei.

1. Bei der Rechtsprechung der Prisengerichte habe neben der Prisenordnung unter anderem auch das sechste Abkommen der zweiten Haager Friedenskonferenz (II. H. C. A. VI vom 18. 10. 07) Berücksichtigung zu finden, obwohl es in der Prisenordnung nur hinsichtlich seines Art. 1 Abs. 1 erwähnt wird. Denn die der Kommandogewalt des Kaisers entspringende Prisenordnung regele nicht das Prisenrecht in seiner Gesamtheit, insbesondere befasse sie sich nicht mit der Ausübung desselben außerhalb der hohen See.

2. Die Anwendung des erwähnten Abkommens werde auch nicht dadurch ausgeschlossen, daß Deutschland sich zu einigen seiner Bestimmungen seine Zustimmung vorbehalten habe, denn auch Rußland habe dies getan. Ebensowenig stehe der Umstand, daß Serbien und Montenegro das Abkommen nicht ratifiziert hätten, dessen Anwendung im vorliegenden Falle entgegen, da diese Staaten keine Seestaaten seien und Art. 6 des Abkommens dahin ausgelegt werden müsse, daß es nur dann außer Awendung bleiben solle, wenn Kriegführende, die Seestaaten seien, nicht zu den Vertragschließenden gehörten.

3. Auch werde die Anwendung des Abkommens nicht durch die Gewährung einer Auslauffrist bedingt. Dies ergebe sich des Näheren aus den Verhandlungen der II. H. C. über dieses Abkommen und den von den Vertretern der verschiedenen Vertragsstaaten dabei abgegebenen Erklärungen, die der Vertreter der Reklamanten im einzelnen aus den Materialien der Konferenz zum Vortrag brachte.

4. Was die Auslegung des hiernach anzuwendenden Rechtes anlangt, so führte der Vertreter der Reklamanten aus, daß Art. 1 Abs. 2 und Art. 2 des mehrerwähnten Abkommens nicht zu eng, insbesondere nicht dahin verstanden werden dürften, daß sie nur die nach Kriegsausbruch in einen feindlichen Hafen oder in dessen unmittelbare Nähe gelangten Schiffe vom Seebeuterecht freilassen wollen. Das ganze Abkommen sei vielmehr nur der Niederschlag der seit dem Krimkrieg allgemein geübten Praxis, durch welche nicht nur den bei Kriegsbeginn bereits im feindlichen Hafen befindlichen, sondern auch den auf der Fahrt dahin begriffenen Schiffen eine Auslaufsfrist nach ihrem Eintreffen im feindlichen Hafen gewährt worden sei. Dies sei durch französische und russische Erklärungen im Jahre 1854 sowie durch französische und deutsche Erklärungen im Kriege 1870/71 ausgesprochen. Auch die Vereinigten Staaten hätten es 1898 im Kriege gegen Spanien zugestanden. Diese Praxis habe, wie sich insbesondere auch aus seinen Einleitungsworten ergebe, durch das hier fragliche Abkommen sicher gestellt werden sollen, und es sei lediglich auf einen, allerdings zur Verdunkelung des dem § 2 zugrunde liegenden Prinzips führenden Redaktionsfehler zurückzuführen, wenn man die Erwünschtheit einer Aus-

lauffrist, die für die nach einem feindlichen Hafen fahrenden Schiffe erst nach dem Eintreffen in Betracht kommen könne, vorangestellt habe. Der Umstand, daß Deutschland den Art. 3 vorbehalten habe, könne im Sinne einer einschränkenden Auslegung des Art. 2 nicht verwertet werden, da Deutschland nach den Erklärungen seines Vertreters auf der Konferenz die bisherige Praxis sogar habe obligatorisch machen wollen.

5. Eventuell machte der Vertreter der Reklamanten weiter geltend, daß sich der Dampfer „Fenix" zur Zeit der Aufbringung bereits auf der Elbe und damit auf deutschem Flußgebiet befunden habe. Entrant dans un port, wie es im Urtexte des Abkommens heiße, sei ein Schiff jedenfalls schon dann, wenn es nach Durchfahrung der Küstengewässer in das innere Gebiet des feindlichen Staates gelangt sei. Diese Bedeutung habe auch das in der deutschen Übersetzung gewählte Wort „anlaufen", welches nicht identisch sei mit „einlaufen".

Zur Berufung der Firma Gehrckens.

Hier hielt der Vertreter der Reklamanten seine erstinstanzlichen Ausführungen aufrecht und wies insbesondere darauf hin, daß die Firma Gehrckens, wenn ihr die verauslagten Beträge nicht als Kosten des prisengerichtlichen Verfahrens zugesprochen werden könnten, jedenfalls rücksichtlich der auf Anordnung des Kapitäns des „Fenix" geleisteten Zahlungen ein Schiffspfandrecht erworben habe, dessen Geltendmachung ihr in dem die Einziehung des Schiffes aussprechenden Urteile vorbehalten werden müsse. Auf diesen Gesichtspunkt sei der Vorderrichter gar nicht eingegangen.

Der Kaiserliche Kommissar widersprach diesen Ausführungen und wies bezüglich der Auslegung des Art. 1 Abs. 1 des Abkommens darauf hin, daß von dem englischen Prisengerichte diese Bestimmung sehr eng ausgelegt werde, wie der Fall des deutschen Schiffes „Möwe" dartue, welches im Innern des Meerbusens Firth of Forth aufgebracht sei, weil angenommen wurde, daß es sich dort auf See befunden habe. Diese Auffassung habe das englische Prisengericht gebilligt.

Die Berufung ist frist- und formgerecht eingelegt und gerechtfertigt, sie ist aber unbegründet.

Mit den Reklamanten nimmt das Berufungsgericht an, daß die Vorschriften des II. H. C. A. VI bei Beurteilung des vorliegenden Falles Berücksichtigung zu finden haben, obwohl sie in die Prisenordnung nicht ausdrücklich aufgenommen sind. Weshalb dies nicht geschehen ist, kann unerörtert bleiben; jedenfalls ist das genannte Abkommen ein vom Deutschen Reiche ratifizierter und im Reichs-Gesetzblatte veröffentlichter Staatsvertrag und als solcher von den Prisengerichten zu beachten.

Auch der Umstand, daß Deutschland seine Zustimmung zu Art. 3 des Abkommens versagt hat, steht der Berücksichtigung der übrigen Teile desselben nicht im Wege. Ebensowenig ist die Gewährung einer Auslauffrist nach Ansicht des Berufungsgerichts eine Voraussetzung für die Anwendung des Abkommens, da eine solche Beschränkung der Anwendbarkeit aus dem Abkommen selbst nicht erhellt, zudem im Art. 2 Abs. 1 zweite Alternative ausdrücklich von einem Schiffe die Rede ist, dem das Auslaufen nicht gestattet ist, demgegenüber also von Gewährung einer solchen Frist nicht die Rede sein kann.

Endlich sind dem Umstande, daß die am Kriege teilnehmenden Staaten Serbien und Montenegro das Abkommen nicht ratifiziert haben, Bedenken gegen dessen Anwendbarkeit im vorliegenden Falle aus den von den Reklamanten geltend gemachten Gründen nicht zu entnehmen, wobei unentschieden gelassen werden kann, ob dessen Bestimmungen, wenn sie als Vertragsrecht nicht in Frage kämen, nicht schon als allgemein anerkannte Grundsätze des Völkerrechts Beachtung zu finden haben würden.

Nicht anzuschließen vermochte sich jedoch das Berufungsgericht den Ausführungen der Reklamanten, welche die Auslegung des Art. 1 Abs. 2 des Abkommens, seinem Sinne und Wortlaute nach, betreffen.

In ersterer Beziehung gipfeln die Ausführungen der Reklamanten dahin, daß in mehreren Kriegen in der zweiten Hälfte des vorigen Jahrhunderts die Parteien die Praxis beobachtet und auch verlautbart hätten, ein bona fide auf der Fahrt nach einem feindlichen Hafen befindliches Schiff unbehelligt zu lassen und es ebenso zu behandeln, wie ein Schiff, welches bei Ausbruch der Feindseligkeiten bereits im feindlichen Hafen sich befand, und daß diese Praxis ausgesprochenermaßen in den Vorschriften des sechsten Abkommens habe zur Anerkennung gebracht werden sollen. Das mag mit gewissen Einschränkungen richtig sein. Es ändert jedoch nichts an der Tatsache, daß Deutschland den Art. 3 des Abkommens vorbehalten hat, mithin die auf See ohne Kenntnis vom Ausbruche der Feindseligkeiten betroffenen Schiffe dem Schutze des Abkommens nicht unterliegen, dieses vielmehr nur auf die Schiffe Anwendung findet, die sich beim Ausbruch der Feindseligkeiten bereits im feindlichen Hafen befanden (was hier nicht in Frage kommt) oder ihn nach deren Ausbruch „anlaufen“.

Rein sprachlich betrachtet bedeutet „einen Hafen anlaufen“ so viel wie „in einen Hafen einlaufen“. Allein, es mag zugegeben werden, daß bisweilen der Ausdruck auch in einem etwas weiteren Sinne angewendet wird. Um den Sinn, in welchem er in dem hier fraglichen Abkommen gebraucht ist, richtig zu erfassen, muß man auf den französischen Urtext zurückgehen, denn dieser ist für die Auslegung allein maßgebend, da das Abkommen in französischer Sprache redigiert ist. Entrant dans un port aber, wie es dort heißt, bedeutet: in einen Hafen e i n laufend. Diese Bestimmung des Abkommens weiter auszulegen, als wozu ihr Wortlaut zwingt, dazu liegt kein Anlaß vor. Denn auch so verstanden gehen, wenn man das Abkommen als Ganzes betrachtet, die bona fide einem Hafen sich nähernden Schiffe der Wohltaten des Abkommens nicht verlustig, da sie, wenn sie nicht unter Art. 1 Abs. 2 fallen, der Vorschrift des Art. 3 unterliegen. Das Abkommen begreift hiernach zwei, n i c h t, wie die Reklamanten meinen, d r e i Kategorien von Schiffen: solche, die bei Ausbruch der Feindseligkeiten sich schon im feindlichen Hafen befinden oder (was als gleichbedeutend erachtet und daher in demselben Artikel behandelt wird) in ihn einlaufen, und solche, die sich außerhalb des Hafens und damit des unmittelbaren Machtbereichs des feindlichen Staates befinden. Diese letzteren werden als auf See befindlich betrachtet (Art. 3). Zu der ersteren Klasse auch Schiffe zu rechnen, die sich auf der Fahrt nach einem Hafen befinden, die im Begriffe sind, das Asylrecht des feindlichen Staates in Anspruch zu nehmen, ist willkürlich und schon wegen der Schwierigkeit, eine einigermaßen sichere Grenze zu ziehen, abzulehnen. Die Geneigtheit Deutschlands, die Gewährung einer Auslauffrist obligatorisch zu machen, hat mit der Frage, welche

Schiffe als auf See befindlich und welche als einen Hafen anlaufend zu erachten sind, nichts zu tun.

Daß die hier vertretene, aus dem französischen Wortlaute der fraglichen Bestimmung sich ergebende Auffassung nach allgemeiner Ansicht in dem Abkommen hat zum Ausdrucke gebracht werden sollen, ergibt sich zudem klar aus den Materialien zu dem Abkommen. In dem Berichte der 4. Kommission an die Gesamtkonferenz heißt es mit bezug auf die hier fragliche Bestimmung (nach Dr. Niemeyer, Urkundenbuch zum Seekriegsrecht II. Abt. S. 473):

> L'alinéa 2 vise le cas du navire entrant, qui a quitté son dernier port de départ avant la guerre et qui ignore l'ouverture des hostilités au moment où il arrive dans le port ennemi.

Und der offizielle englische Text des Abkommens, welcher neben dem Urtexte dem Parlament vorgelegt worden ist, lautet, soweit es hier interessiert:

> The same principle applies in the case of a ship which has left its last port of departure before the commencement of the war and has entered a port belonging to the enemy while still ignorant that hostilities have broken out.

Hieraus ergibt sich in einer jeden Zweifel ausschließenden Weise, daß Art. 1 Abs. 2 des Abkommens noch enger auszulegen ist, als der Vorderrichter es tut, nämlich dahin, daß er sich nur auf diejenigen Schiffe bezieht, welche ohne Kenntnis vom Ausbruch der Feindseligkeiten in einen feindlichen Hafen unmittelbar einlaufen, darin ankommen. Solange sie sich also außerhalb des eigentlichen Hafens, wenn auch in unmittelbarer Nähe desselben befinden, stehen sie nicht unter dem Schutze des Art. 1 Abs. 2, sie sind vielmehr prisenrechtlich als auf See befindlich zu behandeln und Art. 3 greift Platz. Da dieser von Deutschland nicht angenommen ist, ist der Dampfer „Fenix", dessen feindliche Eigenschaft feststeht, zu Recht aufgebracht und unterliegt mithin der Einziehung. Eine gleiche Auslegung hat die hier fragliche Bestimmung übrigens vor dem englischen Prize court gefunden, in dessen 12. Sitzung der Fall des deutschen Schiffes „Möwe" verhandelt ist. Dieses befand sich auf der Reise von Norderney nach Boneß im Firth of Forth, wo es am 4. August Morrisons

Haven anlief und am folgenden Morgen nach Granton „higher up the Firth of Forth“ segelte. Dabei wurde das Schiff aufgebracht und vom Prisengericht als gute Prise erklärt. In dem Bericht über die Sitzung des Prisengerichts (Morning Post vom 10. 11. 14) heißt es:

> The condemnation of the vessel was asked for by the Crown on the ground that when captured she was not within the boundary of any port in the sense in which the word was used in the sixth Hague Convention of 1907 . . . . . . The President had no hesitation in finding that she was captured at sea and not seized in port.

Dem Rechtsmittel der Reederei war nach alledem der Erfolg zu versagen.

Aber auch die Berufung der Firma Gehrckens erscheint unbegründet. Soweit dieser Reklamant Erstattung näher spezifizierter Auslagen als Kosten des prisengerichtlichen Verfahrens verlangt, ist der Anspruch zurückzuweisen, weil Kosten eines gerichtlichen Verfahrens nicht in Auslagen dritter Personen bestehen können, noch dazu in Auslagen, die mit dem eigentlichen Verfahren nichts zu tun haben. Soweit die Auslagen wirklich im Interesse der Prise gemacht sind, muß es dem Reklamanten überlassen bleiben, sie auf dem in der Prisengerichtsordnung geregelten Wege geltend zu machen. Die Firma Gehrckens stützt ihren Anspruch aber weiterhin darauf, daß sie für Aufwendungen im Auftrage des Schiffsführers ein Pfandrecht an dem Schiffe erworben habe, dessen Geltendmachung ihr im Falle der Einziehung des Schiffes vorzubehalten sei. Es kann hier jedoch dahingestellt bleiben, ob die genannte Firma wegen ihrer Auslagen oder eines Teiles derselben ein dingliches Recht an dem Dampfer „Fenix“ erworben hat. Denn dieses Pfandrecht würde bei Einziehung des Schiffes ohne weiteres hinfällig werden. Die Einziehung nach Prisenrecht ist eine originäre Erwerbsart, eine occupatio iure belli, die dem Okkupanten nach allgemein anerkannten völkerrechtlichen Grundsätzen das von jeder Belastung freie Eigentum an dem eingezogenen Gegenstande verschafft. Auf diesem Standpunkte steht auch das englische Prisengericht, wie im Falle des Schiffes „Marie Glaeser“ in der 3. Sitzung des Gerichts unter eingehender Berücksichtigung der Praxis anderer

Prisengerichte ausgeführt worden ist (The Times vom 17. 9. 14). Dort handelte es sich um eine Hypothek, die für einen Neutralen vor der Aufbringung an dem Schiffe bestellt war und deren Berücksichtigung bei der Verurteilung des Schiffes abgelehnt wurde, weil solche Rechte dritter Personen gegenüber der Einziehung kraft Prisenrechts grundsätzlich nicht in Frage kämen. Angedeutet ist in der Entscheidung auch, daß der Fall nicht anders zu beurteilen sein würde, wenn der Hypothekengläubiger ein englischer Untertan gewesen wäre.

Im vorliegenden Falle soll das Schiffspfandrecht nach der Aufbringung des Schiffes entstanden sein. Dies macht jedoch nach Ansicht des Berufungsgerichts keinen Unterschied in der Beurteilung solchen Pfandrechts, da es gegenüber der rechtlichen Wirkung einer Einziehung nach Prisenrecht bedeutungslos ist. Dasselbe gilt von der Eigenschaft der angeblichen Pfandgläubigerin als Reichsangehörige. Es ist nicht ersichtlich, warum dem oben angegebenen Prinzip gegenüber eine Ausnahme zugunsten von Inländern statuiert werden sollte.

Es waren hiernach beide Berufungen zurückzuweisen. Die Kostenentscheidung folgt aus § 37 der Prisengerichtsordnung.

2.

„Elida."

Urteil vom 18. Mai 1915.

Erstreckung der Territorialhoheit eines neutralen Staates über die Dreiseemeilenzone hinaus. Rechtliche Bedeutung der Prisenordnung. Begriff des Feuerungsmaterials. Unanwendbarkeit auf Bauholz.

Ziff. 3 Abs. 1a, Ziff. 23 Nr. 9 der Prisenordnung.

In der Prisensache, betreffend den schwedischen Dampfer „Elida", Heimatshafen Karlsham, hat das Kaiserliche Oberprisengericht in Berlin in der Sitzung vom 18. Mai 1915 für Recht erkannt:

Das Urteil des Prisengerichts zu Kiel vom 8. Dezember 1914 wird aufgehoben; der Schadensersatzanspruch des Berufungsklägers wird dem Grunde nach für berechtigt erklärt und die Sache zur Verhandlung über den Betrag des Schadens in die erste Instanz zurückverwiesen. Die Entscheidung über die Kosten wird dem Endurteile vorbehalten.

Gründe.

Am 13. Oktober 1914 wurde der schwedische Dampfer „Elida", mit einer Ladung Holz (Sparren) auf der Reise von Kago nach Hull, unweit Trelleborg von einem deutschen Torpedoboot aufgebracht und nach Swinemünde überführt. Die Konnossemente lauteten an Order, das Holz soll verkauft sein von V. Svensson & Co. A.-G. in Stockholm an Roberts, Cooper & Co. in Hull. Der Reeder des Dampfers J. Ingmarssen in Stensnäs behauptet, daß die Beschlagnahme von Schiff und Ladung zu Unrecht erfolgt sei, und macht Schadensersatzansprüche geltend.

Das Prisengericht hat entschieden, daß Dampfer und Ladung freizugeben ist, daß für die Beschlagnahme ausreichende Gründe vorgelegen haben und die auf Leistung von Schadensersatz gerichtete Reklamation abgewiesen wird.

Die hiergegen eingelegte Berufung des Reklamanten ist begründet.

Die Unrechtmäßigkeit der Beschlagnahme wird zunächst darauf gegründet, daß sie innerhalb der von Schweden beanspruchten Neutralitätszone, nämlich innerhalb vier Seemeilen von der schwedischen Küste erfolgt sei. Ob dies tatsächlich der Fall war, ist bestritten, während feststeht, daß die Beschlagnahme jedenfalls außerhalb der Dreiseemeilengrenze stattgefunden hat. Es kommt auch nicht darauf an, denn dieser Einwand ist von dem ersten Richter mit Recht zurückgewiesen worden.

Es ist richtig, daß eine größere Anzahl von Staaten durch landesrechtliche Normen ihre Territorialhoheit, sei es im allmeinen, sei es mit bezug auf bestimmte Hoheitsrechte, über die Dreiseemeilenzone hinaus erstreckt haben. Insbesondere gilt dies von Schweden und Norwegen, die ihre Küstengewässer auf eine Breite von vier Seemeilen bestimmt haben. Eine Anzahl anderer Staaten ist in dieser Beziehung sogar noch erheblich weiter gegangen. Aber ein besonderer völkerrechtlicher Titel, der dem Deutschen Reiche gegenüber rechtswirksam und daher auch von dem Prisengerichte zu berücksichtigen wäre, liegt nicht vor. Der schwedische Anspruch ist bisher nur von der Norwegischen Regierung anerkannt worden. Insbesondere hat Deutschland bei den im Jahre 1874 hierüber gepflogenen Verhandlungen nach amtlicher Auskunft des Deutschen Auswärtigen Amtes nicht etwa die schwedische Auffassung angenommen, sondern die Frage der Küstengewässer als eine offene behandelt, während England schon damals auf der Dreiseemeilengrenze bestand. Auch hat sich die Deutsche Regierung im Jahre 1897 auf eine von der Schwedischen Regierung an die Deutsche Gesandtschaft in Stockholm gerichtete Mitteilung über die Fischereihoheitsgrenze darauf beschränkt, den Anspruch Schwedens auf die Vierseemeilengrenze für die Fischerei nicht zu bestreiten. Die Frage der Neutralisierung dieses Seegebiets im Kriegsfalle wurde hierdurch nicht berührt.

Unter diesen Umständen ist die Entscheidung auf Grund der deutschen Prisenordnung zu treffen, die in Ziff. 3a die Ausübung des Prisenrechts nur in der Zone bis zu drei Seemeilen von der Niedrigwassergrenze neutraler Küsten untersagt. Die Prisenordnung enthält die von dem Kaiser als Inhaber der obersten Kommandogewalt innerhalb seiner reichsrechtlichen Zuständigkeit festgestellten Grundsätze für die zur Seekriegsführung gehörende Ausübung des Prisenrechts und bildet daher die in erster Linie maßgebende Norm nicht nur für die Kriegsmarine, sondern, soweit die Rechtmäßigkeit prisenrechtlicher Handlungen der Seebefehlshaber in Frage steht, auch für die hierüber entscheidenden inländischen Behörden, insbesondere die Prisengerichte. Das Völkerrecht begründet Rechte und Pflichten nur zwischen den Staaten als solchen. Für die Beurteilung der Rechtmäßigkeit prisenrechtlicher Akte durch die Prisengerichte können daher allgemeine völkerrechtliche Grundsätze nur insoweit zur Anwendung kommen, als die Prisenordnung keine Bestimmungen enthält und daher stillschweigend auf die Grundsätze des Völkerrechts verweist. An sich muß mithin auch die Frage, ob eine Bestimmung der Prisenordnung mit allgemeinen völkerrechtlichen Grundsätzen im Einklange steht, für die Entscheidung der Prisengerichte ausscheiden. Wird ein Widerspruch in dieser Beziehung behauptet, so ist der Streitpunkt in anderer Weise zu erledigen. Dieser Auffassung stimmt insoweit auch das von dem Reklamanten vorgelegte Rechtsgutachten des Professors Dr. von Liszt zu.

Das Oberprisengericht ist jedoch im Gegensatze zu diesem Gutachten ferner der Ansicht, daß die hier in Frage stehende Vorschrift der deutschen Prisenordnung keineswegs gegen allgemeine Grundsätze des Völkerrechts verstößt. Die Begrenzung der staatlichen Hoheitsgewässer durch die Entfernung von drei Seemeilen von der Küste war früher in der Theorie und Praxis allgemein anerkannt. Sie wurde ursprünglich mit der in jener Zeit der Geschützestechnik entsprechenden Tragweite der Schiffs- und Küstengeschütze begründet. Es ist richtig, daß heutzutage dieser Grund nicht mehr zutrifft. Aber auch hier gilt der Satz: „cessante ratione non cessat lex ipsa", und so zahlreich auch die verschiedenartigen Vorschläge und Ansichten über eine anderweitige Abgrenzung der Hoheitsgewässer sind, die seitdem hervortraten, so läßt sich doch nicht behaupten, daß irgend eine andere Art der Grenzziehung allseitige Zustimmung in der Praxis der Seestaaten gefunden habe. Dies gilt namentlich auch von der in dem bezeichneten Gutachten vertretenen Ansicht, wonach jeder einzelne Staat befugt sein soll, kraft autonomer Festsetzung die Grenze seiner Hoheitsgewässer über die — immerhin als subsidiäre völkerrechtliche Grenze anerkannte — Dreiseemeilenzone hinaus bis auf Kanonenschußweite auszudehnen. Bei der Tragweite der heutigen Geschütze würde dies zu ganz unhaltbaren Ergebnissen führen und den einzelnen Staaten die Möglichkeit gewähren, große Teile der offenen See, deren Freiheit im gemeinsamen Interesse aller seefahrenden Nationen liegt, ihrer Gebietshoheit zu unterwerfen. Bis zu einem gewissen Grade wird dies auch in dem von Liszt'schen Gutachten anerkannt, denn danach soll doch wieder die autonome Festsetzung durch den einzelnen Staat für sich allein nicht genügen, vielmehr noch das Unterbleiben eines Widerspruchs seitens anderer Staaten erforderlich sein. Damit wird in Wirklichkeit die Zulässigkeit einer Ausdehnung der Hoheitsgewässer nicht sowohl auf die autonome Festsetzung des einzelnen Staates, als vielmehr auf die Annahme einer stillschweigenden Anerkennung der anderen Staaten begründet. Das bloße Unterbleiben eines Widerspruchs ist aber keineswegs gleichbedeutend mit einer positiven Zustimmung der Völkerrechtsgemeinschaft. Ferner ist zu berücksichtigen, daß, wenn es vielfach geduldet wurde, daß gewisse obrigkeitliche Funktionen, insbesondere bezüglich der Zollkontrolle und der Gesundheitspolizei, von den Organen eines Uferstaats außerhalb der Dreiseemeilenzone vorgenommen wurden, hierin noch keineswegs ein Zugeständnis gefunden werden kann, daß auch in allen anderen Beziehungen das betreffende Seegebiet der Territorialhoheit dieses Staates unterworfen sei. Dementsprechend ist denn auch in neueren internationalen Verträgen, bei denen eine größere Zahl von Seestaaten beteiligt war, wie in dem Vertrag über die polizeiliche Regelung der Fischerei in der Nordsee vom 6. Mai 1882 und namentlich in dem Vertrag über die Neutralisierung des Suezkanals vom 29. Oktober 1888, die Dreiseemeilengrenze für maßgebend erkannt worden. Ebenso hat nach amtlicher Auskunft des Auswärtigen Amtes in der zweiten Sitzung der internationalen Konferenz zum Schutze der Unterseekabel in Paris vom 18. Oktober 1882 der Vertreter Deutschlands, ohne Widerspruch zu finden, ausdrücklich erklärt, unter Küstengewässer sei eine Zone von drei Seemeilen zu verstehen. Auch die Britische Regierung hat nach gleicher amtlicher Auskunft im Jahre 1911 bei den Verhandlungen über die Abhaltung einer internationalen Konferenz zur Regelung der Frage der Küstengewässer an der Dreiseemeilenzone entschieden festgehalten und demgemäß noch in dem gegenwärtigen Kriege durch Admiral Craddock der Regierung von Uruguay amtlich mitteilen lassen, daß sie den Anspruch Uruguays und Argentiniens auf eine Erstreckung der Territorialgewässer über die Dreiseemeilenzone hinaus nicht anerkennen werde. Um so weniger kann angenommen werden, daß diese Grenze durch eine anderweitige allgemein anerkannte völkerrechtliche Regelung ersetzt sei.

Im vorliegenden Falle war aber die Rechtmäßigkeit der Beschlagnahme aus einem anderen Grunde zu verneinen.

In Übereinstimmung mit dem Gericht erster Instanz ist anzunehmen, daß die — nach der Freigabe von Schiff und Ladung in Lübeck verkauften — Hölzer nicht Konterbande gewesen sind.

In dieser Beziehung könnte nur die Nr. 9 der Liste der relativen Konterbande in Frage kommen, wie sie zur Zeit der Beschlagnahme in Geltung war: Feuerungsmaterial (und Schmierstoffe). Die Ladung bestand aus Sparren, das sind mit dem Beile vierkantig gehauene Stämme, im vorliegenden Falle in Länge bis zu 22 Fuß und in Stärken von 4 × 4 bis 8 × 9 Zoll, die Zapfenenden zum Teil unbehauen. Den Wert der Hölzer haben allerdings die Sachverständigen Homann und Bockmann nur gering eingeschätzt, auf 15 M. für das Kubikmeter, während sie Brennholz mit 8 M. das Kubikmeter bewerten. Dagegen hat der Sachverständige Liebnitzky den Wert auf 25 M. angegeben und zugleich bekundet, daß es sich um bearbeitetes Kantholz handle, wie solches auch in Deutschland, besonders von Vorpommern ab westwärts in großen Mengen zu Bauzwecken Verwendung finde. Diesem Gutachten sind die Sachverständigen, die das Holz während der Entlöschung in Lübeck besichtigt haben, insofern beigetreten, als sie erklärt haben, die Ladung habe unzweifelhaft aus kantigem Bauholz bestanden. Dementsprechend haben die Hölzer bei dem Verkauf in Lübeck denn auch den Preis von 28,58 M. für das Kubikmeter erzielt.

Ohne Zweifel hat es sich also nicht um Brennholz, sondern um Nutzholz gehandelt.

Wenn die Londoner Deklaration im Art. 24 und die Prisenordnung in Ziff. 23 von Feuerungsmaterial sprechen, so ist darunter zunächst Material zu verstehen, wie solches nach den herrschenden Verkehrs- und Preisverhältnissen zum Zwecke der Verfeuerung tatsächlich zur Verwendung kommt, wie es allgemein zu diesem Zwecke gewonnen, hergerichtet, an seinen Bestimmungsort befördert wird. Insbesondere Holz als Feuerungsmaterial, Brennholz, unterscheidet sich begrifflich von jeder Art von Nutzholz, das schon durch seine Bearbeitung in der Regel eine Wertsteigerung erfahren hat. Auf der anderen Seite ist zu berücksichtigen, daß die prisenrechtlichen Vorschriften für den Kriegsfall bestimmt sind und daher so ausgelegt werden müssen, daß sie die Möglichkeit einer Umgehung ausschließen. Auf die im Verkehr übliche Bezeichnung allein kann es deshalb nicht ankommen. Sonst wäre es möglich, dem Holze durch eine Bearbeitung, die keine oder nur unerhebliche Mehrkosten verursacht, eine Beschaffenheit zu geben, die ihm die Eigenschaft als Konterbande entzöge, ohne daß die Verwendung als Feuerungsmaterial zur nutzlosen Vernichtung erheblicher wirtschaftlicher Werte führt. Auch das Brennholz bedarf ja einer gewissen Bearbeitung, einer Herrichtung, deren Kosten kaum hinter dem zurückbleiben, was geringe Arten von Nutzholz, wohin namentlich Grubenhölzer zu rechnen sind, für sich in Anspruch nehmen. Eine scharfe Grenze ist hier nicht gezogen. Es entspricht vielmehr ganz der Rechtslage, wie sie durch die Prisenordnung geschaffen war, wenn im September 1914 das Deutsche Auswärtige Amt die Schwedische Regierung dahin verständigte,

> daß alle Holzarten in unbearbeiteter oder nur roh bearbeiteter Form als relative Kriegskonterbande anzusehen seien, da sie sich als Feuerungsmaterial verwenden ließen und nach den Umständen auch tatsächlich als solches verwendet würden; daß zu diesen Holzarten auch Grubenhölzer und Papierhölzer, roh oder entrindet, gerechnet würden, nicht dagegen diejenigen Holzarten, die infolge ihrer Bearbeitung durch Menschenhand oder Maschinen eine erhebliche Wertsteigerung erfahren hätten, so daß ihre Benutzung als Feuerungsmaterial den auf sie verwendeten wirtschaftlichen Wert zerstören würde,

und wenn nachträglich — mit dem dort Gesagten ganz übereinstimmend — im Reichs-Gesetzblatte durch die Bekanntmachung vom 17. November 1914 die Prisenordnung erläutert worden ist. Es ist aber klar, daß sich auch unter den so erläuterten Begriff des Feuerungsmaterials Hölzer, wie die hier vorliegenden, nicht bringen lassen. Dies stimmt gleichfalls mit einer schon am 28. August 1914 durch Vermittelung des deutschen Gesandten in Stockholm der Schwedischen Regierung gegenüber abgegebenen Erklärung überein, wonach Bretter, gesägte Balken und kantiges Bauholz nicht als Kriegskonterbande betrachtet würden.

Insofern ist der angegriffenen Entscheidung zuzustimmen. Dagegen kann, was den Anspruch auf Entschädigung angeht, dem ersten Richter nicht zugegeben werden, daß es sich für die Beurteilung des hier in Frage stehenden Holzes um einen zweifelhaften Grenzfall gehandelt habe, und daß daher für die Beschlagnahme des Schiffes ausreichende Gründe vorgelegen hätten. Daß es sich nicht um Brennholz handelte, mußte der Schiffskommandant sehen und hat er gesehen. Er konnte auch nicht im Zweifel sein, daß es sich nicht um Grubenhölzer handelte. Nach dem Prisengerichte war festgestellt, daß die Ladung aus „Balken" bestand, und es ist zur Beschlagnahme geschritten worden, „weil die Ladung als Grubenholz Verwendung finden könnte" und — wie es ferner lautet — „weil die Art des Holzes auf die Verwendung zu Grubenholz und zu Feuerungszwecken schließen lasse". Das war nicht richtig. Verfeuern läßt sich schließlich jedes Holz. Nicht auf diese Möglichkeit kann es ankommen. Entscheidend ist vielmehr die objektive Beschaffenheit des Holzes in dem Sinne, wie es oben ausgeführt ist. Mag deshalb auch anzunehmen sein, daß Grubenhölzer Feuerungsmaterial im Sinne der Prisenordnung sind, so darf doch nicht auch kantiges Bauholz deshalb für Feuerungsmaterial erklärt werden, weil es sich vielleicht als Grubenholz verwenden läßt. Der Offizier mag sich in dieser Beziehung in einem entschuldbaren Irrtume befunden haben. Aber sein Irrtum bezog sich nicht auf die Beschaffenheit der Ladung. Wenn er sich gleichwohl für die Beschlagnahme entschied, so ist es geschehen, weil er die Prisenordnung unrichtig ausgelegt und dem Begriffe des Feuerungsmaterials eine mit dieser nicht vereinbare Ausdehnung gegeben hat. Die unzutreffende Auslegung der Prisenordnung kann aber niemals als ein ausreichender Grund für die Beschlagnahme betrachtet werden. Darauf, ob den Schiffsbefehlshaber darin ein Verschulden trifft oder nicht, kommt es nicht an.

Somit erscheint der Anspruch des Reklamanten insoweit, als er in seiner Eigenschaft als Reeder der „Elida" Schaden erlitten hat, dem Grunde nach berechtigt, und es braucht nicht untersucht zu werden, ob es, wie der Reklamant behauptet, auch des ferneren noch an der einen oder der anderen Voraussetzung der Beschlagnahme gefehlt hat.

3.

„Primula."

Urteil vom 18. Juni 1915.

Begriff des Hafens im Sinne des sechsten Abkommens der zweiten Haager Friedenskonferenz. Ausübung des Prisenrechts durch die Hafenbehörde gegenüber einem Schiffe, das aus dem Hafen ausgelaufen ist.

Art. 1, 2 des sechsten Abkommens der sechsten Haager Friedenskonferenz vom 18. Oktober 1907 (Reichs-Gesetzbl. 1910 S. 181); § 23 der Prisengerichtsordnung.

In der Prisensache, betreffend den russischen Dampfer „Primula" aus Helsingfors, hat das Kaiserliche Oberprisengericht in Berlin in der Sitzung vom 18. Juni 1915 für Recht erkannt:

Die Berufung des Kaiserlichen Kommissars wird zurückgewiesen. Die Kosten fallen dem Reiche zur Last.

Gründe.

Der mit Stückgut für finnische Empfänger beladene, in Helsingfors beheimatete russische Dampfer „Primula" verließ am Nachmittage des 1. August 1914 den Lübecker Hafen, um nach Finnland zu fahren. Gegen 7 Uhr nachmittags wurde er auf der Trave vom Hafenmeister des Lübecker Hafens beschlagnahmt und zur Rückkehr nach Lübeck veranlaßt. Die Ladung wurde entlöscht und ist bis auf 1 Posten (497 Sack Porzellan-Masse) inzwischen den deutschen Eigentümern herausgegeben worden. Wegen des Sachverhalts wird im übrigen auf das erstinstanzliche Urteil Bezug genommen.

Das Prisengericht in Kiel hat auf Einziehung des Dampfers und der Porzellan-Masse erkannt. Gegen dieses Urteil hat der Reichskommissar bei dem Prisengerichte Berufung eingelegt, die er am 4. Februar 1915 gerechtfertigt hat. Er hat beantragt:

das Urteil aufzuheben und festzustellen, daß „Primula" dem prisengerichtlichen Verfahren nicht unterstehe.

Der Reichskommissar bei dem Oberprisengerichte hat sich diesem Antrag angeschlossen und zu seiner Begründung ausgeführt:

1. „Primula" sei im Hafengebiete von Lübeck-Travemünde beschlagnahmt, der ganze Fluß sei als ein einziger erweiterter Hafenplatz anzusehen. Folglich finde das sechste Abkommen der zweiten Haager Friedenskonferenz (II. H. C. A. VI) Anwendung und die Einziehung des Schiffes sei unzulässig.

2. Es handele sich gar nicht um eine Beschlagnahme in Ausübung des Prisenrechtes. Denn die Anhaltung sei nicht durch eine kriegerische Maßnahme, sondern auf Anordnung des Staatssekretärs des Innern durch das Lübecker Hafenamt erfolgt. Die Aufbringung als Prise sei dagegen ein rein militärischer Akt, für den die Hafenbehörden nicht zuständig seien. Die Anwendbarkeit der §§ 14 bis 22 Pr. GO. gemäß § 23 daselbst habe keineswegs zur Folge, daß auch alle übrigen Bestimmungen des Prisenrechtes auf die dort erwähnten Fälle Anwendung fänden. Zudem sei auch das Prisenamt vorliegend gar nicht zuständig gewesen, weil es sich gar nicht um eine Prise handele.

Die Berufung ist frist- und formgerecht eingelegt, sie ist aber unbegründet.

Die Entscheidung in vorliegender Sache hängt von Beantwortung der Vorfrage ab, ob „Primula" im Hafen oder ob sie außerhalb des Hafens auf See beschlagnahmt ist. Denn wenn ersteres der Fall wäre, würden die Voraussetzungen des sechsten Abkommens der zweiten Haager Friedenskonferenz vorliegen; die Einziehung des Schiffes wäre unzulässig. Mit Recht hat jedoch das Gericht erster Instanz angenommen, daß die Beschlagnahme außerhalb des Hafens erfolgt ist. Unstreitig ist „Primula" außerhalb der Grenze des eigentlichen Lübecker Hafens angehalten. Die Anhaltung würde also nur dann als im Hafen erfolgt angesehen werden können, wenn man das ganze Flußgebiet der Trave zwischen dem Lübecker und Travemünder Hafen als ein einheitliches Hafenbecken ansehen müßte, und in der Tat wird diese Auffassung vom Reichskommissar bei dem Oberprisengericht vertreten. Dem hat sich jedoch das Oberprisengericht nicht anzuschließen vermocht. Es bleibt vielmehr auch in dieser Sache bei der Auslegung des Begriffes „Hafen" stehen, welche es in der Prisensache „Fenix"[1]) der Entscheidung zugrunde gelegt hat. Dort ist unter Benutzung der Materialien zu obigem Abkommen dargelegt, daß § 1 Abs. 2 desselben sich lediglich auf Schiffe bezieht, die ohne Kenntnis vom Ausbruch der Feindseligkeiten in einen feindlichen Hafen unmittelbar einlaufen, darin ankommen. Solange sie sich außerhalb des eigentlichen Hafens, wenn auch in unmittelbarer Nähe desselben befinden — so ist dort weiter ausgeführt — stehen sie nicht unter dem Schutze der Art. 1 und 2 des Abkommens, sie sind vielmehr prisenrechtlich als auf See befindlich zu behandeln. Auch hier sollen sie zwar, wenn man das Abkommen als Ganzes betrachtet, dem Seebeuterecht nicht unterliegen, fallen vielmehr unter die Schutzbestimmung des Art. 3. Dieser Artikel ist jedoch von Deutschland, ebenso wie von Rußland, nicht angenommen worden, er kommt daher nicht in Betracht. Allerdings handelte es sich bei „Fenix" um ein einlaufendes Schiff, während „Primula", als sie auslief, beschlagnahmt wurde. Dies macht aber für die Beurteilung der hier zu beantwortenden prinzipiellen Frage keinen Unterschied. Gegenüber dieser Feststellung des Begriffes „Hafen" sind die Ausführungen des Reichskommissars bei dem Oberprisengericht zu diesem Punkte nicht geeignet, eine andere Beurteilung der Sache zu rechtfertigen, denn daß der ganze etwa 20 km lange Flußlauf der Trave zwischen Lübeck und Travemünde als eigentlicher Hafen in obigem Sinne anzusehen wäre, ist ausgeschlossen; der Umstand aber, daß er in Sachen der Schiffahrtpolizei usw. den Hafenbehörden jener beiden Häfen unterstellt ist, erscheint für die hier zu entscheidende Frage belanglos.

Findet hiernach das erwähnte Abkommen auf den Fall „Primula" keine Anwendung, so fragt sich weiter, nach welchen rechtlichen Gesichtspunkten die Beschlagnahme des Schiffes zu beurteilen ist, insbesondere ob sie als auf Grund Prisenrechtes erfolgt anzusehen ist. Auch in dieser Beziehung ist das Oberprisengericht dem Vorderrichter beigetreten. Zutreffend ist allerdings, daß das Prisenrecht seinem ganzen Wesen nach in erster Linie von Kriegsfahrzeugen ausgeübt wird, und darauf sind deshalb auch die einschlägigen Bestimmungen in erster Linie zu-

[1]) Nr. 1 S. 1.

geschnitten. Aus § 23 Pr. GO. ergibt sich aber, daß der Gesetzgeber auch an andere Fälle gedacht hat, insbesondere an die Ausübung des Prisenrechtes durch Truppen und Hafenbehörden. Daß im § 23 a. a. O. nur die §§ 14 bis 22 daselbst für entsprechend anwendbar erklärt sind, schließt, wie der Vorderrichter zutreffend annimmt, die Anwendung der sonstigen Vorschriften des Prisenrechtes nicht aus. Schon die Vorschrift im § 20 Abs. 2 läßt erkennen, daß auch bei den sog. Hafenprisen nicht lediglich das vorbereitende Verfahren Platz greift, vielmehr weiterhin auch die Prisengerichte in Tätigkeit treten.

Ist es somit begrifflich nicht ausgeschlossen, daß Hafenbehörden auf Grund des Prisenrechtes Schiffe beschlagnahmen, so ist nicht ersichtlich, warum dies hier nicht angenommen werden sollte. Dabei ist es unwesentlich, auf wessen Veranlassung der Hafenmeister im vorliegenden Falle in Tätigkeit getreten, ob dies insbesondere auf Grund allgemeiner, für den Kriegsfall gegebener Bestimmungen erfolgt ist. Der rechtliche Charakter seiner Handlung wird dadurch nicht beeinflußt, beurteilt sich vielmehr lediglich nach den in Betracht kommenden gesetzlichen Bestimmungen. Diese lassen aber vorliegend keine andere Deutung zu, als daß die „Primula" auf Grund Prisenrechtes angehalten worden ist. Würde sie noch innerhalb des eigentlichen Hafens beschlagnahmt sein, so läge der Fall anders; denn auf die Behandlung derartiger Schiffe findet die Prisenordnung keine Anwendung, da sie unter dem Schutze des II. H. C. A. VI stehen und damit dem Seebeuterecht entzogen sind; ihre Festhaltung ist deshalb auch keine prisenrechtliche Maßnahme. Wird dagegen ein feindliches Schiff außerhalb eines Hafens von einer Hafenbehörde beschlagnahmt, so kann dies mangels anderer gesetzlicher Bestimmungen, die zu einer solchen Handlung berechtigen, nur in Ausübung des Seebeuterechtes erfolgen. Daß diese nicht auf die hohe See beschränkt ist, vielmehr auch auf sonstigen Gewässern stattfindet, die der Seeschiffahrt dienen, ist anerkannten Rechtens. Die Trave aber dient, wie gerichtsbekannt, im wesentlichen der Seeschiffahrt. Nach alledem war der Berufung der Erfolg zu versagen. Die Kostenentscheidung folgt aus § 37 Pr. GO.

4.

„Gefion."

Urteil vom 18. Juni 1915.

Begriff des Feuerungsmaterials. Unanwendbarkeit auf Faßholz und gesägte Bretterenden.[1])

Ziff. 23 Nr. 9 der Prisenordnung.

In der Prisensache, betreffend den norwegischen Dampfer „Gefion", Heimatshafen Bergen, hat das Kaiserliche Oberprisengericht in Berlin in der Sitzung vom 18. Juni 1915 für Recht erkannt:

Das Urteil des Prisengerichts zu Kiel vom 8. Dezember 1914 wird aufgehoben. Der behufs Herausgabe des Schiffes sowie zur Deckung der Kosten für die Aufbewahrung der Ladung bei der Oberzollkasse in Altona hinterlegte Betrag und die Ladung selbst werden freigegeben, der hinterlegte Betrag nach Abzug der bis zum Tage der Auslieferung der Ladung entstandenen Lagerkosten. Der Schadensersatzanspruch der Reklamantin wird dem Grunde nach für berechtigt erklärt und die Sache zur Verhandlung über den Betrag des Schadens in die erste Instanz zurückverwiesen. Die Entscheidung über die Kosten des Verfahrens bleibt dem Endurteil vorbehalten.

Gründe.

Am 3. November 1914 wurde der norwegische Dampfer „Gefion", mit einer vollen Ladung Stäbe und gesägter Bretter auf der Reise von Hernösand nach New-Castle und Dundee, von einem deutschen Kriegsschiffe bei Falsterbo-Feuerschiff aufgebracht. Reeder des Schiffes ist die A.-G. Gefion in Bergen, die durch Adolph Halvorsen daselbst vertreten wird. Die Konnossemente lauteten teils an Order, teils auf den Befrachter John

---

[1]) Die Konterbandeeigenschaft ist ferner für bearbeitete Hölzer (Nutzholz) abgelehnt worden in den Entscheidungen des Oberprisengerichts vom 6. Juli 1915 über die Prisen: „Belle Ile", „Edward Grieg", „Vasaborg", „Fingal", „Fore", „Anton", „Neptunus", „Ariel", „Göta", „Crimdon" sowie „Skaraborg" und „Torkel"; zu vergl. auch die Entscheidung vom 18. Mai 1915 über die Prise „Elida" oben Nr. 2 S. 9.

H. Douglas in London. Das Schiff ist zunächst nach Swinemünde, dann nach Stettin gebracht worden. Später wurde es auf Antrag der Reederei gegen Hinterlegung des durch Schätzung festgestellten Sachwerts herausgegeben, nachdem die Ladung gelöscht worden war. Diese lagert in Stettin.

Die Reederei ist als Reklamantin aufgetreten und hat im Verhandlungstermin beantragt, Schiff und Ladung freizugeben und ihr den ihr erwachsenen Schaden zu ersetzen.

Das Prisengericht in Kiel hat auf Einziehung von Schiff und Ladung erkannt und die Reklamation der Reederei abgewiesen.

Die hiergegen eingelegte Berufung der Reklamantin erscheint begründet.

In erster Linie hatte die Reklamantin sich darauf berufen, daß die Aufbringung des Schiffes innerhalb der schwedischen Neutralitätszone stattgefunden habe. Das hat das Prisengericht mit Recht zurückgewiesen. Zwar behaupten der Kapitän der „Gefion" und der Lotse, der zur Zeit der Aufbringung an Bord war, übereinstimmend, daß der Schiffsort damals nur $2^1/_2$ Seemeilen von der Küste entfernt gewesen sei, und sie haben auch dem Kommandanten des nehmenden Schiffes gegenüber mit dem Hinweis darauf Protest erhoben, daß man sich in dem Gebiete des Küstengewässers befinde. Aber ihre Annahme beruhte nur auf ungefährer Schätzung, exakte Peilungen zur Bestimmung des Schiffsortes haben sie nicht vorgenommen. Im Gegensatze hierzu gibt der Prisenbericht den Schiffsort ganz genau auf 55,17 N. und 12,47 O. an, und vor dem Prisengericht hat der Führer des aufbringenden Kriegsschiffs eidlich bekundet, daß die Ausmessung der Entfernung von der Küste durch den Steuermann und den Obersteuermann erfolgt sei, welche unbedingt zuverlässige Leute seien; es sei das sofort bei der Aufbringung geschehen, während der Schiffer mit seiner gegenteiligen Behauptung erst 2 Stunden später aufgetreten sei; auch dann noch habe er — der Zeuge — sich selbst darüber Gewißheit verschafft, daß man sich außerhalb der Entfernung von 3 Seemeilen von der Küste befunden hätte.

Hat aber die Aufbringung des Schiffes, wie dadurch für festgestellt zu erachten ist, in einer Entfernung von über drei Seemeilen von der Küste stattgefunden, so ist insoweit gegen die Rechtmäßigkeit der Aufbringung nichts einzuwenden. Wenn Schweden den Anspruch erhebt, das Küstengewässer bis zur Grenze von 4 Seemeilen Abstand zu erstrecken, so hat das, wie in der Prisensache gegen den Dampfer „Elida" [1]) näher ausgeführt worden ist, gegenüber den Bestimmungen der deutschen Prisenordnung für die Rechtsprechung der Prisengerichte keine Bedeutung.

Dagegen kann nicht angenommen werden, daß die Ladung der „Gefion" Konterbande gewesen ist. Als solche konnte sie nach den im Anfang November 1914 noch unverändert geltenden Bestimmungen der deutschen Prisenordnung nur behandelt werden, wenn sie als Feuerungsmaterial anzusehen war.

Die Ladung hat bestanden zum kleineren Teil (111,5 Standart) aus „Stäben", zum größeren Teil (446 Kubikfaden) aus gesägten Bretterenden (nach dem vorgelegten Kaufvertrag aus Deal, Batten-Ends, Boards-Dielen, Latten, Bohlen — for Boxmaking). Von den Stäben erklären auch die in Swinemünde vom Prisenamt vernommenen Sachverständigen, daß es sich um Faßholz zu handeln scheine und somit um Nutzholz und nicht um Feuerungsmaterial. Die übrige Ladung hat nach der Beschreibung derselben Sachverständigen aus Bretterenden von Tannenholz bestanden, in Längen von 30 bis 150 cm, meistens in Stärken von 5 cm, aber auch von geringerer Stärke bis zu 2 cm, und in Breiten von 10 bis 20 cm. Schon dieser Beschreibung gegenüber entbehrt das Urteil der Sachverständigen, daß es sich um Brennholz handele, der genügenden Grundlage. Es mag Nutzholz von geringerem Werte gewesen sein. Aber geringwertig doch nur wegen der geringen Abmessungen. Und immer sind es gesägte Bretter gewesen und damit Hölzer, die eine Bearbeitung erfahren haben, durch welche eine im Verhältnis zum Werte des Stoffes erhebliche Wertsteigerung erreicht ist. Durch das in zweiter Instanz beigebrachte Zeugnis des Empfängers Ramsay, dessen Angaben, soweit sie sich auf die allgemeinen Verhältnisse beziehen, durch weitere eidliche Zeugnisse bestätigt werden, ist erwiesen, daß diese Bretter für den Zeugen bestimmt waren, der

[1]) Zu vergl. oben Nr. 2 S. 9.

sie von John H. Douglas in London gekauft hatte, und daß sie zur Herstellung von Kisten, wie sie vornehmlich von Konditoreien, Fabrikanten von kohlensaurem Wasser, Brauereien, Destillateuren benutzt werden, dienen sollten. Demgegenüber müssen auch die Bedenken schwinden, welche die in Swinemünde vernommenen Sachverständigen daraus herleiteten, daß die Bretter für die Kistenfabrikation teilweise zu dick seien; es handelt sich ganz unverkennbar um Hölzer, von denen gesagt werden muß, daß sie — wie es in der amtlichen Erklärung des Deutschen Auswärtigen Amts an die Schwedische Regierung lautet — infolge ihrer Bearbeitung eine erhebliche Wertsteigerung erfahren haben, sodaß ihre Benutzung als Feuerungsmaterial den auf sie verwendeten wirtschaftlichen Wert zerstören würde.

Diesem Tatbestande gegenüber kann aber auch nicht angenommen und festgestellt werden, daß für die Beschlagnahme des Schiffes und der Ladung ausreichende Gründe vorgelegen haben. Ob den betreffenden Schiffskommandanten persönlich ein Verschulden trifft oder nicht, steht hier nicht zur Entscheidung. Worauf es hier ankommt, ist, daß schon die äußere Besichtigung der Ladung ein deutliches Bild von der Beschaffenheit der Hölzer, so wie diese oben beschrieben ist, geben mußte, und daß der Offizier, der mit der zutreffenden Vorstellung von dem Begriff Feuerungsmaterial im Sinne der Prisenordnung an die Frage herantrat, ob das Schiff aufzubringen sei oder nicht, zu dem Ergebnis gelangen mußte, daß er Feuerungsmaterial nicht vor sich habe.

Somit unterliegt die angefochtene Entscheidung der Aufhebung. Das Schiff — jetzt die an die Stelle des Schiffes getretene hinterlegte Summe — und die Ladung sind freizugeben und der Anspruch des Reeders auf Ersatz des ihm erwachsenen Schadens ist für berechtigt zu erklären.

5.

„Alfred Hage."

Urteil vom 18. Juni 1915.

Grubenholz als Feuerungsmaterial. Rechtsvorschriften der Prisenordnung, insbesondere die für relative Konterbande aufgestellten Vermutungen der feindlichen Bestimmung in der Fassung von Anweisungen an die Kriegsschiffskommandanten. Widerlegung der Vermutung feindlicher Bestimmung. Vorliegen ausreichender Gründe für die Beschlagnahme des Schiffes. Unzulässigkeit der Geltendmachung von Erstattungsansprüchen des bürgerlichen Rechts vor dem Prisengericht.[1])

Ziff. 8, Ziff. 23 Nr. 9, Ziff. 33 Abs. 1c der Prisenordnung.

In der Prisensache, betreffend den dänischen Dampfer „Alfred Hage", Heimatshafen Kopenhagen, hat das Kaiserliche Oberprisengericht in Berlin in der Sitzung vom 18. Juni 1915 für Recht erkannt:

Das Urteil des Prisengerichts zu Kiel vom 8. Dezember 1914 wird aufgehoben. Der behufs Herausgabe des Schiffes sowie zur Deckung der Kosten für die Aufbewahrung der Ladung bei der Oberzollkasse in Altona hinterlegte Betrag und die Ladung selbst werden freigegeben, der hinterlegte Betrag nach Abzug der bis zum Tage der Auslieferung der Ladung entstandenen Lagerkosten. Im übrigen wird die Reklamation zurückgewiesen. Die gerichtlichen Kosten des Verfahrens fallen dem Reiche zu $^{9}/_{10}$, der Reklamantin zu $^{1}/_{10}$ zur Last, mit Ausnahme der Kosten für die Abschätzung des Schiffswertes, die von der Reklamantin allein zu tragen sind.

Gründe.

Am 16. Oktober 1914 wurde der dänische Dampfer „Alfred Hage", mit einer vollen Ladung Grubenhölzer auf der Reise von Nyborg-Haparanda nach Hull, von einem deutschen Kriegsschiff etwa 4 Seemeilen östlich von Falsterbo-Feuerschiff auf hoher See

---

[1]) Übereinstimmend die Entscheidungen des Oberprisengerichts vom 18. Juni 1915 über die Prisen „Havsö", „Hansa", „Sara" und „Vigdis".

aufgebracht. Reeder des Schiffes ist die Dampfschiffahrts-A.-G. Vendila in Kopenhagen. Die Konnossemente lauteten auf Pyman Bell & Co. in New-Castle. Das Schiff ist zunächst nach Swinemünde, dann nach Stettin gebracht worden. Später wurde es auf Antrag der Reederei gegen Hinterlegung des durch Schätzung festgestellten Sachwerts herausgegeben, nachdem die Ladung gelöscht worden war. Letztere lagert in Stettin.

Die Reederei ist als Reklamantin aufgetreten und hat im Verhandlungstermin beantragt, Schiff und Ladung freizugeben und ihr den ihr erwachsenen Schaden zu ersetzen.

Das Prisengericht in Kiel hat auf Einziehung von Schiff und Ladung erkannt und die Reklamation der Reederei abgewiesen.

Die von dem Reklamanten hiergegen eingelegte Berufung erscheint zu einem Teil begründet.

Dem Prisengericht ist darin ohne Bedenken zuzustimmen, daß die Ladung des Schiffes relative Konterbande gewesen ist. Zwar waren in der Liste der relativen Konterbande so, wie sie zur Zeit der Beschlagnahme des Schiffes in Geltung war, Grubenhölzer noch nicht ausdrücklich genannt. Aber genannt war Feuerungsmaterial, und als solches müssen im Sinne der Prisenordnung auch Hölzer der hier in Rede stehenden Art aufgefaßt werden. Die Prisenordnung ist für den Krieg und für kriegerische Verhältnisse berechnet und darf daher nicht im engsten Wortsinn verstanden werden, soll einer Umgehung dessen, was sie bestimmt und erreichen will, nicht Tür und Tor geöffnet sein. Es ist richtig, daß Grubenhölzer als solche zugerichtet werden müssen und somit bearbeitet sind. Aber jeglicher Bearbeitung entbehrt auch Brennholz nicht, und die Herrichtung des Holzes zu Grubenholz ist so einfacher Art, daß der mit Verwertung solcher Hölzer zu Feuerungszwecken verbundene wirtschaftliche Verlust nicht in das Gewicht fällt. Diese Auslegung der Prisenordnung beschwert die Beteiligten um so weniger, als bereits Ende August oder Anfang September 1914 das Deutsche Auswärtige Amt die Schwedische und Norwegische Regierung dahin verständigt hat, daß alle Holzarten in unbearbeiteter oder roh bearbeiteter Form als Kriegskonterbande angesehen würden, und daß zu diesen Holzarten auch Gruben- und Papierhölzer, roh oder entrindet, gerechnet würden, nicht dagegen Holzarten, die infolge Bearbeitung eine erhebliche Wertsteigerung erfahren hätten, sodaß ihre Benutzung als Feuerungsmaterial den auf sie verwendeten wirtschaftlichen Wert zerstören würde. Das ist in Schweden und Norwegen öffentlich bekannt gemacht worden, so daß jedermann, den es anging, sich darüber unterrichten konnte und es so gut wie ausgeschlossen erscheint, daß in der Folgezeit irgend ein Schiffer einen schwedischen oder norwegischen Hafen mit Holzladung verlassen hat, der hiervon keine Kenntnis erlangt hätte.

Relative Konterbande, die sich, wie hier, auf der direkten Fahrt nach einem feindlichen Hafen befindet, unterliegt der Beschlagnahme und weiter der Einziehung, wenn sie für den Gebrauch der Streitmacht oder der Verwaltungsstellen des feindlichen Staates bestimmt ist. Für letzteres spricht hier die Vermutung, weil Hull, der Bestimmungsort des Schiffes, nach amtlicher Erklärung der Kaiserlichen Admiralität befestigter Platz ist (Ziff. 33 Abs. 1c Pr. O.). Mit Unrecht meint die Reklamantin, daß die in Ziff. 34 Pr. O. angeordneten Vermutungen nur für den Schiffskommandanten und seine Entschließungen im Moment der Aufbringung des Schiffes Bedeutung hätten. Die Prisenordnung ist nicht nur an den Schiffskommandanten gerichtet. Sie hält sich im großen und ganzen an die Londoner Deklaration, und dies rechtfertigt die Annahme, daß sie die nach Ziff. 33 aufgestellten Vermutungen in keinem anderen Sinne hat aufstellen wollen, als wie es im Art. 34 Londoner Deklaration gemeint ist. Davon, daß es dort sich nur um eine Instruktion für die Schiffsoffiziere handele, kann keine Rede sein, und jeder noch denkbare Zweifel wird durch die anschließenden Erläuterungen des Generalberichts des Redaktionsausschusses zerstreut, wo ausgesprochen wird, daß die Vermutungen zur Erleichterung des der nehmenden Kriegsmacht obliegenden Beweises dienen sollen, und wo von der Widerlegung der Vermutung ausdrücklich gesagt wird, daß darüber die Gerichte, nämlich zunächst das nationale Gericht, sodann der geplante Internationale Prisenhof zu befinden habe.

Richtig ist, daß nach Zeichnung der Londoner Deklaration Verhandlungen zwischen der Deutschen und der Englischen Regierung wegen einer näheren Bestimmung des Begriffes des befestigten Platzes stattgefunden haben. Sie waren aber nur für den nicht eingetretenen Fall der Ratifikation der Deklaration eingeleitet und haben außerdem nicht zu einem Einverständnis geführt; sie sind deshalb für gegenwärtige Entscheidung ohne Bedeutung.

Die Vermutungen nach Ziff. 33 Pr. O. schließen indessen den Gegenbeweis nicht aus. Im Art. 34 der Londoner Deklaration ist das ausdrücklich gesagt. In Ziff. 33 Pr. O. heißt es, die Vermutung habe zu gelten, sofern dem nicht die Umstände widersprechen.

Das Prisengericht hat diesen Gegenbeweis nicht für geführt erachtet. Die Beweislage ist jedoch durch die in der Berufungsinstanz beigebrachten Beweismittel wesentlich verändert. Es liegen jetzt eidliche Aussagen vor, durch welche in einer zu Bedenken keinen Anlaß gebenden Weise bestätigt wird, daß die Empfänger Pyman Bell & Co. ein sehr umfangreiches Geschäft in Grubenhölzern betreiben, mit denen sie eine große Anzahl namhaft gemachter Kohlenwerke versehen, welche sämtlich im Privatbesitze stehen; daß es sich um eine Ladung von Hölzern handelt, welche durch Abschluß vom 31. März 1914 gekauft waren und die bestimmt waren zur Erfüllung von Lieferungsverträgen, welche Pyman Bell & Co. bereits mit verschiedenen der genannten Kohlenwerke geschlossen hatte, um sie mit Grubenhölzern zu versehen; daß das vom 12. Oktober 1914 datierende Konnossement sich noch jetzt im Besitze der Empfänger befindet. So bezeugt der Manager der genannten Firma, Samuel Spring, der den Kaufvertrag und das Konnossement im Original vorgelegt hat, und seine Angaben, soweit sie sich auf die allgemeinen Verhältnisse beziehen, werden eidlich bestätigt von dem Schiffsmakler Rosenvinge und dem Holzagenten Huß in New-Castle, sowie im allgemeinen auch vom schwedischen, norwegischen und dänischen Konsul.

Damit erscheint der Beweis geführt, daß dieses Holz nicht nur zur Zeit, als es gekauft wurde, sondern auch weiterhin für die gewerblichen Zwecke der Bergbau-Industrie in Händen Privater bestimmt war und nicht für den Gebrauch der Streitmacht oder einer Verwaltungsstelle des feindlichen Staates. Allerdings hat zur Zeit der Aufbringung des Schiffes in England ein empfindlicher Mangel an Hölzern der hier in Rede stehenden Art geherrscht, und es ist nicht unwahrscheinlich, daß auch die Englische Regierung zu Kriegszwecken solcher Hölzer bedurfte. Allein für die Annahme, daß die Englische Regierung sich um deswillen — etwa durch Beschlagnahme — in den Besitz gerade dieser Hölzer gesetzt und sie der Verwendung zur Erfüllung der von der Firma Pyman Bell & Co. geschlossenen Kontrakte entzogen haben würde, liegt nichts vor. Eine nur allgemein vorgestellte Möglichkeit dieser Art kann aber nicht in das Gewicht fallen, solange nicht tatsächliche Anhaltspunkte dafür gegeben sind, daß sie sich verwirklichen wird.

Muß somit von der Einziehung der Ladung und des Schiffes, an dessen Stelle jetzt der hinterlegte Betrag seines Wertes getreten ist, abgesehen werden, so ergibt sich doch andererseits aus dem Gesagten ohne weiteres, daß für den nehmenden Offizier im Moment der Beschlagnahme die Frage ganz anders lag. Er hatte vor sich das Schiff mit der vollen Ladung Konterbande, bestimmt für ein ihm vermutlich gänzlich unbekanntes, jedenfalls für die friedliche Bestimmung der Ladung ihm keine Gewähr bietendes Haus, nach einem befestigten Platz Englands. Unter diesen Umständen war er geradezu verpflichtet, jedenfalls berechtigt, zur Aufbringung zu schreiten. Es lagen ausreichende Gründe für die Beschlagnahme vor (Ziff. 8 Pr. O.) und der Anspruch des Reklamanten auf Schadensersatz ist nicht begründet.

Letzteres gilt auch von dem nachträglich angemeldeten Anspruch auf Ersatz aufgewendeter Kosten, von denen der Reklamant meint, daß sie unter allen Umständen zu Lasten des Reichs gehen müßten. Soweit es sich dabei um Kosten handelt, die aufgewendet werden mußten, um die Ladung aus dem Schiffe herauszubringen und zu lagern, ist die Entlöschung usw. auf Betreiben und im ausschließlichen Interesse des Reklamanten erfolgt, der den Wunsch hatte, gegen Sicherheitsleistung wieder in den Besitz seines Schiffes zu gelangen. Es ist unerfindlich, kraft welches rechtlichen Titels der Reklamant Ersatz dieser Kosten sollte beanspruchen können. Weiter hat der Schiffsmakler des Reklamanten beim Einbringen der Prise in den Hafen Maßregeln getroffen, die ihm im Interesse der größeren Sicherheit von Schiff und Ladung geboten schienen. Auch hier könnte höchstens insofern ein Anspruch auf Ersatz bestehen, als dadurch Kosten erspart sind, welche sonst die Prisenbehörde hätte bestreiten müssen. Aber auch insoweit wendet sich der Reklamant mit seinem Anspruch nicht an die richtige Stelle. Es muß dahingestellt bleiben, ob dem Reklamanten auf Grund von Geschäftsführung ohne Auftrag oder aus einem anderen privatrechtlichen Grunde ein Anspruch auf Erstattung von Auslagen zukommt. Darüber haben die Prisengerichte nicht zu entscheiden. Für diese ist mit der Entscheidung, daß für die Beschlagnahme ausreichende Gründe vorgelegen haben, die Sache in dem Sinne erledigt, daß jeglicher Anspruch auf Ersatz nach Prisenrecht ausgeschlossen ist.

6.

„Norefos."

Urteil vom 6. Juli 1915.

Schadensersatz. Ausreichender Grund für die Beschlagnahme des Schiffes. Beurteilung nach den im Zeitpunkte der Beschlagnahme dem Kriegsschiffkommandanten bekannten Tatsachen.

Ziff. 23 Nr. 17, Ziff. 35, 37 der Prisenordnung in der Fassung vom 23. November 1914 (Reichs-Gesetzbl. S. 481).

In der Prisensache, betreffend den norwegischen Dampfer „Norefos", hat das Kaiserliche Oberprisengericht in Berlin auf die Berufung der Reklamantin gegen das Urteil des Kaiserlichen Prisengerichts in Kiel vom 24. Februar 1915 in der Sitzung vom 6. Juli 1915 für Recht erkannt:

Das Urteil des Kaiserlichen Prisengerichts in Kiel vom 24. Februar 1915 wird aufgehoben; der Schadensersatzanspruch der Reklamantin wird dem Grunde nach für berechtigt erklärt und die Sache zur Verhandlung über den Betrag des Schadens in die erste Instanz zurückverwiesen. Die Entscheidung über die Kosten bleibt dem Endurteil vorbehalten.

Gründe.

Der norwegische Dampfer „Norefos" wurde am 2. Dezember 1914 bei Drogden-Feuerschiff von einem deutschen Kriegsschiff aufgebracht und nach Swinemünde eingebracht. Er hatte Planken, gehobelte Bretter und fertige Türen geladen und war nach dem portugiesischen Hafen Lourenzo Marques bestimmt. Die Ladung war in den schwedischen Häfen Norrköping, Ulfvik und Hudiksvall eingenommen. Zwei Konnossemente sind am 13. November 1914 in Norrköping, zwei in Ulfvik (davon eins unter dem 19. November, das andere ohne Angabe des Tages im November), eins in Hudiksvall am 28. November 1914 ausgestellt. Abschriften der Konnossemente befanden sich bei der Aufbringung des Schiffes in den Händen des Kapitäns; sie sind dem Oberprisengericht vorgelegt worden. Die in Norrköping und Ulfvik ausgestellten Konnossemente sind größtenteils vorgedruckt. Sie enthalten hinsichtlich des Abladehafens die Angabe: bound for Delagoa Bay via other loading ports, oder: bound for Lourenzo Marques (Delagoa Bay) via other loading ports. Das am 28. November 1914 in Hudiksvall ausgestellte Konnossement, das größtenteils handschriftlich hergestellt ist, enthält den Vermerk via other loading ports nicht. Bestimmt war die Ladung für die Oversea Export Co. in Delagoa Bay, die ihren Sitz in Kristiania und Filialen in den verschiedensten Ländern hat.

Das Prisenamt hat Schiff und Ladung freigegeben, nachdem seitens des Admiralstabs mitgeteilt war, daß Portugal noch neutral sei und der norwegische Gesandte einen Garantieschein ausgestellt habe. Die Reederei des Schiffes hat Schadensersatz wegen unberechtigten Anhaltens verlangt. Das Prisengericht in Kiel hat die Reklamation mit der Begründung zurückgewiesen, daß ausreichende Gründe für die Beschlagnahme vorgelegen hätten. Hiergegen richtet sich die Berufung der Reklamantin. Die Berufungsklägerin verlangt Feststellung, daß ausreichende Gründe für die Beschlagnahme nicht vorgelegen haben, und Schadensersatz. Der Reichskommissar hat Zurückweisung der Berufung beantragt.

Die form- und fristgerecht eingelegte und gerechtfertigte Berufung ist begründet.

Nach der Prisenordnung in der Fassung der Bekanntmachung des Reichskanzlers vom 23. November 1914 (Reichs-Gesetzbl. S. 481), die auf das am 2. Dezember 1914 aufgebrachte

Schiff Anwendung findet, ist die Ladung des „Norefos" als Konterbande anzusehen. Denn danach gelten Hölzer jeder Art, roh oder bearbeitet (insbesondere auch behauen, gesägt, gehobelt, genutet) als Konterbande. Es fragt sich daher nur, ob der Kriegsschiffkommandant ausreichende Gründe hatte, die feindliche Bestimmung der Ladung im Sinne der Ziff. 35 Pr. O. anzunehmen. Denn nur in diesem Falle würde gemäß Ziff. 8 Pr. O. ein Schadensersatzanspruch nicht gegeben sein. Bei Beurteilung dieser Frage ist, wie das Oberprisengericht bereits wiederholt ausgesprochen hat, ein objektiver Maßstab anzulegen, die persönliche Ansicht des Kriegsschiffkommandanten ist nicht maßgebend. Deshalb kann dahingestellt bleiben, ob nicht im vorliegenden Falle die Aufbringung lediglich deshalb erfolgt ist, weil der Kommandant von der unzutreffenden Ansicht ausgegangen ist, Portugal befinde sich mit Deutschland im Kriegszustand. Die Beschlagnahme würde vielmehr als berechtigt anzuerkennen sein, wenn andere objektive Gründe dafür vorgelegen hätten. Das Prisengericht findet einen solchen in dem in dem Schiffsmanifest enthaltenen Vermerk „via andere Häfen", indem es davon ausgeht, daß dadurch dem Kapitän freigestellt sei, außer dem Bestimmungshafen auch beliebige andere Häfen, also auch einen feindlichen, anzulaufen. Damit ist nach Ansicht des Prisengerichts die Voraussetzung der Ziff. 37 Pr. O. gegeben, wonach der Kommandant annehmen kann, daß ein Schiff auf der Fahrt nach einem feindlichen Hafen begriffen ist, wenn die Schiffspapiere ihm freistellen, einen feindlichen Hafen anzulaufen. In der Verhandlung vor dem Oberprisengericht ist nun festgestellt, daß der fragliche Vermerk in den Konnossementen nicht lautet „via andere Häfen", sondern: „via other loading ports". Die dem Oberprisengericht vorgelegten Konnossemente, aus denen sich dies ergibt, tragen den Vermerk „Copy" bzw. „Captains Copy". Es kann also unbedenklich davon ausgegangen werden, daß sie mit den Konnossementen identisch sind, die sich nach der Feststellung des Prisenbeamten bei der Beschlagnahme des Schiffes im Besitze des Kapitäns befunden haben, also dem Kriegsschiffkommandanten zugänglich waren. Der Vermerk befindet sich bezeichnenderweise nur in den in Norrköping und Ulfvik ausgestellten Konnossementen, während in dem in

Hudiksvall ausgestellten Konnossement vom 28. November 1914 lediglich gesagt ist: bound for Lourenzo Marques (Delagoa Bay). Da Hudiksvall der zuletzt angelaufene schwedische Hafen ist, die Ladung aber in allen 3 Häfen eingenommen wurde, so ist der Vermerk in den älteren Konnossementen nur dahin zu erklären, daß der Kapitän noch in anderen schwedischen Häfen seine Ladung vervollständigen sollte, wie es ja auch tatsächlich geschehen ist. Diese Auslegung stimmt auch mit dem Wortlaut des Vermerkes genau überein. So verstanden ist der Vermerk aber unverfänglich und nicht geeignet, die Anwendung der Ziff. 37 Pr. O. zu rechtfertigen. Sollte der Vermerk im Schiffsmanifest anders gelautet haben, wie in den Konnossementen, so würde durch Einsicht der letzteren seine wahre Bedeutung unschwer festzustellen gewesen sein. Den andern vom Vorderrichter als verdächtig bezeichneten Umständen, soweit sie nicht nachträglich eine befriedigende Aufklärung gefunden haben, ist demgegenüber eine entscheidende Bedeutung nicht beizumessen. Das Material, auf Grund dessen das Oberprisengericht zu dieser Entscheidung gelangt ist, hat, wie erwähnt, auch dem Kriegsschiffkommandanten vorgelegen. Wenn er es objektiv richtig gewürdigt hätte, würde er nicht zu der Ansicht haben gelangen können, daß dem Kapitän nach den Schiffspapieren freigestellt sei, einen feindlichen Hafen anzulaufen. Für die gleichwohl erfolgte Beschlagnahme haben mithin ausreichende Gründe nicht vorgelegen und der Schadensersatzanspruch der Reederei ist daher an sich begründet. Da über den Betrag des Schadens noch nicht verhandelt ist, erschien es angemessen, die Sache in die Instanz zurückzuverweisen.

7.

„Glitra."

Urteil vom 30. Juli 1915.

Rechtmäßige Zerstörung eines feindlichen Schiffes. Schadensersatzansprüche Neutraler wegen der Mitzerstörung ihrer Güter.

Ziff. 112, 114, 115 der Prisenordnung.

In der Prisensache, betreffend den englischen Dampfer „Glitra", Heimatshafen Leith, hat das Kaiserliche Oberprisengericht in Berlin in der Sitzung vom 30. Juli 1915 für Recht erkannt:

Die Berufungen der unter Nummer 9 und 12 des angefochtenen Urteils aufgeführten Reklamanten werden als unzulässig verworfen; die Berufungen der übrigen Reklamanten werden als unbegründet zurückgewiesen.

Die Kosten des Berufungsverfahrens fallen den Reklamanten zur Last.

Gründe.

Am 20. Oktober 1914 wurde der der Firma Salversen & Co. in Leith gehörende Dampfer „Glitra", mit einer Ladung Stückgüter auf der Reise von Leith nach Stavanger, von einem Unterseeboot aufgebracht, und nachdem die Besatzung das Schiff verlassen hatte, mit der Ladung versenkt. Auf die nach § 26 Pr. GO. ergangene Aufforderung des Prisengerichts haben die 13 Ladungsinteressenten Anspruch auf Schadensersatz wegen Zerstörung ihrer Güter erhoben. Die Reklamanten sind Inhaber norwegischer Firmen; nur die Reklamantin zu 2 ist eine dänische Versicherungsgesellschaft, welche die Rechte ihres norwegischen Versicherungsnehmers geltend macht.

Das Prisengericht hat erkannt, daß das untergegangene Schiff der Einziehung unterlag, und hat die Reklamationen zurückgewiesen.

Die hiergegen eingelegte Berufung ist nicht begründet.

Das Prisengericht hat zunächst einwandfrei festgestellt, daß die „Glitra" ein englisches Schiff gewesen ist, und daß nach den

Umständen des Falles die Zerstörung des Schiffes geboten war, um die Wegnahme zu sichern. Es hat die Frage, ob es sich bei den Gütern, derentwegen Ersatzansprüche erhoben sind, um neutrales Gut gehandelt hat, unentschieden gelassen, weil es zu dem Ergebnis gelangt, daß, auch wenn das anzuerkennen wäre, Anspruch auf Schadensersatz nicht bestände. Es wird zur Begründung dessen ausgeführt, daß die in Rede stehende Frage weder in der Prisenordnung noch etwa in internationalen Verträgen entschieden sei, namentlich nicht in der Londoner Deklaration, wie sich aus dieser selbst und ihrer Entstehungsgeschichte ergebe. Die Meinungen seien geteilt gewesen. In der französischen Denkschrift sei erklärt, die neutrale Ladung habe keinen Ersatzanspruch, weil es sich, wenn der Nehmende aus militärischen Gründen die Zerstörung der Prise für notwendig hielt, um eine kriegerische Maßregel gehandelt habe, während die englische Denkschrift den Anspruch, soweit es sich nicht um Konterbande handelt, anerkenne, weil eine erlaubte Ladung an Bord eines feindlichen Schiffes der Wegnahme nicht unterliege. Über die zur Vorbereitung der Verhandlung als Leitsatz aufgestellte Frage:

> „Ist im Hinblick auf den Grundsatz, daß neutrales Gut unter feindlicher Flagge der Wegnahme nicht unterliegt, der Eigentümer der Ware bei Zerstörung des Schiffes zu entschädigen, oder ist die Zerstörung des Schiffes in einem solchen Fall eine Kriegshandlung, welche den Kriegführenden nicht zur Ersatzleistung verpflichtet?"

sei verhandelt, ohne daß es zu einer Verständigung gekommen sei. Ganz überwiegend habe es sich bei diesen Verhandlungen um die Frage der Zulässigkeit der Zerstörung **neutraler**, der Einziehung unterliegender Schiffe gehandelt. In Beschränkung auf diesen Fall habe Deutschland sich für das Recht der neutralen, der Einziehung nicht unterliegenden Güter auf Entschädigung ausgesprochen. Nur Japan habe sich auch zu dem Fall, daß sich auf einem **feindlichen** Schiff, das zerstört wird, neutrales Gut befindet, erklärt, und zwar im Sinne Englands. Es spreche nichts dafür, daß bei dieser Sachlage Deutschland nun doch in der Prisenordnung den Grundsatz habe aufstellen wollen, daß auch bei Zerstörung eines feindlichen Schiffes der neutralen Ladung Anspruch auf Entschädigung zukomme. Hierfür ließe sich höchstens ein Argument aus der Ziff. 114 Pr. O. insofern entnehmen, als hier anscheinend vorausgesetzt werde, daß stets bei Zerstörung eines Schiffes wegen der Mitvernichtung des nicht einziehbaren Teiles der Ladung Ersatz zu leisten sei. Das Argument sei aber nicht zwingend genug. Es liege die Annahme nahe, daß die Ziff. 114 nur an die Zerstörung neutraler Schiffe denke, wie auch die vorausgehende und die nachfolgende Bestimmung der Prisenordnung nur von diesem Falle handele.

Dem ist im Ergebnisse zuzustimmen.

Die Frage ist, ob bei rechtmäßiger Zerstörung eines feindlichen Schiffes wegen der im Schiffe befindlichen Güter Neutraler, die mit dem Schiffe verloren gehen, Ersatz zu leisten ist. Es ist klar, daß eine ausdrückliche Vorschrift hierüber weder in der Prisenordnung noch in der Londoner Deklaration enthalten ist. Aber auch mittelbar hat die Prisenordnung darüber nichts bestimmt. Die Reklamanten wollen eine solche Bestimmung in der Ziff. 114 Pr. O. finden. Mit Recht hat der Vorderrichter dies abgelehnt, wenn auch seinen Gründen in diesem Punkte nicht überall beizutreten ist. Es wird hier dem Kommandanten auferlegt, bevor er sich zur Zerstörung eines Schiffes entschließt, zu erwägen, ob der dadurch dem Feinde entstehende Schaden den Schadensersatz aufwiegt, der für die Mitvernichtung des nicht einziehbaren Teiles der Ladung zu zahlen ist. Dabei wird in Klammer u. a. auch verwiesen auf die Ziff. 18, wo von der Aufbringung feindlicher Schiffe die Rede ist und darüber bestimmt wird, welcher Teil der Ladung zugleich der Einziehung unterliegt. Das hat in der Tat den Anschein, als wäre der Verfasser der Prisenordnung bei Ziff. 114 davon ausgegangen, daß auch bei Zerstörung eines feindlichen Schiffes wegen des nicht einziehbaren Teiles der Ladung Ersatz zu leisten sei; auch ist zuzugeben, daß jene Verweisung den Weg verlegt, den die Vorinstanz gehen will, wenn sie annimmt, daß die Ziff. 114 ebenso wie die voraufgehende und nachfolgende Bestimmung nur die Zerstörung neutraler Schiffe im Auge habe. Trotzdem kann der Vorschrift die Tragweite nicht zukommen, die die Reklamanten ihr beimessen wollen. Sie würde, so verstanden, sachlich in einen gewissen Widerspruch mit dem geraten, was die Prisenordnung in der gleich anschließenden Ziffer vorschreibt. Die

Prisenordnung steht, wie hier klar hervortritt, nicht auf dem Standpunkt, daß für Vernichtung von Gütern, die nicht der Beschlagnahme unterliegen, in jedem Falle Ersatz zu leisten ist. Denn bei der rechtmäßigen Zerstörung eines neutralen Schiffes wird hier Ersatz für die dabei mitvernichteten, der Einziehung nicht unterliegenden Güter nur vorgeschrieben, sofern es sich um neutrales Gut, nicht aber sofern es sich um feindliches Gut handelt, das doch unter dem Schutz der neutralen Flagge gleichfalls nicht einziehbar war. Es kommt hinzu, daß es auch feindliche Schiffe gibt, die nicht der Aufbringung und darum auch nicht der Zerstörung unterliegen, sodaß, wenn gleichwohl einmal — etwa aus entschuldbarem Irrtum — die Vernichtung erfolgte, in Frage kommen kann, ob nicht wegen der Entschädigung für mitvernichtete Werte zwischen neutralem und feindlichem Gut zu unterscheiden wäre, weshalb es ratsam erscheinen konnte, den Schiffskommandanten aufzuerlegen, auch für solche Eventualitäten die ihnen in Ziff. 114 zur Pflicht gemachte Erwägung anzustellen. Vor allem aber fällt entscheidend in das Gewicht, daß die Ziff. 114 nicht sedes materiae ist, und daß es deshalb, angenommen selbst, der Verfasser des Gesetzes wäre davon ausgegangen, daß auch bei einer an sich gerechtfertigten Zerstörung eines feindlichen Schiffes wegen der Güter der Neutralen Ersatzansprüche geltend gemacht werden können, verfehlt wäre, darin eine positive Entscheidung dieser mindestens zweifelhaften, jedenfalls sehr bestrittenen, auf der Londoner Konferenz zur Sprache gebrachten, aber offen gelassenen Frage zu erblicken.

Es geht, wie Wehberg, Österreich. Zeitschrift für öffentliches Recht Bd. II, 3, S. 282, richtig hervorhebt, zu weit, wenn Heilfron, Jur. Wochenschrift 1915 S. 486, der Prisenordnung nur die Bedeutung eines vom Kaiser erlassenen Befehls an die Kommandobehörden der Marine beilegen will. Die Prisenordnung enthält in großem Umfange positives Recht. Aber gerade auf die hier in Rede stehende Bestimmung trifft die Kennzeichnung Heilfrons vollständig zu. Diese Ziff. 114 ist in der Tat nur ein Befehl an die Schiffskommandanten. In ihr spricht nur der oberste Kriegsherr, nicht der Gesetzgeber. Sie will nicht materielles Recht geben und tut es nicht.

Ist man somit darauf angewiesen, auf die allgemeinsten Rechtsgrundsätze in Verbindung mit den Normen des allgemeinen Kriegsrechts zurückzugehen, so ergibt sich mit voller Sicherheit, daß ein Anspruch der Neutralen nicht besteht, wenn die Zerstörung der Prise durch die Umstände gerechtfertigt war (Ziff. 112 Pr. O.).

Die Aufbringung und Wegnahme des feindlichen Schiffes ist eine zulässige, völkerrechtlich gebilligte Kriegsmaßregel gegen den fremden Staat. Aus ihr können Ersatzansprüche, sei es der Angehörigen der feindlichen Staaten, sei es Neutraler, überall nicht erwachsen. Zwar kann nach Art. 3 der Pariser Deklaration neutrales Gut (das nicht Konterbande ist) auch im feindlichen Schiff nicht mit Beschlag belegt werden. Es unterliegt also auch nicht der Einziehung, wenn die Prise eingebracht wird. Aber es ist keine Rede davon, daß die Ladungsbeteiligten Anspruch auf Ersatz des Schadens hätten, der durch die Aufbringung des Schiffes, die Unterbrechung der Reise, die Verbringung nach einem anderen als dem Bestimmungsort entstanden ist. Und ebensowenig besteht ein Ersatzanspruch, wenn die Güter selbst infolge der Beschlagnahme des Schiffes einen Schaden erleiden, wenn sie z. B. auf der weiteren Fahrt der Prise durch einen Seeunfall verloren gehen. Da die Beschlagnahme eine rechtmäßige Handlung ist, fehlt es an jedem Rechtsgrunde für die Zurechnung des Schadens, den vielmehr der Neutrale selbst dadurch verursacht hat, daß er sein Gut einem gefährdeten Schiff anvertraute. Daher fehlt es aber auch bei Rechtmäßigkeit der Kriegsmaßregel an einem Rechtsgrund für die Zurechnung des Schadens, wenn die Güter dadurch verloren gehen, daß sich die gegen das Schiff gerichtete Kriegshandlung nach den Umständen notwendig zugleich auch gegen dessen Ladung richtet.

Die Rechtsfrage, auf die es hier ankommt, kann auch in den Verhältnissen des Landkrieges auftreten. Es kann so liegen und es wird nicht selten so liegen, daß beispielsweise bei Beschießung eines befestigten oder verteidigten Platzes auch Eigentum Neutraler zu Schaden kommt. Aber selbst im Landkriege, wo das Privateigentum sehr viel mehr geschützt ist als im Seekrieg, ist von einer Ersatzpflicht des kriegführenden Staates in solchen Fällen auch den Neutralen gegenüber keine Rede (Art. 3 des IV. Abkommens der 2. Haager Konferenz).

Vergl. Geffcken bei Heffter, Völkerrecht, 8. Ausgabe, § 150 Note 1 (unrichtig, mindestens unzulänglich das. der Text von Heffter),
Calvo, Droit international, 4. Aufl., Bd. IV §§ 2250 bis 2252,
Bonfils, Droits des gens 1908 § 1217,
Bordwell, Law of war 1908 S. 212.

Was aber insbesondere die Verhältnisse des Seekriegs angeht, so ist weder überhaupt noch namentlich im Art. 3 der Pariser Deklaration dem neutralen Gut irgendwie Schutz gewährt gegen die durch die Kriegslage gebotenen Handlungen der kriegführenden Partei. Wogegen der Art. 3 a. a. O. Schutz gewähren will, ist das Seebeuterecht, dem bis zur Pariser Deklaration im feindlichen Schiff auch das neutrale Gut ausgesetzt war. Was die Kriegslage fordert, muß geschehen dürfen ohne Rücksicht darauf, daß sich neutrales Gut im Schiffe befindet. Wenn nach Art. 2 der Pariser Deklaration die neutrale Flagge das feindliche Gut schützt, so heißt das nicht, daß auch umgekehrt durch neutrales Gut das feindliche Schiff geschützt sein soll, geschützt zunächst freilich nur gegen Zerstörung, damit dann aber auch in unzähligen Fällen gegen jede Ausübung des Prisenrechts.

Das hat auch — soweit zu ersehen — bis in die neueste Zeit niemand bestritten.

Vergl. Entsch. des französ. Conseil d'Etat vom 21. Mai 1872 bei Dalloz, Jurisprudence générale 1871, III, Nr. 94 in der Prisensache „Ludwig" und „Vorwärts",
Dupuis, Le droit de la guerre maritime 1899 S. 334,
de Boeck, De la propriété ennemie privée sous pavillon ennemie 1882 § 146,
Bordwell, Law of war 1908 S. 226,
Wheaton, International Law, 4. Aufl., S. 507 § 359 e,
Oppenheim, International Law, 2. Aufl., Bd. II S. 201 ff.,
Calvo, Droit international, 4. Aufl., Bd. V §§ 3033, 3034,
Hall, International Law, 5. Aufl., S. 717 f.

Die Behauptung der Reklamanten, die Entscheidung des französischen Prisengerichts in der Sache „Ludwig" und „Vorwärts" sei in der Literatur fast allgemein angefochten worden, ist, abgesehen von den dafür gebrachten Zitaten aus der neuesten

Literatur (Wehberg und Schramm; das Zitat Hall S. 187 — s. oben — ist unverständlich), unbelegt geblieben und muß als unrichtig bezeichnet werden. Erst in der neuesten Zeit ist, insbesondere in Deutschland, eine Auffassung der Theorie hervorgetreten, welche ganz allgemein bei Zerstörung uneinziehbarer Güter — schlechtweg oder soweit es sich um neutrale Güter handelt — die Verpflichtung zum Schadensersatz als obersten Grundsatz postuliert.

Vergl. Schramm, Prisenrecht 1913 S. 338 f.,
Wehberg, Seekriegsrecht 1915 S. 297 Anm. 3 und 4 und Österr. Zeitschrift für öffentliches Recht a. a. O.,
Rehm, Deutsche Juristenzeitung 1915 S. 454.

Dabei wird unverkennbar die allgemeine Entschädigungspflicht in vorgefaßter Meinung wie etwas Selbstverständliches empfunden. An einer Begründung fehlt es, und wo sie nachträglich unternommen ist, erscheint sie gegenüber den obigen Ausführungen nicht überzeugend. Gegen die Schlüssigkeit der letzteren läßt sich auch mit dem Hinweis darauf nichts ausrichten, daß der Landkrieg örtlich beschränkt bleibt auf das Staatsgebiet der Kriegführenden, während das Schiff das weite Meer befährt. Daß das feindliche Schiff überall auf hoher See dem Zugriff und gegebenenfalls dem Angriff unterliegt, beruht auf dem vielleicht zu beklagenden, aber jedenfalls geltenden Stande des Völkerrechts. Im übrigen ist es, sobald es sich auf hoher See befindet, ein Stück des Gebietes seines Staates, in das der Neutrale in freier Entschließung seine Güter gebracht hat, indem er sie in das Fahrzeug eines kriegführenden Landes zum Zwecke der Beförderung über See verlud.

Es ist schließlich auch kein Mangel des Verfahrens, daß, wie in der Berufung gerügt wird, das Prisengericht es unterlassen hat, darüber zu entscheiden, ob die Güter, auf welche sich die Reklamationen beziehen, der Einziehung unterlagen oder nicht. Aufgabe des § 1 Pr. GO. ist, den Gegenstand der Prisengerichtsbarkeit bestimmt zu umschreiben, und wenn im Abs. 2 zu diesem Zwecke vorgeschrieben wird, worauf sich die Entscheidung zu erstrecken hat, so wird damit die Grenze gezogen, in der sich die Gerichte zu halten haben, nicht aber wird vorgeschrieben, daß im einzelnen Fall über die genannten Fragen eine Entscheidung auch dann getroffen werden müßte, wenn es für das Schicksal der erhobenen Ansprüche auf sie nicht ankommt.

Die Reklamanten unter 9 und 12 haben, geschehener Aufforderung ungeachtet, den ihnen auferlegten Kostenvorschuß nicht geleistet. Auf ihr Rechtsmittel war daher nicht einzugehen.

8.

„Modig.“

Urteil vom 5. Oktober 1915.

Vermutung der feindlichen Bestimmung bei Gegenständen relativer Konterbande. Erfordernisse des Gegenbeweises.

Ziff. 33 Abs. 1 d der Prisenordnung.

In der Prisensache, betreffend den norwegischen Dampfer „Modig“, Heimatshafen Christiania, hat das Kaiserliche Oberprisengericht in Berlin in der Sitzung vom 5. Oktober 1915 für Recht erkannt:

Auf die Berufung der Reklamantin wird das Urteil des Prisengerichts in Kiel vom 8. Dezember 1914 aufgehoben und die Freigabe des für den herausgegebenen Dampfer „Modig“ hinterlegten Betrages von 593 000 *M* und des Erlöses der Ladung von 50 995,18 *M* angeordnet.

Für die Beschlagnahme des freigegebenen Eigentums lagen ausreichende Gründe vor. Die Reklamantin wird mit ihrem Schadensersatzanspruch abgewiesen.

Die Kosten beider Instanzen fallen dem Reiche zur Last, ausschließlich der Auslagen der Reklamantin, die diese selbst zu tragen hat.

Gründe.

Gegen das oben bezeichnete Urteil, auf dessen Tatbestand wegen des Sachverhaltes Bezug genommen wird,[1]) hat die

---

[1]) Der norwegische Dampfer „Modig“, mit einer Ladung Kohlen auf der Fahrt von England nach Raumo in Finnland, wurde am 6. Oktober 1914 von einem deutschen Kriegsschiff in der Ostsee aufgebracht und in einen deutschen Hafen eingebracht. Nach den Schiffspapieren war die Ladung an eine Handelsfirma in Raumo gerichtet.

Reklamantin Berufung eingelegt. Das Schiff ist nach Erlaß des Urteils erster Instanz gegen Hinterlegung von 593 000 *M* freigegeben worden, die Ladung ist für 50 995,18 *M* an das Gaswerk in Stettin verkauft. Auch dieser Betrag ist hinterlegt.

Die Reklamantin hat in der Berufungsinstanz Freigabe der für Schiff und Ladung hinterlegten Beträge und Zuerkennung von Schadensersatz wegen der nach ihrer Ansicht ungerechtfertigten Aufbringung beantragt.

Der Kaiserliche Kommissar hat um Zurückweisung der Berufung gebeten.

Die Reklamantin hat in der Berufungsinstanz im wesentlichen nur ausgeführt, daß der Beweis der feindlichen Bestimmung der Kohle nicht erbracht, vielmehr einwandfrei dargetan sei, daß sie für das Gaswerk in Helsingfors, ein städtisches Unternehmen, bestimmt gewesen sei. An dieses sei sie bereits vor der Aufbringung des Dampfers verkauft gewesen. Daß letzterer nicht nach Helsingfors, sondern nach Raumo habe fahren sollen, erkläre sich zwanglos aus der gefährdeten Lage von Helsingfors im unmittelbaren Kriegsgebiet und der dadurch bedingten Erschwerung der Schiffahrt; auch habe der Reeder erwogen, daß es nicht unbedenklich sei, mit der aus relativer Konterbande bestehenden Ladung einen befestigten Platz aufzusuchen.

Für die private Bestimmung der Kohlen hat die Reklamantin in zweiter Instanz weiteren Beweis durch Vorlegung der der bei den Akten befindlichen Urkunden angetreten, deren Inhalt vorgetragen ist.

Ob Raumo ein befestigter Platz oder eine Basis im Sinne der Ziff. 33 Pr. O. sei, hat die Reklamantin zur Entscheidung verstellt.

Der Kaiserliche Kommissar hat dem gegenüber geltend gemacht, daß, wenn auch die Kohlen an das Gaswerk in Helsingfors verkauft seien, bei dem in Rußland bei Kriegsbeginn herrschenden Kohlenmangel mit Sicherheit anzunehmen sei, daß sie von der Regierung für Zwecke des Krieges beschlagnahmt worden wären, zumal Raumo Kohlenversorgungsplatz für russische Torpedoboote sei.

Der frist- und formgerecht eingelegten und gerechtfertigten Berufung war der Erfolg nicht zu versagen.

Nach Auskunft des Chefs des Admiralstabes der Marine ist Raumo, der Bestimmungshafen des Dampfers „Modig", bereits bei Aufbringung desselben als ein befestigter Platz im Sinne der Ziff. 33 Abs. 1d Pr. O. anzusehen gewesen. Danach greift also für seine Ladung gemäß Ziff. 33 a. a. O. die Vermutung Platz, daß sie für den Gebrauch der Streitmacht oder der Verwaltungsstellen des feindlichen Staates bestimmt war. Daß die angeführte Gesetzesstelle eine derartige Vermutung aufstellt und nicht etwa bloß eine Anweisung an die Kriegsschiffkommandanten enthält, hat das Oberprisengericht auf Grund der Entstehungsgeschichte der Vorschrift bereits früher angenommen, und daran hält es fest. Die Vermutung kann aber entkräftet werden. Zur Führung des Gegenbeweises genügt indessen nicht der Nachweis, daß zur Zeit der Aufbringung nicht zugunsten der feindlichen Streitmacht oder feindlicher Verwaltungsstellen über die Ware verfügt war, es muß vielmehr der Beweis von Tatsachen verlangt werden, welche nach dem gewöhnlichen Lauf der Dinge ihre Verwendung für feindliche Zwecke ausschließen. Dies wird in der Regel der Fall sein, wenn der private Empfänger der Ware zugleich deren Konsument ist, die Ware also bei ihm ihren Endzweck erfüllt und nicht anzunehmen ist, daß sie auf Umwegen doch der feindlichen Streitmacht zugute kommt. Wenn Kohle zur Gaserzeugung verwendet ist, hat sie als Kohle ihre Endbestimmung erreicht und ihre Verwendung für feindliche Zwecke ist ausgeschlossen. Ist im vorliegenden Fall als bewiesen anzusehen, daß die Ladung des „Modig" wirklich für die kommunale Gasanstalt in Helsingfors bestimmt war, so ist mithin ihre unschädliche Bestimmung dargetan. Es ist nicht angängig, demgegenüber auf die durch besondere tatsächliche Vorgänge nicht unterstützte Möglichkeit hinzuweisen, daß der feindliche Staat die Ware bei ihrer Ankunft am Bestimmungsort trotz der darüber getroffenen Disposition hätte beschlagnahmen und sie für Zwecke der Kriegführung verwenden können. Denn diese Möglichkeit liegt naturgemäß bei allen Gegenständen der relativen Konterbande vor und es wäre deren Einführung zu privaten Zwecken dann, entgegen den Vorschriften der Prisenordnung, überhaupt ausgeschlossen.

Das Oberprisengericht hat den Beweis, daß die Kohlenladung des „Modig" durch eine vom Berechtigten bereits vor der Aufbringung des Schiffes darüber getroffene Verfügung an das Gaswerk in Helsingfors veräußert worden ist, als geführt angesehen. Zunächst hat Zeuge Gundersen bekundet, daß er am 17. September 1914 die Kohle für den Kohlenhändler Eck in Helsingfors, der eine Filiale in Raumo hat, gekauft habe. Eck seinerseits hat eine eidesstattliche Versicherung dahin abgegeben, daß er die Kohle an das Gaswerk in Helsingfors weiter verkauft habe, und das Gaswerk hat bescheinigt, daß die Kohle lediglich für den Gebrauch des Gaswerks bestimmt war. Dies Beweismaterial lag bereits in erster Instanz vor. In der Berufungsinstanz ist dann noch eine eidesstattliche Versicherung des Direktors des Gaswerkes, Freiherr Cedercreutz, beigebracht, inhalts deren das Gaswerk bei Kriegsausbruch erst $^1/_3$ der für den Winter erforderlichen Kohlen erhalten hatte und im September eine Ladung Gaskohlen von Eck kaufte, daß ferner Eck dem Gaswerk am 5. Oktober 1914 mitgeteilt habe, daß die Ladung des am 2. Oktober 1914 aus Hartlepool abgegangenen Dampfers „Modig" die für das Gaswerk bestimmte sei. Dieser Brief des Eck ist ebenfalls vorgelegt. Desgleichen ein weiteres Schreiben des Freiherrn Cedercreutz, wonach das Gaswerk seit vielen Jahren mit Eck in Geschäftsverbindung steht. Alle diese Umstände in Verbindung mit der Tatsache, daß es sich bei der Ladung des „Modig" tatsächlich um Kohle handelt, die in erster Linie zur Gaserzeugung geeignet ist, wie sie denn auch zu diesem Zweck vom Gaswerk in Stettin gekauft worden ist, haben dem Oberprisengericht die Überzeugung verschafft, daß der Verkauf der Kohlen an das Gaswerk wirklich erfolgt ist und ernst gemeint war. Damit aber ist nach dem oben Gesagten die private Bestimmung der Kohle in einer die Vermutung der Ziff. 33 Pr. O. ausschließenden Weise dargetan und es rechtfertigt sich die in der Hauptsache getroffene Entscheidung gemäß § 1 Abs. 2 Pr. GO.

Der Umstand, daß die Kohle nicht nach dem Orte des Verbrauchs (Helsingfors), sondern nach Raumo verschifft war, findet nach Ansicht des Oberprisengerichts seine Erklärung darin, daß der erste Erwerber der Kohle, Eck, dort eine Handelsniederlassung besaß und es daher nicht ohne weiteres verdächtig ist, wenn er zunächst die Kohle dahin dirigierte. Dabei mögen auch die von der Reklamantin angeführten Gründe für diese Maßnahme mitgesprochen haben.

Der Beweis der unschädlichen Bestimmung der Kohle ist erst im Laufe des prisengerichtlichen Verfahrens geführt. Die an Bord des „Modig" befindliche Bescheinigung des norwegischen Konsuls in Helsingfors war in keiner Weise geeignet, die Vermutung der Ziff. 33 Pr. O. zu entkräften, schon weil sie nicht erkennen ließ, worauf die Wissenschaft des Konsuls beruhte. Der Kommandant war daher objektiv im Recht, wenn er auf Grund jener Vermutung das Schiff aufbrachte. Eine Veranlassung zur Gewährung von Schadensersatz gemäß Ziff. 8 Pr. O. liegt daher nicht vor.

Die Kosten waren gemäß § 37 Abs. 3 Pr. GO. dem Reich zur Last zu legen, weil die Reklamantin in der Hauptsache obgesiegt hat. Die Reklamantin hat jedoch, obwohl die Gegenseitigkeit für Norwegen verbürgt ist, ihre Auslagen selbst zu tragen, weil, wie oben dargetan, für die prisenrechtliche Maßregel ausreichende Gründe vorgelegen haben.

9.

„Maria."

Urteil vom 5. Oktober 1915.

Vermutung der feindlichen Bestimmung bei Gegenständen relativer Konterbande. Erfordernisse des Gegenbeweises. Unzulänglichkeit einer Beweisführung, die sich auf den Zeitpunkt der Beschlagnahme beschränkt.

Ziff. 32, 33 der Prisenordnung.

In der Prisensache, betreffend den niederländischen Dampfer „Maria", Heimatshafen Rotterdam, hat das Kaiserliche Oberprisengericht in Berlin in der Sitzung vom 5. Oktober 1915 für Recht erkannt:

Die Berufung der Reklamantin wird zurückgewiesen.

Die Kosten des Berufungsverfahrens fallen der Reklamantin zur Last.

Gründe.

Der Dampfer „Maria", mit einer vollen Ladung Weizen auf der Reise von Portland (Oregon) nach Belfast und Dublin, wurde am 21. September 1914 auf 1° 49' südlicher Breite, 31° 50' östlicher Länge von einem deutschen Kriegsschiff aufgebracht. Die Schiffspapiere waren in Ordnung und ergaben, daß es sich um ein holländisches Schiff im Eigentum der Holland Gulf Stoomvaart Maatschappij in Rotterdam handelte, das laut Charter vom 17. September 1912 auf fünf Jahre an die englische Firma Watson, Munro & Co. Ldt. in Cork mit Niederlassungen in Belfast und Dublin vermietet und von dieser für die laufende Reise weiterverchartert war an Kerr, Gifford & Co. in Portland (Oregon). Die Ladung bestand nach Konnossementen und Manifest aus 84 860 Sack Weizen, wovon zunächst nach Belfast 40 974 und weiter nach Dublin 43 886 Sack bestimmt waren. Die Konnossemente lauteten an Order. In Erwägung, daß die Ladung aus relativer Konterbande bestehe (Ziff. 23 Nr. 1 Pr. O.) und daß Belfast, wohin sie bestimmt sei, der englischen Streitmacht als Operations- und Versorgungsbasis diene (Ziff. 32, 33 Pr. O.), in der ferneren Erwägung, daß das Schiff bei der Anhaltung Kenntnis vom Ausbruch des Krieges und der Eigenschaft seiner Ladung als Konterbande gehabt habe und in der Lage gewesen wäre, sie in einem neutralen Hafen zu löschen (Ziff. 44 Pr. O.), wurde die „Maria" aufgebracht, und der Kommandant schritt zur Zerstörung, weil das genommene Schiff ohne Gefahr der Wiederwegnahme dem Kriegsschiffe nicht folgen konnte, zumal die Nähe feindlicher Kreuzer die Wiederwegnahme besorgen ließ, das Kriegsschiff auch keine genügende Prisenbesatzung stellen konnte und somit die Einbringung den Erfolg der Unternehmungen des Kriegsschiffes gefährdet hätte (Ziff. 113 b β bis δ Pr. O.). Mit dem Schiffe ist die Ladung zerstört.

Die holländische Reederei erhebt Anspruch auf Ersatz des ihr durch die Zerstörung ihres Schiffes entstandenen Schadens.

Das Kaiserliche Prisengericht in Hamburg hat erkannt, daß das untergegangene Schiff und seine Ladung der Einziehung unterlagen, und hat die Reklamantin abgewiesen.

Die hiergegen eingelegte Berufung der Reklamantin ist nicht begründet.

Die Annahme des Kommandanten des Kriegsschiffs, daß die gesamte Ladung der „Maria" nach Belfast bestimmt war, entsprach allerdings nicht den Tatsachen; die größere Hälfte war nach Dublin bestimmt. Der Vorderrichter hat dahingestellt gelassen, ob auch Dublin ein Platz der in Ziff. 33 Abs. 1 c, d Pr. O. genannten Art ist und schon zur Zeit, als die „Maria" dort zu erwarten war, gewesen ist; er erklärt es für ausreichend, daß das Schiff zunächst habe Belfast anlaufen sollen, auf welchen Platz jene Bestimmungen der Prisenordnung jedenfalls zuträfen, und daß daher auch die für Dublin bestimmte Partie zunächst nach Belfast gerichtet gewesen sei. Ob dem zuzustimmen wäre, kann unerörtert bleiben, weil nunmehr eine amtliche Erklärung des Chefs des Admiralstabs vorliegt, daß auch Dublin der englischen Streitmacht seit Anfang des Krieges als Operations- und Versorgungsbasis dient. Damit ist die Voraussetzung für die gesetzliche Vermutung der feindlichen Bestimmung gegeben.

Daß auch bei der gerichtlichen Entscheidung die in der Prisenordnung aufgestellten Vermutungen Platz greifen, ist bereits wiederholt entschieden und bedarf weiterer Begründung nicht mehr.

Es kann sich daher nur fragen, ob es der Reklamantin gelungen ist, die Vermutung zu widerlegen. Die Vorinstanz hat angenommen, daß die beigebrachten Beweise nicht dazu ausreichen; denn wenn auch zunächst die Absicht gewesen sein sollte, den Weizen an Mühlen im Betriebe Privater zu verkaufen, so sei doch schlechterdings nicht festzustellen, welche Verwendung der Weizen bei Ankunft in Belfast in Wirklichkeit gefunden haben würde und ob nicht die Englische Regierung gern und zu hohen Preisen als Käuferin aufgetreten wäre, zumal die Konnossemente lediglich an Order gelautet hätten. Das bekämpft die Reklamantin, indem sie ausführt, es komme nicht darauf an, was möglicherweise aus der Ladung geworden wäre, sondern darauf, ob eine feindliche Bestimmung der Ware vorlag; wollte man das nicht anerkennen, so würde der zugelassene Gegenbeweis zu einer Unmöglichkeit.

Das ist nicht richtig. Sieht man nur auf den Wortlaut der Ziff. 32, 33 Pr. O., so könnte es allerdings scheinen, als seien alle einschlägigen Fragen auf den Zeitpunkt der Beschlagnahme abzustellen. Relative Konterbande unterliegt danach der Beschlagnahme, wenn bewiesen wird, daß sie für die feindliche Streitmacht bestimmt ist, und diese Bestimmung soll vermutet werden, wenn die in Ziff. 33 genannten Voraussetzungen gegeben sind. Hieraus darf aber nicht gefolgert werden, daß die Vermutung nur für den Zeitpunkt der Beschlagnahme gelten und der Gegenbeweis als geführt betrachtet werden soll, wenn bewiesen wird, daß zu jener Zeit die feindliche Bestimmung nicht vorlag. Die Prisenordnung konnte und mußte sich so ausdrücken, wie sie es tut, weil sie ihre einschlägigen Vorschriften in die Form einer Instruktion an die Befehlshaber der Kriegsschiffe gekleidet hat, für die in der Tat nur der Zeitpunkt der Beschlagnahme in Betracht kommt. Bis zur Entscheidung des Prisengerichts wird aber stets eine gewisse Zeit verstrichen sein, und hier können demzufolge jene Vorschriften nur entsprechende Anwendung finden, wie auch sofort hervortritt, wenn man die betreffenden Bestimmungen der Londoner Deklaration ins Auge faßt. Es kann unmöglich angenommen werden, daß das Gericht gehalten sein soll, spätere Vorgänge, beispielsweise einen nach der Aufbringung — in Unkenntnis derselben — vorgenommenen Verkauf der Ladung an die feindliche Streitmacht, außer Acht zu lassen oder die Bestimmung der Ladung für einen notorischen Heereslieferanten deshalb als unverfänglich anzusehen, weil dieser zur Zeit der Beschlagnahme nachgewiesenermaßen über den Weiterverkauf an die Regierung noch nicht verfügt hatte. Die Ziff. 33 Pr. O. stellt als Grundlage für die Vermutung die örtliche Bestimmung die Adresse hin, die der Sendung von Anfang an gegeben ist; der Inhalt der Vermutung hat aber mit der Adresse nichts zu tun, sondern bezieht sich auf die Zweckbestimmung, die Bestimmung zum Gebrauch der feindlichen Streitmacht. Liegt jene örtliche Bestimmung vor, so gilt diese Zweckbestimmung als erwiesen. Zwar kann der Gegenbeweis unternommen werden. Aber er ist nicht schon durch den Beweis geführt, daß zur Zeit der Beschlagnahme die betreffende Bestimmung noch nicht getroffen war. Denn wie in den Fällen, in denen die gesetzliche Vermutung nicht Platz greift, der Beweis der feindlichen Bestimmung nicht auf Tatsachen beschränkt ist, die schon zur Zeit der Beschlagnahme eingetreten waren, so kann auch der Inhalt der Vermutung einer solchen Beschränkung nicht unterliegen. Anderenfalls würde relative Konterbande sich jeder Beschlagnahme auf das Leichteste dadurch entziehen, daß man bei ihrer Versendung von jeder anderen als der rein örtlichen Bestimmung einstweilen ganz absieht. — Ob der Gegenbeweis geführt ist, kann immer nur Sache der Würdigung der besonderen Umstände des einzelnen Falles sein. Es kommt dabei auch auf die Art der Ladung und darauf an, welche Bedeutung sie nach den obwaltenden Verhältnissen für die Bedürfnisse der bewaffneten Macht hat, wie nahe daher die Möglichkeit liegt, daß die feindliche Regierung sie an sich bringt. In den Prisensachen „Alfred Hage",[1]) „Havsoe" usw. hat das erkennende Gericht die gesetzliche Vermutung für widerlegt erklärt, weil der Beweis erbracht war, daß die aus Grubenhölzern bestehenden Ladungen bereits an die Stellen fest verkauft waren, wo sie gebraucht und verbraucht werden sollten, und weil das Gericht sich der Überzeugung nicht verschließen konnte, daß es zu diesem beabsichtigten Verbrauch durch Private gekommen wäre. Hier verhält es sich wesentlich anders. An Tatsachen liegt nur der Nachweis vor, daß der Weizen zu einer Zeit, als Krieg noch nicht ausgebrochen war, an einen englischen Importeur verkauft und versendet worden war. Im übrigen sind nur Versicherungen der Käufer selbst beigebracht, daß sie nicht Heereslieferanten und dergl. seien, und daß ihre Absicht gewesen sei, den Weizen an Müllereibetriebe in der Gegend ihrer Niederlassungen zu verkaufen, um deren normale Bedürfnisse zu befriedigen. Man kann das als wörtlich der Wahrheit entsprechend unterstellen, und es steht doch völlig dahin, wo in Wirklichkeit der Weizen geblieben wäre, ganz abgesehen davon, daß es schließlich nicht darauf ankommt, wo das Getreide vermahlen wird, sondern für wen und wozu das Mehl bestimmt wird.

Daß ein Fall nach Ziff. 44 Pr. O. nicht vorgelegen hat, ist vom Vorderrichter zutreffend begründet und wird auch von der Reklamantin nicht beanstandet.

[1]) Nr. 5 S. 25.

Die Berechtigung des Kommandanten, das aufgebrachte Schiff zu zerstören, ergibt sich angesichts der tatsächlich obwaltenden Verhältnisse aus den vom Kommandanten dafür angeführten, oben berichteten Gründen, was näherer Ausführung nicht bedarf.

10, 11.

Aufbringung eines neutralen Schiffes wegen Verdachts neutralitätswidriger Unterstützung. Fehlen ausreichenden Nachweises über die Personen und die Nationalität der Mannschaft, wenn das Schiff sich im Kriegsgebiet oder in dessen Nähe aufhält. Ablehnung von Schadensersatzansprüchen trotz Nichtbestätigung des Verdachts.

Ziff. 8 Abs. 2 der Prisenordnung.

10.

„Hasenkamp."

Urteil vom 5. Oktober 1915.

In der Prisensache, betreffend den niederländischen Fischdampfer „Hasenkamp", Heimatshafen Ymuiden, hat das Kaiserliche Oberprisengericht in Berlin in der Sitzung vom 5. Oktober 1915 für Recht erkannt:

Die Berufung der Reklamantin wird zurückgewiesen. Die Kosten des Berufungsverfahrens fallen der Reklamantin zur Last.

Gründe.

Der holländische Fischdampfer „Hasenkamp" wurde am 4. Februar 1915 in der Nordsee von einem deutschen Kriegsschiff angehalten. An Bord befand sich der Hafenentlassungsschein. Da sich unter der Mannschaft 4 Personen befanden, deren Namen auf diesem Schein nicht verzeichnet waren, hielt der Kommandant den Verdacht neutralitätswidriger Unterstützung für vorliegend und brachte das Schiff auf. Der Verdacht bestätigte sich bei den genaueren Ermittelungen im Prisenhafen nicht, und das Schiff wurde daher wieder freigegeben. Die Reederei erhob Schadensersatzansprüche wegen unberechtigter

Aufbringung, mit denen sie jedoch durch Urteil des Prisengerichts Hamburg vom $\frac{17.\ \text{April}}{1.\ \text{Mai}}$ 1915 abgewiesen wurde. Das Gericht erster Instanz hat angenommen, daß das Mannschaftsverzeichnis auf dem Hafenentlassungsscheine, welcher die bei holländischen Fischdampfern nicht vorgeschriebene Musterrolle ersetzte, unrichtig und dieser daher einem falschen Schiffspapier im Sinne von Ziff. 8 Abs. 2 Pr. O. gleichzuachten gewesen sei. Dadurch habe sich das Schiff verdächtig gemacht, und die Aufbringung sei daher objektiv gerechtfertigt gewesen.

Gegen dieses Urteil hat die Reklamantin Berufung erhoben. Sie führt aus, daß dem Hafenentlassungsschein in der vorliegenden Form die Eigenschaft eines Schiffspapiers im technischen Sinne überhaupt nicht zukomme, insbesondere habe er nicht die Bedeutung eines behördlichen Mannschaftsverzeichnisses. Es sei daher auch dem Kapitän nicht verwehrt, nach Ausstellung des Scheines in Fällen wie dem vorliegenden — wo nach der Ausstellung einige Mitglieder der Mannschaft desertiert seien — andere Leute anzuwerben. Der Kaiserliche Kommissar hat Zurückweisung der Berufung beantragt. Er meint, schon der Umstand, daß der Dampfer „Hasenkamp" entgegen einer von der deutschen Admiralität Ende Dezember 1914 erlassenen öffentlichen Warnung in der deutschen Bucht gefischt habe, lasse den Verdacht neutralitätswidriger Unterstützung und damit die Aufbringung gerechtfertigt erscheinen. Zum mindesten müsse man verlangen, daß solche Schiffe im Besitz eines einwandfreien Ausweises über die Personen ihrer Besatzung und deren Nationalität seien.

Die Berufung ist unbegründet.

Nach Ansicht des Oberprisengerichts ist es unerheblich, ob der Hafenentlassungsschein, der holländischen Fischdampfern erteilt zu werden pflegt, und insbesondere ein solcher in der hier vorliegenden Form als ein Schiffspapier im eigentlichen Sinne und speziell im Sinne der Ziff. 8 Pr. O. anzusehen ist oder nicht. Jedenfalls muß, wie das Oberprisengericht mit dem Kaiserlichen Kommissar annimmt, verlangt werden, daß Schiffe, welche im Kriegsgebiet oder in dessen unmittelbarer Nähe sich aufhalten, in der Lage sind, über die Personen und die Nationalität ihrer

Mannschaft in befriedigender Weise sich auszuweisen. Ob ihr nationales Recht die Führung eines solchen Nachweises vorschreibt oder nicht, kann hierfür nicht in Betracht kommen.

Es wäre sonst der Spionage seitens Angehöriger feindlicher Staaten Tür und Tor geöffnet, da jede Kontrolle durch unsere Kriegsschiffe unmöglich wäre. Auf welche Weise der Nachweis erfolgt, ist gleichgültig. Das Wesentliche ist, daß dem Kommandanten des anhaltenden Kriegsschiffes die Überzeugung verschafft wird, daß keine feindlichen Staatsangehörigen sich an Bord des angehaltenen Schiffes befinden. In der Tat ist auch, wie der Vertreter der Reklamantin durch Vorlegung einer Äußerung des Positie-Kommandanten von Ymuiden nachgewiesen hat, der Hafenentlassungsschein, der ursprünglich rein lokalen, polizeilichen Zwecken zu dienen bestimmt war, allmählich dahin ausgestaltet worden, daß er zugleich einen Ausweis über die Personen und die Nationalität der Besatzung enthielt; später ist ihm sogar offiziell die Bedeutung eines Identitätsnachweises beigelegt. Nach Ansicht des Oberprisengerichts ist der Hafenentlassungsschein in der Form, in welcher er hier in dieser Sache vorliegt, an sich sehr wohl geeignet, den erforderlichen Nachweis zu erbringen. Denn er enthält zunächst die Bescheinigung, daß die Bemannung aus den nach Namen und Beschäftigungsart näher bezeichneten Personen besteht, und sodann die Erklärung, daß diese sämtlich Untertanen eines neutralen Staates sind. Damit ist billigen Anforderungen an einen Identitätsnachweis Genüge geschehen. Bei den geringen Anforderungen, die danach an diesen Schein gestellt werden, muß aber auch verlangt werden, daß diese wirklich erfüllt werden. Ist dies nicht der Fall, stimmt insbesondere, wie in vorliegender Sache, die Besatzungsliste mit den wirklich an Bord befindlichen Mannschaften nicht überein, so mangelt dem Papier insoweit jegliche Beweiskraft, ohne daß die Analogie des gefälschten Schiffspapieres herangezogen zu werden braucht. Der Kommandant ist daher in einem solchen Falle nach dem oben Gesagten für berechtigt zu halten, das Schiff aufzubringen. Hiernach erweist sich die Berufung in vorliegender Sache als unbegründet, und es war daher in der Hauptsache, wie geschehen, zu erkennen. Die Kostenentscheidung folgt aus § 37 Abs. 2 Pr. GO.

11.

„Pieter Jan.“

Urteil vom 5. Oktober 1915.

In der Prisensache, betreffend den niederländischen Fischdampfer „Pieter Jan“, Heimatshafen Ymuiden, hat das Kaiserliche Oberprisengericht in Berlin in der Sitzung vom 5. Oktober 1915 für Recht erkannt:

Die Berufung der Reklamantin wird zurückgewiesen und auf die Berufung des Kaiserlichen Kommissars in Hamburg das Urteil des Prisengerichts daselbst vom 1. Mai d. J. dahin geändert, daß die Reklamantin mit ihrem Schadensersatzanspruch abgewiesen wird. Die Kosten beider Instanzen fallen der Reklamantin zur Last.

Gründe.

Der holländische Fischdampfer „Pieter Jan“ wurde am 10. Januar 1915 abends in der Nordsee von einem deutschen Torpedoboot aufgebracht und nach Hamburg eingebracht. Eine Musterrolle befand sich nicht an Bord, wohl aber ein Hafenentlassungsschein. Da dieser als genügender Ausweis über die Personalien der Mannschaft nicht angesehen wurde, erfolgte die Aufbringung. Demnächst ist das Schiff, da sich ergab, daß sämtliche Mitglieder der Mannschaft neutrale Staatsangehörigkeit besaßen und auch sonst ein Verdacht neutralitätswidriger Unterstützung nicht bestätigt wurde, am 16. Januar 1915 wieder freigegeben worden. Die Reederei hat Schadensersatzansprüche wegen unberechtigter Aufbringung erhoben. Das Prisengericht Hamburg hat durch Urteil vom $\frac{\text{17. April}}{\text{1. Mai}}$ 1915 3598,72 fl. zugesprochen. Es hat angenommen, daß ausreichende Gründe für die Beschlagnahme nicht vorgelegen haben, da holländische Fischdampfer damals eine Musterrolle nicht zu führen brauchten und festgestellt sei, daß die gesamte Schiffsbesatzung neutraler Staatsangehörigkeit gewesen sei, mithin der Verdacht neutralitätswidriger Unterstützung entfalle.

Gegen dieses Urteil haben die Reklamantin und der Kaiserliche Kommissar Berufung erhoben. Die Reklamantin verlangt eine höhere Summe als Schadensersatz, indem sie den erlittenen Fangverlust anders berechnet. Der Kaiserliche Kommissar beantragt die Aufhebung des Vorderurteils und Zurückweisung der Reklamation, indem er die Auffassung vertritt, daß die Aufbringung zu Recht erfolgt sei. Die Deutsche Regierung habe Ende Dezember ausdrücklich vor Befahren der deutschen Bucht gewarnt. Wenn ein neutrales Schiff sich gleichwohl dort aufhalte, müsse zum mindesten verlangt werden, daß es mit einem einwandfreien Ausweis über die Personalien seiner Besatzung versehen sei. Dies sei vorliegend nicht der Fall gewesen.

Die Berufung des Kaiserlichen Kommissars erscheint begründet. Wie das Oberprisengericht bereits in der Prisensache „Hasenkamp" ausgesprochen hat, muß verlangt werden, daß Schiffe, die sich im Kriegsgebiet oder in dessen unmittelbarer Nähe aufhalten, in der Lage sind, sich jeder Zeit über die Personalien, insbesondere auch die Nationalität ihrer Mannschaft in befriedigender Weise auszuweisen, und zwar ohne Rücksicht darauf, ob ihr nationales Recht die Führung eines solchen Ausweises vorschreibt. Andernfalls wäre der Spionage seitens Angehöriger feindlicher Staaten Tür und Tor geöffnet, da eine Kontrolle durch unsere Kriegsschiffe unmöglich wäre. Auf welche Weise der Nachweis erbracht wird, ist unerheblich. Das Wesentliche ist, daß dem Kommandanten des anhaltenden Kriegsschiffes die Überzeugung verschafft wird, daß sich keine Angehörige feindlicher Staaten an Bord des angehaltenen Schiffes befinden. In jener Prisensache ist des weiteren erörtert, daß ein Hafenentlassungsschein, wie er holländischen Fischdampfern erteilt zu werden pflegt, an sich geeignet ist, den erforderlichen Nachweis zu erbringen, wenn sein Inhalt danach beschaffen ist, wenn er also Aufschluß über die Mitglieder der Besatzung und über deren Nationalität gibt. Diesen Erfordernissen genügt der in dieser Sache vorliegende Hafenentlassungsschein nicht. Er enthält zwar eine Anzahl Namen, ohne daß jedoch ersichtlich ist, welche Bewandtnis es damit hat. Die Namen sind auch nicht in den Text des Scheines aufgenommen, sondern ohne weitere Erläuterung zwischen Text und Ortsbezeichnung gesetzt, und zwar in einer Weise, daß sie nicht ohne weiteres durch die Unterschrift gedeckt erscheinen.

Es erhellt auch nicht einmal, ob die Namen von derselben Hand geschrieben sind wie der übrige Text. Endlich aber, und das ist das Entscheidende: es fehlt jegliche Bescheinigung über die Staatsangehörigkeit der Besatzung. Bei dieser Sachlage entbehrt der Schein jeglicher Beweiskraft in der oben angedeuteten Richtung, und der Kommandant war daher nach dem Gesagten im Recht, wenn er das Schiff aufbrachte. Damit entfällt aber die Veranlassung für Gewährung von Schadensersatz. Das Vorderurteil war vielmehr aufzuheben und unter Abweisung der Berufung der Reklamantin auf Zurückweisung der Reklamation zu erkennen. Die Kostenentscheidung folgt aus § 37 Pr. GO.

12.

„Bertha Elisabeth."

Beschluß vom 25. November 1915.

Prisenrechtliche Beschlagnahme. Aufbringung und einstweilige Aufbringung. Unzuständigkeit der Prisengerichte im Falle einer Einbringung des Schiffes zum Zwecke der Durchsuchung ohne Beschlagnahme.[1])

§§ 1, 2 der Prisengerichtsordnung; Ziff. 1, 91 der Prisenordnung.

In der Prisensache, betreffend den niederländischen Fischdampfer „Bertha Elisabeth", hat das Oberprisengericht am 25. November 1915 auf die Beschwerde der Naamlooze Vennootschap Stoomvisschery — My Bertha Elisabeth in Ymuiden gegen den Beschluß des Kaiserlichen Prisengerichts in Hamburg vom 3. Juli 1915 nach Anhörung des Kaiserlichen Kommissars beschlossen:

Die Beschwerde wird auf Kosten der Beschwerdeführerin zurückgewiesen.

Gründe.

Das Oberprisengericht hat sich der Auffassung des Vorderrichters, daß vorliegend ein der prisengerichtlichen Aburteilung unterliegender Fall nicht gegeben ist, angeschlossen.

---

[1]) Übereinstimmend Beschluß des Oberprisengerichts vom 25. November 1915 in der Prisensache, betreffend den niederländischen Dampfer „Niobe".

Gegenstand der Prisengerichtsbarkeit ist die Entscheidung über die Rechtmäßigkeit der in einem Kriege gemachten Prisen (§ 1 Pr. GO.). Prisen sind Kauffahrteischiffe, sofern sie in Ausübung des Prisenrechtes in Beschlag genommen werden (§ 2 a. a. O.). Beschlagnahme in diesem Sinne ist gleichbedeutend mit Aufbringung (Ziff. 1 Pr. O. Zusatz zu Abs. 2). Diese Maßregel hat die demnächstige Einziehung des betreffenden Schiffes zugunsten des Nehmestaates zum Ziele (Ziff. 17 Pr. O.), und sie soll daher im allgemeinen nur erfolgen, wenn die Durchsuchung des Schiffes derartige Umstände ergibt, daß der Kommandant die Einziehung des Schiffes erwarten zu können glaubt (Ziff. 94 Pr. O.). Es ergibt sich hieraus, daß es im wesentlichen Tatfrage ist, ob ein eingebrachtes Schiff als beschlagnahmt (aufgebracht) im Sinne der Prisenordnung anzusehen ist, und daß die Willensrichtung des Kommandanten dabei von entscheidender Bedeutung ist.

Im vorliegenden Falle ist das Schiff am 11. April 1915 nachmittags in der Nordsee beim Fischen angehalten und — wie es in dem Berichte des Kommandanten des Kriegsschiffs heißt — zur Untersuchung nach Cuxhaven gebracht worden. Nirgends ist von Aufbringung oder Beschlagnahme die Rede. Auch im Schiffstagebuch befindet sich lediglich der Vermerk, daß das Schiff angehalten und zur Durchsuchung nach Cuxhaven gebracht ist. Nach stattgehabter Untersuchung ist das Schiff am 15. April vormittags als unverdächtig wieder entlassen worden. Aus alledem ergibt sich, daß eine Aufbringung mit dem Ziele der Einziehung des Schiffes nicht erfolgt ist. Die Aufbringung eines Schiffes ist zwar ein im wesentlichen tatsächlicher Vorgang, der darin gipfelt, daß der Kommandant von dem Schiff gewaltsam Besitz ergreift und es zwingt, seinen Anordnungen zu folgen. Aber ebensowenig wie die strikte Befolgung aller in der Prisenordnung gegebenen formalen Vorschriften die unbedingte Voraussetzung für die Rechtsgültigkeit einer Aufbringung ist, ebensowenig ist jede vorübergehende Besitzergreifung eines Schiffes durch einen Kriegsschiffkommandanten, die sich darin äußert, daß das Schiff gezwungen wird, dessen Anordnungen zu folgen, ohne weiteres als eine Aufbringung im Sinne der Prisenordnung anzusehen. Es kommt vielmehr, wie oben angegeben, auf den

Zweck an, den der Kommandant mit seiner Maßregel verfolgt. Es sind sehr wohl Fälle denkbar, in denen ein Kommandant einem Schiffe seinen Willen aufzwingt, es — wie Schramm es in seinem Prisenrecht S. 306 ausdrückt — in ein tatsächliches Abhängigkeitsverhältnis zu sich bringt, ohne daß doch eine Aufbringung vorliegt. Die Kriegsnotwendigkeit insbesondere kann es mit sich bringen, daß in einem bestimmten Seegebiete sich aufhaltende Schiffe zu bestimmten Zeiten generell einer genauen Untersuchung auf ihre Unverdächtigkeit unterzogen werden müssen, ohne daß jedoch zu einer Aufbringung im eigentlichen Sinne genügender Anlaß vorliegt. Allerdings soll nach Ziff. 91 Pr. O. der Kommandant, wenn sich aus einer solchen Maßnahme erhebliche Nachteile für das zu durchsuchende Schiff ergeben, zur „einstweiligen" Aufbringung schreiten. Allein selbst die Nichtbeachtung dieser rein instruktionellen Vorschrift würde die Zuständigkeit der Prisengerichte, die nur im Falle einer vollzogenen Aufbringung zu entscheiden haben, nicht begründen können, und es braucht deshalb nicht untersucht zu werden, ob im vorliegenden Falle die Voraussetzungen jener Bestimmung vorlagen. So, wie die Sache liegt, handelt es sich lediglich um eine kriegerische Maßregel, deren Rechtmäßigkeit der Nachprüfung im Prisengerichtsverfahren nicht unterliegt. Es war daher, wie geschehen, auf Zurückweisung der Beschwerde zu erkennen.

13.

„John."

Beschluß vom 25. November 1915.

Unzulässigkeit einer Verlängerung der Reklamationsfrist nach Erlaß des prisengerichtlichen Urteils.

§ 28 der Prisengerichtsordnung in der Fassung vom 4. September 1915 (Reichs-Gesetzbl. S. 553).

In der Prisensache, betreffend den dänischen Dampfer „John", hat das Oberprisengericht am 25. November 1915 auf die Beschwerde des Kaufmanns Peter Noë in Kopenhagen beschlossen:

Die Beschwerde wird zurückgewiesen. Die Kosten des Verfahrens fallen dem Beschwerdeführer zur Last.

Gründe.

Der Beschwerde gegen den Beschluß des Prisengerichts zu Kiel vom 6. Oktober 1915, durch den der Antrag des Beschwerdeführers auf Verlängerung der Reklamationsfrist abgelehnt worden ist, konnte schon deshalb keine Folge gegeben werden, weil durch Urteil des Prisengerichts vom 18. Oktober in der Sache selbst entschieden worden ist. Nach § 28 Pr. GO. in der Fassung der Verordnung vom 4. September 1915 (Reichs-Gesetzbl. S. 553) kann die Reklamationsfrist nur verlängert werden, solange nicht das Urteil gesprochen ist. Hieraus folgt von selbst, daß, nachdem das Urteil ergangen ist, auch im Wege der Beschwerde eine Verlängerung der Reklamationsfrist nicht erwirkt werden kann. Abgesehen hiervon sind übrigens die Ausführungen der Beschwerdeschrift auch an sich nicht geeignet, den Verlängerungsantrag zu rechtfertigen. Sie lassen vielmehr erkennen, daß es dem Beschwerdeführer an einem eigenen Interesse bezüglich der in Frage stehenden Güter fehlt, und daß er daher zur Erhebung einer Reklamation überhaupt nicht legitimiert sein würde.

14.

„Bertha Elisabeth."

Urteil vom 25. November 1915.

Begriff der Aufbringung. Erfordernisse des Nachweises über die Personen und die Nationalität der Mannschaft für ein Schiff, das sich im Kriegsgebiet oder in dessen unmittelbarer Nähe aufhält.

Ziff. 1, Ziff. 8 Abs. 2, Ziff. 91 der Prisenordnung.

In der Prisensache, betreffend den niederländischen Fischdampfer „Bertha Elisabeth", Heimatshafen Ymuiden, hat das Kaiserliche Oberprisengericht in Berlin in der Sitzung vom 25. November 1915 für Recht erkannt:

Auf die Berufung des Kaiserlichen Kommissars wird das Urteil des Prisengerichts zu Hamburg vom 1. Mai 1915 aufgehoben und die Reklamantin mit ihrer Reklamation abgewiesen. Die Kosten beider Instanzen hat die Reklamantin zu tragen.

Gründe.

Der holländische Fischdampfer „Bertha Elisabeth“ wurde am 22. Januar 1915 abends von einem deutschen Kriegsschiff in der Nordsee angehalten und, da weder eine Musterrolle noch ein sonstiges Papier, aus dem die Nationalität der Mannschaft einwandfrei hätte festgestellt werden können, an Bord war, auch eine genaue Untersuchung der Räume des Dampfers sich nach Ansicht des Kommandanten des Kriegsschiffs auf hoher See nicht ausführen ließ, zur genaueren Untersuchung nach Cuxhaven gebracht. Da die Untersuchung nichts Belastendes ergab, wurde das Schiff am 24. Januar 1915 vormittags wieder entlassen. Die Reederei des Schiffes machte wegen ungerechtfertigter Aufbringung des Schiffes Schadensersatzansprüche in Höhe von 885 fl. geltend. Durch Urteil des Prisengerichts Hamburg vom 1. Mai 1915 ist ihr ein Betrag von 565 fl. nebst Zinsen zugesprochen. Das Gericht hat angenommen, daß das Schiff aufgebracht sei, daß Gründe dafür nicht vorlagen, und hat sich wegen der Höhe des Schadens dem Gutachten der staatlichen Fischereidirektion in Hamburg angeschlossen.

Gegen dieses am 18. Mai 1915 zugestellte Urteil hat der Kaiserliche Kommissar Berufung eingelegt. Er beantragt in erster Linie, das Urteil wegen Unzuständigkeit des Prisengerichts aufzuheben und das Verfahren einzustellen, da das Schiff der prisengerichtlichen Aburteilung nicht unterliege, weil es nicht aufgebracht, sondern nur zur näheren Untersuchung eingebracht sei. Eventuell bittet er, unter Aufhebung des Urteils festzustellen, daß ausreichende Gründe für die Beschlagnahme des Schiffes vorgelegen haben, und die Reklamation zurückzuweisen, weil das Schiff im Kriegsgebiete gefischt und daher die Verpflichtung gehabt habe, sich mit ausreichendem Ausweismaterial bezüglich der Personen und der Nationalität seiner Mannschaft zu versehen. Die Reklamantin führt in ihrer Entgegnung aus, der Dampfer sei nicht bloß zwecks Untersuchung (die zudem schon auf See stattgefunden habe, jedenfalls habe stattfinden können) eingebracht, sondern er sei regelrecht aufgebracht, jedenfalls einstweilen aufgebracht im Sinne der Ziff. 91 Pr. O., daher sei ihr Anspruch begründet, da Gründe für die Beschlagnahme nicht vorgelegen hätten. Die „Bertha Elisabeth" habe sich einerseits nicht in der Gefahrzone befunden und andererseits sei ein sogen. Hafenentlassungsschein an Bord gewesen, der über die Personen und die Nationalität der Besatzung Auskunft gegeben habe. Zur Aufklärung einer Unstimmigkeit zwischen der Mannschaftsliste dieses Scheins und den Angaben im Prisenbericht über die Mannschaft hat die Reklamantin in der mündlichen Verhandlung vor dem Oberprisengericht um Vertagung der Sache gebeten. Eventuell hat die Reklamantin Zurückweisung der Berufung beantragt.

Die Berufung ist begründet. Zwar kann dem Kaiserlichen Kommissar darin nicht beigetreten werden, daß im vorliegenden Falle eine Aufbringung des Dampfers im Sinne der Prisenordnung nicht stattgefunden habe. Denn alle Umstände deuten darauf hin, daß dies in der Tat geschehen ist, daß es insbesondere in der Absicht des Kriegsschiffkommandanten gelegen hat, das Schiff „Bertha Elisabeth" aufzubringen. Dafür spricht zunächst die Fassung des Prisenberichts, in dem an verschiedenen Stellen von „Aufbringung" die Rede und insbesondere auf S. 5 (letzte Spalte) als Entscheidung des Kommandanten „Aufbringung" angegeben ist. Dementsprechend hat auch der Kommandant seinen Bericht vom 23. Januar 1915 über die Aufbringung des Fischdampfers erstattet, und der Chef des Admiralstabs der Marine hat diesen Bericht unter Bezugnahme auf Ziff. 98 Pr. O. (Ziff. 97 der im Reichs-Gesetzblatte veröffentlichten Fassung) an das Prisengericht abgegeben. Letztere Maßregel ist nur erklärlich, wenn eine Aufbringung im Sinne der Prisenordnung vorliegt, da andernfalls das Prisengericht sich mit dem Falle nicht zu befassen hatte. Hinzu kommt, daß auch in dem Schiffstagebuch ausdrücklich bescheinigt ist, daß das Schiff aufgebracht und zur Untersuchung nach Cuxhaven eingebracht sei. Nach alledem hat nach dem Willen der Beteiligten eine regelrechte Aufbringung erfolgen sollen und ist nach ihrer Ansicht auch erfolgt. Demgegenüber kommt es nicht darauf an, daß vielleicht die eine oder andere in der Prisenordnung vorgeschriebene Formalität nicht genau beobachtet worden ist. Denn es sind, wie das Oberprisengericht in einer anderen Sache näher ausgeführt hat, für die Entscheidung der Frage, ob eine Aufbringung vorliegt, weniger formale Gesichtspunkte als die tatsächlichen Vorgänge und der darin zum Ausdruck gelangte Wille des Kommandanten maßgebend.

Es war daher weiter zu prüfen, ob ausreichende Gründe für die Aufbringung vorgelegen haben. Diese Frage hat das Oberprisengericht im Gegensatze zu dem Vorderrichter bejaht. Wie das Oberprisengericht bereits in der Prisensache „Hasenkamp" [1]) und anderen gleichliegenden Sachen ausgesprochen hat, muß verlangt werden, daß Schiffe, welche sich im Kriegsgebiet oder dessen unmittelbarer Nähe aufhalten, in der Lage sind, sich über die Personen und die Nationalität ihrer Mannschaft in befriedigender Weise auszuweisen. In welcher Form dies geschieht, ist unerheblich. Ein ordnungsmäßiger Hafenentlassungsschein, wie er speziell in Ymuiden ausgestellt zu werden pflegt, ist nach Ansicht des Oberprisengerichts dazu an sich geeignet, wenn er über obige Punkte zweifelsfreie Auskunft gibt. In vorliegender Sache ist in der Berufungsinstanz das Duplikat eines solchen Hafenentlassungsscheins überreicht, dessen Übereinstimmung mit der Urschrift das Oberprisengericht mit dem Vertreter der Reklamantin unterstellt. Die Mannschaftsliste in diesem Schein stimmt jedoch mit den bezüglichen Angaben des Prisenberichts nicht überein. Es finden sich darin zwei Namen, die im Prisenbericht nicht vorkommen; der letztere enthält dafür zwei andere Namen. Damit verliert der Hafenentlassungsschein seine Bedeutung als Beweismittel in dem oben angedeuteten Sinne, und der Kommandant war berechtigt, zwecks Aufklärung das Schiff aufzubringen. Der Vertreter der Reklamantin hat nun in der mündlichen Verhandlung vor dem Oberprisengericht allerdings beantragt, ihm Gelegenheit zu geben, diese Unstimmigkeit aufzuklären. Das Oberprisengericht hat darauf jedoch nicht eingehen zu sollen geglaubt, weil es eine befriedigende Aufklärung für ausgeschlossen erachtet. Es nimmt als durch den Inhalt des Prisenberichts erwiesen an, daß dem Kommandanten bei der Anhaltung diejenigen Namen der Mannschaft angegeben

[1]) Nr. 10 S. 50

sind, welche der Prisenbericht aufführt. Die Verschiedenheit in den nicht übereinstimmenden Namen (im Hafenentlassungsschein: Jac. Doove und Blankes, im Prisenbericht: Cornelius Bergmann und Cornelius von Pahl) ist so in die Augen springend, daß ein Hör- oder Schreibfehler als ausgeschlossen gelten muß. Da für die Frage, ob für die Aufbringung ausreichende Gründe vorlagen, lediglich die objektive Sachlage, wie sie zur Zeit der Aufbringung von dem Kommandanten des Kriegsschiffs als Grundlage seiner Entscheidung gewürdigt werden mußte und durfte, maßgebend ist, so war vorliegend die Aufbringung gerechtfertigt, auch wenn dem Kommandanten die Unrichtigkeit des Hafenentlassungsscheins nicht zum Bewußtsein gekommen sein sollte.

Dementsprechend war das Vorderurteil aufzuheben und die Reklamation zurückzuweisen. Die Kostenentscheidung folgt aus § 37 Abs. 2 Satz 1 Pr. GO.

15.

„Sydney Albert."

Urteil vom 25. November 1915.

Umfang des Schadensersatzes im Falle ungerechtfertigter Aufbringung eines Schiffes. Geltendmachung mittelbaren Schadens und erhofften Gewinns.

Ziff. 8 der Prisenordnung.

In der Prisensache, betreffend den niederländischen Fischdampfer „Sydney Albert", Heimatshafen Ymuiden, hat das Kaiserliche Oberprisengericht in Berlin in der Sitzung vom 25. November 1915 für Recht erkannt:

Unter Zurückweisung der Berufung der Reklamantin wird auf die Berufung des Kaiserlichen Kommissars das Urteil des Prisengerichts zu Hamburg vom 1. Mai 1915 dahin abgeändert, daß der Reklamantin ein Schadensersatz in Höhe von 4000 ℳ nebst 4 % Zinsen seit dem 18. Februar 1915 zuerkannt wird. Die Kosten des Verfahrens, mit Einschluß der notwendigen Auslagen der Reklamantin, sind von dem Reiche zu tragen.

Gründe.

Der niederländische Fischdampfer „Sydney Albert" wurde am 3. Januar 1915 vormittags im Gebiete nordwestlich von Helgoland von einem deutschen Kriegsschiff aufgebracht und nach Hamburg eingebracht. Als Ausweis über die Personen und die Nationalität der Mannschaft hatte er den Hafenentlassungsschein an Bord. Da eine nähere Prüfung im Prisenhafen Verdachtsgründe für eine neutralitätswidrige Unterstützung nicht ergab, wurde der Dampfer am 14. Januar d. J. wieder freigegeben und erreichte am 19. Januar abends die Fischgründe wieder. Die Reederei erhob Schadensersatzansprüche in Gesamthöhe von 5410,02 fl., die sich im einzelnen aus Fangverlust für 21 Tage, baren Auslagen bei der Einbringung und Preisunterschied für in Hamburg gekaufte Steinkohlen zusammensetzen. Das Gericht erster Instanz hat durch Urteil vom $\frac{\text{17. April}}{\text{1. Mai}}$ 1915 4258,57 fl. zugebilligt. Darunter befindet sich ein Betrag von 3890 fl. als Entschädigung für Fangverlust. Gegen dieses Urteil haben der Kaiserliche Kommissar und die Reklamantin Berufung erhoben. Ersterer beantragt Abweisung der Reklamation, da das Schiff rechtmäßigerweise aufgebracht sei; letztere verlangt Erhöhung der zugesprochenen Summe, weil das Prisengericht den Fangverlust falsch berechnet habe.

Die Berufung des Kaiserlichen Kommissars ist teilweise begründet. Nicht beizutreten ist seinen Ausführungen, die dahin gehen, daß ausreichende Gründe für die Beschlagnahme vorgelegen hätten und mithin der Anspruch auf Schadensersatz an sich ungerechtfertigt sei. Wie das Oberprisengericht wiederholt, insbesondere in der Prisensache „Hafenkamp" [1]) ausgeführt hat, erfordert die Kriegsnotwendigkeit allerdings, daß Schiffe, welche sich im Seekriegsgebiet oder dessen unmittelbarer Nähe aufhalten, in der Lage sind, sich über die Personen und die Nationalität ihrer Mannschaft in befriedigender Weise auszuweisen. Denn andernfalls wäre eine Kontrolle durch unsere Kriegsschiffe unmöglich. Auf der anderen Seite aber hat das Oberprisengericht einen von der Hafenbehörde in Ymuiden ausgestellten

[1]) Nr. 10 S. 50.

Hafenentlassungsschein, der über die Personen und die Nationalität der Mannschaft zweifelsfrei Auskunft gibt, als an sich wohl geeignet erachtet, die erforderlichen Nachweise zu erbringen. Allerdings muß der Schein formell in Ordnung sein, insbesondere eine Nationalitätsbescheinigung enthalten und mit den Angaben des Prisenberichts über die Personen der Besatzung übereinstimmen. Dies ist vorliegend der Fall. Es lag mithin objektiv ein Anlaß zur Aufbringung des Schiffes „Sydney Albert" nicht vor, und damit ist die Verpflichtung zum Schadensersatz gemäß Ziff. 8 Pr. O. an sich gegeben.

Das Oberprisengericht hat aber die Berufung des Kaiserlichen Kommissars insofern für teilweise begründet erachtet, als es sich um die Höhe des zugesprochenen Schadensersatzes handelt.

In welcher Weise im Falle der unberechtigten Aufbringung eines Schiffes Schadensersatz zu leisten ist, hat die Prisenordnung nicht entschieden. Der bezügliche Paragraph der Prisenordnung ist eine fast wörtliche Wiedergabe des Art. 64 der Londoner Erklärung vom 26. Februar 1909 über das Seekriegsrecht. Nach der jener Erklärung beigegebenen Erläuterung (Abs. 4) hat man bei der Beratung die Frage aufgeworfen, ob zu unterscheiden sei zwischen dem mittelbaren und dem unmittelbaren Schaden, der dem Schiffe und der Ware erwächst. Man hat es jedoch für zweckmäßiger gehalten, der Prisengerichtsbarkeit freie Hand bei Festsetzung der geschuldeten Entschädigung zu lassen, die je nach den Umständen verschieden sein werde, und deren Betrag nicht im voraus durch allzu genaue Regeln begrenzt werden dürfe.

In der internationalen Praxis, wie sie seit dem Spruche des Genfer Schiedsgerichts im Alabamastreit (Martens, Nouveau Recueil Bd. 20 S. 728, 774) in zahlreichen Fällen übereinstimmend befolgt worden ist, werden bei Reklamationen wegen Schäden, die den Angehörigen eines Staates entstanden sind, und für die ein anderer Staat verantwortlich gemacht wird, Schadensersatzansprüche nicht berücksichtigt, die mit dem schädigenden Ereignisse nur in mittelbarem Zusammenhange stehen oder aus dem Verluste künftiger, mehr oder weniger hypothetischer Gewinne hergeleitet werden. Hiervon ist auch beim Schadensersatz nach Prisenrecht auszugehen. Bei den Verhandlungen der

Londoner Konferenz ist dies, ohne Widerspruch zu finden, von deutscher Seite betont worden, wenn auch hinzugefügt wurde, daß die Rechtsprechung jenen Grundsatz nicht mit übertriebener Strenge zur Anwendung zu bringen haben werde.

Im vorliegenden Falle beruht die Schadensberechnung der Reklamantin, der sich das Urteil erster Instanz, wenn auch mit gewissen Berichtigungen, angeschlossen hat, lediglich auf der hypothetischen Annahme bestimmter Gewinne, die das Schiff während der Zeit, in der es in Hamburg festgehalten wurde, durch eine Reihe von Fangreisen hätte machen können. Die Ausführung dieser Reisen und die dabei zu erzielenden Gewinne waren aber von so vielen Zufälligkeiten abhängig, daß sie nicht als Grundlage für die Schadensfestsetzung dienen können. Das Oberprisengericht hat es daher abgelehnt, die Schadensberechnung der Reklamantin in ihren einzelnen Positionen dem Grunde und Betrage nach einer Prüfung zu unterziehen. Es hat vielmehr angesichts der Tatsache, daß zweifellos einem Schiffe durch Stilliegen unmittelbar ein Schaden erwächst, diesen unter Berücksichtigung aller Umstände des Falles nach seinem freien Ermessen, unter Zurückweisung der auf eine Erhöhung abzielenden Berufung der Reklamantin, auf den der Reklamantin im entscheidenden Teile dieses Urteils zugesprochenen Betrag festgesetzt, in dem auch die baren Auslagen der Reklamantin enthalten sind. Die Zinsforderung ist nur vom Tage der Geltendmachung der Schadensersatzforderung an gerechtfertigt. Die Kosten beider Instanzen sind dem Reiche auferlegt, weil die Höhe der zuzusprechenden Summe dem freien richterlichen Ermessen unterlag. Da die Niederlande die Gegenseitigkeit verbürgt haben, waren auch die baren Auslagen zu erstatten.

16.

„Star."

Urteil vom 25. November 1915.

Einstweilige Aufbringung zum Zwecke der Durchsuchung. Notwendigkeit der Durchsuchung als ausreichender Grund für die Beschlagnahme.

Ziff. 8, 91 der Prisenordnung.

In der Prisensache, betreffend den schwedischen Dampfer „Star", Heimatshafen Stockholm, hat das Kaiserliche Oberprisengericht in Berlin in der Sitzung vom 25. November 1915 für Recht erkannt:

Die Berufungen der Reklamanten gegen das Urteil des Prisengerichts zu Kiel vom 5. Mai 1915 werden zurückgewiesen. Die Kosten des Berufungsverfahrens haben die Reklamanten zu tragen. Die für die Freigabe des Schiffes geleistete Sicherheit von 2500 ℳ ist den Hinterlegern aus der Reichskasse zurückzuerstatten, soweit dies nicht bereits geschehen sein sollte.

Gründe.

Am 11. Dezember 1914 wurde der schwedische Dampfer „Star", auf der Reise von Helsingör nach Raumo, bei Lille-Grund-Boje von einem deutschen Torpedoboot aufgebracht. Die Ladung war — mit Ausnahme von 3 Kolli und 8 Fässern, die auf Deck lagen — im Raum verstaut. Die Schiffspapiere waren nach dem äußeren Befund in Ordnung. Das Manifest ergab keinen Anhalt für die Annahme, daß Konterbande an Bord sei. Es trug die Bescheinigung der beeidigten Schiffsmakler Petersen Möller und Hoppe in Kopenhagen, daß ihres Wissens der Star keine Kriegskonterbande und keine anderen als die im Manifest verzeichneten Waren an Bord habe, und die weitere Bescheinigung des Kaiserlich Deutschen Konsulats in Kopenhagen daß nach dem Dafürhalten des Konsulats obiger Erklärung der genannten Schiffsmakler Glauben beigemessen werden könne.

Der Prisenbericht sagt, das Schiff sei der Konterbande „verdächtig (vorläufig nicht genau festzustellen)". Der „Star" wurde aufgebracht und zunächst nach Swinemünde, wo eine vorläufige Untersuchung unter Zuziehung von Sachverständigen stattfand, sodann nach Stettin überführt, wo er vollständig zwecks Durchsuchung entlöscht wurde. Das Ergebnis war, daß die Ladung zur Hälfte etwa aus Porzellanerde, im übrigen aus verschiedenen Stückgütern bestand, darunter insbesondere Maschinenteile, die sich als die Bestandteile einer Zementmühle erwiesen, ferner 4 kleine Motoren von ca. 4—5 Pferdekräften, nach Ansicht der Sachverständigen zur Bedienung der mechanischen Feuerung der Zementmühle bestimmt, und zwei kleine Drehbänke, die als Zubehör zur Zementmühle gedacht sein könnten.

Darauf ist durch Urteil des Prisengerichts das Schiff nebst Ladung auf Grund von § 25 Pr. GO. gegen Hinterlegung von 2500 *M* wegen der Kosten freigegeben worden.

Der Reeder des Schiffes und sechs Ladungsinteressenten haben Schadensersatzansprüche geltend gemacht.

Das Prisengericht hat entschieden, daß ausreichende Gründe für die Beschlagnahme vorgelegen hätten, und hat die Reklamationen abgewiesen unter Verurteilung der Reklamanten in die Kosten.

Die hiergegen eingelegte Berufung erscheint nicht begründet.

Es ist nicht zu bestreiten, daß nach dem damaligen Stande der Gesetzgebung der „Star" Konterbande nicht geführt hat, weder absolute noch relative. In Frage kommt überhaupt nur die Nr. 11 der Liste der absoluten Konterbande. Die Verweisung des Vorderrichters auf Nr. 6 und 8 der Ziffer 23 in Verbindung mit Abs. 2 das. ist unzutreffend. Was sich an Maschinen und Maschinenteilen im „Star" befunden hat, hat mit Schiffen, Booten, Fahrzeugen, Schwimmdocks, Luftschiffen oder Flugmaschinen und deren Maschinen nichts gemein. Es ist aber auch klar, daß gewöhnliche Drehbänke von geringer Größe und kleine Motoren nicht als ausschließlich zur Anfertigung von Kriegsmaterial, Waffen usw. hergestellte Werkzeuge oder Vorrichtungen gelten können.

Es ist ferner zuzugeben, daß der Schiffer nach Kräften bemüht gewesen ist, der Verladung von Konterbande in sein Schiff vorzubeugen und sich nach dieser Richtung hin mit den erforderlichen Nachweisen zu versehen. Darauf, daß etwa die Schiffspapiere irgendwie nicht in Ordnung gewesen wären, daß der Kurs des Schiffes zu Verdacht Veranlassung gegeben hätte, oder ähnliches könnte sich der Kommandant des Kriegsschiffes für sein Verfahren nicht berufen und hat er sich nicht berufen.

Damit ist aber die Frage noch nicht erledigt. Nach dem Prisenbericht ist der Kommandant zur Aufbringung geschritten und hat zugleich zwecks eingehenderer Durchsuchung das Schiff nach Swinemünde beordert, weil es ihm verdächtig schien, Kriegskonterbande an Bord zu haben, und genaue Feststellung hierüber zurzeit und an Ort und Stelle nicht ausführbar war. Er hat damit ganz im Rahmen der Ziffer 91 Pr. O. gehandelt, wonach, wenn sich die Durchsuchung als notwendig, aber zurzeit als nicht ausführbar erweist, das Schiff später an geeigneter Stelle zu durchsuchen ist, und wo zugleich der Kommandant angewiesen wird, zur einstweiligen Aufbringung des Schiffes zu schreiten, wenn sich für dasselbe aus dem, was er anordnet, erhebliche Nachteile ergeben.

Die Auffassung der Reklamanten, daß in einem solchen Falle die Aufbringung insofern auf die Gefahr des Aufbringenden gehe, als dieser dem Schiffe schlechthin den entstandenen Schaden ersetzen müsse, wenn sich der bestehende Verdacht nicht bestätigt, hat im Gesetz keine Stütze und erscheint unzutreffend. Auch für diese Fälle gilt die Ziffer 8 Pr. O., nach welcher ein Anspruch auf Schadensersatz nicht besteht, wenn ausreichende Gründe für die Beschlagnahme vorgelegen haben. Ausreichende Gründe aber haben in den Fällen nach Ziff. 91 eben dann vorgelegen, wenn anzuerkennen ist, daß die Durchführung der Durchsuchung notwendig war. So liegt es hier.

Das Manifest in Verbindung mit den Angaben des Schiffsjournals über die Vorgänge bei der Löschung des Schiffes in Stettin geben von der Sachlage ein deutliches Bild. Die Maschinenteile waren in Kisten verpackt, und jedenfalls war bei den meisten von außen nichts an ihnen zu erkennen, als daß man Kisten schwersten Gewichts vor sich hatte. Dabei handelte es sich mit nichten um eine geringe Menge. Im ganzen hatte das Schiff nur 508 Tonnen Ladung. Davon waren, soweit sich mit Sicherheit erkennen läßt, Maschinenteile ca. 90 Tonnen, Feuerungsanlage ca. 70 Tonnen, Feuerungsanlage und Motoren

8 Tonnen, Drehbänke 3 Tonnen, im ganzen ca. 170 Tonnen; in Kisten waren anscheinend nur jene ersteren verpackt, und zwar in insgesamt 187 Kisten. Zum Teil waren die Kisten wohl erreichbar, aber es ist klar, daß die Öffnung einzelner Kisten nicht genügt haben würde, um sich ein Bild davon zu machen, daß es sich um die Teile einer Maschine handle, welche nicht eigens der Herstellung von Munition usw. diene. Dazu kommt, daß ein anderer Teil der Kisten fest im Raum verstaut war. Es waren, wie das Journal ergibt, die Säcke mit Ton größtenteils um die Kisten gestaut, um diese während eines Krängens des Schiffes zu stützen. Es hätte also, um bei diesen Kisten auch nur eine Stichprobe zu nehmen, des Aufbrechens der Ladung bedurft, was auf der See wohl schlechterdings unzulässig, wenn überhaupt ausführbar gewesen wäre. Und Stichproben an den erreichbaren Kisten und selbst eine restlose Untersuchung dieser konnte gar nichts nützen. Darauf gerade konnte der Schiffer sich vorgesehen haben.

Beachtet man, daß es sich um Schwergut in verschlossenen Kisten in einem Schiff auf der Fahrt nach Rußland zu einer Zeit handelte, wo die Verlegenheit Rußlands um Munition schon zur Sprache gekommen war, so ist anzuerkennen, daß die Kriegslage unbedingt erforderte, das Schiff nicht durchzulassen, ehe mit Sicherheit festgestellt war, was es barg. Mit Unrecht ziehen die Reklamanten die Fälle „Elida", „Gefion", „Belle Ile" und „Edvard Grieg" zur Vergleichung heran. Dort lag die Ladung (Hölzer) und ihre Beschaffenheit offen zutage. Hier stand zur Entscheidung, ob der Inhalt der zahlreichen Kolli — die ja auch noch viel zahlreicher hätten sein können, als das Manifest usw. angab — unbesehen sollte passieren dürfen. Es unterliegt unter solchen Umständen keinem Bedenken, festzustellen, daß die Durchführung der Durchsuchung notwendig war, und daß für die Beschlagnahme des Schiffes ausreichende Gründe vorgelegen haben.

Die Kosten der Berufung fallen nach §§ 44, 37 Pr. GO. ebenso wie die Kosten der ersten Instanz den Reklamanten zur Last. Indessen gilt das nur von den Kosten des prisengerichtlichen Verfahrens. Nach § 37 Abs. 3 Pr. GO. sind dem freigelassenen Schiffe Kosten, die durch das Verfahren wegen Einziehung der Konterbande sowie durch die Erhaltung von Schiff und Ladung während der Untersuchung entstanden sind, aufzuerlegen, wenn es Konterbande geführt hat. Im übrigen bestimmt der § 37 und überhaupt die Prisengerichtsordnung nur über die Kosten, welche durch die Reklamation entstanden sind. Es wäre daher nicht gerechtfertigt, das zur Sicherheit wegen anderer Kosten von den Reklamanten hinterlegte Geld ferner einzubehalten. Es erschien angezeigt, das im Urteil zum Ausdruck zu bringen.

17.

„Dux."

Urteil vom 14. Januar 1916.

Begriff des Schiffbaustahls.

Ziff. 21 Nr. 15 der Prisenordnung in der Fassung vom 18. April 1915 (Reichs-Gesetzbl. S. 227).

In der Prisensache, betreffend den schwedischen Dampfer „Dux", Heimatshafen Stockholm, hat das Kaiserliche Oberprisengericht in Berlin in der Sitzung vom 14. Januar 1916 für Recht erkannt:

Die Berufungen der beiden Reklamanten gegen das Urteil des Prisengerichts zu Kiel vom 12. August 1915 werden zurückgewiesen. Die Kosten des Berufungsverfahrens fallen den Reklamanten zur Last.

Gründe.

Der Dampfer „Dux", Eigentum der schwedischen Stockholms Rederiaktiebolag Svea, mit Stückgütern auf der Reise von Norrköping nach Hull, wurde am 29. April 1915 unweit Falsterbo-Feuerschiff von einem deutschen Torpedoboot angehalten. Nach der Aussage des Kommandanten des Torpedoboots wurde der Befehl zum Stoppen gegeben, als der „Dux" die Tonne Hildagrund in Abstand von einigen 100 Metern passiert und die genannte Tonne steuerbord achteraus liegen hatte. Auf

Befehl nahm der „Dux“ westlichen Kurs, das Torpedoboot legte sich ihm längsseit. Der Leutnant Rulhoff vom Torpedoboot begab sich an Bord des „Dux“ und stellte dort durch Peilungen nach den Tonnen Hildagrund und Västaflaket den Schiffsort 55° 18′ 5″ N. und 12° 42′ 0″ O. fest. Im Prisenbericht lautet die Breitenangabe 54 statt 55°, was unmöglich richtig sein kann und nach Zeugnis der Marineoffiziere auf einem Schreibfehler beruht. Der Kapitän des Dampfers „Dux„ Thernström verlegt die Stelle, wo er angehalten ist, nach 55° 19½ N. und 12° 45 O. und meint, daß es noch innerhalb der Drei-Seemeilengrenze gewesen sei. Die Offiziere des Torpedobootes sind hierüber vernommen. Sie haben die Angaben des Prisenberichts bestätigt und bekundet, daß Leutnant Rulhoff und Steuermann Haas unabhängig voneinander den Schiffsort übereinstimmend festgestellt haben, daß der „Dux“ danach auch in dem Zeitpunkt, als er den Befehl zu stoppen erhielt, außerhalb der Drei-Seemeilengrenze gewesen sei, und daß die gegenteilige Behauptung des Kapitäns Thernström nur auf Schätzung beruht habe, da er zu einer Peilung nicht gekommen sei.

Das Schiff erhielt eine Prisenbesatzung und ging, einem Minensuchschiff folgend, zunächst nach Swinemünde, von dort nach Stettin, wo es entlöscht und die Ladung festgestellt wurde.

Beanstandet wurde eine Partie Stahlblöcke, nach dem auf Furley & Co. in Hull lautenden Konnossement 245 895 kg Ingotstahl. Schiff und Ladung wurden am 17. Mai vom Prisenamt dem Admiralstab wieder zur Verfügung gestellt, der sie nach Entnahme des Ingotstahls am 26. Mai freiließ.

Auf Bekanntmachung des Kaiserlichen Prisengerichts zu Kiel haben

1. die Firma G. und J. Svedberg in Stockholm,
2. die Reederei des Dux

Reklamationen in der vorgeschriebenen Form und Frist angemeldet. Erstere fordert Herausgabe des Stahls (die Mengen auf 245 888 kg angebend) oder Ersatz des Wertes, letztere Ersatz verschiedener Auslagen sowie Ersatz des Schadens, der ihr dadurch entstanden ist, daß das Schiff grundlos volle 4 Wochen festgehalten sei.

Der Kaiserliche Kommissar hat die Einziehung der beschlagnahmten Waren beantragt.

Das Kaiserliche Prisengericht zu Kiel hat diesem Antrage entsprechend erkannt und die Reklamationen abgewiesen.

Hiergegen haben beide Reklamanten Berufung eingelegt. Sie haben beigebracht die Gutachten Wallberg vom 1. Juli 1915, Herzberg vom 7. August 1915, das Schreiben von A. Hakansson vom 12. Januar 1916 und zwei Affidavits vom 27. September und 14. Oktober 1915.

Der Kaiserliche Kommissar hat in dem Verhandlungstermin das Gutachten einer Kommission von fünf Sachverständigen überreicht, welche auf Veranlassung der Marinebehörden zusammengetreten ist, um das Gutachten zu erstatten.

Die Reklamanten haben beantragt, weiteren Beweis durch Vernehmung von Sachverständigen zu erheben und jedenfalls nicht auf das von der Gegenseite vorgelegte Gutachten hin zu entscheiden, ohne ihnen Gelegenheit zu geben, dazu Stellung zu nehmen. Die Berufungen scheinen nicht begründet.

Es unterliegt keinem Zweifel, daß die Anhaltung des „Dux" außerhalb des schwedischen Küstengewässers stattgefunden hat. Nach den Bekundungen der Zeugen beruht ihre Ortsbestimmung auf sorgfältigen Peilungen und zuverlässiger Schätzung auf Grund der Peilungen, während die entgegenstehende Behauptung des Kapitäns schon deswegen zweifelhaft erscheint, weil seiner Schätzung jede exakte Unterlage fehlte. Die Berufungsbegründung ist denn auch auf diesen Punkt nicht zurückgekommen.

Die Reklamanten bekämpfen die Annahme des ersten Richters, daß der Ingotstahl als Schiffbaustahl und damit als absolute Konterbande anzusehen sei. Es bedarf in dieser Beziehung weiterer Beweisaufnahme nicht, und es ist auch nicht erforderlich, mit Rücksicht auf das von dem Kaiserlichen Kommissar beigebrachte Gutachten den Reklamanten zunächst noch Gelegenheit zur weiteren Vorbereitung zu geben. Dieses letztere Gutachten kann außer Betracht bleiben. Schon an der Hand der übrigen Unterlagen gelangt das Gericht zu dem Ergebnis, daß dem ersten Richter beizutreten ist. Es ist ein offenbares Mißverständnis, wenn die Reklamanten meinen, der in erster Instanz vernommene Sachverständige habe die Stahlblöcke nur bedingt als Schiffbaustahl angesprochen, nämlich unter der Bedingung, daß er sich durch eine Analyse als geeignet zur Herstellung von Panzerplatten erweisen sollte. Es liegt in dem betreffenden Satze vielmehr das Ergebnis des ganzen, im voraufgehenden kurz mitgeteilten Befundes. Die Reklamanten bemängeln nun freilich diesen Befund als unzulänglich, um die gestellte Frage zu beantworten; darüber zu entscheiden wäre nach ihrer Ansicht nicht möglich ohne die Zuziehung eines Sachverständigen. Es bedarf dessen aber nicht, weil sich schon aus den von den Reklamanten selbst beigebrachten Gutachten ergibt, worauf es ankommt. Wenn der Gutachter Wahlberg sich dahin ausspricht, daß der Kohlenstoffgehalt des vorliegenden Eisens zu groß, sein Preis infolgedessen zu hoch sei, als daß es für Schiffbaustahl gelten könnte, wenn ferner der Gutachter Herzberg den Kohlenstoffgehalt auf 0,54 % feststellt und auf Grund dessen und der weiteren Ergebnisse seiner Prüfung das Material als ein sehr hochwertiges und zur Herstellung von Werkzeugen und Maschinenteilen geeignet bezeichnet, so ergibt sich daraus nur, daß es sich allerdings um Material, wie es zur Herstellung des Schiffskörpers zu dienen pflegt, nicht handelt. Aber zum Schiff gehört auch die Maschine. Und daß zur Herstellung vieler Maschinenteile noch besseres, zur Herstellung der Schraubenwelle beispielsweise nur bestes Material Verwendung findet, ist zu bekannt, als daß es noch der Bestätigung bedürfte. Übrigens liegt eine solche in dem Schlußsatz des Herzbergschen Gutachtens, da dort ausdrücklich gesagt wird, daß sich das vorliegende Material zur Herstellung von Wellen, Kolbenstangen, Pleuel- und Schieberstangen eigene. Da es bei der Abänderung der Liste der Konterbande darauf ankam, dem Feinde das Material vorzuenthalten, dessen er zum Schiffbau bedarf, so liegt jedenfalls kein Grund vor, anzunehmen, daß es hierbei nur auf das für den Schiffskörper geeignete Material abgesehen gewesen wäre, und nicht vielmehr gerade auch auf die Schiffsmaschine. Der Hinweis darauf, daß es dann richtiger und einfacher gewesen wäre, Stahl schlechthin und nicht Schiffbaustahl in die Liste aufzunehmen, schlägt nicht durch. Ob es Stahlsorten gibt, welche für den Schiffbau nach jeder Richtung unverwendbar sind, kann dahingestellt bleiben. Wenn auch vielleicht kein Rohmaterial, so gibt es doch sicher Halbfabrikate aus Stahl, die beim Schiffbau keine Verwendung mehr finden können. Und vor allem erklärt sich der Ausdruck genügend aus dem Zusammenhang, in welchem der Stahl in die Liste Aufnahme gefunden hat. Er ist, mit Schiffsblechen zusammen, in die Gruppe eingestellt, wo von den Kriegsfahrzeugen, sodann von Bestandteilen von solchen und schließlich von dem zu ihrer Herstellung erforderlichen Rohmaterial die Rede ist. Man hat den Stahl insofern dem Handelsverbot unterworfen, als man den Schiffbau hat erschweren wollen, und so ist man veranlaßt gewesen, von „Schiffbaustahl" zu sprechen.

Die Reklamation der Reederei ist vom ersten Richter zurückgewiesen, weil der „Dux" gar nicht beschlagnahmt worden sei, und es demnach an der Voraussetzung überhaupt fehle, unter der nach § 1 Pr. GO. das Prisengericht zu einer Entscheidung berufen sei. Der Dampfer sei nur, so wird ausgeführt, zwecks Durchsuchung gemäß Ziff. 91 Pr. O. in einen deutschen Hafen gebracht und sodann nach Entlöschung der Bannware und nach Aufklärung des Sachverhalts wieder entlassen.

Das ist nicht richtig. Allerdings gibt Ziff. 91 Pr. O. dem Kommandanten das Recht, unter der dort genannten Voraussetzung die zu einer späteren Durchsuchung des Schiffes an geeigneter Stelle erforderlichen Anordnungen zu treffen, und nur unter besonderen Umständen ist er in diesem Falle zugleich verpflichtet, wenn nicht zur endgültigen, so zu einer einstweiligen Aufbringung zu schreiten. In der Prisensache „Niobe" und „Bertha Elisabeth" hat das erkennende Gericht durch Beschluß vom 25. November 1915 auch bereits entschieden, daß eine Beschlagnahme nicht schon darin gefunden werden muß, daß das Schiff angewiesen wird, einen bestimmten Hafen anzulaufen, auch dann nicht, wenn dem Schiffe zur Sicherung der Durchführung der angeordneten Maßregel eine Prisenbesatzung an Bord gegeben wird. Aber mag man im vorliegenden Falle die Anordnungen des Schiffskommandanten so oder anders beurteilen, jedenfalls muß jeder Zweifel an der Tatsache scheitern, daß die Kommandantur zu Swinemünde nach ihrer eigenen Erklärung das eingebrachte Schiff „aufgebracht" und die Sache an das Prisenamt abgegeben hat. Bei dieser Sachlage sind die Voraussetzungen des prisengerichtlichen Verfahrens auch wegen des Schiffes gegeben.

Im Ergebnis ist indessen dem angefochtenen Urteile beizustimmen. Das Schiff hat nach den obigen Ausführungen Konterbande geführt und daher war nach Ziff. 39 Pr. O. die Aufbringung gerechtfertigt. Aus Ziff. 8 Pr. O. ergibt sich des weiteren, daß die Beteiligten einen Anspruch auf Ersatz des ihnen durch die Aufbringung des Schiffes entstandenen Schadens nicht haben.

Somit waren die Berufungen unter Verurteilung der Reklamanten in die Kosten des Verfahrens zurückzuweisen.

18.

„Elsa."

Urteil vom 14. Januar 1916.

Nachträgliche Erweiterung der Konterbandeliste.

Ziff. 21 Nr. 20, Ziff. 44 der Prisenordnung in der Fassung vom 18. April 1915 (Reichs-Gesetzbl. S. 227).[1])

In der Prisensache, betreffend den schwedischen Schoner „Elsa", Heimatshafen Halmstad, hat das Kaiserliche Oberprisengericht in Berlin in der Sitzung vom 14. Januar 1916 für Recht erkannt:

Die Berufung der Reklamantin gegen das Urteil des Prisengerichts zu Hamburg vom 13. August 1915 wird zurückgewiesen. Die Kosten des Berufungsverfahrens fallen der Reklamantin zur Last.

Gründe.

Am 1. Mai 1915 ist der Schoner „Elsa" aus Halmstad, Eigentum von Anders Svennson daselbst, mit einer vollen Ladung Grubenhölzer auf der Reise von Halmstad nach Granton

[1]) Übereinstimmend Urteil des Oberprisengerichts in der Prisensache, betreffend die schwedische Bark „Elsa", Heimatshafen Karlskrona, vom gleichen Tage.

bei Edinburg, in der Nordsee auf 56° 50′ N. und 2° 20′ O. von einem Unterseeboot aufgebracht und mit der Ladung zerstört worden.

Auf die öffentliche Bekanntmachung des Prisengerichts Hamburg hat die Reederei des Schiffes Schadensersatzansprüche in der vorgeschriebenen Form und rechtzeitig geltend gemacht. Sie behauptet, daß das Schiff 20 000 Kr. wert gewesen sei, während durch die englische Versicherung nur 11 450 Kr. gedeckt seien. Es wird außer diesem Ausfall gefordert Ersatz der Versicherungsprämie, der verloren gegangenen Restfracht, des Proviants, der Ausrüstung des Schiffes und endlich der verloren gegangenen Effekten der Besatzung.

Es wird ferner behauptet, daß das Schiff am 24. April 1915 Halmstad verlassen und keine Kenntnis davon gehabt habe, daß Grubenhölzer vom Deutschen Reiche für absolute Konterbande erklärt waren. Die Ladung — 30 731 Stück Rundhölzer — sei bestimmt gewesen für die Firma Love & Stewart Ltd. in Glasgow. Sie stamme von einem Lager, welches diese Firma in Halmstad unterhält, und sei daher schon vor der Abladung deren Eigentum gewesen.

Das Kaiserliche Prisengericht zu Hamburg hat, dem Antrage des Kaiserlichen Kommissars entsprechend, erkannt, daß das Schiff und die Ladung der Einziehung unterlagen, und die Reklamation des Reeders zurückgewiesen.

Die hiergegen eingelegte Berufung der Reklamantin ist nicht begründet.

Es herrscht darüber kein Streit, daß die Ladung des Schiffes in Grubenhölzern bestanden hat, daß damit vom Schiff Güter geführt sind, welche durch Verordnung vom 18. April 1915, veröffentlicht am 20. April, auf die Liste der absoluten Konterbande gesetzt waren. Die Reklamantin kann das nicht bestreiten, aber sie hat sich auf Ziff. 44 Pr. O. berufen, indem sie behauptet, daß sie bei Abgang des Schiffes am 24. April von dieser Änderung der Liste noch keine Kenntnis gehabt habe, und es ist ihr zuzugeben, daß der erste Richter das mit unzutreffender Begründung zurückgewiesen hat. Er nimmt an, daß die Ziff. 44 sich nicht auf die gesetzliche Konterbande, sondern nur auf die in Ziff. 22, 24 Pr. O. vorgesehenen besonderen Erklärungen beziehe, die nach Ziff. 25 Pr. O. den neutralen Regierungen und den Kommandanten der Kriegsschiffe mitgeteilt würden. Augenscheinlich wird hierbei davon ausgegangen, daß es sich im gegenwärtigen Falle um „gesetzliche" Konterbande handle, weil die Änderung der Liste durch Kaiserliche Verordnung erfolgt ist.

Das ist indessen nicht der Gegensatz, welcher den Bestimmungen der Prisenordnung zugrunde liegt. In Ziff. 22 (und Ziff. 24) wird gegenüber der aus der Londoner Deklaration übernommenen Liste der Konterbande vorbehalten, noch andere Gegenstände in die Liste aufzunehmen und dadurch für Konterbande zu „erklären". In welcher Form eine solche „Erklärung" zu erfolgen hat, ob durch Gesetz, Verordnung oder in anderer Weise, ist Sache des Staats- und Verwaltungsrechts. Damit befaßt sich die Prisenordnung überhaupt nicht. Nicht dieser Unterschied, ob eine Ware durch Gesetz oder wie sonst für Konterbande erklärt ist, sondern vielmehr der Unterschied, ob eine Ware von Anfang an in die Liste aufgenommen oder zu den später hinzugekommenen gehört, ist es, welchen die Ziff. 44 der Prisenordnung macht, wenn sie nur hinsichtlich der letzteren die Voraussetzung aufstellt, daß das Schiff Kenntnis von der Konterbanden-Erklärung gehabt hat, hinsichtlich der ersteren es dagegen für ausreichend erklärt, daß das Schiff den Ausbruch der Feindseligkeiten erfahren hat.

Um das Schiff wegen Führens absoluter Konterbande zu kondemnieren, würde es im vorliegenden Falle also darauf ankommen, ob es bei der Abfahrt von Halmstad gewußt hat, daß Grubenholz in die Liste der absoluten Konterbande aufgenommen war. Die Beweislast trifft in dieser Beziehung die Reklamantin nicht. Eine Vermutung ist gesetzlich nicht aufgestellt. Die Ziff. 45 gibt zwar einige Anhaltspunkte, die natürlich auch von den Gerichten zu beachten sind, bindende Beweisregeln aber jedenfalls nicht enthalten. Hier könnte nur das unter c das. Gesagte in Betracht kommen. Aber es fehlt an jedem Nachweise, daß im vorliegenden Falle so verfahren, insbesondere eine sofortige telegraphische Mitteilung an die Schwedische Regierung erfolgt wäre. Die gegenteiligen Angaben der Reklamantin sind nicht bestritten. Daß die schwedische Versicherungskommission in einer Sitzung vom 26. April 1915 von der Neuerung hat Kenntnis nehmen können, gewährt keinen sicheren Schluß. Es kann zufällig gerade Sitzung angestanden haben, als die Nachricht eintraf. Es bleibt also nur die allgemeine Erwägung, daß bei den heutigen Verkehrsverhältnissen und bei der Wichtigkeit der Sache der private Telegraphenverkehr namentlich im Dienst der Presse für schnellste Verbreitung gesorgt haben mag. Dies ergibt aber bei der Kürze der Zeit, die zwischen der Ausgabe der Verordnung in Berlin und der Abfahrt des Schiffes von Halmstad liegt, nicht mehr als eine unsichere Vermutung.

Es kommt indessen für die Entscheidung hierauf nicht an. Denn man muß, wenn die Konterbande-Erklärung gegen das Schiff auf Grund der Ziff. 44 nicht verwertet werden kann, den Fall so beurteilen, als hätte er sich ganz noch unter dem bisherigen Recht ereignet. Danach hätte das Schiff relative Konterbande geführt, von der, weil sie nach einem Platz bestimmt war, der der englischen Streitmacht als Operations- und Versorgungsbasis dient, auf Grund der Ziff. 33 der Prisenordnung zu vermuten ist, daß sie zum Gebrauch für die feindliche Streitmacht bestimmt war. Dem Vorderrichter ist darin beizutreten, daß diese Vermutung eine Widerlegung nicht gefunden hat. Und auch das in dieser Instanz noch weiter beigebrachte Material ist zur Führung des Beweises nicht ausreichend.

Es ist dadurch nur zweifelhaft geworden, wer in Wahrheit der Empfänger der Ladung hat sein sollen. Außer der Firma Love & Stewart Ltd., auf welche das Konnossement lautet, hat sich auch die Firma M. S. Rennie & Co. in Glasgow mit der Erklärung zu der Ladung bekannt, daß es beabsichtigt gewesen sei, die Hölzer nicht als Feuerungsmaterial, sondern für Zwecke des Betriebs von Bergwerken zu verwenden, die der Britischen Regierung weder gehören noch unter ihrer Aufsicht stehen. Aber auch wenn man von diesem Widerspruch absehen wollte und den vorgelegten Erklärungen und Bescheinigungen ohne Bedenken vollen Glauben zu schenken hätte, so ergäbe sich doch immer zugleich, daß darüber, zu welchem Zwecke, an welcher Stelle, durch wen diese für die Kriegführung dringend erforderlichen, dabei in England außerordentlich gesuchten Hölzer verwendet werden sollten, eine irgendwie bindende Bestimmung überhaupt noch nicht getroffen war.

Somit entspricht das angefochtene Urteil im Ergebnis der ständigen Rechtsprechung dieses Gerichts, und die Berufung war zurückzuweisen.

19.

„Capella."

Beschluß vom 7. Februar 1916.

Freigabe eines Prisenschiffes gegen Hinterlegung seines Wertes. Aufhebung oder Abänderung des Freigabebeschlusses.

§ 48, § 49 Abs. 3 der Prisengerichtsordnung.

In der Prisensache, betreffend den schwedischen Dampfer „Capella", hat das Oberprisengericht in Berlin gemäß § 6a der Prisengerichtsordnung am 7. Februar 1916 beschlossen:

Die Beschwerde der Reederei des Dampfers „Capella" gegen den Beschluß des Prisengerichts zu Kiel vom 15. Dezember 1915 wird zurückgewiesen. Die Kosten des Beschwerdeverfahrens hat die Beschwerdeführerin zu tragen.

Gründe.

Es kann dahingestellt bleiben, ob, nachdem der Beschluß des Prisengerichts vom 30. November 1915 ergangen war, durch welchen die Freigabe des Dampfers „Capella" gegen Hinterlegung des Wertes des Schiffes mit Zustimmung des Kaiserlichen Kommissars in Kiel verfügt wurde, die nachträgliche Zurücknahme dieser Zustimmung die Wirkung haben konnte, daß es nunmehr so anzusehen war, wie wenn der Kommissar von Anfang an seine Zustimmung verweigert hätte, und ob demzufolge das Prisengericht genötigt war, seinen früheren Beschluß aufzuheben und die Fortdauer der Beschlagnahme des Schiffes anzuordnen. Auch wenn man dies verneint, war das Prisengericht jedenfalls befugt, jenen Beschluß seinerseits einer sachlichen Nachprüfung zu unterziehen und ihn aufzuheben, wenn es ihn nicht mehr als zutreffend erachtete. Denn nach § 48 der Prisengerichtsordnung kann zwar das Prisengericht die Freigabe eines Schiffes gegen Hinterlegung des Wertes nur mit Zustimmung des Kommissars bewilligen; es ist aber, auch wenn diese Zustimmung erteilt ist, nicht gehindert, die Freigabe zu versagen. Und andererseits ist kein Grund ersichtlich, warum die allgemeine Regel (§ 49 Abs. 3 der Prisengerichtsordnung), wonach Beschlüsse, die nicht durch Berufung anzufechten sind, von dem Prisengerichte selbst wieder aufgehoben oder geändert werden können, nicht auch auf die verfügte Freigabe eines Schiffes gegen Hinterlegung Anwendung finden sollte, solange das Schiff sich noch tatsächlich in der Gewalt der Prisenbehörden befindet. Das Beschwerdegericht, das in einem solchen Falle mit der Sache befaßt wird, hat dann auch seinerseits zu prüfen, ob unter Berücksichtigung der Sachlage dem Antrag auf Freigabe des Schiffes zu entsprechen war oder nicht. Diese Prüfung hat im vorliegenden Falle zu dem Ergebnisse geführt, daß sich der Gerichtshof den Bedenken nicht verschließen konnte, die der Kaiserliche Kommissar beim Oberprisengericht vom militärischen Gesichtspunkt aus gegen die Freigabe des Schiffes geltend gemacht hat. Die Fortdauer der Beschlagnahme erschien danach angezeigt, weshalb die Beschwerde zurückzuweisen war.

20.

„Vega.“

Urteil vom 17. Februar 1916.

Treibriemen als relative Konterbande. Vermutung feindlicher Bestimmung. Bezeichnung des Spediteurs als Empfänger im Konnossement. Beschlagnahme einziehbarer Teile der Ladung unter Verzicht auf die Aufbringung des Schiffes.

Ziff. 21 Nr. 19, Ziff. 23 Nr. 18, Ziff. 33 Abs. 1b, Ziff. 121 Abs. 3 der Prisenordnung in der Fassung vom 18. April 1915 (Reichs-Gesetzbl. S. 227).

In der Prisensache, betreffend den schwedischen Dampfer „Vega“, Heimatshafen Stockholm, hat das Kaiserliche Oberprisengericht in Berlin in der Sitzung vom 17. Februar 1916 für Recht erkannt:

Die Berufung der Reklamantin gegen das Urteil des Prisengerichts zu Kiel vom 6. Oktober 1915 wird zurückgewiesen. Die Kosten des Berufungsverfahrens fallen der Reklamantin zur Last.

Gründe.

Der auf der Reise von Rotterdam nach Stockholm befindliche schwedische Dampfer „Vega" wurde am 11. Mai 1915 von einem deutschen Kriegsschiff im Sund angehalten und nach Stettin eingebracht. 37 Päcke und 1 Kiste lederne Treibriemen wurden dort freiwillig gelöscht und der Dampfer am 21. Mai 1915 wieder entlassen. Die Treibriemen waren nach dem Konnossement abzuliefern an Emil R. Boman in Stockholm. Da dieser sich weigerte, zu bescheinigen, daß die Treibriemen in Schweden bleiben sollten, wurden sie beschlagnahmt. Die Abladerin erhob Reklamation und gab, einer Auflage des Prisengerichts entsprechend, als wirklichen Empfänger der Treibriemen die Firma Ivanoff & Hawkins in Moskau an. Durch Urteil des Prisengerichts vom 6. Oktober 1915 wurde die Reklamation abgewiesen und die Einziehung der Treibriemen ausgesprochen. Das Gericht erster Instanz läßt dahingestellt, ob die Treibriemen Zubehör zu Drehbänken und als solches, wie die Drehbänke selbst, absolute Konterbande seien. Es nimmt aber an, daß sie jedenfalls relative Konterbande seien, da sie objektiv durchaus geeignet seien, für Sattlerei, Geschirr und Militärschuhzeug gebraucht zu werden. Die feindliche Bestimmung erachtet es deshalb für gegeben, weil der Spediteur Boman in Stockholm nicht als Empfänger im Sinne der Ziff. 33 Abs. 1b Pr. O. anzusehen sei, vielmehr nur als Durchgangsperson, die den Transport an den wirklichen Empfänger — hier eine russische Firma — weiter zu leiten habe. Der Empfänger im Sinne der oben angeführten Bestimmung sei daher aus den Schiffspapieren nicht ersichtlich gewesen, und die Vermutung der Ziff. 33 Abs. 1b greife daher Platz. Den auf Ziff. 121 Abs. 3 Pr. O. gegründeten Schadensersatzanspruch der Reklamantin hat das Prisengericht unter Hinweis darauf zurückgewiesen, daß diese

Bestimmung auf den hier vorliegenden Fall der freiwilligen Herausgabe im Hafen nicht anwendbar sei. Gegen dieses Urteil hat die Reklamantin form- und fristgerecht Berufung erhoben; sie beantragt Freigabe der Treibriemen und Schadensersatz.

Der Kaiserliche Kommissar hat dem widersprochen.

Der Berufung war der Erfolg zu versagen.

Der vom Kaiserlichen Kommissar in erster Linie vertretenen Auffassung, daß es sich bei den Treibriemen, da sie Zubehörteile zu Drehbänken seien, gemäß Ziff. 21 Nr. 19 Pr. O. um absolute Konterbande handele, vermag das Oberprisengericht allerdings nicht zu folgen. Dazu wäre zum mindesten erforderlich, daß diese Eigenschaft in irgend einer Weise erkennbar hervorträte, was hier nicht der Fall ist.

Hingegen ist das Oberprisengericht mit dem Vorderrichter der Ansicht, daß die Treibriemen als relative Konterbande gemäß Ziff. 23 Nr. 18 Pr. O. anzusprechen sind. Dies ist der Fall, wenn man annimmt, daß die Treibriemen oder, was dasselbe sagen will, das Treibriemenleder in der hier vorliegenden Form der Verarbeitung für Sattlerei, Geschirr oder Militärschuhzeug „brauchbar" ist. Das Berufungsgericht steht auf dem Standpunkte, daß der Ausdruck brauchbar hier verwendet worden ist, um der betreffenden Position einen möglichst umfassenden Inhalt zu geben. Die objektive Verwendbarkeit soll entscheidend sein, ohne Rücksicht darauf, ob das in Rede stehende Material für die gedachten Zwecke etwa besonders geeignet oder gar bestimmt ist. In dieser Beziehung nun trägt das Oberprisengericht keine Bedenken, mit dem ersten Richter anzunehmen, daß Treibriemen der hier fraglichen Art (145×6 und 400×12 mm) — sei es unmittelbar, sei es nach weiterer Bearbeitung durch Beschneiden, Spalten usw. — sehr wohl zur Verwendung als Geschirrmaterial (insbesondere Zugriemen) oder Schuhsohlenleder brauchbar sind. Der Sachverständige, der in erster Instanz vernommen ist, verneint lediglich, daß die Treibriemen hierzu „geeignet" seien, und er verbindet hiermit offenbar einen engeren Sinn als den, der nach dem obigen dem Worte „brauchbar" beizulegen ist. Auch das Gutachten, welches die Reklamantin in zweiter Instanz überreicht hat, steht der hier vertretenen Auffassung nicht entgegen, stützt sie vielmehr in gewissem Sinne. Wenn darin die Unbrauchbarkeit zu Sohlenleder damit begründet wird, daß das Treibriemenleder durch Einfetten geschmeidig gemacht sei, während Sohlenleder fest sein müsse, so ist dem entgegen zu halten, daß dieser Umstand das Treibriemenleder vielleicht als nicht besonders geeignet zur Verwendung als Sohlenleder erscheinen lassen kann; seine Brauchbarkeit dazu schließt es um so weniger aus, als bekanntermaßen bei feuchter Witterung das Schuhzeug, um es gegen die Nässe widerstandsfähiger zu machen, sogar mit Fett getränkt zu werden pflegt. Übrigens läßt ein bei den Akten befindliches Stück Leder, welches offenbar eine Probe der beschlagnahmten Treibriemen darstellt, erkennen, daß die Geschmeidigkeit des hier fraglichen Leders keineswegs eine derartige ist, daß sie die Brauchbarkeit zu Schuhsohlen ausschlösse. Auch das Argument, mit welchem der Sachverständige die Brauchbarkeit der Treibriemen zur Sattlerei ausschließen will, ist dem Oberprisengericht nicht überzeugend erschienen. Bei ganz leichten Treibriemen bejaht er selbst die Verwendbarkeit für Sattlereizwecke. Nun ist es aber einerseits bekannt, daß für Zugriemen, namentlich bei Geschützen, sehr festes Material erforderlich ist, andererseits aber ist es durchaus nicht ausgeschlossen, dickes Leder durch Spaltung in dünneres zu verwandeln. Ob es vom wirtschaftlichen Standpunkt aus ratsam ist, Treibriemenleder oder bereits hergerichtete Treibriemen zu einem der oben gedachten Zwecke zu verwenden, ist unerheblich, da in Kriegszeiten derartige Erwägungen bei Mangel an entsprechendem Material keine ausschlaggebende Rolle spielen können. Zudem ist der von dem Sachverständigen erster Instanz angegebene Preis (10 *M* für 1 kg) bei den gegenwärtig bekanntlich sehr hohen Lederpreisen keineswegs ein erorbitanter.

Bei dieser Sachlage hat das Oberprisengericht eine weitere Begutachtung nicht für erforderlich gehalten, vielmehr auf Grund eigener Kenntnis der Verhältnisse die hier zu entscheidende Frage bejaht. Hinsichtlich der weiteren Frage, ob die Vermutung der Ziff. 33 Abs. 1b Pr. O. vorliegend gegeben ist, hat sich das Oberprisengericht gleichfalls den Ausführungen des ersten Richters durchweg angeschlossen. Als Empfänger im Sinne dieser Vorschrift ist nur derjenige anzusehen, der die Ware nach Beendigung des Transports erhält, nicht eine beliebige Zwischenperson, die lediglich für den Weitertransport Sorge zu tragen hat. Dies ergibt sich ohne weiteres aus dem Grunde der Bestimmung, die es ermöglichen soll, aus der Person des Empfängers einen Anhalt für den Verwendungszweck der Ware zu gewinnen. Das ist aber bei einer Durchgangsperson, wie sie der Spediteur ist, völlig ausgeschlossen. Die Tatsache, daß Spediteure oft auch Eigenhändler sind, ist unerheblich. In einem solchen Falle bedarf es, um die Anwendbarkeit der Ziff. 33 Abs. 1b auszuschließen, des Nachweises, daß die betreffende Ware für den Eigenbetrieb des Spediteurs bestimmt ist, was hier nicht der Fall ist. Wollte man anders entscheiden, so wäre dem Konterbandehandel Tür und Tor geöffnet, denn es brauchte bei den im Endergebnis an den Feind gerichteten Waren nur ein Zwischenempfänger eingeschaltet zu werden, um den Handel äußerlich unverfänglich erscheinen zu lassen. Um dem zu begegnen, sind gerade die neuen Bestimmungen der Ziff. 33 Pr. O. geschaffen worden.

Übrigens findet nach dem oben Gesagten die Vorschrift der Ziff. 33 Abs. 1b Pr. O. hier auch um deswillen Anwendung, weil im Laufe des prisengerichtlichen Verfahrens festgestellt ist, daß die Treibriemen an eine Moskauer Firma, also an eine Person gegerichtet waren, die sich im feindlichen Gebiet aufhält. Diese betreibt, wie bei den Akten befindliche Briefe ergeben, einen umfangreichen Handel mit allen möglichen Gegenständen. Die durch Ziff. 33 Abs. 1b Pr. O. aufgestellte Vermutung, daß die hier fraglichen Treibriemen feindlichen Zwecken gedient haben würden, ist in keiner Weise entkräftet, die Einziehung der Treibriemen mithin gerechtfertigt.

Die Bezugnahme der Reklamantin auf Ziff. 121 Abs. 3 Pr. O. hat der Vorderrichter zutreffend durch den Hinweis darauf entkräftet, daß dessen Voraussetzungen hier nicht vorliegen, weil die Treibriemen freiwillig herausgegeben sind. Die fragliche Bestimmung findet aber nur Anwendung, wenn der Kommandant, unter Verzicht auf Aufbringung des Schiffes, einzelne einziehbare Teile der Ladung beschlagnahmt, ohne daß die besonderen Voraussetzungen des Abs. 1 daselbst vorgelegen haben.

Dies kann nur von einer Beschlagnahme verstanden werden, die gegen den Willen des Führers des die Konterbande befördernden Schiffes erfolgt. Die freiwillige Überlieferung der Konterbande ist denn auch in den Bemerkungen zu Art. 54 der Londoner Erklärung, welche der Ziff. 121 Pr. O. zugrunde liegt, als eine der Möglichkeiten angegeben, die dem Kommandanten in einem derartigen Falle offen stehen und die Verpflichtung zum Schadensersatz aus Art. 54 beseitigen. Es ist ohne weiteres anzunehmen, daß Ziff. 121 Pr. O. auf demselben Standpunkt steht. Dies ergibt sich auch aus Ziff. 46 Pr. O. im Zusammenhalt mit Art. 44 der Londoner Erklärung und den dazu gegebenen Erläuterungen.

Hiernach war, wie geschehen, zu erkennen. Die Kostenentscheidung folgt aus § 37 Pr. GO.

21.

„Goethe."

Urteil vom 17. Februar 1916.

Schadensersatzansprüche in Fällen, in denen ein Schiff nur zum Zwecke der Durchsuchung eingebracht ist. Unzuständigkeit der Prisengerichte. Vermutung feindlicher Bestimmung bei Gegenständen relativer Konterbande. Bezeichnung des Spediteurs als Empfängers im Konnossement.[1])

§ 1 der Prisengerichtsordnung; Ziff. 33 Abs. 1b der Prisenordnung.

In der Prisensache, betreffend den schwedischen Dampfer „Goethe", Heimatshafen Stockholm, hat das Kaiserliche Oberprisengericht in Berlin in der Sitzung vom 17. Februar 1916 für Recht erkannt:

---

[1]) Übereinstimmend Urteil des Oberprisengerichts in der Prisensache „Tor" vom gleichen Tage.

Die Berufung gegen das Urteil des Prisengerichts zu Kiel vom 6. Oktober 1915 wird zurückgewiesen. Die Kosten des Berufungsverfahrens fallen der Berufungsklägerin zur Last.

Gründe.

Der auf der Fahrt von Rotterdam nach Stockholm begriffene schwedische Dampfer „Goethe“ wurde am 9. Juni 1915 von einem deutschen Kriegsschiff angehalten und nach Swinemünde eingebracht. Dort löschte er freiwillig 499 Sack Kaffee und fuhr am 13. Juni 1915 weiter. Der Kaffee ist später freigegeben worden, nachdem die eidesstattliche Versicherung einer schwedischen Firma beigebracht war, daß der Kaffee in Schweden bleiben und dort verwendet werden solle. Es wurden dann Schadensersatzansprüche wegen unberechtigter Beschlagnahme des Kaffees und des Schiffes erhoben. Diese wurden durch Urteil des Prisengerichts vom 6. Oktober 1915 abgewiesen. Das Urteil ist hinsichtlich des Kaffees rechtskräftig geworden. Wegen des Schiffes ist frist- und formgerecht Berufung eingelegt mit dem Antrag, unter Abänderung der Vorentscheidung der Reklamation der Reederei stattzugeben. Der Kaiserliche Kommissar hat dem widersprochen.

Die Berufung ist unbegründet. Mit Recht hat der Vorderrichter angenommen, daß im vorliegenden Falle eine Beschlagnahme des Dampfers „Goethe“ nicht stattgefunden hat. Das Schiff ist vielmehr, wie aus dem Berichte des Kommandanten hervorgeht, nur zum Zwecke der Untersuchung eingebracht. In ständiger Rechtsprechung (vergl. namentlich die Prisensachen „Niobe“ und „Bertha Elisabeth“)[1]) hat das Oberprisengericht angenommen, daß in einem solchen Falle für eine prisengerichtliche Behandlung der Sache kein Raum ist, weil nach § 1 Pr. GO. die Prisengerichte nur im Falle einer vollzogenen Aufbringung zu entscheiden haben. Hieran ist festzuhalten.

Aber auch wenn eine Beschlagnahme des Schiffes erfolgt wäre, würde die Berufung unbegründet sein. Kaffee ist nach Ziff. 23 Nr. 1 Pr. O. relative Konterbande, da er unter die Lebensmittel zu rechnen ist. Der Kaffee war nach dem Konnossement im vorliegenden Falle an den Spediteur Boman in Stock-

[1]) Nr. 12 S. 55.

holm abzuliefern. Ein Spediteur ist, wie das Oberprisengericht gleichfalls bereits in anderen Sachen (vergl. Prisensache „Vega“)[1] entschieden hat, nicht „Empfänger“ der Ware im Sinne der Ziff. 33 Abs. 1b Pr. O., denn er ist nicht derjenige, an welchen die Ware nach beendigtem Transport gelangen soll, sondern nur eine Durchgangsperson, die den Weitertransport an den wirklichen Empfänger zu vermitteln hat. Mithin war im vorliegenden Falle der Empfänger in obigem Sinne aus den Schiffspapieren nicht ersichtlich. Damit war die feindliche Bestimmung des Kaffees nach Ziff. 33 Abs. 1b Pr. O. als gegeben anzusehen. Erst im Laufe des prisengerichtlichen Verfahrens ist diese Vermutung entkräftet worden. Bei Anhaltung des Schiffes lagen mithin objektiv die Voraussetzungen für eine Aufbringung vor. Wenn also eine solche erfolgt wäre, hätte die Reklamantin gleichwohl gemäß Ziff. 8 Pr. O. keinen Anspruch auf Schadensersatz, weil ausreichende Gründe für die Beschlagnahme vorgelegen haben. Demgemäß war in der Hauptsache, wie geschehen, zu erkennen. Die Kostenentscheidung folgt aus § 37 Pr. GO.

22.

„Indian Prince.“

Urteil vom 17. Februar 1916.

Rechtmäßige Zerstörung eines feindlichen Schiffes. Geltendmachung von Schadensersatzansprüchen durch Angehörige der Vereinigten Staaten von Amerika wegen des Untergangs ihnen gehöriger Güter auf Grund der völkerrechtlichen Vertragsbeziehungen mit den Vereinigten Staaten von Nordamerika.[2]

Ziff. 8, 110 der Prisenordnung; Art. XII, XIII der Preußisch-Amerikanischen Friedens- und Freundschaftsverträge vom 10. September 1785 und 11. Juli 1799, Art. XII des Handels- und Schiffahrtsvertrages vom 1. Mai 1828 (Martens, Recueil de Traités Bd. IV S. 37, Bd. VI S. 669, Bd. VII² S. 615).

In der Prisensache, betreffend den englischen Dampfer „Indian Prince“, Heimatshafen Newcastle, hat das Kaiser-

[1] Nr. 20 S. 80.

[2] Übereinstimmend das Urteil des Oberprisengerichts in der Prisensache „Bowes Castle“ vom gleichen Tage.

liche Oberprisengericht in Berlin auf Grund der Verhandlung in der Sitzung vom 17. Februar 1916 für Recht erkannt:

Die Berufungen gegen das Urteil des Prisengerichts zu Hamburg vom 3. Juli 1915 werden zurückgewiesen. Die Kosten des Berufungsverfahrens fallen den Berufungsklägern zur Last.

Gründe.

Am 4. September 1914 ist der englische Dampfer „Indian Prince", mit Stückgütern auf der Reise von Santos über Trinidad nach Häfen der Vereinigten Staaten von Nordamerika, auf 7° S. und 31° W. von einem deutschen Kriegsschiff aufgebracht und, da eine Einbringung der Prise ausgeschlossen war, am 9. September versenkt worden, nachdem Passagiere und Mannschaft das Schiff verlassen hatten. Der Dampfer war Eigentum der Prince Line Limited in Newcastle.

Auf die Bekanntmachung des Kaiserlichen Prisengerichts in Hamburg haben wegen Vernichtung ihrer Güter 30 Ladungsinteressenten für 37 Abladungen Schadensersatzansprüche angemeldet.

Das Gericht hat die Verhandlung auf die Frage beschränkt, ob für neutrales Gut, das sich an Bord eines feindlichen Schiffes befand und mit diesem versenkt worden ist, Schadensersatz zu leisten ist, und hat sodann erkannt:

Das untergegangene Schiff und die untergegangene Ladung unterlagen der Einziehung. Die Reklamationen 1 bis 10, 12 bis 36, 38 werden als unbegründet zurückgewiesen.

Gegen das Urteil des Prisengerichts haben die Reklamanten 2 bis 10, 12 bis 26 und 38 Berufung eingelegt.

Die Berufung war zurückzuweisen.

Das erkennende Gericht hat in der Prisensache „Glitra"[1]) entschieden, daß, wenn eine feindliche Prise rechtmäßig zerstört wird, neutrales Gut, das sich im feindlichen Schiffe befindet und mitzerstört wird, Anspruch auf Schadensersatz nicht hat. Daran ist auch gegenüber den hier vorgebrachten Gegenausführungen festzuhalten.

Aus allgemeinen Grundsätzen ergibt sich ein solcher Anspruch nicht, weil die Handlung, durch welche die Ladung zu Schaden gekommen ist, nicht rechtswidrig, sondern rechtmäßig

[1]) Nr. 7 S. 34.

gewesen ist. Auch durch positive Bestimmung der Prisenordnung ist keine Grundlage für ein Recht auf Entschädigung geschaffen. Das gilt auch von Ziff. 110 der Pr. O. in Verbindung mit Ziff. 8 das., auf welche sich die Reklamanten berufen haben. Denn so richtig an sich der Schluß ist, daß, wenn schon der Kapitän nicht befugt ist, neutrales Gut aus feindlichem Schiffe herauszunehmen, um es zu verbrauchen, er es vollends nicht tun darf, um es unverbraucht zu vernichten, so ist damit doch nichts für die Frage gewonnen, um die es hier sich handelt. Hier ist die Frage, ob nach Völkerrecht der Kommandant verpflichtet ist, von der rechtmäßigen Zerstörung eines feindlichen Schiffes deswegen Abstand zu nehmen, weil die Zerstörung nicht geschehen kann, ohne daß neutrale Güter, welche sich im Schiffe befinden, mitzerstört werden, insbesondere, ob er hierzu auch dann verpflichtet ist, wenn die Einbringung des Schiffes unausführbar ist. Das erkennende Gericht muß auch nach wiederholter Prüfung der Frage dabei bleiben, dies zu verneinen. Es kann in dieser Beziehung nur auf die frühere Begründung verwiesen werden. Insbesondere ist nicht richtig, daß die dortige Entscheidung damit begründet wäre, daß die Ablader durch Verladung ihrer Güter in ein feindliches Schiff die Gefahr der Aufbringung und Zerstörung auf sich genommen und deshalb Entschädigung nicht zu beanspruchen hätten.[1]) Vielmehr ist dort nur in allgemeiner Betrachtung der Gedanke, daß der Neutrale freie Wahl hat, ob er seine Ware dem feindlichen Schiffe und den damit verbundenen Gefahren aussetzen will oder nicht, verwertet, um darzutun, daß die Versagung einer Entschädigung nicht bloß vom Rechtsstandpunkt aus geboten sei, sondern auch nicht als unbillig angesehen werden könne.

Der wesentliche, auch für den vorliegenden Fall durchschlagende Entscheidungsgrund liegt in der tatsächlichen Abhängigkeit der Ladung von dem Schicksale des Schiffes, vermöge deren die Ladung den Schaden zu tragen hat, der ihr durch eine prisenrechtliche Handlung entsteht, welche berechtigterweise gegenüber dem Schiffe vorgenommen wird. Es ist nicht erfindlich,

---

[1]) Die Reklamanten hatten geltend gemacht, daß dieser Gesichtspunkt hier nicht zutreffe, weil die Verschiffung schon vor Ausbruch des Krieges stattgefunden habe.

warum dieser allgemein und auch in der Denkschrift zum Artikel 64 der Londoner Deklaration als zweifellos anerkannte Grundsatz nur für den Fall der Einbringung und nicht ebenso für den Fall der berechtigten Zerstörung eines Schiffes gelten sollte.

Es kommt somit nur in Frage, ob etwa der Handelsvertrag zwischen Preußen und den Vereinigten Staaten von Nordamerika eine Grundlage für den Anspruch der Reklamanten bietet. Aber auch das ist zu verneinen.

Die Bestimmungen des genannten mit Preußen geschlossenen Vertrags müssen zwar mit Rücksicht auf die Übung, die nicht nur während des gegenwärtigen Krieges, sondern ebenso in früheren Fällen beiderseits betätigt worden ist, auch für das Verhältnis des Deutschen Reichs zu den Vereinigten Staaten als maßgeblich gelten; aber sachlich ergibt sich aus dem Vertrage nichts zugunsten der Reklamanten.

In Frage kommen nach Artikel XII des Vertrages von 1828 die Artikel XII und XIII der früheren Verträge von 1785 und 1799, der Artikel XII in der ursprünglichen Fassung des Vertrags von 1785.

In diesem Artikel XII ist der Rechtsgrundsatz „Frei Schiff, frei Gut" vereinbart. Während in Verträgen, welche die Vereinigten Staaten um dieselbe Zeit mit anderen Staaten geschlossen haben, neben der gleichen Bestimmung sich zugleich der Grundsatz „Unfrei Schiff, unfrei Gut" vereinbart findet, wobei nur eine Ausnahme für Güter gemacht wird, welche vor Ausbruch des Krieges oder innerhalb einer bestimmten Frist nach Ausbruch zur Abladung gekommen sind, schweigt der Vertrag mit Preußen über diese Frage, und es könnte an sich zweifelhaft sein, wie das zu verstehen war. Preußen mag allerdings den Standpunkt vertreten haben, daß neutrales Gut auch im feindlichen Schiffe nicht einziehbar sein soll. Dies ist schon darum zu vermuten, weil nicht lange darauf im Allgemeinen Landrecht der gleiche Grundsatz Anerkennung gefunden hat. Auch hat bei den Verhandlungen, die zu dem Vertrage von 1785 geführt haben, Preußen — worauf die Reklamanten zutreffend hinweisen — geradezu das Verlangen gestellt, daß statt des im amerikanischen Entwurfe vorgeschlagenen Satzes „unfrei Schiff, unfrei Gut" das Gegenteil „unfrei Schiff, frei Gut" aus-

gesprochen werde. Aber die Vereinigten Staaten sind hierauf nicht eingegangen, und es ist deshalb über diesen Punkt überhaupt nichts bestimmt worden. Damit entsprach die Rechtslage, wie sie durch den Vertrag geschaffen war, dem, was die „Bewaffnete Neutralität“ von 1780 angestrebt hatte. Auch in deren Sätzen hat nur die Regel „frei Schiff, frei Gut“ Ausdruck gefunden, während über das neutrale Gut im feindlichen Schiffe nichts gesagt war. Vielfach ist dies aber dahin ausgelegt worden, daß man sich gegen die Einziehung neutraler Güter im feindlichen Schiffe nicht sträuben wolle. „Man hatte sich durch lange Übung daran gewöhnt, die Konfiskation neutraler Ware an Bord feindlicher Schiffe als ein den Kriegführenden gemachtes Zugeständnis dafür anzusehen, daß diese die Unverletzlichkeit feindlicher Ware auf neutralen Schiffen anerkannten.“
Cauchy, Le droit maritime international Bd. II S. 262.

Gerade dieser Standpunkt ist es nun, den die amtlichen Stellen der Vereinigten Staaten von Nordamerika noch zur Zeit der Geltung des Vertrags von 1785 hinsichtlich der Auslegung desselben eingenommen haben. Kein geringerer als der Staatssekretär Jefferson, der an dem Abschluß des Vertrags von 1785 selbst beteiligt gewesen ist, hat sich in diesem Sinne ausgesprochen, als im Jahre 1793 Frankreich im Kriege mit England gegen die Vereinigten Staaten Beschwerde führte, daß England französische Güter in amerikanischen Schiffen aufbringe und die Vereinigten Staaten das hinnähmen. In der Note Jeffersons vom 24. Juli 1793, durch welche die Beschwerde als unbegründet abgelehnt wurde, weil nach allgemeinem Völkerrecht (Consolato del mar) feindliches Gut auf neutralem Schiffe der Einziehung unterliege, was nur eine Modifikation erleide, wenn durch Vertrag: „frei Schiff, frei Gut“ vereinbart werde, heißt es:

> We have adopted this modification in our treaties with France, the Netherlands and Prussia, and therefore, as to them, our vessels cover the goods of their ennemies, and we lose our goods, when in the vessels of their ennemies.

Obgleich in dem Vertrage mit Preußen nur der Grundsatz „frei Schiff, frei Gut“ festgesetzt ist, nimmt somit der Staatssekretär Jefferson an, daß danach ohne weiteres auch der

Grundsatz „unfrei Schiff, unfrei Gut" im Verhältnis zu Preußen gelte.

Die Reklamanten berufen sich denn auch nicht auf den Artikel XII, sondern auf Artikel XIII der Verträge von 1785 und 1799. Sie verkennen nicht, daß auch aus diesem Artikel für ihren Standpunkt nichts gewonnen werden kann, wenn man den französischen Text des Vertrags zugrunde legt. Aber sie wollen sich an den englischen Text halten, der eine Abweichung aufweist, aus der sie glauben folgern zu können, daß, wenn es sich um Güter von Staatsangehörigen der Vereinigten Staaten von Amerika handelt, unter allen Umständen, auch wenn sich die Ladung auf einem feindlichen Schiffe befindet, Entschädigung gezahlt werden müsse.

Es braucht nicht erörtert zu werden, welcher der beiden Texte der maßgebliche ist oder wie, wenn beide maßgeblich sind, ein Widerspruch zwischen beiden zu lösen wäre. Denn auch der englische Text führt zu keinem den Reklamanten günstigen Ergebnisse. Ihrer Auffassung steht zunächst schon entgegen, daß sie sich in direktem Widerspruche mit der Auslegung befindet, welche die Regierung der Vereinigten Staaten, wie oben bemerkt, noch im Jahre 1793 dem Vertrage gegeben hat.

Aber auch rein sprachlich ist die Auslegung des englischen Textes, wie die Reklamanten sie vertreten, nicht zulässig. Während der französische Text von Gütern handelt, die verladen sind:

> à bord des vaisseaux des sujets ou citoyens de l'une des Parties,

heißt es im englischen Text nicht, wie es bei wörtlicher Übereinstimmung lauten müßte: carried in the vessels of the subjects or citizens of either party, sondern

> carried in the vessels or by the subjects or citizens of either party.

Danach, so meinen die Reklamanten, ständen unter dem Schutze des Artikel XIII sowohl Güter, die in amerikanischen oder preußischen Schiffen versandt werden, als auch Güter, die durch amerikanische oder preußische Staatsangehörige — gleichviel in welcher Art von Schiffen, mithin auch in feindlichen Schiffen — befördert werden, was — so wird ohne weiteres unterstellt — gleichbedeutend sei mit: Gütern, die solchen Staatsangehörigen gehören.

Von letzterem steht aber nichts im Vertrage. Das „carried by“ weist nicht auf Eigentumsverhältnisse, sondern auf die Persönlichkeit dessen hin, der die Beförderung unternimmt. Das ist aber der Reeder, nicht etwa der Ablader oder Empfänger. Die ganze Abweichung des englischen Textes gegenüber dem französischen läuft daher auf die Erweiterung hinaus, daß neben den Schiffen der beiderseitigen Staatsangehörigen im englischen Texte auch noch, und zwar an erster Stelle, die Schiffe der Vertragsparteien selbst, die Staatsschiffe — the vessels of either party — ausdrücklich genannt werden. Denn die Worte „of either party“ müssen auch auf „in the vessels“ bezogen werden, soll letzterer Ausdruck nicht völlig in der Luft schweben.

Es ist bezeichnend, daß in dem französischen Text bei Martens, Recueil des Traités Supplement II S. 226, den auch die vom Reichsamte des Innern besorgte Ausgabe des Vertrags bringt, und der unverkennbar eine schon bald nach dem Abschlusse des Vertrags von 1799 gefertigte selbständige Übersetzung aus dem Englischen ist, der Übersetzer die Stelle genau in diesem Sinne wiedergegeben hat. Das elles mêmes in der Wendung „ou d'elles mêmes“ kann sich aus grammatikalischen Gründen nur auf die Parties contractantes beziehen, in deren eigenen Schiffen Güter befördert werden.

Aber auch aus sachlichen Gründen ist eine andere Auslegung nicht möglich.

Der Artikel XIII handelt von Konterbande. Um den Streitigkeiten zu begegnen, die sich an die Frage zu knüpfen pflegen, ob Güter Konterbande sind oder nicht, wird vereinbart, daß auch Konterbande der Einziehung nicht unterliegen solle; sie solle zwar im Notfalle requiriert werden dürfen gegen Zahlung des Wertes; sie darf auch, wenn es die Kriegslage erfordert, einstweilen beschlagnahmt werden, aber auch das nur unter Ersatz des Schadens, der dem Absender daraus entsteht. Diese Bestimmungen des Artikel XIII stehen im engsten Zusammenhange mit dem im Artikel XII Vereinbarten. Wie im allgemeinen von dem Satze „frei Schiff, frei Gut“ immer die Konterbande ausgenommen ist, so wird auch hier, nachdem im Artikel XII für feindliches Gut in preußischen oder amerikanischen Schiffen jener Satz aufgestellt ist, im Artikel XIII auf den Ausnahmefall eingegangen, wenn die in jenen Schiffen verladenen Güter Konterbande oder der Konterbande verdächtig sind. Darauf, daß es so gemeint ist, weist auch die Bestimmung über die Behandlung des betreffenden Schiffes hin, wonach der Kapitän, der Konterbande dem Feinde zuzuführen unternimmt, die Freiheit haben soll, die Konterbande auszuliefern, um sodann unbehelligt seine Reise fortsetzen zu können. Unverkennbar hat man dabei nur die Schiffe der vertragschließenden Parteien im Auge gehabt. Daß man das Vereinbarte auch für den Fall gewollt haben sollte, daß ein feindliches Schiff der eigenen Kriegsmacht Waffen, Munition usw. zuführt, erscheint völlig ausgeschlossen. Es kann nicht die Meinung gewesen sein, daß der kriegführende Teil, dem es gelingt, ein feindliches Schiff mit Waffen und Munition aufzubringen, dafür sollte Entschädigung zu zahlen verpflichtet sein, wenn es ein Angehöriger des anderen vertragschließenden Staates gewesen ist, der die Zuführung der Waffen zum Feinde veranlaßte, oder daß das feindliche Schiff, wenn es die Konterbande herausgegeben hat, seine Fahrt unbehelligt solle fortsetzen dürfen.

Bezieht sich hiernach der Artikel XIII des Vertrags von 1799 nicht auf Konterbande auf feindlichen Schiffen, so läßt sich aus ihm selbstverständlich auch nichts bezüglich der Behandlung unschädlicher Güter auf solchen Schiffen entnehmen. Der Grundsatz „unfrei Schiff, frei Gut" gilt jetzt freilich auch gegenüber den Vereinigten Staaten, aber seine Geltung beruht nicht auf einer besonderen Vertragsbestimmung, sondern nur auf dem allgemeinen Völkerrecht, wie es in der Pariser Seerechtsdeklaration von 1856 anerkannt ist und nach der deutschen Prisenordnung auch solchen Ländern gegenüber zur Anwendung kommt, die, wie die Vereinigten Staaten, jener Deklaration nicht beigetreten sind. Auch in bezug auf die Frage, ob in Fällen, wie die vorliegenden, den Eigentümern neutraler Güter Entschädigung zu gewähren ist, können daher gegenüber den Angehörigen der Vereinigten Staaten nur die gleichen Grundsätze zur Anwendung kommen, wie gegenüber den Angehörigen anderer neutraler Länder. Diese Grundsätze sind in dem Urteil in Sachen „Glitra" dargelegt.

23.

„Indrani.“

Urteil vom 17. Februar 1916.

Verbrauch von Bunkerkohle, die sich an Bord eines feindlichen Schiffes befindet, während der Verwendung des Schiffes als Hilfsschiff. Entschädigungsanspruch des neutralen Eigentümers der Kohle, sofern diese nicht der Einziehung unterlag.

Ziff. 110, 112 der Prisenordnung.

In der Prisensache, betreffend den englischen Dampfer „Indrani“, Heimatshafen Liverpool, hat das Kaiserliche Oberprisengericht in Berlin auf Grund der Verhandlung in der Sitzung vom 17. Februar 1916 für Recht erkannt:

Auf die Berufung der American and Cuban Steamship Line in New-York wird das Urteil des Prisengerichts zu Hamburg vom 3. Juli 1915 dahin geändert, daß der genannten Reklamantin außer dem zuerkannten Betrage weitere 2362,50 $ vom Deutschen Reiche zu erstatten sind. Im übrigen werden die Berufungen beider Reklamanten abgewiesen. Die gerichtlichen Kosten der Berufungsinstanz fallen, soweit sie durch die Berufung der American and Cuban Steamship Line entstanden sind, dieser zu $^4/_5$, dem Reich zu $^1/_5$, und soweit sie durch die Berufung der Firma R. Lewis entstanden sind, dieser allein zur Last.

Gründe.

Der Dampfer „Indrani“ von der Indra-Linie Ltd. in Liverpool, mit einer vollen Ladung Kohlen auf der Reise von Norfolk (Vga.) nach Rio de Janeiro, wurde am 17. September 1914 auf 1° 35′ S. und 34° 20′ W. von einem deutschen Kriegsschiff aufgebracht, zunächst als Hilfsschiff verwendet, wobei nach Auskunft des Chefs des Admiralstabs 750 t der Kohlen verbraucht wurden, und am 9. November 1914 versenkt, nachdem laut der gleichen Auskunft 2200 t für andere Kriegs- und Begleitschiffe herausgenommen waren.

Auf die Bekanntmachung des Kaiserlichen Prisengerichts in Hamburg sind Schadensersatzansprüche geltend gemacht worden:

1. von der American and Cuban Steamship Line in New-York, die behauptet,

daß das Schiff die Reise unter ihrer Charter unternommen habe, und daß sie die Bunkerkohlen geliefert habe; sie beansprucht für 1208 t unverbraucht vorhanden gewesene Bunkerkohlen Ersatz in Höhe des Marktpreises in Rio — 10,93 $ für die Tonne,

2. von Arthur R. Lewis in New-York wegen der Ladung von 6753 t Kohlen, mit der Behauptung,

daß er amerikanischer Bürger sei, daß er die Kohlen von der Smokeleß Fuel Co. in Ohio gekauft und an Albert Landsberg, brasilianischen Bürger in Rio, verkauft habe für 45 sh die Tonne ab Rio; daß der Einkaufspreis 2,85 $ betragen habe, und daß die Fracht bis Rio mit 6,50 $ für die Tonne im voraus bezahlt worden sei.

Es beziffert seinen Anspruch der Reklamant zu 1 auf 13 209,48 $, der Reklamant zu 2 auf 73 811,25 $ nebst Zinsen.

Das Prisengericht hat seiner Entscheidung die oben erwähnte amtliche Auskunft des Chefs des Admiralstabs zugrunde gelegt. Es hat ferner angenommen, daß die Maschine der „Indrani" mit den Bunkerkohlen befeuert worden ist, und daß wegen der auf diese Weise verbrauchten 750 t, weil die Verwendung nach Ziff. 112 Pr. O. berechtigt gewesen sei, Ersatz nicht zu gewähren sei;

daß ebensowenig Ersatz zu gewähren sei wegen der mit dem Schiff vernichteten Kohlen, weil die Vernichtung der Prise nach Lage der Sache berechtigt gewesen sei, auch aus den Bestimmungen des Freundschafts- und Handelsvertrags zwischen Preußen und den Vereinigten Staaten eine Ersatzpflicht des Reiches nicht hergeleitet werden könne;

daß nicht festzustellen sei, inwieweit die für andere Schiffe verwendeten 2200 t Kohlen aus der Bunkerkohle und inwieweit sie aus der Ladung genommen seien, und daß daher nichts übrig bleibe, als einen Verbrauch aus beiden Partien nach Verhältnis ihrer Größe (603 t zu 6735 t) zu unterstellen;

daß für diese Kohlen der Anschaffungswert und, soweit es sich um die Ladung handele, der auf sie entfallende Teil der vorausgezahlten Fracht zu erstatten sei, entgangener Gewinn dagegen nicht, da nicht feststehe, ob die Ladung Rio erreicht und damit der Verkäufer den vereinbarten Preis erhalten hätte.

Hiergegen ist seitens beider Reklamanten Berufung eingelegt worden.

Die Beschwerden der Reklamantin zu 1 erscheinen in einem Punkt begründet. Im übrigen waren die Berufungen zurückzuweisen.

Was zunächst die 750 t Bunkerkohlen angeht, welche während der Verwendung der „Indrani“ auf dieser selbst verbraucht worden sind, so kann dahingestellt bleiben, ob Bunkerkohlen als Zubehör des Schiffes anzusehen sind oder nicht. Selbst wenn es anzunehmen sein sollte, wäre damit noch nicht entschieden, daß sie das Schicksal des Schiffes als eines feindlichen zu teilen hätten. Zubehörstücke sind nicht Bestandteile der Hauptsache, sie können sehr wohl Dritten gehören, und wenn dies bei Bunkerkohlen der Fall ist, wie hier mit dem Vorderrichter als nachgewiesen angesehen werden muß, so liegt kein Grund vor, die Frage, ob sie feindliches oder neutrales Gut sind, anders als nach der Persönlichkeit des Eigentümers zu entscheiden. Mit Recht weist der Vorderrichter darauf hin, daß in Ziff. 110 Pr. O. deutlich zum Ausdruck kommt, daß dies auch die Auffassung des Gesetzes ist.

Handelte es sich aber bei den verbrauchten Kohlen nicht um feindliches Gut, das der Einziehung unterlag, so ist für sie Entschädigung zu zahlen. Aus Ziff. 112 der Prisenordnung ergibt sich nicht das Gegenteil, wie der Vorderrichter angenommen hat. Die Bestimmung handelt nur von der Verwendung des feindlichen Schiffes. Man kann daraus, daß der Kommandant berechtigt ist, das feindliche Schiff als Hilfsschiff zu verwenden, allenfalls folgern, daß er berechtigt ist, das Schiff so zu verwenden, wie er es vorfindet, mit allen Ausrüstungsgegenständen und Vorräten, so daß der V e r b r a u c h der Kohlen, die nicht feindliches Gut sind, mit Ziff. 110 Pr. O. auch in den Fällen nicht in Widerspruch steht, wo dem Kommandanten die Eigenschaft der Kohlen als neutrales Gut einwandfrei erwiesen wird.

Dadurch wird aber daran nichts geändert, daß die Kohlen der Einziehung nicht unterlagen und daher, wenn sie verbraucht werden, dem Eigentümer bezahlt werden müssen. In diesem Punkte ist mithin der Berufung stattzugeben. Im übrigen aber kann der angefochtenen Entscheidung nur beigepflichtet werden.

Was denjenigen Teil der Kohlen angeht, der mit der „Indrani" unverbraucht vernichtet worden ist, so ist daran festzuhalten, daß bei rechtmäßiger Zerstörung einer feindlichen Prise auch neutrale Güter im feindlichen Schiffe Anspruch auf Schadensersatz nicht haben, und daß in dieser Beziehung auch die Staatsangehörigen der Vereinigten Staaten von Nordamerika aus dem mit Preußen im Jahre 1828 geschlossenen Handelsvertrag besondere Rechte nicht herleiten können. Es ist dies in den Prisensachen „Glitra" [1]) und „Bowes Castle" [2]) ausführlich begründet worden, worauf hier verwiesen werden kann.

Ist daher, abgesehen von den vorerwähnten 750 t Bunkerkohlen, nur wegen der aus der „Indrani" vor ihrer Zerstörung entnommenen 2200 t Kohlen Entschädigung zu zahlen, und fehlt es an einem genügenden Anhalte dafür, wie viel von diesem Quantum auf die beiden Partien, Bunkerkohlen und Ladung, entfällt, so erscheint es gerechtfertigt, wenn der Vorderrichter den gemeinschaftlich erlittenen Schaden der beiden Reklamanten nach dem Verhältnis, in welchem sie mit ihren Interessen der gemeinschaftlichen Gefahr und dem Eingriff in ihr Eigentum ausgesetzt gewesen sind, auf sie verteilt.

Auch hinsichtlich der Berechnung der Höhe der den Reklamanten zu zahlenden Entschädigung hat es bei der getroffenen Entscheidung zu verbleiben. Es kann dahingestellt bleiben, ob es sich unter Unständen rechtfertigen läßt, der Berechnung des Schadens den Wert der Güter zugrunde zu legen, den sie am Bestimmungsorte gehabt hätten. Im gegenwärtigen Falle ist dies jedenfalls nicht angängig. Die Bunkerkohlen waren nicht dazu bestimmt, in Rio gehandelt zu werden. Der Reklamant selbst verkennt nicht, daß er wegen desjenigen Teiles dieser Kohlen, die für die Ausreise bis Rio und den Aufenthalt dort nötig waren, schon dadurch entlohnt ist, daß ihm die Fracht im

[1]) Nr. 7 S. 34.

[2]) Nr. 22 S. 87 Anm. 2.

voraus bezahlt ist. Er verlangt nur Entschädigung für die 1208 t, die nach seiner Berechnung — eine Reise ohne Zwischenfälle vorausgesetzt — bei der Ausfahrt aus Rio noch vorhanden gewesen wären. Aber auch dieser Rest war nicht bestimmt, in Rio verkauft zu werden. Auch er sollte verbraucht werden. Also hatte irgend ein Marktpreis, insbesondere hier der Marktpreis von Kohlen in Rio, für das Interesse der Reklamantin an ihren Kohlen und dessen Veranschlagung keine Bedeutung. Ihr ist durch die Vernichtung des Schiffes der erwartete Verdienst an der Rückreise verloren gegangen, an den Kohlen dagegen nur, was sie für ihre Anschaffung aufgewendet hat.

Für die Ladung kommt der Preis für die Kohlen in Rio deswegen nicht in Betracht, weil feststeht, daß die Kohlen, die verbraucht sind, diesen Platz auch dann nicht erreicht hätten, wenn sie nicht aus dem Schiff herausgenommen wären. Sie würden in diesem Falle das Schicksal des Restes der Ladung geteilt haben. Es ist das zwar kein Grund, der Reklamantin den Anspruch auf Entschädigung überhaupt zu versagen. Denn damit würde man dem Reich, für dessen bewaffnete Macht die Kohlen verbraucht sind, eine ungerechtfertigte Bereicherung auf Kosten der Reklamantin zusprechen. Aber andererseits ist auch kein Anlaß, der Reklamantin in dem höheren Preise des Bestimmungsortes das Ergebnis einer Handelsspekulation zuzusprechen, die ersichtlich auch dann nicht geglückt sein würde, wenn die Kohlen nicht requiriert worden wären. Den Gewinn aus dem Verkaufe der Kohlen würde die Reklamantin so, wie die Dinge lagen, auch ohnedies nicht gemacht haben.

24.

„Helikon."

Beschluß vom 26. Februar 1916.

Erteilung von Abschriften aus den Prisenakten.

§ 31 der Prisengerichtsordnung mit den Ergänzungen vom 26. März und 16. Juli 1915 (Reichs-Gesetzbl. S. 193, 446).

In der Prisensache, betreffend das norwegische Segelschiff „Helikon", hat das Oberprisengericht am 26. Februar 1916 gemäß § 6a der Prisengerichtsordnung auf die Beschwerde des Rechtsanwalts Dr. Antoine-Feill in Hamburg gegen den Beschluß des Prisengerichts zu Hamburg vom 22. Januar 1916 beschlossen:

der Beschwerde keine Folge zu geben.

Gründe.

Der Vorsitzende des Prisengerichts zu Hamburg hat dem Beschwerdeführer, dem auf sein Gesuch vom 19. November 1915 die Einsichtnahme der Akten gestattet worden war und der nach erfolgter Einsicht die Erteilung einer Abschrift von gewissen zu den Akten gelangten Schriftstücken beantragt hatte, bei Übersendung der Abschriften eröffnen lassen, daß die Übersendung nur zu seinem persönlichen Gebrauche, d. h. ohne die Befugnis der Mitteilung an die in Chile und Norwegen wohnenden, von dem Beschwerdeführer vertretenen Reklamanten, geschehe. Auf die hiergegen erhobene Remonstration ist die Anordnung des Vorsitzenden von dem Prisengericht aufrecht erhalten worden. Hiergegen richtet sich die Beschwerde. Sie wird durch den Hinweis auf den § 31 der Prisengerichtsordnung und den § 299 der Zivilprozeßordnung sowie damit begründet, daß im Gegensatze zu der Angabe in dem angefochtenen Beschluß angenommen werden müsse, daß der Inhalt jener Schriftstücke nicht ohne Einfluß auf das in der Hauptsache ergangene Urteil gewesen sei, und daß es deshalb für die Berufung notwendig sei, den

Reklamanten selbst Kenntnis von den Schriftstücken zu geben und ihnen damit die Möglichkeit einer Widerlegung ihres Inhalts zu verschaffen.

Der Kaiserliche Kommissar bei dem Oberprisengericht hat unter Bezugnahme auf den § 31 der Prisengerichtsordnung die Erklärung abgegeben, daß er seine Zustimmung zur Einsicht der in Frage stehenden Aktenstücke aus militärischen Gründen, und zwar deshalb verweigere, weil durch die Bekanntgabe eine Quelle bekannt werden würde, aus der die Kriegsleitung Nachrichten schöpft.

Es besteht kein Anlaß, dem Antrage des Beschwerdeführers zu entsprechen.

Für die Frage, inwieweit im Verfahren vor dem Prisengerichte die Akten den Reklamanten zur Einsicht und sonstigen Benutzung offen stehen, muß der § 299 der Zivilprozeßordnung außer Betracht bleiben. Seine Geltung beschränkt sich auf bürgerliche Rechtsstreitigkeiten, wie ja auch der § 147 der Strafprozeßordnung und der § 34 des Gesetzes über die Angelegenheiten der freiwilligen Gerichtsbarkeit die Parteirechte in Ansehung von Art und Umfang der Benutzung der Akten für jedes Gebiet nach dessen Eigenart besonders abmessen und begrenzen. Im Verfahren vor dem Prisengericht ist ausschließlich der § 31 der Prisengerichtsordnung maßgebend, der keine Bestimmung über die Erteilung von Abschriften enthält. Was in ihm nicht vorgesehen ist, können die Reklamanten nicht als ein ihnen zustehendes Recht in Anspruch nehmen, womit von selbst gegeben ist, daß der Vorsitzende des Prisengerichts, wenn er trotzdem einem solchen Gesuche stattgibt, seine Anordnung mit den ihm geeignet erscheinenden Einschränkungen treffen kann. Aus dem § 31 der Prisengerichtsordnung kann überdies nicht gefolgert werden, daß es notwendig wäre, jedes Schriftstück, das einmal zu den Akten gekommen ist, auch dann, wenn es zur Mitteilung an Dritte ungeeignet erscheint, weiterhin stets als Bestandteil der Prozeßakten, deren Einsicht die Reklamanten verlangen können, zu behandeln. Die Natur der Prisensachen und die Rücksicht auf die im Kriege auf dem Spiele stehenden Interessen kann die Sekretierung einzelner Schriftstücke gegenüber den Reklamanten unabweislich machen. Dies ändert sich auch dadurch nicht, daß dem Vertreter eines Reklamanten mit Rücksicht auf seine Vertrauenswürdigkeit zur persönlichen Information Kenntnis von einem solchen Schriftstücke gegeben wird. Die berechtigten Interessen der Reklamanten in Ansehung der Durchführung ihrer Ansprüche werden selbstverständlich auch in einem solchen Falle in Betracht zu ziehen sein, ein Gesichtspunkt, auf dem ja namentlich die Bestimmung des § 35 der Prisengerichtsordnung beruht, wonach der Reklamant vorher zu hören ist, wenn das Prisengericht sein Urteil auf Umstände gründen will, die nicht Gegenstand der mündlichen Verhandlung gewesen sind. Interessen der bezeichneten Art kommen aber überhaupt nicht in Frage, wenn es sich um Schriftstücke handelt, die für die Entscheidung der Sache ohne Bedeutung sind. Ob dies im vorliegenden Falle zutrifft, wird in der Berufungsinstanz nachzuprüfen sein. Sollte das Oberprisengericht auf Grund der Verhandlung über die Berufung zu der Ansicht gelangen, daß es für die Entscheidung auf den Inhalt der Schriftstücke in keiner Beziehung ankommt, so würde sich die von dem Beschwerdeführer gewünschte Mitteilung an die Reklamanten und der hiermit verbundene große Zeitverlust jedenfalls als überflüssig erweisen. Nach alledem hat es bei dem angefochtenen Beschlusse zu bewenden.

In seiner Remonstration gegen die Anordnung des Vorsitzenden des Prisengerichts hatte der Beschwerdeführer beantragt, ihm eine nochmalige Akteneinsicht, und zwar zu dem ausgesprochenen Zwecke zu gewähren, um sich selbst eine Abschrift der in Frage stehenden Schriftstücke anzufertigen und sie seinen Auftraggebern mitzuteilen. Sollte dieser Antrag als in der Beschwerdeinstanz aufrecht erhalten zu betrachten sein, so könnte ihm nach § 31 der Prisengerichtsordnung schon mit Rücksicht auf den jetzt von dem Kaiserlichen Kommissar bei dem Oberprisengericht erhobenen Widerspruch keine Folge gegeben werden.

25.

„Thorsten."

Urteil vom 14. April 1916.

Durchführung neutraler Prisen durch die Küstengewässer ihres Heimatstaats.

Art. 10 des dreizehnten Abkommens der zweiten Haager Friedenskonferenz vom 18. Oktober 1907 (Reichs-Gesetzbl. 1910 S. 343).

In der Prisensache, betreffend den schwedischen Dampfer „Thorsten", Heimatshafen Gothenburg, hat das Kaiserliche Oberprisengericht in Berlin in der Sitzung vom 14. April 1916 für Recht erkannt:

Die Berufung gegen das Urteil des Prisengerichts zu Kiel vom 10. September 1915 wird zurückgewiesen. Die Kosten des Berufungsverfahrens hat die Berufungsklägerin zu tragen.

Gründe.

Am 16. Juni 1915 wurde der schwedische Dampfer „Thorsten", auf der Fahrt von Gothenburg nach Newcastle-London begriffen, wegen Verdachts des Konterbandetransports aufgebracht. Bei der Entladung des Schiffes im Prisenhafen wurden 14 Kisten, enthaltend 3 Rohöl-Bootsmotoren, gefunden und beschlagnahmt. Das Schiff und die übrige Ladung wurden freigegeben. Die Reederei des Dampfers machte Schadensersatzansprüche wegen ungerechtfertigter Aufbringung geltend, die durch Urteil des Prisengerichts Kiel vom 10. September 1915 zurückgewiesen wurden; zugleich wurde auf Einziehung der Motoren erkannt. Das Prisengericht nahm an, daß die Rohölmotoren bedingte, nach einem befestigten Platz bestimmte Konterbande seien. Die zu vermutende feindliche Bestimmung sei nicht widerlegt. Daher sei die Aufbringung des Schiffes zu Recht erfolgt und der Schadensersatzanspruch nicht begründet. Gegen dieses Urteil hat die Reederei frist- und formgerecht Berufung eingelegt. Sie führt zur Begründung derselben in erster Linie aus, die Motoren seien ausschließlich für friedliche Zwecke, nämlich zur Fortbewegung kleiner, privater Schleppkähne auf Kanälen bestimmt.

Zum Beweis hierfür hat die Reklamantin drei eidesstattliche Versicherungen vorgelegt, deren Inhalt ihre Angaben bestätigt.

Eventuell hat die Berufungsklägerin noch geltend gemacht, daß im vorliegenden Falle das Schiff von der Beschlagnahme dadurch wieder frei geworden sei, daß es auf dem Wege zum Prisenhafen im Sund schwedische Gewässer passiert habe. Wenn eine Prise vor rechtskräftiger Verurteilung wieder in das Hoheitsgebiet desjenigen Landes gelange, dem sie angehöre, so müsse sie nach völkerrechtlichen Grundsätzen freigegeben werden.

Der Kaiserliche Kommissar hat die Zurückweisung der Berufung beantragt.

Dem Rechtsmittel war der Erfolg zu versagen. Was den ersten Einwand der Reklamantin anlangt, so ist bei gegenwärtiger Lage der Sache unerheblich, ob die friedliche Bestimmung der Rohölmotoren jetzt als dargetan anzusehen ist. Um die Rohölmotoren selbst handelt es sich in dieser Instanz nicht mehr, da hinsichtlich dieser das Urteil des Prisengerichts rechtskräftig geworden ist. Es ist jetzt nur zu entscheiden, ob ausreichende Gründe für die Beschlagnahme des Schiffes vorgelegen haben, und diese Frage ist zu bejahen, wenn der Kommandant bei der Aufbringung des Schiffes unter verständiger Würdigung der Sachlage und der ihm zu Gebote stehenden Beweismittel annehmen konnte, daß die Rohölmotoren als Konterbande anzusehen seien. Die feindliche Bestimmung der Motoren war nun im vorliegenden Falle mit Rücksicht auf deren Bestimmungsort zu vermuten. Irgendwelche Beweise zur Entkräftung dieser Vermutung waren an Bord des Schiffes nicht vorhanden. Wenn diese nachträglich erbracht wurden, so konnte dadurch die Rechtmäßigkeit der Beschlagnahme wegen Konterbandeverdachts nicht berührt werden.

Aber auch der zweite von der Reklamantin erhobene Einwand ist hinfällig. Ein Satz des Völkerrechts mit dem von der Reklamantin angegebenen Inhalt existiert nicht. Dagegen ist im 13. Abkommen der II. Haager Konvention Art. 10 ausdrücklich gesagt, daß die Neutralität einer Macht durch die bloße Durchfahrt der Kriegsschiffe und Prisen der Kriegführenden durch ihre Küstengewässer nicht beeinträchtigt wird. Sollte eine Macht verlangen können, wie die Reklamantin meint, daß Prisen ihres eigenen Landes, die durch ihre Küstengewässer geführt werden, freizugeben sind, so würde ein solcher Anspruch sich nur darauf stützen können, daß durch das Passieren der Küstengewässer ihre Neutralität verletzt wird, wie es tatsächlich geschieht, wenn innerhalb der Hoheitsgewässer ein Schiff, einerlei welcher Nationalität, aufgebracht wird. Daß letzteres unzulässig ist und gegebenenfalls das Verlangen auf Freigabe des Schiffes rechtfertigt, ist ein allgemein anerkannter, auch in die Prisenordnung übergegangener Grundsatz des Völkerrechts. Bezüglich des bloßen Durchfahrens der Küstengewässer ist aber in obigem Abkommen ausdrücklich das Gegenteil bestimmt, und damit ist dem von der Reklamantin geltend gemachten Anspruch die Grundlage entzogen. Die Richtigkeit dieser Ansicht ergibt sich auch aus den Verhandlungen der zweiten Haager Konferenz. Bei Beratung des Art. 23 des oben erwähnten Abkommens, welcher über die Zulässigkeit der Einbringung von Prisen in neutrale Häfen handelt, wurde ein Amendement eingebracht, nach welchem anerkannt werden sollte, daß eine neutrale Prise, die in einen Hafen ihres eigenen Landes gebracht wurde, frei sei (zu vergl. Einicke, Rechte und Pflichten der neutralen Mächte im Seekrieg S. 321). Diesem Abänderungsantrag ist, wie die jetzige Fassung des Art. 23 ergibt, keine Folge gegeben worden. Wenn hiernach also nicht einmal dem Einbringen einer Prise in einen Hafen ihres eigenen Landes die Wirkung beigelegt worden ist, daß die Prise frei wird, so kann das noch viel weniger von dem bloßen Durchfahren der Küstengewässer gelten. Hierauf hat sich denn auch jenes Amendement nicht erstreckt.

Für einen Entschädigungsanspruch der Reederei ist hiernach gemäß Ziff. 8 Abs. 1 Pr. O. kein Raum und es war daher in der Hauptsache, wie geschehen, zu erkennnen. Die Kostenentscheidung folgt aus § 37 Pr. GO.

26.

„Laila."

Urteil vom 14. April 1916.

Beweiswert der englischen Affidavits.

§ 35 der Prisengerichtsordnung.

In der Prisensache, betreffend den norwegischen Dampfer „Laila", Heimatshafen Bergen, hat das Kaiserliche Oberprisengericht in Berlin in der Sitzung vom 14. April 1916 für Recht erkannt:

Die Berufung gegen das Urteil des Prisengerichts zu Hamburg vom 30. Oktober 1915 wird zurückgewiesen. Die Kosten des Berufungsverfahrens fallen dem Reklamanten zur Last.

Gründe.

Am 30. April 1915 wurde der norwegische Dampfer „Laila", mit einer Ladung geschnittener Hölzer auf der Reise von Kragerö nach den Tyne-Häfen, von einem deutschen Unterseeboot aufgebracht und mit der Ladung versenkt.

Die an Bord befindlichen 5 Konnossemente bezeichneten als Ablader die Firma Grögaard & Sons und lauteten an Order. Sie trugen sämtlich den Vermerk: This cargo is not destined to the British military force or central administration.

Nach dem Prisenbericht schritt der Kommandant zur Zerstörung des Schiffes

„da die Nähe feindlicher Streitkräfte die Wiederwegnahme des Schiffes besorgen läßt und das Schiff dem U-Boot in die zur Lösung seiner Aufgabe aufzusuchenden Gewässer nicht folgen kann".

Auf die Bekanntmachung des Kaiserlichen Prisengerichts in Hamburg hat nur der Reeder des Schiffes, W. Hansen in Bergen, Ersatzansprüche erhoben. Er forderte als Wert des Schiffes mit Zubehör und Vorräten 334 865,87 Kr. Nach Ablauf der Reklamationsfrist ist die Forderung noch um 666,86 Kr. erhöht wegen der Kosten der Heimbeförderung der Mannschaft.

Das Prisengericht hat entschieden, daß das untergegangene Schiff und die untergegangene Ladung der Einziehung unterlagen, und hat die Reklamation zurückgewiesen.

Der Reklamant hat Berufung eingelegt.

Dem Rechtsmittel war der Erfolg zu versagen.

Zuzugeben ist, daß die Unterinstanz darin zuweit geht, daß sie den aus England beigebrachten schriftlichen Erklärungen Beteiligter und Nichtbeteiligter jeden Beweiswert selbst in dem Falle schlechthin abspricht, daß die Erklärungen in rechtsgültiger Weise mit dem Eide bekräftigt sind. Es ist ohne Zweifel zutreffend, daß in der Praxis der englischen Gerichte die Affidavits in ihrer Bedeutung gegenüber dem Kreuzverhör stark in den Hintergrund treten, worin sich übrigens eine Auffassung bekundet, die auch in dem deutschen Prozeßrechte darin zur Geltung kommt, daß die persönliche Vernehmung des Zeugen vor dem Richter stets die Regel bilden soll. Es mag sein, daß unter dieser in England herrschenden Auffassung auch objektiv der Wert des Affidavits ganz allgemein eine gewisse Beeinträchtigung dadurch erleidet, daß man bei der Niederlegung und Aufnahme dieser Bekundungen oft nicht mit der Gewissenhaftigkeit verfährt, die der Akt nach seiner wörtlichen Bedeutung erfordert, und richtig ist sicherlich auch, daß in Zeiten, wie die gegenwärtigen, wo der Krieg die Leidenschaften weckt und nährt, für den Zeugen der Anreiz stark ist, dem Landsmann beizustehen gegenüber dem feindlichen Staat. Bei allem bleibt aber bestehen, daß man in den Affidavits solenne ausdrücklich unter Eid abgegebene Erklärungen vor sich hat. Sie sind in Prisensachen, soweit es auf das Zeugnis feindlicher Staatsangehöriger und überhaupt im feindlichen Gebiet weilender Personen ankommt, von verschwindenden Ausnahmen abgesehen, das einzige Beweismittel, das zu Gebote steht, und es muß dem Vertreter des Reklamanten darin beigestimmt werden, daß die bisher gemachten Erfahrungen für eine Beurteilung, wie die Vorinstanz sie ihnen zuteil werden läßt, keine Grundlage bieten. Die Gerichte werden sich daher der Aufgabe, den Beweiswert des einzelnen Beweismittels in jedem Falle nach den obwaltenden Umständen einzuschätzen, auch gegenüber den Affidavits nicht entziehen können.

Im gegenwärtigen Falle liegt es aber so, daß man zu einem dem Reklamanten günstigeren Ergebnis auch dann nicht gelangt, wenn man den Erklärungen der Zeugen folgt.

Es handelt sich um eine Partie Hölzer, welche Oscar H. Dahl & Co. von Grögaard & Sons gekauft haben und teils vorher teils später weiterverkauft haben wollen. Die Angaben stimmen in den Zahlen nicht miteinander überein. Der Abschluß geht auf eine volle Ladung von 400 Standard. Nach dem Affidavit Oscar H. Dahls sollen 361 Std. verladen sein. Die Summe der in den fünf ausgestellten Konnossementen verzeichneten Mengen ist 321.170 Std. Davon sollen schon vor dem Deckungseinkauf vom 24. März 1915 verkauft gewesen sein an Pattison & Liddel 11 Std., an James Scott & Sons 183 bis 197 Std., an Palmer Hall 50 Std., nach dem 24. März an Palmer Hall 30 Std., während nach den beigebrachten Abschlüssen verkauft sind: an Pattison & Liddel 3 Std., an James Scott & Sons $180^1/_4$—$192^1/_2$ Std., an Palmer Hall zunächst 50 Std., sodann 45/50 Std., sonach von der ganzen Abladung bis zu 294.55 Std., während diese nach den Konnossementen 321.17.0 Std. betrug.

Danach war der allerdings nicht große Rest überhaupt noch nicht weiterverkauft. Aber auch in Beziehung auf die übrigen Hölzer hatte der Empfänger noch freie Hand. Die Konnossemente lauteten lediglich an Order (des Abladers), und es steht völlig dahin, ob nicht der Empfänger, selbst ohne Verletzung seiner Vertragspflichten gegenüber seinen genannten Abnehmern oder in Nichtachtung dieser seiner Verpflichtungen, in der Lage gewesen wäre, anders zu disponieren und das gegenwärtige Holz für einen guten Preis an die Englische Regierung oder deren Aufkäufer abzugeben. Dazu kommt aber, daß auch die Abnehmer der Empfängerin nicht Verbraucher des Holzes waren. Sie sind selbst wiederum Holzhändler, die freilich versichern, daß sie regelmäßig an Private, namentlich an Bauunternehmer, verkaufen, und daß sie auch mit dem Ankauf des gegenwärtigen Holzes keine anderen Zwecke hätten verfolgen wollen. Demnach ist es auch hier bis zu einem Verkauf an Konsumenten nicht gekommen und es reicht sonach, wie das Gericht in ständiger Rechtsprechung wiederholt erkannt hat, das Beweismaterial schon inhaltlich nicht aus, die gesetzliche Vermutung zu widerlegen.

Daß das U-Boot nach den obwaltenden Verhältnissen nicht in der Lage war, die Prise einzubringen, und daß daher die Zerstörung gerechtfertigt war, bedarf keiner weiteren Ausführung.

27.

„Superb.“

Urteil vom 14. April 1916.

Vermutung feindlicher Bestimmung bei Gegenständen relativer Konterbande. Erfordernisse des Gegenbeweises.

Ziff. 33 Abs. 1 c der Prisenordnung.

In der Prisensache, betreffend die norwegische Bark „Superb“, Heimatshafen Christiansand, hat das Kaiserliche Oberprisengericht in Berlin in der Sitzung vom 14. April 1916 für Recht erkannt:

Die Berufung gegen das Urteil des Prisengerichts zu Hamburg vom 4. November 1915 wird zurückgewiesen. Die Kosten des Berufungsverfahrens fallen dem Reklamanten zur Last.

Gründe.

Die norwegische Bark „Superb“ befand sich mit einer Ladung Weizen auf der Fahrt von Buenos Aires nach England, das Konnossement bezeichnet als Bestimmungshafen Queenstown or Plymouth or Falmouth. Nach den Angaben der Besatzung bei der Aufbringung befand sie sich auf der Fahrt nach Queenstown, als sie am 7. Juni 1915 durch ein deutsches Unterseeboot aufgebracht und, da eine Einbringung nach Lage der Verhältnisse unmöglich war, versenkt wurde. Die Reederei erhob Reklamation, da das Schiff nicht der Einziehung unterlegen habe, weil der Weizen nicht für die feindliche Streitmacht bestimmt gewesen sei. Es wurde eine eidesstattliche Versicherung eines Mitinhabers der Firma Herbert Brown, Millers of Tower Bridge Mills, London, der Empfängerin der Ladung, beigebracht, in welcher unter anderem gesagt ist, daß die Firma beabsichtigt habe, den Weizen an Zivilkäufer weiter zu veräußern, daß dies aber bis zur Aufbringung noch nicht geschehen sei.

Durch Urteil vom 4. November 1915 ist die Zerstörung des Schiffes für rechtmäßig erklärt, da Schiff und Ladung der Einziehung unterlagen. Das Gericht erster Instanz hat angenommen, daß Ziff. 33 Abs. 1b Pr. O. Platz greife, da die Ladung an die Order des Abladers gestellt gewesen sei. Dagegen richtet sich die Berufung der Reederei, die ausführt, Ziff. 33 Abs. 1 Pr. O. könne auf den vorliegenden Fall keine Anwendung finden, weil das Schiff seine Fahrt bereits vor dem Inkrafttreten jener neuen Bestimmung und ohne Kenntnis von derselben angetreten habe. Die Vermutung der feindlichen Bestimmung des Weizens sei aber bereits durch die in erster Instanz überreichten Urkunden widerlegt, der Kaiserliche Kommissar hat dem widersprochen.

Der frist- und formgerecht eingelegten und gerechtfertigten Berufung war der Erfolg zu versagen. Es kann unerörtert bleiben, an wessen Order die Ladung im vorliegenden Falle gestellt war, und ob den Ausführungen des Vorderrichters zu diesem Punkte gegebenenfalls würde beigetreten werden können. Es kann ferner dahingestellt bleiben, ob der Umstand, daß das Schiff vor dem Inkrafttreten der Novelle zur Prisenordnung vom 18. April 1915 bereits seine Fahrt angetreten und daher bei der Aufbringung von den neuen Vorschriften vermutlich noch keine Kenntnis hatte, die Anwendung der Ziff. 33 Abs. 1b Pr. O. auf den vorliegenden Fall ausschließt. Denn auch abgesehen hiervon erweist sich die Berufung der Reederei als unbegründet. Das Schiff war nach dem Konnossement nach Queenstown oder Falmouth oder Plymouth, also nach englischen Häfen bestimmt, die sämtlich nach den dem Oberprisengericht amtlich gemachten Mitteilungen Operations- und Versorgungsbasen der englischen Streitmacht sind. Damit ist die Vermutung der Ziff. 33c Pr. O. gegeben. Eine Widerlegung dieser Vermutung hat nicht stattgefunden, insbesondere ist die in erster Instanz überreichte eidesstattliche Versicherung, deren Inhalt unbedenklich als wahr unterstellt werden kann, zu einer solchen Widerlegung nicht geeignet. Es ist darin nur gesagt, es sei die Absicht der Empfängerin der Ladung gewesen, den Weizen an Zivilkäufer weiter zu veräußern. Damit ist die friedliche Bestimmung des Weizens nicht dargetan. Das Oberprisengericht hat in ständiger Rechtsprechung den Grundsatz aufgestellt, daß die Vermutung der feindlichen Bestimmung nicht schon durch den Nachweis widerlegt wird, daß zur Zeit der Aufbringung über die Ware noch nicht zugunsten der feindlichen Streitmacht verfügt war, daß vielmehr der Beweis von Tatsachen verlangt werden muß, welche nach dem gewöhnlichen Laufe der Dinge die Verwendung der Ware für feindliche Zwecke ausschließen (vergl. z. B. Prisensachen „Modig“,[1]) „Maria“).[2]) In dieser Beziehung ist vorliegend nichts beigebracht. Nach der eidesstattlichen Versicherung der Empfängerin des Weizens war zur Zeit der Aufbringung des Schiffes ein Verkauf noch nicht getätigt; wo daher der Weizen, wenn er seinen Bestimmungsort erreicht hätte, in Wirklichkeit geblieben wäre, steht dahin. Es war daher in der Hauptsache, wie geschehen, zu erkennen. Die Kostenentscheidung folgt aus § 37 Pr. GO.

28.

„La Correntina.“

Urteil vom 14. April 1916.

Rechtmäßige Zerstörung eines feindlichen Schiffes. Geltendmachung von Schadensersatzansprüchen für mitzerstörte neutrale Güter.

Ziff. 112, 114, 115 der Prisenordnung.

In der Prisensache, betreffend den englischen Dampfer „La Correntina“, Heimatshafen Liverpool, hat das Kaiserliche Oberprisengericht in Berlin in der Sitzung vom 14. April 1916 für Recht erkannt:

Die Berufung gegen das Urteil des Prisengerichts zu Hamburg vom 27. November 1915 wird zurückgewiesen. Die

---

[1]) Nr. 8 S. 41

[2]) Nr. 9 S. 45.

Kosten des Berufungsverfahrens hat die Reklamantin zu tragen.

Gründe.

Am 7. Oktober 1914 wurde auf 34° 44' S. und 49° 54' W. der englische Dampfer „La Correntina", mit einer Ladung Gefrierfleisch auf der Reise von La Plata nach Liverpool, von einem deutschen Kriegsschiff aufgebracht und, nachdem Besatzung und Passagiere von Bord gegangen waren, versenkt. Das Schiff war Eigentum der Houlder Line Ltd. in London.

Auf die Bekanntmachung des Kaiserlichen Prisengerichts in Hamburg hat in vorgeschriebener Form und Frist wegen eines Teiles der Ladung die Compania Argentina de Carnes congeladas La Blanca in Buenos Aires als Ablader und Eigentümer Ansprüche auf Schadensersatz angemeldet. Sie fordert den Wert des Fleisches mit 30 404 £ nebst Zinsen und Kosten.

Das Prisengericht in Hamburg hat, dem Antrag des Kommissars entsprechend, entschieden:

> Das untergegangene Schiff unterlag der Einziehung. Seine Beschlagnahme und Zerstörung sowie die Zerstörung der mitversenkten Ladung war rechtmäßig.

Hiergegen hat die Reklamantin Berufung eingelegt.

Die Berufung ist nicht begründet.

Es handelt sich um die Frage, ob bei rechtmäßiger Zerstörung eines feindlichen Schiffes der Eigentümer neutraler Güter, die mit dem Schiffe untergegangen sind, Anspruch auf Schadensersatz hat. Das erkennende Gericht hat das in der Prisensache „Glitra" [1]) mit eingehender Begründung verneint. Die Reklamantin stellt die Frage von neuem zur Entscheidung. Ihre Ausführungen sind indessen nicht geeignet, die Begründung jenes Urteils zu erschüttern.

Die gegnerische Auffassung macht den Fehler, daß sie die Dinge isoliert betrachtet, das Schiff für sich und die Ladung für sich und innerhalb der Ladung die einzelnen Abladungen, um auf das so in der Abstraktion Vereinzelte die Rechtssätze anzuwenden, daß neutrale Güter nicht der Beschlagnahme und der Einziehung unterliegen, daß sie daher vollends nicht zerstört

[1]) Nr. 7 S. 34.

werden dürfen, sodaß, wenn das gleichwohl geschieht, Ersatz zu leisten ist. Aber in der Wirklichkeit befindet sich die Ladung in dem feindlichen Schiffe. Schiff und gesamte Ladung sind für die Reise miteinander verbunden auf gemeinsamen Gedeih und Verderb wie gegen die Gefahren der Elemente, so auch bis zu einem gewissen Grade gegen die Gefahren des Krieges, und diese tatsächliche Gemeinschaft beeinflußt naturgemäß auch rechtlich die Stellung der Ladung in dem Schiffe. Als neutrales unverfängliches Gut unterliegt sie nicht dem Seebeuterecht. Aber in letzterem erschöpfen sich nicht die Gefahren des Krieges. Durch einen gegen das feindliche Schiff oder die verbotenen Ladungsteile gerichteten rechtmäßigen Akt der Kriegführung kann auch die unverbotene Ladung zu Schaden kommen, und einen allgemeinen Rechtssatz, wonach ein solcher Akt der Kriegführung unterbleiben müßte, weil er nicht erfolgen kann, ohne daß zugleich neutrales Gut in Mitleidenschaft gezogen wird, gibt es nicht. Daß von dem Fall, wo ein neutrales Schiff rechtmäßig zerstört wird, das Gegenteil gilt, beruht auf der in der Londoner Deklaration vereinbarten positiven Vorschrift, die gerade darum, weil es auf der Konferenz zu einer weitergehenden Bestimmung, wie in Anregung gebracht war, nicht gekommen ist, nicht auf den Fall der Zerstörung eines feindlichen Schiffes ausgedehnt werden darf. Die gegnerische Meinung fügt zu dem nach langen Kämpfen mühselig errungenen oder scheinbar errungenen Grundsatz, daß die neutrale Flagge das feindliche Gut deckt, kurzer Hand die ganz neue, in der gesamten Literatur des Völkerrechts bis in die neueste Zeit unerhörte Umstellung hinzu, daß das neutrale Gut das feindliche Schiff decken soll. Davon kann keine Rede sein.

Übrigens ist im vorliegenden Falle auch die Vermutung begründet, daß die Ladung, die als Lebensmittel relative Konterbande war, für die feindliche Streitmacht bestimmt gewesen ist. Die Sendung war nach Liverpool gerichtet, einem befestigten Platze, der der feindlichen Streitmacht zugleich als Operations- und Versorgungsbasis dient. Eine Widerlegung der gesetzlichen Vermutung ist nicht einmal versucht. Die Abladung der Reklamantin war daher einziehbar, und ein Anspruch auf Ersatz würde selbst dann nicht bestehen, wenn es sich um ein neutrales Schiff gehandelt hätte, das mit Fug zerstört worden ist.

Somit war zu erkennen, wie geschehen.

29.

„Oscar."

Urteil vom 14. April 1916.

Nachträgliche Erweiterung der Konterbandeliste.
Reklamation des Abladers nach Übergang des Eigentums oder des Anspruchs gegen den Versicherer auf den Empfänger der Konnossemente.
Vermutung feindlicher Bestimmung bei Gegenständen relativer Konterbande. Erfordernisse des Gegenbeweises.

Ziff. 23 Nr. 17, Ziff. 44 der Prisenordnung mit dem Zusatz vom 23. November 1914 (Reichs-Gesetzbl. S. 481); § 26 Abs. 4 der Prisengerichtsordnung.

In der Prisensache, betreffend die norwegische Dreimastbark „Oscar", Heimatshafen Fredrikstad, hat das Kaiserliche Oberprisengericht in Berlin in der Sitzung vom 14. April 1916 für Recht erkannt:

Die Berufungen gegen das Urteil des Prisengerichts zu Hamburg vom 30. Oktober 1915 werden zurückgewiesen. Die Kosten der Berufungsinstanz haben die Berufungskläger, und zwar jeder zu einem Drittel zu tragen.

Gründe.

Am 22. April 1915 wurde die norwegische Dreimastbark „Oscar", mit einer vollen Ladung Grubenhölzer auf der Reise von Kristiania nach Granton, von einem deutschen Unterseeboot aufgebracht und mit der Ladung zerstört.

Auf die Bekanntmachung des Kaiserlichen Prisengerichts in Hamburg haben Schadensersatzansprüche angemeldet:

1. wegen der Ladung die Durban-Hansen Aktieselskabet in Kristiania,
2. wegen des Schiffes die Reederei Aktieselskabet Oscar in Fredrikstad,
3. wegen Fracht, Kommission und Effekten die A. S. Norsk Varekrigsforsikring in Christiania als Versicherer.

Es sind beigebracht:

Das Konnossement, das den Reklamanten zu 1 als Ablader bezeichnet und an Order lautet.

Faktura, ausgestellt vom Ablader auf James Kennedy & Co. Ltd. Glasgow vom 6. April 1915.

Erklärung des Disponenten der Abladerin, wonach das Holz durch Vertrag vom 18. Januar 1915 an James Kennedy & Co. verkauft worden ist, nebst Briefauszügen und Abschriften von Telegrammen, welche sich auf diesen Verkauf beziehen, sowie dem Kaufvertrag, aus dem hervorgeht, daß die Zahlung gegen Lieferung der Dokumente erfolgen sollte.

Zwei Affidavits von Thomas Young Ferrie, Direktor der Firma James Kennedy & Co. und W. H. Ellingson.

Auskunft des norwegischen Vize-Konsuls in Glasgow über die Firma James Kennedy & Co. und ihren Geschäftsbetrieb.

Eigene Erklärung der genannten Firma.

Das Prisengericht in Hamburg hat erkannt, daß das untergegangene Eigentum der Einziehung unterlag, und daß die Aufbringung und Zerstörung von Schiff und Ladung rechtmäßig gewesen ist, und hat sämtliche Reklamationen abgewiesen.

Die hiergegen von den Reklamanten eingelegte Berufung erscheint nicht begründet.

Das Schiff hat, soweit feststeht, den Hafen von Kristiania am 7. oder 8. April, die Reede am 10. April verlassen, also geraume Zeit, bevor durch die Verordnung vom 18. April 1915 Grubenhölzer für absolute Konterbande erklärt sind. Dafür, daß unterwegs der Schiffer vor der Aufbringung Kenntnis von der neuen Verordnung erhalten hätte oder daß er, wenn er die Kenntnis erlangt haben sollte, imstande gewesen wäre, die Grubenhölzer vor der Aufbringung in einem Hafen auszuladen, liegt nichts vor. Wenn trotzdem der Vorderrichter die Ziff. 44 Pr. O., auf den sich die Reklamantin beruft, für unanwendbar erachtet, weil es sich hier nicht um eine kraft besonderer Erklärung, sondern um eine kraft Gesetzes eingetretene Erweiterung der Liste der Konterbande handele, so hat das erkennende Gericht bereits in den Prisensachen, betreffend die Bark und den Schoner „Elsa", diesen Standpunkt abgelehnt. Die Ziff. 44 Pr. O. ist auf jede nachträgliche Abänderung der Listen anwendbar. Sie will den Schiffer schützen, der die Reise in Befolgung der bei ihrem Beginn geltenden Bestimmungen angetreten hat.

Da die Voraussetzungen der Ziff. 44 Pr. O. im vorliegenden Falle gegeben sind, kommt sonach nicht die neue, sondern die frühere Liste zur Anwendung; die Rechtslage ist zu beurteilen, wie wenn das Schiff relative Konterbande geführt hätte.

Zu einem anderen Ergebnis führt dies indessen nicht.

Nach den vorgelegten Urkunden ist das Holz verladen worden, um an die Firma James Kennedy & Co. in Glasgow zum Zwecke der Erfüllung des am 18. Januar 1915 zwischen ihr und dem Ablader geschlossenen Kaufvertrags geliefert zu werden. Das Konnossement war nicht auf den Käufer ausgestellt, sondern lautete lediglich an Order (des Abladers). Es wird aber in den beigebrachten Affidavits mitgeteilt, daß der Empfänger das Konnossement erhalten, später allerdings wieder an eine Firma Ellingson & Co. aus den Händen gegeben hat, die es als Agent der Empfängerin an die Versicherer in Norwegen weitergab. Daraus geht hervor, daß das Eigentum an der Ladung auf den Empfänger übergegangen ist. Es ist zwar nicht festgestellt, wann dieser das Konnossement eingelöst hat, und es wäre immerhin denkbar, wenn auch nicht wahrscheinlich, daß es erst geschehen ist, nachdem die Ladung bereits zerstört war. Indessen wäre auch in diesem Falle der etwaige Anspruch gegen den Schiffer und jedenfalls der Anspruch gegen den Versicherer auf den Empfänger übergegangen. Jedes Interesse des Abladers an der zerstörten Ladung ist damit erloschen und seine Reklamation ist schon deswegen ohne weiteres zurückzuweisen.

Das Gleiche gilt aber auch von der Reklamation des Reeders und des Versicherers der Fracht usw. Der Bestimmungsort Granton ist befestigter Platz sowie Operations- und Versorgungsbasis der feindlichen Streitmacht. Die danach bestehende Vermutung, daß es sich bei den Grubenhölzern um

Konterbande handele, ist in keiner Weise widerlegt. Denn wenn auch richtig sein sollte, wie berichtet wird, daß die Empfängerin mit der englischen Regierung nicht in Verbindung steht, namentlich auch nicht das gegenwärtige Holz an die Regierung verkauft hat, sowie daß sie selbst an verschiedenen Plätzen Schottlands Sägemühlen betreibt, so wird sie doch auch zugleich als home and foreign merchant bezeichnet, und es kann keinem Zweifel unterliegen, daß sie die Hölzer angeschafft hat, um sie — sei es unbearbeitet, sei es auf die passenden Längen usw. in ihren Mühlen zerschnitten — weiter zu verkaufen. Wie diesseits bereits wiederholt erkannt ist, genügt dies nicht zur Widerlegung der gesetzlichen Vermutung. Es fehlt an dem erforderlichen Beweis, daß über die Hölzer schon in einer Weise bestimmt war, die ihren Verbrauch zu privaten Zwecken außer Frage stellte.

Somit erweist sich die gesamte Ladung und mit ihr das Schiff als einziehbar. Dagegen, daß die Prise als uneinbringbar zerstört worden ist, sind Bedenken überall nicht geltend gemacht. Es ergibt sich die Notwendigkeit der Zerstörung im Sinne der Ziff. 113 Pr. O. ohne weiteres aus der Stelle, wo die Aufbringung stattgefunden hat, zumal das aufbringende Schiff ein Unterseeboot gewesen ist.

30.

„Zaanstroom.“

Urteil vom 5. Mai 1916.

Rechtzeitige Erhebung der Reklamation als Voraussetzung der Berufung. Vermutung der feindlichen Bestimmung bei relativer Konterbande. Ansprüche auf Ersatz von Schäden, die durch die berechtigte Aufbringung des Schiffes den Eigentümern von unverdächtigen Ladungsgütern erwachsen sind. Erhebung von Ersatzansprüchen für abhanden gekommene oder beschädigte Güter. Ersatz des Wertes für überwiesene Güter. Maßgebender Zeitpunkt für die Wertberechnung.[1])

Ziff. 8 Abs. 1, Ziff. 33 Abs. 1d der Prisenordnung; § 39 Abs. 1, § 46 der Prisengerichtsordnung.

In der Prisensache, betreffend den niederländischen Dampfer „Zaanstroom“, Heimatshafen Amsterdam, hat das Kaiserliche Oberprisengericht in Berlin in der Sitzung vom 5. Mai 1916 für Recht erkannt:

I. Die Berufung der Reederei gegen das auf das Schiff bezügliche Urteil des Prisengerichts in Hamburg vom 1. Juni 1915 wird als unzulässig verworfen.

II. Das auf die Ladung bezügliche Urteil des Prisengerichts in Hamburg vom 1. Juni 1915 wird dahin geändert, daß außer den daselbst unter IV freigegebenen Gütern noch weiter freigegeben werden die Güter, die mit den Reklamationen Nr. 3 (auch soweit für Canterbury, Turnbridge oder Brighton bestimmt), Nr. 59 (soweit für Port Sudan bestimmt), Nr. 19, 54, 91, 92, 112, 147 a (75 Kasten Bier für Karachee), 154, 155, 168 bis 170, 172, 173, 175, 176, 177 (soweit nach Delagoa-Bay bestimmt), 178, 181, 183 bis 186, 188 und 189 der dem Urteil erster Instanz beigefügten Liste der Reklamationen beansprucht werden, und daß die gerichtlichen Kosten, die durch diese Reklamationen in erster Instanz entstanden sind, der Reichskasse zur Last fallen.

---

[1]) Übereinstimmend das Urteil des Oberprisengerichts in der Prisensache „Batavier V“ vom gleichen Tage.

Im übrigen werden die auf die Ladungsgüter bezüglichen Berufungen zurückgewiesen.

III. Soweit Güter, deren Freigabe von dem Prisengericht in Hamburg oder in diesem Urteil verfügt ist, der Militärverwaltung in Brügge für die dortigen Besatzungstruppen überlassen worden sind, tritt der aus der Reichskasse zu erstattende Wert, den die Güter zur Zeit der Beschlagnahme hatten, an die Stelle der Güter. Die nötigen Feststellungen über die in Betracht kommenden Güter und ihren Wert sind von dem Prisenamt in Hamburg zu treffen. In Ermangelung einer Einigung der Beteiligten bleibt die prisengerichtliche Entscheidung vorbehalten.

IV. Von den gerichtlichen Kosten der Berufungsinstanz hat die Reichskasse $^{3}/_{100}$ zu tragen; im übrigen fallen sie den Berufungsklägern, die mit ihren Berufungen zurückgewiesen sind, zur Last, und zwar den Mandanten des Dr. Smith mit $^{1}/_{100}$, denen des Dr. Petersen mit $^{1}/_{100}$, denen des Dr. Schroeder mit $^{50}/_{100}$ und denen des Justizrats Dr. von Gordon mit $^{45}/_{100}$.

Gründe.

Am 18. März 1915 wurde der niederländische Dampfer „Zaanstroom", auf der Fahrt von Holland nach London begriffen, wegen Verdachts der Führung von Konterbande von einem deutschen Kriegsschiff angehalten und nach Zeebrügge eingebracht. Im Verlaufe des prisenamtlichen Verfahrens ergab sich, daß ein großer Teil der Ladung aus Konterbande (zumeist Lebensmitteln) bestand; ein kleiner Teil wurde bereits vom Prisenamt unter Zustimmung des Kaiserlichen Kommissars freigegeben. Bezüglich des nicht freigegebenen Teiles der Ladung trat eine große Zahl von Interessenten als Reklamanten auf; wegen des Schiffes wurde eine Reklamation nicht erhoben. Die Reklamanten verlangten teils Freigabe ihrer Güter und Schadensersatz, teils — soweit die Freigabe bereits durch das Prisenamt erfolgt war — Schadensersatz wegen ungerechtfertigter Aufbringung. Durch zwei Urteile vom 1. Juni 1915 hat das Prisengericht Hamburg über die Reklamationen der Ladungsinteressenten und über das Schiff entschieden. Das Schiff wurde eingezogen, weil mehr als die Hälfte seiner Ladung (nach Gewicht) aus Konterbande bestanden habe. Von den Reklamationen der Ladungsinteressenten wurde eine als unzulässig, die übrigen — soweit sie auf Freigabe des beschlagnahmten Eigentums gerichtet waren — zum größten Teil als unbegründet abgewiesen. Die Schadensersatzansprüche wegen ungerechtfertigter Beschlagnahme wurden ebenfalls als unbegründet abgewiesen. Auf vier Reklamationen wurde das in Beschlag genommene Eigentum (bei Reklamation 3 nur teilweise) freigegeben. Wegen der Einzelheiten wird auf die erwähnten beiden Urteile Bezug genommen. Gegen diese Urteile ist Berufung erhoben:

1. Seitens der Reederei Hollandsche Stoomboot Maatschappij in Amsterdam wegen des Schiffes.

2. Seitens der in erster Instanz als Reklamanten aufgetretenen Ladungsinteressenten mit Ausnahme von Nr. 192 (Gruppe I des Urteils erster Instanz), Nr. 1 und 9 (Gruppe II), Nr. 2, 4, 5 (Gruppe III) und Nr. 3 (soweit sie 20 Kisten Käse für Karachee betrifft und zu Gruppe IV gehört). Die Berufung hinsichtlich der Reklamation Nr. 8 ist vom Gericht erster Instanz durch Urteil vom 25. September 1915 wegen verspäteter Einreichung der Rechtfertigungsschrift für unzulässig erklärt. Dieses Urteil ist rechtskräftig geworden. Die den Gegenstand jener Reklamation bildenden 89 Kisten Eier sind jedoch unter Nr. 140 von anderer Seite ebenfalls reklamiert, und die Berufung zu dieser Reklamation ist insoweit aufrecht erhalten, im übrigen aber zurückgenommen. Die Reklamation Nr. 10 ist bereits vor Erlaß des Urteils erster Instanz zurückgenommen; sie war identisch mit Reklamation 52, über die unter III des Urteils erster Instanz mit entschieden ist. Die Berufung hinsichtlich dieser Reklamation ist vor Erlaß des Urteils zweiter Instanz zurückgenommen. Ebenfalls rechtzeitig zurückgenommen sind die Berufungen zu den Reklamationen 133 bis 139, 141 bis 144 und 160 (Gruppe II), 17, 20, 21, 37 bis 39, 52, 56, 70, 72, 75, 77 bis 79, 84, 88, 94, 97, 110, 111, 115, 126, 145, 147b und c, 158, 159, 162, 191 (Gruppe III). Die Reklamanten zu Nr. 6 und 7 waren in der Verhandlung vor dem Berufungsgericht nicht vertreten.

Die Berufungen, soweit sie noch aufrecht erhalten sind, sind sämtlich form- und fristgerecht eingelegt und gerechtfertigt.

I. Die Berufung der Reederei wegen des Schiffes ist unzulässig. Wie bereits erwähnt, ist seitens der Reederei Reklamation nicht erhoben. Das Rechtsmittel der Berufung steht aber nur denjenigen zu, welche sich als Reklamanten am Verfahren erster Instanz beteiligt haben. Dies ergibt schon der Wortlaut der Prisengerichtsordnung, wo es im § 39 Abs. 1 heißt, daß gegen die Urteile der Prisengerichte sowohl dem Kaiserlichen Kommissar als auch dem Reklamanten die Berufung zusteht. Reklamation kann aber nur in erster Instanz erhoben werden. Dieselbe ist nur zu beachten, wenn sie rechtzeitig, d. h. innerhalb der vom Prisengericht festgesetzten Frist, erhoben ist. Denn gemäß § 29 a. a. O. ist nur auf eine rechtzeitig erhobene Reklamation ein Termin zur mündlichen Verhandlung anzusetzen. Wäre es anders, so würde das Setzen einer Frist überflüssig sein, denn der mit der Reklamation erstrebte Erfolg könnte beliebig lange nach Ablauf der Frist dadurch erreicht werden, daß gegen das gemäß § 28 a. a. O. von Amts wegen ergehende Urteil Berufung erhoben würde. Das kann das Gesetz nicht gewollt haben. Es war daher auf die Berufung der Reederei, wie geschehen, zu erkennen, ohne daß zu prüfen war, ob sie materiell begründet ist.

II. Die Berufungen der Ladungsinteressenten sind zum größten Teil unbegründet.

1. Soweit in erster Instanz die Reklamationen damit begründet sind, die Prisengerichte hätten nicht nationales, sondern internationales Recht anzuwenden und nach diesem sei die Aufbringung des Dampfers „Zaanstroom“ nebst Ladung ungerechtfertigt, sowie ferner damit, daß der Bestimmungshafen des Schiffes (London) nicht als Operations- oder Verpflegungsbasis der feindlichen Streitmacht anzusehen sei, ist das Vorbringen in der mündlichen Verhandlung zweiter Instanz nicht ausdrücklich wiederholt worden. Beide Einwendungen sind auch unbegründet. Bezüglich des ersteren hat das Oberprisengericht seinen abweichenden Standpunkt bereits in der Prisensache „Elida“ [1]) eingehend begründet und daran ist festzuhalten. Daß London die wichtigste Verpflegungsbasis Englands ist, ist ohne

[1]) Nr. 2 S. 9.

weiteres klar, es ist dem Oberprisengericht zudem von zuständiger Seite amtlich bestätigt worden. Soweit andere Plätze als Bestimmungsorte von Ladungsteilen in Frage kommen, wird unten das Erforderliche ausgeführt werden.

In zweiter Instanz haben die Reklamanten unter Beibringung eines umfangreichen Materials erneut darzulegen versucht, daß im vorliegenden Falle die Umstände dagegen sprächen, daß die den größten Teil der Ladung des „Zaanstroom" bildenden Lebensmittel für den Gebrauch der Streitmacht oder der Verwaltungsstellen des feindlichen Staates bestimmt gewesen seien, eventuell haben sie geltend gemacht, daß die in der Prisenordnung aufgestellte Vermutung der feindlichen Bestimmung hinsichtlich der einzelnen Ladungsgüter widerlegt sei. Dem ist das Oberprisengericht nicht beigetreten.

Es ist zunächst nicht angängig, in der hier interessierenden Frage so zu unterscheiden, wie die Reklamanten es getan haben. Ob die Umstände der Annahme der feindlichen Bestimmung widersprechen, ist nicht gesondert von der Frage zu prüfen, ob die in der Prisenordnung aufgestellte Vermutung widerlegt ist. Vielmehr ist das Vorhandensein besonderer, gegen die Vermutung sprechender Umstände nichts anderes als eben die Widerlegung der Vermutung. Es ist daher im vorliegenden Falle einheitlich zu prüfen, ob den Reklamanten der Gegenbeweis gegen die Vermutung gelungen ist. Dies ist, abgesehen von den unten besonders behandelten Fällen, vom Oberprisengericht verneint worden.

Der Inhalt der Vermutung geht, wie das Oberprisengericht wiederholt ausgesprochen hat, dahin, daß, wenn Gegenstände der relativen Konterbande nach einer Operations- usw. Basis bestimmt sind, damit der Beweis, daß sie im Falle ihrer Ankunft am Bestimmungsorte dem Gebrauche der feindlichen Streitmacht gedient haben würden, zunächst erbracht ist. Sache des Reklamanten ist es, darzutun, daß die betreffende Ware im konkreten Falle eine andere Bestimmung hatte. Dieser Beweis ist aber nicht schon als geführt anzusehen, wenn nachgewiesen wird, daß zur Zeit der Beschlagnahme noch nicht zugunsten der feindlichen Streitmacht usw. über die Waren verfügt war; es muß vielmehr der Beweis von Tatsachen verlangt werden, welche nach dem gewöhnlichen Laufe der Dinge ihre Verwendung für feindliche Zwecke ausschließen (vergl. Prisensache „Modig").[1]) Dieser Beweis aber ist vorliegend nicht erbracht. Die Verhältnisse des englischen Lebensmittelmarktes im Frieden lassen einen Schluß für die gegenwärtige Zeit nicht zu, denn ein Reflektant mit dem gewaltigen Bedarfe der jetzigen englischen Kriegsmacht war früher überhaupt nicht vorhanden. Es mag sein, daß der regelmäßige Marktversorgungsverkehr zwischen Holland und London sich so abspielt, wie die Reklamanten es schildern; es mag auch sein, daß der Dampfer „Zaanstroom" nach Absicht der Ablader der einzelnen Warenposten bestimmt war, diesem Marktverkehr zu dienen. Ein Beweis dafür aber, daß die auf dem „Zaanstroom" verladenen Waren nun auch wirklich allein diesem Verkehr zugute gekommen wären, ist damit nicht erbracht. Was aus den Waren, die an Wiederverkäufer verschifft waren, schließlich geworden wäre, ist durch die beigebrachten eidesstattlichen Versicherungen und sonstigen Nachweise nicht dargetan. Zwar ist ohne weiteres anzunehmen, daß die mit der Lebensmittelbeschaffung befaßten Verwaltungsstellen der englischen Streitmacht nicht kleine Posten von ihnen benötigter Waren auf offenem Markte kaufen, daß sie sich diese Waren vielmehr von Großunternehmungen liefern lassen. Woher diese letzteren oder ihre Lieferanten aber ihre Waren beziehen, ist völlig unkontrollierbar, und es ist durchaus nicht ausgeschlossen, daß sie unter den besonders gearteten Verhältnissen des Krieges mit seiner Schiffsraumnot usw. nicht selten gezwungen sind, sich da einzudecken, wo sie überhaupt Ware erhalten. Aus diesem Grunde steht auch die Tatsache, daß es sich bei der Ladung des „Zaanstroom" teilweise um verhältnismäßig kleine Einzelposten handelt, der Vermutung der feindlichen Bestimmung, wie sie oben präzisiert ist, nicht entgegen. Auch die in vielen Fällen von neutralen Konsuln erteilte Bescheinigung, die von ihnen durchgesehenen Geschäftsbücher der Empfänger von Waren hätten ergeben, daß diese niemals an die Regierung geliefert hätten, ist hiernach ohne entscheidende Bedeutung. Wer am offenen Markte Waren verkauft, wird in den meisten Fällen gar nicht wissen, für

[1]) Nr. 8 S. 41.

wen diese im Endergebnisse bestimmt sind. Unerheblich ist bei dieser Auffassung der Sachlage auch, ob der Export von Holland nach England während des Krieges zurückgegangen ist oder zugenommen hat. Was die einzelnen, hauptsächlich in Betracht kommenden Warengattungen betrifft, so kann es dahingestellt bleiben, ob Eier als solche zur regelmäßigen Verpflegung des englischen Heeres und der Marine Verwendung finden. Denn es kann keinem begründeten Zweifel unterliegen, daß die unter Mitverwendung von Eiern hergestellten Nahrungsmittel jedenfalls auch zur Truppenverpflegung verwandt werden. Ob endlich der holländische Käse dem englischen Geschmack entspricht, oder ob dieser koloniale Käse bevorzugt, ist ebenfalls belanglos. Der Einwand wird im wesentlichen schon durch die tatsächliche Versendung von großen Massen holländischen Käses in dem „Zaanstroom" widerlegt. Auch pflegen in Kriegszeiten derartige feine Unterschiede, namentlich bei der Massenverpflegung, nicht gemacht zu werden.

Bezüglich des bei weitem größten Teiles der auf dem „Zaanstroom" verschifften Nahrungsmittel ist hiernach der Gegenbeweis gegen die Vermutung der feindlichen Bestimmung als mißlungen zu erachten, und insoweit erweist sich die vom Prisengericht unter II des Urteilstenors ausgesprochene Einziehung als gerechtfertigt. Eine Ausnahme ist nur zu machen in zwei Gruppen von Fällen:

a) wegen der Art der Ware bei den Reklamationen 19, 54, 92, 112, 154, 155. In allen diesen Fällen handelt es sich um eßbare Muscheln, von denen das Oberprisengericht nicht annimmt, daß sie zur Truppenverpflegung verwendbar sind;

b) wegen des Bestimmungsortes der Waren bei den Reklamationen 3, 59 (teilweise), 147a, 168 bis 170, 172, 173, 175, 176, 177 (teilweise), 178, 181, 183 bis 186, 188 und 189. Bei Reklamation 3 handelt es sich hier nur um die nach Canterbury und Turnbridge (oder Brighton) bestimmten Waren, da die nach Karachee verschifften 20 Kisten Käse bereits unter 10 des Urteils erster Instanz freigegeben sind. Canterbury und Turnbridge sowie Brighton sind Provinzorte, welche als Versorgungsbasen nicht in Frage kommen. Für die dorthin bestimmten Waren gilt daher die Vermutung der Prisenordnung nicht, und da der Beweis ihrer feindlichen Bestimmung nicht erbracht ist, waren sie freizugeben. Dasselbe gilt von den oben aufgeführten Reklamationen Nr. 168 bis 170, 172, 173, 175, 176, 178, 181, 183 bis 186, 188 und 189. Alle diese kleinen Posten Schokolade sind nach englischen Provinzplätzen gerichtet. Daß sie zunächst nach London gehen sollten, um von dort an vorher bestimmte Empfänger weiter versandt zu werden, kann für die Frage der feindlichen oder unschädlichen Bestimmung nicht entscheidend sein, da hierfür nur der nachgewiesene, wirkliche Endbestimmungsort maßgebend ist. Daß in einem anderen Dampfer („Batavier V") Kisten mit ähnlichem Inhalt beschlagnahmt sind, in denen Zettel mit der Aufschrift „for our soldiers" gefunden wurden, ist ohne Bedeutung. Daraus kann nicht ohne weiteres geschlossen werden, daß auch der Inhalt der hier in Rede stehenden Kisten für die feindliche Streitmacht bestimmt gewesen sei, zumal es sich um andere Absender und Empfänger handelt. Eine bloße Vermutung kann den zu erbringenden Beweis nicht ersetzen. Bei Reklamation Nr. 59 handelt es sich zum Teil um nach Port Sudan bestimmten Käse, bei Reklamation 147a um nach Karachee gesandtes Bier. Beide Plätze sind nicht als Versorgungsbasen anzusehen; die betreffenden Teilposten waren daher freizugeben. Dasselbe hat von den unter Nr. 177 reklamierten Waren zu gelten, soweit sie für Delagoa-Bay bestimmt waren. Auch dieser Platz war zu der hier in Betracht kommenden Zeit nach der dem Oberprisengericht gewordenen Auskunft als Operations- oder Versorgungsbasis des Feindes nicht anzusehen, wenigstens fehlte es an genügend sicheren Anhaltspunkten für die gegenteilige Annahme.

c) Eine besondere Bewandtnis hat es mit den den Gegenstand der Reklamation 91 bildenden 15 Kisten getrocknete Äpfel. Diese waren, wie die vorgelegte Korrespondenz ergibt, ein Teil einer von England nach Holland gemachten größeren Lieferung gewesen, die aber von dem holländischen Empfänger wegen schlechter Beschaffenheit beanstandet wurde. Vereinbarungsgemäß sollte nun eine Probe der Äpfel nach London zurückgesandt werden, um dort von Sachverständigen begutachtet zu werden. Die hier fraglichen 15 Kisten waren diese Probe. Bei dieser Sachlage kann von einer feindlichen Bestimmung derselben nicht die Rede sein. Sie waren daher ebenfalls freizugeben.

Die übrigen nach überseeischen Plätzen verschifften Waren, die hier nicht besonders erwähnt sind, sind vom Prisengericht mit Recht eingezogen worden, weil die betreffenden Bestimmungsorte als Versorgungsbasen anzusehen sind. Das gilt insbesondere auch von den südafrikanischen Plätzen Johannisburg, Algoa-Bay, Port Elisabeth, East London, Durban und Capetown. Reklamation 187 konnte keinen Erfolg haben, weil Ealing W. zu London gehört, Nr. 190 nicht, weil Southampton Operationsbasis ist.

2. Die Reklamanten, deren Güter bereits vom Prisenamt freigegeben waren oder deren Freigabe vom Prisengericht ausgesprochen ist, haben gemäß Ziff. 8 Pr. O. Schadensersatz wegen ungerechtfertigter Beschlagnahme geltend gemacht. Mit diesem Anspruch sind sie vom Vorderrichter mit Recht abgewiesen worden. In Ziff. 8 Abs. 1 Pr. O. ist ausdrücklich gesagt, daß der Anspruch auf Schadensersatz entfällt, wenn ausreichende Gründe für die Beschlagnahme vorgelegen haben. Das gilt für alle Beteiligten, also insbesondere auch für diejenigen, deren Ladung sich nachher als unschädlich erweist. Die Aufbringung eines Schiffes, welches Konterbande führt, ist eine zulässige, völkerrechtlich gebilligte Kriegsmaßregel; sie ist sogar, von Ausnahmefällen abgesehen (vergl. Ziff. 121 Pr. O.), das einzige Mittel, um sich der Konterbande zu bemächtigen. Ist aber die Beschlagnahme eine rechtmäßige Handlung, so fehlt es, wie bereits in der Prisensache „Glitra"[1]) näher ausgeführt ist, an jedem Rechtsgrunde für die Zurechnung des Schadens, den etwa ein Ladungsbeteiligter, dessen Güter nicht einziehbar sind, dadurch erleidet, daß das Schiff aus seinem Kurs abgelenkt ist oder gar nach der Beschlagnahme verloren geht. Auf diesem Standpunkte steht die Prisenordnung und sie bringt damit nur die Grundsätze zur Geltung, von denen auch die Londoner Erklärung beherrscht wird. Im Abs. 5 der Erläuterung zu Art. 64 — der fast wörtlich der Ziff. 8 Abs. 1 Pr. O. entspricht — ist ausdrücklich gesagt: „Die an Bord des in Beschlag genommenen Schiffes befindliche unschädliche Ware wird also von allen Nachteilen der Beschlagnahme des Schiffes mitbetroffen. Lagen ausreichende Gründe für die Beschlagnahme des Schiffes vor, so haben die Eigentümer

[1]) Nr. 7 S. 34.

der Ladung kein Recht auf Schadensersatz, mag diese Beschlagnahme aufrecht erhalten werden oder nicht.“

3. Von einer Anzahl von Reklamanten sind ferner in der Berufungsinstanz Schadensersatzansprüche erhoben mit der Begründung, daß ihnen die vom Prisenamt oder Prisengericht freigegebenen Güter entweder überhaupt nicht oder nur teilweise oder in beschädigtem Zustande zurückgegeben seien. Es sind dies die Reklamationen 33, 42, 68, 82, 85, 96, 106, 114, 120, 124, 128, 130, 150, 151 und 153 (Gruppe III des Urteils erster Instanz).

Zur Entscheidung über diese Ansprüche sind jedoch die Prisengerichte nicht zuständig. Die Prisengerichtsordnung und die Prisenordnung regeln nur diejenigen Schadensersatzansprüche, welche aus unberechtigten prisenrechtlichen Maßnahmen (Aufbringung, Einbringung, Vernichtung von Schiffen oder Gütern) sich ergeben. Nur insoweit hat daher auch die Prisengerichtsbarkeit sich mit solchen Ansprüchen zu befassen. Wenn etwa nach Einbringung des Schiffes in den Prisenhafen, z. B. bei der Entlöschung, der Aufbewahrung oder einem nötig werdenden Transport der Waren, Schäden entstehen, so sind diese nach allgemeinen Grundsätzen von demjenigen zu vertreten, der sie verschuldet oder der für das Verschulden der Verursacher einzustehen hat. Auch hier gilt in erster Linie der oben entwickelte allgemeine Grundsatz, daß die Beteiligten solche Folgen einer an sich gerechtfertigten prisenrechtlichen Maßnahme selbst zu tragen haben, es sei denn, daß ein zweifelloses Verschulden einen Ersatzanspruch entstehen läßt. Soweit unter dem letzteren Gesichtspunkt im vorliegenden Falle Ansprüche auf Schadensersatz bestehen sollten, sind sie außerhalb des prisengerichtlichen Verfahrens von den Beteiligten geltend zu machen.

4. Von einer Anzahl von Reklamanten endlich sind Ansprüche auf Wertersatz geltend gemacht bezüglich solcher Güter, die im prisengerichtlichen Verfahren (zum größten Teil erst durch dieses Urteil) freigegeben, die angeblich aber an die Berechtigten nicht herausgegeben, vielmehr vom Prisenamt, weil sie für Konterbande gehalten wurden, der Marineverwaltung in Brügge zum Verbrauch für die Besatzungstruppen überwiesen sind. Es handelt sich hierbei nach Angabe der Reklamanten um die

Waren der Reklamationen Nr. 3, 19, 54, 59, 76, 91, 92, 112, 147a, 149, 154, 155, 168 bis 170, 172, 173, 175, 176, 177 (teilweise), 178, 180, 181, 183 bis 185, 186, 188 und 189. Es kann dahingestellt bleiben, ob das bezüglich dieser Güter vom Prisenamt beobachtete Verfahren eine genügende Grundlage in den damals geltenden gesetzlichen Bestimmungen (Pr. GO. § 46 alter Fassung) gehabt hat. Jedenfalls war es mit Rücksicht darauf, daß es in Zeebrügge an einer Gelegenheit zu einem erfolgreichen öffentlichen Verkauf der leicht verderblichen Waren fehlte, zweckmäßig und im Interesse aller Beteiligten liegend. Die Überweisung an die Marinebehörde ist jedenfalls in dem Sinne geschehen, daß der abzuschätzende Wert an die Stelle der Güter treten solle. Es erschien angezeigt, zur Klärung der Sachlage dies im vorliegenden Urteil besonders zum Ausdruck zu bringen. Die noch erforderlichen Ermittelungen und Feststellungen waren dem Prisenamte zu übertragen; den Beteiligten bleibt der Antrag auf prisengerichtliche Entscheidung vorbehalten. Da kein Schadensersatzanspruch, sondern lediglich der Ersatz des Wertes von freigegebenen, aber nicht herausgegebenen Waren in Frage steht, kann nur der Wert, den die Güter zur Zeit der Beschlagnahme hatten, ersetzt werden. Hierauf beruht die Entscheidung zu III des Tenors.

IV. Die Kostenentscheidung rechtfertigt sich nach § 37 Pr. GO.

31.

„Brilliant."

Urteil vom 5. Mai 1916.

Befugnis des Prisenamts zur Freigabe von Prisengütern, die offensichtlich der Einziehung nicht unterliegen. Kosten des Prisenverfahrens in Fällen, in denen die Freigabe unterbleibt.

Ziff. 8 Abs. 1 der Prisenordnung; § 21 der Prisengerichtsordnung.

In der Prisensache, betreffend den norwegischen Dampfer „Brilliant", Heimatshafen Christiania, hat das Kaiserliche Oberprisengericht in Berlin in der Sitzung vom 5. Mai 1916 für Recht erkannt:

Die Berufung gegen die Entscheidung zu Ziffer I des Urteils erster Instanz wird zurückgewiesen. Auf die Berufung der Firma Henry Olsen & Co. in Kopenhagen wird das Urteil des Prisengerichts zu Hamburg vom 13. August 1915 dahin abgeändert, daß die unter Nr. 6 des Manifestes aufgeführten 145 Kisten Konserven freigegeben werden. Von den gerichtlichen Kosten erster Instanz wird dem Reiche weiter $^1/_{100}$ auferlegt. Von den gerichtlichen Kosten zweiter Instanz trägt das Reich $^1/_{11}$, die A. S. Norsk Varekrigsforsikring in Christiania $^{10}/_{11}$.

Gründe.

Der norwegische Dampfer „Brillant" wurde am 18. April 1915, als er auf der Fahrt von Fredrikstad nach London begriffen war, von einem deutschen Kriegsschiffe aufgebracht und nach Cuxhaven eingebracht. Seine Ladung bestand aus Holz, Steinen und Papier sowie aus 145 Kisten Konserven. Reklamationen wurden erhoben wegen des Dampfers, ferner wegen eines Teiles des Holzes und wegen der Steine, des Papiers sowie der Konserven. Durch Urteil des Prisengerichts Hamburg vom 13. August 1915 wurden die Reklamationen wegen des Schiffes, des Holzes und der Konserven abgewiesen, während das Papier und die Steine freigegeben wurden. Bezüglich des Holzes nahm das Prisengericht an, daß die feindliche Bestimmung, da es nach London verschifft war, zu vermuten sei;

der Gegenbeweis sei nicht erbracht. Das Gleiche habe, selbst wenn man Delagoa-Bay, wohin sie angeblich über London weiter versandt werden sollten, als Bestimmungsort anzunehmen habe, bezüglich der Konserven zu gelten, da dieser Hafen Versorgungsbasis für die südafrikanischen englischen Gebietsteile sei.

Gegen dieses Urteil ist frist- und formgerecht Berufung erhoben:

1. von der Nordischen Waren-Kriegsversicherungsgesellschaft in Christiania wegen des Holzes,
2. von der Firma Henry Olsen & Co. in Kopenhagen wegen der Konserven.

Die Berufung wegen des Holzes ist unbegründet. Die feindliche Bestimmung desselben ist zu vermuten, weil London Versorgungsbasis ist. Die überreichten Erklärungen der Firma Capjon & Co. und des Ludwig Wiese sind nicht geeignet, diese Vermutung zu widerlegen. Denn sie ergeben nur, daß das Holz teils an gewisse Händlerfirmen in London und Umgegend verkauft, teils als Kommissionsware nach London verschifft war. Damit ist für die friedliche Endbestimmung des Holzes nichts erbracht, denn wohin das Holz aus der Hand der Händler und Kommissionäre gelangt und wozu es verwandt wäre, ergibt sich aus jenen Erklärungen nicht. Nur wenn dies in einwandfreier Weise dargetan wird, ist nach ständiger Rechtsprechung des Oberprisengerichts die Vermutung der feindlichen Bestimmung als widerlegt zu erachten. Somit war die Berufung wegen des Holzes zu verwerfen.

Anders liegt die Sache mit den Konserven. Bestimmungsort derselben war nach den vorgelegten Urkunden nicht London, wo bloß eine Umladung stattfinden sollte, sondern der portugiesische Hafen Delagoa-Bay. Dieser Platz war zu der hier in Betracht kommenden Zeit nach der dem Oberprisengericht von zuständiger Seite gemachten amtlichen Mitteilung nicht als Versorgungsbasis einer der mit dem Deutschen Reiche im Kriege befindlichen Mächte anzusehen. Mindestens lagen hierfür keine hinreichend sicheren Anhaltspunkte vor. Eine Vermutung für die feindliche Bestimmung der Konserven besteht daher nicht, und ein Beweis ist in dieser Richtung nicht erbracht. Es war daher unter Aufhebung des Vorderurteils in diesem Punkte auf Freigabe der Konserven zu erkennen.

Die Kostenentscheidung beruht auf § 37 Pr. GO. Der Antrag der Waren-Kriegsversicherung in Christiania, dem Reiche einen Teil der ihr in erster Instanz erwachsenen Kosten und Auslagen aufzuerlegen, weil die von ihr reklamierten, vom Prisengericht freigegebenen Waren (Papier und Steine) gemäß § 21 Pr. GO. schon vom Prisenamt hätten freigegeben werden müssen, weil sie offensichtlich der Einziehung nicht unterlagen, ist unbegründet. Denn durch jene Vorschrift wird dem Prisenamt nur eine Befugnis zugesprochen, nicht aber eine Verpflichtung auferlegt. Zudem greift der Grundsatz hier Platz, daß bei an sich gerechtfertigter Beschlagnahme des Schiffes die Eigentümer unschädlicher Waren die aus dieser Beschlagnahme sich etwa ergebenden nachteiligen Folgen selbst zu tragen haben (Ziff. 8 Abs. 1 Pr. O., Art. 64 Londoner Erklärung).

32.

„Medea.“

Urteil vom 15. Mai 1916.

Zerstörung eines neutralen Schiffes und seiner neutralen Ladung. Lebensmittel; Vermutung für deren feindliche Bestimmung. Inhalt der Vermutung. Begriff der feindlichen Bestimmung. Erfordernisse des Gegenbeweises.

Ziff. 23 Nr. 1, Ziff. 33 der Prisenordnung.

In der Prisensache, betreffend den niederländischen Dampfer „Medea“, Heimatshafen Amsterdam, hat das Kaiserliche Oberprisengericht in Berlin in der Sitzung vom 15. Mai 1916 für Recht erkannt:

Das Urteil des Prisengerichts in Hamburg vom 13. August 1915 wird aufgehoben. Das untergegangene Schiff und seine Ladung unterlagen der Einziehung; die Zerstörung war rechtmäßig. Die sämtlichen Reklamationen werden zurückgewiesen. Die Kosten beider Instanzen fallen den Reklamanten zur Last.

Gründe.

Am 25. März 1915 wurde der der Kgl. Nederlandsche Stoomboot Maatschappij in Amsterdam gehörige Dampfer „Medea" auf der Fahrt von spanischen Häfen nach London südlich von Beachy Head von einem deutschen Unterseeboot aufgebracht. Die Schiffspapiere waren in Ordnung. Nach Manifest und Konnossementen bestand die gesamte Ladung aus Apfelsinen und Mandarinen in Kisten, und zwar aus 15 749 Kisten in 78 verschiedenen Abladungen. Nachdem die Mannschaft das Schiff verlassen hatte, wurde dieses mit der Ladung zerstört.

Auf die Bekanntmachung des Kaiserlichen Prisengerichts in Hamburg haben wegen des Schiffes die Reederei, wegen der 10 unter Nr. II des angefochtenen Urteils aufgeführten Abladungen die Versicherungsgesellschaft El Diaz in Madrid mit der Behauptung, daß sie den Abladern den Schaden ersetzt habe, die ihre Ersatzansprüche an sie abgetreten hätten, und 98 Ladungsinteressenten wegen ihrer Güter in der vorgeschriebenen Form und Frist Schadensersatzansprüche angemeldet.

Die Ablader sind zu einem Teil Vereine, die — nach ihrer Bezeichnung zu schließen — in Spanien ihren Sitz haben, im übrigen und zu überwiegendem Teil in Spanien ansässige Einzelpersonen.

Die Schadensberechnungen sind aufgestellt und den Anträgen der Reklamanten zugrunde gelegt.

Das Gericht erster Instanz hat vorerst nur über den Grund der Ansprüche verhandelt und entschieden.

Die Reederei hat sich zum Beweis ihres Eigentums und der Nationalität des Schiffes auf die Schiffspapiere berufen, die dem Schiffer abgenommen sind und vorliegen.

Die übrigen Reklamanten haben zum Beweis ihres Eigentums und der feindlichen Bestimmung der Ladung eine Anzahl von Konnossementen vorgelegt.

Sie haben ihre eigenen, eidlich zu Protokoll des Notars abgegebenen Erklärungen beigebracht:

daß die abgesandten Apfelsinen durch ihren zuständigen Makler in London für Rechnung der Ablader in Auktion verkauft werden sollten, zu welchem Zwecke diese Ablader die diesbezüglichen Verschiffungsdokumente an ihre vorerwähnten Makler in London gesandt hätten;

daß folglich, als der Dampfer in den Grund gebohrt wurde, die erwähnten Kisten Apfelsinen noch an Niemanden verkauft und deswegen Eigentum spanischer Untertanen gewesen seien, da alle Aussagenden Angehörige des spanischen Staates seien, und daß jeder der Ablader die Verladung seiner Partie unabhängig von anderen Abladern des Dampfers gemacht habe.

Ferner sind beigebracht Affidavits der Londoner Makler, an welche die Güter angeblich konsigniert waren, in denen die einzelnen Abladungen nach Namen der Absender und Anzahl der Kisten aufgeführt sind und erklärt wird:

daß die Güter an die betreffenden Makler abgesandt seien, on consignment for sale in the market on shippers account, daß, wenn die Güter angekommen und im gewöhnlichen Geschäftsgang verkauft worden wären, der Makler den Erlös, abzüglich der üblichen Kurtage und Kommission, an den Ablader abgeführt haben würde; daß diese Art der Geschäftsverbindung schon seit einer Reihe von Jahren bestehe; daß die Güter, wenn sie angekommen wären, auf offenem Markt verkauft worden wären an Käufer for ordinary consumption;

daß der Makler nicht erlebt habe, daß die Britische Regierung ähnliche Abladungen auf offenem Markt zum Gebrauch for the naval, military or government forces angeschafft hätte.

Es liegt ferner eine amtliche Erklärung des britischen War Office vor, die lautet:

J am commanded by the Army Council to inform you that oranges do not form part of the rations of the British soldier.

Das Prisengericht Hamburg hat entschieden:
Das untergegangene Eigentum unterlag nicht der Einziehung. Für seine Beschlagnahme lagen aber ausreichende Gründe vor.

Die Reklamation der Versicherungsgesellschaft El Dia wird abgewiesen.

Die Ansprüche der übrigen Reklamanten werden dem Grunde nach für berechtigt erklärt.

Das Gericht hat angenommen, daß die Ladung aus Lebensmitteln bestand, die nach Feindesland bestimmt waren, daß aber der Vermutung von Ziffer 33 Pr. O. die Umstände widersprächen. Es geht davon aus, daß es auf die feindliche Bestimmung der Ware, und zwar der Ware selbst, nicht eines aus ihr herzustellenden Fabrikates, im Augenblick der Beschlagnahme ankomme; es führt aus, daß es sich um Konsignationsware für den offenen Markt in London gehandelt habe; die Möglichkeit, daß die in Betracht kommenden Kommissionäre Einkaufskommissionäre der Englischen Regierung gewesen seien, erscheine — ohnehin nur eine fernliegende — durch die Erklärung dieser Makler widerlegt; der Kommandant sei allerdings nicht imstande gewesen, die kommerzielle Sachlage zu überblicken, er habe der Tatsache gegenübergestanden, daß es sich um relative Konterbande handelte, die nach der Hauptversorgungsbasis der feindlichen Streitmacht adressiert war; von seinem Standpunkt aus sei der Kommandant deshalb zur Zerstörung der Prise berechtigt gewesen, weil die Nähe der feindlichen Macht die Wiederwegnahme des Schiffes habe besorgen lassen; gleichwohl bestünde nach Ziff. 115 Satz 2 Pr. O. Anspruch auf Schadensersatz.

Der Anspruch der El Dia ist abgewiesen, weil ihre Aktivlegitimation nicht dargetan sei. Die übrigen Ablader dagegen wurden als zur Sache legitimiert betrachtet, weil es sich um Indossierung der Konnossemente an die Verkaufskommissionäre gehandelt habe, durch welche Eigentum an den Gütern auf die Konnossementsinhaber nicht übergegangen sei.

Nach diesem Ergebnisse müsse auch der Anspruch des Reeders auf Ersatz des Schadens zuerkannt werden.

Gegen das Urteil des Prisengerichts hat sowohl der Kaiserliche Kommissar, als auch von der anderen Seite die El Dia Berufung eingelegt.

Die Berufung des Kaiserlichen Kommissars erscheint begründet:

Das Schiff führte ausschließlich Apfelsinen und eine geringe Partie Mandarinen. Daß Früchte dieser Art unter die Nr. 1 der Liste der relativen Konterbande fallen, ist schon deshalb außer Zweifel, weil die Liste ganz allgemein von Lebensmitteln spricht. Sie macht keinen Unterschied zwischen Nahrungs- und Genußmitteln, und die Erläuterung zu Art. 24 der Londoner Deklaration spricht es aus, daß nicht nur die notwendigen, sondern auch die zur menschlichen Ernährung nützlichen Erzeugnisse (fester oder flüssiger Art) unter Lebensmitteln zu verstehen seien. Der Nährwert der Apfelsinen mag gering sein. Daß sie überhaupt keinen Nährwert besäßen, läßt sich nicht behaupten. Außerdem aber ist die menschliche Kost nicht nur aus Nährwerten zusammengesetzt. Die Natur des Menschen bedarf auch der belebenden und anregenden, dem Wohlgeschmack dienenden Zutaten und Ergänzungen der Kost. Es läßt sich, wie überhaupt von Obst, so insbesondere auch von Apfelsinen, nicht bezweifeln, daß sie für die Ernährung des Menschen nützlich sind und unter den Begriff der Lebensmittel fallen.

Das verkennt auch das Prisengericht nicht. Es mußte zu seiner Entscheidung gelangen, weil es von der Auffassung ausgeht, daß es nur auf die feindliche Bestimmung der Güter im Augenblick der Beschlagnahme ankomme, nicht „auf die Möglichkeit späterer feindlicher Bestimmung der Ware oder gar eines aus ihr möglicherweise herzustellenden Fabrikats (Marmelade)".

Zunächst ist der in dieser letzteren Steigerung zum Ausdruck gebrachte Gedanke, daß Stoffe nicht deshalb unter den Begriff von Lebensmitteln fallen, weil sie nur erst nach einer Verarbeitung unter Hinzusetzung weiterer Bestandteile als Lebens- oder als Nahrungsmittel im engeren Sinne verwendbar sind, unrichtig. Es liegt in dieser Beziehung grundsätzlich mit Obstfrüchten nicht anders wie beispielsweise mit Getreide, das auch erst vermahlen und verbacken werden muß, wobei es dann auch nicht ohne alle Zutaten abgeht.

Im übrigen hat das Oberprisengericht bereits in den Sachen „Maria" [1]) und „Modig" [2]) ausgesprochen und ausführlich be-

[1]) Nr. 9 S. 45.
[2]) Nr. 8 S. 41.

gründet, daß es für die gerichtliche Entscheidung, ob Konterbande vorlag, nicht ausschließlich auf den Zeitpunkt der Beschlagnahme ankommen kann. Es steht im vorliegenden Falle fest, daß das Schiff eine volle Ladung „Lebensmittel" führte, die nach einem befestigten Platze des feindlichen Landes, der der feindlichen Kriegsmacht auch als Versorgungsbasis dient, bestimmt war. Danach ist für den erkennenden Richter kraft Ziff. 33 der Prisenordnung (Art. 34 der Londoner Deklaration) anzunehmen, daß die Ladung für den Gebrauch der feindlichen Streitmacht oder der Verwaltungsstellen des feindlichen Staates zur Zeit der Beschlagnahme entweder bereits bestimmt war oder dazu bestimmt worden wäre, wenn es zu der Beschlagnahme und Zerstörung nicht gekommen wäre. Das ist der Inhalt der gesetzlichen Vermutung und es fragt sich nur, ob die Reklamanten dies durch die beigebrachten Urkunden widerlegt haben.

Das ist zu verneinen. Nach den Behauptungen des Reklamanten war zur Zeit der Beschlagnahme tatsächlich über die Zwecke, welchen die Ware dienen sollte, noch nichts bestimmt. Man hatte die Absicht, sie demnächst zu verkaufen, was nach der ständigen Übung durch Auktion auf offenem Markt geschehen sollte. Sicherlich war der Kommissionär nicht gehindert, auch einen anderen Weg der Verwertung zu wählen, wenn es ohne Schaden für seinen Auftraggeber geschehen konnte; war es mit Vorteil verbunden, so war er dazu sogar verpflichtet. Es liegt also hier — wenn man die Sache mit früher zugunsten von Beteiligten entschiedenen Fällen vergleicht — nicht so, daß die Ware bereits an eine Stelle verkauft war, die eine gewisse, nach Lage des Falles zu bewertende Gewähr dafür bot, daß es zu der gesetzlich zu vermutenden Verwendung nicht kommen werde, vielmehr hatten sich die Ablader jeglicher Entscheidung über die Bestimmung der Ware durch Begebung der indossierten Konnossemente gänzlich entschlagen und sie ganz in die Hände englischer oder jedenfalls in England ansässiger, ganz im Machtbereich der Englischen Regierung und unter dem Einfluß der dortigen Umgebung befindlicher Kaufleute gegeben, die geradezu pflichtwidrig gehandelt hätten, wenn sie ein günstiges Angebot der Regierung oder ihrer Lieferanten, falls es an sie herangetreten wäre, nicht angenommen hätten.

Dabei liegt die Annahme, daß die Englische Regierung bestrebt sein muß, zum Zwecke der Ernährung der Truppen unter anderem auch Apfelsinen heranzuschaffen, keineswegs fern. Bedenkt man die große Bedeutung, welche in der Proviantierung des englischen Soldaten der Marmelade beikommt, so mag es zwar richtig sein, daß sich die Valencia-Apfelsine, um die es sich hier handelt, zur Herstellung von solchen Marmeladen weniger eignet. Die von den Reklamanten beigebrachten Affidavits verschiedener englischer und holländischer Fabrikanten bestätigen das. Es ist auch nicht zu bezweifeln, daß es richtig ist, wenn die Konservenfabriken Tangermünde und H. Bourzutschky Söhne mitteilen, daß in normalen Zeiten zur Herstellung von Marmeladen nur bittere Orangen verwendet werden. Daraus folgt aber nicht, daß sich aus Valencia-Apfelsinen Marmelade überhaupt nicht herstellen ließe. H. Bourzutschky Söhne berichten denn auch, es sei ihnen mitgeteilt, daß während der Kriegszeit auch gewöhnliche Apfelsinen zur Fabrikation mitherangezogen seien. Es liegt danach die Annahme, daß dies auch in England geschieht, keineswegs fern. Aber auch wenn man nur die Frucht als solche in Betracht zieht, ist die gesetzliche Vermutung nicht widerlegt. Es mag sein, daß, wie das englische War Office bezeugt, die Früchte nicht einen Bestandteil der Kost bilden, welche dem Soldaten verabreicht wird. Daraus folgt aber nicht, daß nicht gleichwohl in der Truppe auch ein dringendes Bedürfnis nach diesen Früchten besteht. Es ist dem Gericht bekannt, daß in der englischen Bevölkerung der Genuß der Apfelsinen außerordentlich verbreitet ist. Es liegt nahe, anzunehmen, daß die Gewohnheit der Soldaten in diesem Punkt keine andere ist, und daß sie, wenn ihnen Apfelsinen auch nicht geliefert werden, doch das Verlangen haben, sie sich als Zukost zu verschaffen, so daß dann auch die Heeresverwaltung bestrebt sein muß, durch Anschaffungen für Offiziers- und Unteroffiziersmessen, für Kantinen der Soldaten und dergl. Vorsorge zu treffen.

Möglichkeiten dieser Art fallen entscheidend in das Gewicht, weil kraft des Gesetzes die Vermutung besteht, die die Reklamanten in schlüssiger Weise widerlegen müßten.

Ergibt sich sonach, daß die gesamte Ladung der „Medea" der Einziehung unterlag, ist ferner auch ohne weiteres anzuerkennen, daß unter den obwaltenden Umständen die Einbringung der Prise ausgeschlossen war, so war der Berufung des Kaiserlichen Kommissars stattzugeben, und es erledigt sich damit zugleich die von der El Dia eingelegte Berufung.

33.

„Anvers."

Urteil vom 15. Mai 1916.

Vermutung feindlicher Bestimmung bei Gegenständen relativer Konterbande. Behandlung der Emballage; Abhängigkeit von dem rechtlichen Schicksal der Gegenstände, zu deren Verpackung sie dienen soll.

Ziff. 33 der Prisenordnung in der Fassung vom 18. April 1915 (Reichs-Gesetzbl. S. 227).

In der Prisensache, betreffend den norwegischen Dampfer „Anvers", Heimatshafen Christiania, hat das Kaiserliche Oberprisengericht in Berlin in der Sitzung vom 15. Mai 1916 für Recht erkannt:

Auf die Berufung des Reklamanten Emil Mörch in Frederiksstad wird das Urteil des Prisengerichts in Hamburg vom 27. November 1915 dahin abgeändert, daß die unter Nr. 2 des Manifestes aufgeführten 8000 Bunde Kistenbretter freigegeben werden. Die durch die Reklamation entstandenen gerichtlichen Kosten beider Instanzen hat die Reichskasse zu tragen.

Gründe.

Der norwegische Dampfer „Anvers", mit rund 398 Std. Holz (Planken, gehobelte Bretter, Kistenbretter) von Frederiksstad nach London unterwegs, wurde am 22. Juli 1915 von einem deutschen Kriegsschiff aufgebracht und nach Hamburg eingebracht. Reklamation wurde erhoben vom Reeder Olsen wegen des Schiffes und vom Ablader Emil Mörch wegen 8000 Bunde

Kistenbretter. Durch zwei Urteile des Prisengerichts Hamburg vom 30. Oktober und 27. November 1915 wurden beide Reklamationen zurückgewiesen und die Einziehung des Schiffes mit seiner gesamten Ladung ausgesprochen. Das Gericht nahm an, daß auch bezüglich der von Mörch reklamierten 8000 Bunde Kistenbretter die Vermutung der feindlichen Bestimmung nicht widerlegt sei. Gegen beide Urteile wurde zunächst Berufung eingelegt, die Berufung des Reeders Olsen ist aber demnächst zurückgezogen, sodaß es sich jetzt nur noch um die von Mörch reklamierten 8000 Bunde Kistenbretter handelt. Bezüglich dieser war bereits in erster Instanz behauptet worden, daß sie durch Vermittelung der Maklerfirma Duncan, Ewing & Co. an die Zucker-Raffinerie Tate and Sons in Silverstown verkauft seien und die Teillieferung eines über eine größere Quantität abgeschlossenen Vertrages vom 14. Oktober 1914 bildeten, von dem eine Abschrift mit einer eidesstattlichen Versicherung eines Mitinhabers der oben genannten Maklerfirma in erster Instanz überreicht ist. Auch die dem Abschluß dieses Vertrages vorangegangene umfangreiche Korrespondenz ist dem Gericht erster Instanz vorgelegt worden, desgleichen die Abschrift eines Telegramms vom 19. Juli 1915, in dem der Firma Duncan Ewing mitgeteilt wird, daß das Schiff „Anvers" am 20. Juli mit 8000 Bunden „Tatesgoods" abfahren werde. In zweiter Instanz hat der Reklamant noch eine eidesstattliche Versicherung eines Geschäftsführers der Firma Tate and Sons vorgelegt, die besagt, daß die hier fraglichen Kistenbretter ausschließlich für den Gebrauch der Firma in Verbindung mit ihrem Würfelzuckerhandel bestimmt waren, und daß der Zucker, der in die aus den Brettern hergestellten Kisten verpackt werden sollte, nicht für englische Regierungsstellen bestimmt war. Der Reklamant hat Freigabe der 8000 Bunde Kistenbretter beantragt, der Kaiserliche Kommissar hat dem widersprochen.

Die Berufung ist begründet. Das Oberprisengericht hat durch die in erster und zweiter Instanz überreichten Urkunden als erwiesen erachtet, daß es sich bei den hier fraglichen 8000 Bunden Kistenbrettern um eine Lieferung zu friedlichen Zwecken handelt. Die Firma Tate and Sons hatte im Oktober 1914 mit dem Reklamanten einen großen Abschluß für 1 Jahr gemacht, von dem die 8000 Bunde eine Monatslieferung darstellen. Bereits vor Aufbringung der „Anvers" ist die Absendung dieses Postens der Maklerfirma, die den Verkauf vermittelt hat, mitgeteilt worden und gleichzeitig Rechnung übersandt. Daß die Bretter zur Herstellung von Zuckerkisten Verwendung finden sollten, ist bei dieser Sachlage an sich glaubhaft und auch durch die vorliegenden eidesstattlichen Versicherungen bestätigt worden. Damit ist aber die friedliche Endbestimmung der Bretter im Sinne der Ausführungen des Oberprisengerichts in der Prisensache „Modig"[1]) als dargetan zu erachten. Es ist, wie dort hervorgehoben ist, nicht angängig, demgegenüber auf die durch besondere tatsächliche Vorgänge nicht unterstützte Möglichkeit hinzuweisen, daß die Englische Regierung die Ware bei ihrer Ankunft am Bestimmungsort trotz der darüber getroffenen Disposition hätte für sich in Anspruch nehmen und sie für Zwecke der Kriegführung hätte verwenden können. Eine solche Eventualität kann nicht ohne weiteres vermutet werden und ihre Berücksichtigung ohne irgendwelche Anhaltspunkte würde den Beweis der friedlichen Bestimmung, der nach der Prisenordnung zugelassen ist, schlechthin ausschließen. Auch die vom Vorderrichter in zweiter Linie angestellte Erwägung, daß in den aus den Brettern hergestellten Kisten vielleicht Zucker an die Englische Regierung geliefert wäre, ist nicht geeignet, die angefochtene Entscheidung zu stützen. Denn abgesehen davon, daß es sich auch hier lediglich um eine fernliegende Möglichkeit handelt, besteht in bezug auf den Zucker, den die Firma Tate and Sons fabriziert, eine gesetzliche Vermutung für die feindliche Bestimmung nicht, also auch nicht hinsichtlich der Emballage. Hier hätte es also eines Beweises bedurft, der nicht geführt ist.

Die Kistenbretter waren daher, weil ihre unschädliche Bestimmung dargetan ist, freizugeben. Die Kostenentscheidung folgt aus § 37 Pr. GO. Eine Erstattung der notwendigen Auslagen des Reklamanten kommt trotz verbürgter Gegenseitigkeit nicht in Frage, weil für die prisenrechtliche Maßnahme, auf welche sich die Reklamation bezieht, ausreichende Gründe vorlagen, wie sich aus der rechtskräftig gewordenen Einziehung des Schiffes und des größten Teiles der Ladung ergibt.

[1]) Nr. 8 S. 41.

34.

„Cocos."

Urteil vom 15. Mai 1916.

Vermutung feindlicher Bestimmung bei Gegenständen relativer Konterbande. Führung des Gegenbeweises. Zerstörung eines nicht der Einziehung unterliegenden Schiffes und seiner Ladung. Schadensersatz für das Schiff und neutrale Güter. Ersatzberechtigte. Geltendmachung von Ansprüchen des Kapitäns wegen des Verlustes seiner Stellung und der Mannschaft wegen ihrer mitversenkten Habe. Unwirksamkeit einer Reklamation durch einen Rechtsanwalt, der erst in der Berufungsinstanz eine schriftliche Vollmacht vorgelegt hat.[1])

Ziff. 33 Abs. 1c, Ziff. 115 der Prisenordnung in der Fassung vom 18. April 1915 (Reichs-Gesetzbl. S. 227); § 27 Abs. 1 der Prisengerichtsordnung.

In der Prisensache, betreffend den dänischen Segler „Cocos", Heimatshafen Marstal, hat das Kaiserliche Oberprisengericht in Berlin in der Sitzung vom 15. Mai 1916 für Recht erkannt:

I. Auf die Berufungen der Kriegsversicherung für dänische Schiffe, des Mitreeders Petersen und des Kapitäns Hansen wird das Urteil des Prisengerichts in Hamburg vom 11. Dezember 1915 dahin geändert, daß die Schadensersatzansprüche der bezeichneten Reklamanten, mit Ausnahme des Anspruchs des Kapitäns wegen Verlustes seiner Stelle, dem Grunde nach für berechtigt erklärt werden. Zur Verhandlung über die Höhe des Schadens wird die Sache in die erste Instanz zurückverwiesen.

II. Die Berufungen von Leif, Sundt & Co. und von J. A. Stewart Ltd. sowie die Berufung des Kapitäns Hansen wegen Verlustes seiner Stelle und die Berufung von Personen der Schiffsmannschaft wegen Verlustes von Effekten werden zurückgewiesen.

---

[1]) Übereinstimmend die Urteile des Oberprisengerichts in den Prisensachen „Elna" und „Neptunus" vom gleichen Tage.

III. Die Reklamanten zu II haben außer den durch ihre Reklamationen entstandenen Kosten erster Instanz ein Drittel der gerichtlichen Kosten der Berufungsinstanz zu tragen. Im übrigen bleibt die Entscheidung wegen der Kosten dem Endurteil vorbehalten.

Gründe.

Am 12. Juni 1915 wurde der dänische Dreimastschoner „Cocos" aus Marstal, mit einer Ladung gehobelter Bretter auf der Reise von Kristiania nach Leith, von einem deutschen Kriegsschiff auf hoher See aufgebracht und, nachdem den 4 Mann Besatzung Gelegenheit gegeben war, mit einem Teil ihrer Sachen das Schiff zu verlassen, mit der Ladung vernichtet.

Es haben Anspruch auf Schadensersatz erhoben:

1. Krigsforsikringen for Danske Skibe in Kopenhagen als Versicherer des Casco wegen der Versicherungssumme,
2. der Mitreeder H. M. Petersen in Marstal für sich und die übrigen Reeder
   wegen der entgangenen Fracht und wegen Nutzungsverlustes auf 9 Monate,
   wegen zweier Reservesegel,
   wegen Mehrwerts des Schiffes „begründet durch höhere Schiffspreise",
3. der Kapitän Hansen wegen Verlustes seiner Stellung,
4. die Reklamanten zu 2 und 3 gemeinsam
   wegen der Vorräte an Proviant und Ausrüstung,
5. die Mannschaft wegen ihrer Effekten,
6. die Ladungsempfänger Leif, Sundt & Co. und J. A. Stewart Ltd. in Glasgow wegen der Ladung.

Das Kaiserliche Prisengericht in Hamburg hat erkannt, daß Schiff und Ladung der Einziehung unterlegen hätten, daß ihre Beschlagnahme und Zerstörung rechtmäßig gewesen sei, und sämtliche Reklamationen zurückgewiesen würden.

Die hiergegen eingelegte Berufung der Reklamanten erscheint, nachdem in dieser Instanz weiteres Beweismaterial beigebracht worden ist, zum Teil begründet.

Die Ladung des „Cocos" war relative Konterbande (Pr. O. Ziff. 23 Nr. 20) und sollte nach einem Platze gebracht werden, welcher der feindlichen Streitmacht als Operations- und Verpflegungsbasis dient. Die danach begründete Vermutung, daß die Hölzer für die feindliche Streitmacht oder für Verwaltungsstellen des feindlichen Staates bestimmt waren, ist indessen als widerlegt anzusehen. An der Hand der zum Teil im Original vorgelegten Vertragsurkunden und Konnossemente, der amtlichen Bescheinigungen und Affidavits erscheint bewiesen, daß die Ladung aus $47^1/_2$ Standard gehobelten Brettern bestand, von denen ca. $20^1/_2$ Standard (4421 St.) bestimmt waren für Leif, Sundt & Co. und 27 Standard (6173 St.) für J. A. Stewart, beides Holzhändlerfirmen in Glasgow.

J. A. Stewart & Co. haben das Holz von Carsten Thiis in Frederiksstad am 20. April 1915 gekauft. Sie haben verkauft „in or about April 1915":

Ca. 4 Standards an die Bauunternehmer John Mc. Aulay, welche es für den Bau eines Lichtspielhauses in Glasgow verwenden wollten,

ca. 7 Standards an die Bauunternehmer Mc. Gowan & Willson in Glasgow, welche für die Großbuchhandlung John Menzies & Co. Ltd. in Glasgow ein Geschäftshaus zu bauen hatten,

ca. 6 Standards an den Zimmermeister John Livingstone, der Villen in Clarkston bei Glasgow in Bau hatte und hierzu das Holz anschaffte.

Schriftlich sind diese Verträge nicht geschlossen. Es liegen Affidavits vor, in denen der Verkäufer und die Käufer diese Tatsachen unter promise of oath bekunden. Der Rest der Partie war noch unverkauft und sollte einstweilen zu Lager genommen werden.

Die für Leif, Sundt & Co. bestimmten 4421 Stück Bretter waren ein Teil einer größeren Partie, nämlich von 150 Standards, welche sie durch den vorgelegten schriftlichen Vertrag vom 24. Februar 1915 von Mandalsgaden Hövleri in Kristiania gekauft hatten. Diese gesamten Mengen Hölzer waren außer in den „Cocos" noch in den Schiffen „Elna" und „Neptunus" verladen, die gleichfalls beschlagnahmt und versenkt worden sind. Die Nachweisungen, welche über den Weiterverkauf der Hölzer an private Verbraucher beigebracht sind, decken sich ziemlich genau mit den in den drei Schiffen verladenen Quantitäten. In dieser Beziehung ist dargetan, daß Leif, Sundt & Co. unter dem 17./18. und wiederum unter dem 31. März 1915 an Duncansons Ltd., Bauunternehmer, 114,6 Standards Dielen und an die Kistenfabrik von John Drummond and Sons, Coopers in Greenock 23,1 Standards (Kistenbretter) verkauft hatten. Die genannten Verkäufe sind durch die Originalurkunden belegt. Außerdem liegen auch hier eidesstattliche Versicherungen von Vertretern der Verkäuferin und der Käufer vor, in denen zugleich versichert wird, daß Duncansons Ltd. das Holz gekauft haben zur Ausführung von Privatbauten der Stadt Glasgow in Moncure und College Street und von Arbeiterwohnungen für die Dalmuir and West of Scotlands Estates Company Ltd. Zugleich wird versichert, daß die Cocos-Abladung einen Teil dieser Hölzer gebildet habe.

An der Richtigkeit dieser durch Urkunden unterstützten Erklärungen zu zweifeln, besteht kein ausreichender Grund.

Danach erscheint — abgesehen von der Teilpartie von ca. 10 Standards der Stewartschen Abladung — der Nachweis erbracht, daß über die Verwendung des vernichteten Holzes zu privaten Zwecken, und zwar in einer Weise, die nach dem gewöhnlichen Lauf der Dinge einen Weiterverkauf seitens der letzten Abnehmer ausschloß, bereits verfügt war, als der „Cocos" aufgebracht und vernichtet wurde. Zwar waren in allen Fällen die Hölzer nur der Gattung nach verkauft und die Käufer und Verbraucher des Holzes hatten nicht schlechthin den Anspruch auf Lieferung gerade des mit dem „Cocos" angebrachten Holzes. Aber tatsächlich stand der Verkäuferin, wie ebenfalls glaubhaft gemacht ist, anderes Holz, mit dem sie ihren Vertrag hätte erfüllen können, nicht zur Verfügung, und andererseits muß die Möglichkeit, daß die Englische Regierung sich mittels Beschlagnahme die Hölzer — ihrem Verwendungszweck entgegen — verschafft haben würde, als zu fernliegend angesehen werden, um ausschlaggebend ins Gewicht zu fallen.

Der Kommandant des deutschen Kriegsschiffs war allerdings bei der Aufbringung nur auf die Vermutung angewiesen, die ihm auf Grund der ihm vorliegenden Tatsachen das Gesetz an die Hand gab. Auch konnte die Einbringung des Segelschiffes von der Stelle aus, wo es aufgebracht worden war, nicht in Frage kommen. Insofern war daher die Zerstörung der Prise vollkommen berechtigt. Da sich aber die Ladung und damit auch das Schiff nachträglich als nicht einziehbar erwiesen haben, mußte nach Ziff. 115 Satz 2 Pr. O. gleichwohl der Anspruch der Eigentümer auf Schadensersatz anerkannt werden.

Der Anspruch der Casco=Versicherer und der Anspruch der Reederei wegen der verlorenen Fracht und wegen etwaiger Werte von Schiff und Zubehör, die nicht unter Versicherung standen, waren somit dem Grunde nach für berechtigt zu erklären. Auch für Proviant und Ausrüstung des Schiffes ist den Eigentümern Entschädigung zu leisten. Sie sind Zubehör des Schiffes.

Nicht dasselbe gilt dagegen von dem Anspruch des Kapitäns wegen des Verlustes seiner Stellung als Führer des zerstörten Schiffes. Für Schäden, welche aus der Wegnahme oder Zerstörung einer Prise nur mittelbar für Dritte entstehen, ist durch die Prisenordnung ein Ersatzanspruch an keiner Stelle bestimmt. Auch die Mannschaft — die übrigens im vorliegenden Falle durch Versicherung gedeckt war — kann wegen ihrer mitzerstörten Effekten Ersatz nicht beanspruchen. Daß der Kommandant das Schiff aufbrachte und zerstörte, entsprach der Sachlage, so wie sie sich ihm darstellen mußte. Es ist eine positive Bestimmung, wenn Ziff. 115 Pr. O. im Satz 2 im Anschluß an den Artikel 53 der Londoner Seekriegsdeklaration trotzdem in einem solchen Falle gewissen Beteiligten einen Anspruch auf Schadensersatz zuspricht. Dies geschieht aber nur insoweit, als es sich um das Schiff oder um vernichtete neutrale „Güter“ (marchandises) handelt, und es ist klar, daß unter „Gütern“, d. h. Handelsgütern, wie der französische Text es besonders klar bezeichnet, die nicht für den Handel, sondern nur für den Gebrauch der Mannschaft bestimmten Sachen nicht verstanden werden können. Die Ziff. 115 Pr. O. enthält eine Sonderbestimmung, die ohne rechtfertigenden Grund nicht ausdehnend ausgelegt werden darf.

Endlich muß es auch wegen des Anspruchs der Ladungsinteressenten bei der angefochtenen Entscheidung bleiben. Erst in der Berufungsinstanz hat der für sie auftretende Rechtsanwalt eine von ihnen ausgestellte Vollmacht vorgelegt. Nach § 27 Abs. 1 der Pr. GO. muß die Reklamationsschrift von einem

Rechtsanwalt unterschrieben sein, der mit einer schriftlichen Vollmacht des Reklamanten versehen ist. Die besondere Vorschrift der Zivilprozeßordnung, daß das Gericht einen ohne Vollmacht auftretenden Vertreter einstweilen zulassen, dann aber das Urteil erst nach Ablauf einer für die Nachbringung der Vollmacht bestimmten Frist verkünden darf, ist hier nicht anwendbar. Angesichts der klaren und zwingenden Vorschrift der Prisengerichtsordnung ist es vielmehr lediglich Sache des Reklamanten, für die rechtzeitige Vorlegung der Vollmacht zu sorgen. In Ermangelung einer solchen hat daher das Prisengericht mit Recht die Reklamation zurückgewiesen. Die nachträgliche Vorlegung der Vollmacht in der Berufungsinstanz ist aber nicht geeignet, dieser Entscheidung ihre Grundlage zu entziehen.

35.

„Kiew."

Beschluß vom 27. Juni 1916.

Überweisung von Prisengütern an militärische Dienststellen. Festsetzung des Wertes durch das Prisenamt. Maßgebender Zeitpunkt für die Wertberechnung.

§ 46 Abs. 2 der Prisengerichtsordnung in der Fassung vom 11. Dezember 1915 (Reichs-Gesetzbl. S. 814).

In der Prisensache, betreffend den dänischen Dampfer „Kiew", hat das Oberprisengericht am 27. Juni 1916 gemäß § 6a der Prisengerichtsordnung auf die weiteren Beschwerden

1. der Carl Söderbergs Handels Aktiebolaget in Stockholm,
2. der Aktiebolaget Löfgren und Jönssen in Halmstadt,
3. des Kaufmanns F. Otto Grandefeld in Hamburg,

gegen den von dem Prisengericht in Kiel in der Beschwerdeinstanz erlassenen Beschluß vom 10. April 1916 beschlossen:

Die weiteren Beschwerden werden auf Kosten der Beschwerdeführer zurückgewiesen.

Gründe.

Das Prisenamt in Swinemünde hat durch Beschluß vom 27. Februar 1916 verschiedene, von den Beschwerdeführern aus der Ladung des Dampfers „Kiew" reklamierte Partien Kaffee und Kakao gemäß § 46 Abs. 2 der Prisengerichtsordnung vor der prisengerichtlichen Entscheidung dem Reichs-Marine-Amt überwiesen und sodann durch Beschluß vom 3. März 1916 den Wert der Güter nach Einziehung eines Gutachtens von Sachverständigen festgesetzt.

Dabei ist der Wert, den die Güter am Tage der Aufbringung des Schiffes, nämlich am 18. Januar 1916, gehabt haben, zugrunde gelegt worden. Hiergegen haben die Reklamanten bei dem Prisengericht in Kiel Beschwerde erhoben und geltend gemacht, daß nicht der Zeitpunkt der Beschlagnahme, sondern der Tag des Überweisungsbeschlusses oder der Wertfestsetzung oder der tatsächlichen Überweisung der Güter an das Reichs-Marine-Amt zugrunde gelegt und demnach die sehr bedeutende Preissteigerung berücksichtigt werden müsse, die für Kaffee und Kakao in der Zeit nach dem 18. Januar 1916 zufolge der englischen Blockademaßnahmen im Inland eingetreten war. Das Prisengericht hat die Beschwerden zurückgewiesen. Es geht davon aus, daß zwar an sich der Zeitpunkt der Überweisung für die Wertfestsetzung als maßgebend zu betrachten sei, daß aber gleichwohl den Beschwerdeführern kein Anspruch auf die außergewöhnliche, durch kriegerische Maßnahmen verursachte Preissteigerung der Güter im Inlande zustehe, daß vielmehr nur der normale Handelswert zu berücksichtigen sei, der durch die Wertfestsetzung des Prisenamts, das den Inlandsmarktpreis vom 18. Januar zugrunde gelegt habe, reichlich gedeckt werde.

Den hiergegen erhobenen weiteren Beschwerden war der Erfolg zu versagen.

Die den Ausführungen der Beschwerdeführer zugrunde liegende Auffassung, daß es sich bei der im § 46 Abs. 2 Pr. GO. zugelassenen Überweisung der Prise an eine von dem Kaiserlichen Kommissar bezeichnete Stelle um einen von dem Prisenamte verfügten Zwangsverkauf handele, und daß der dabei festzusetzende und demnächst zu hinterlegende Betrag den Preis für die überwiesenen Gegenstände darstelle, kann nicht als zutreffend betrachtet werden. Sie entspricht nicht dem Sinn und Zweck der Bestimmung. Die Überweisung geschieht in der Annahme, daß es zur Einziehung der überwiesenen Gegenstände im prisengerichtlichen Verfahren kommen wird. Nur für den Fall, daß entgegen dieser Annahme die Beschlagnahme nicht aufrecht erhalten und demgemäß auf Freigabe der Prise erkannt wird, ist für die Wahrung der Interessen der Beteiligten zu sorgen, soweit sie durch die Verfügung über die Prisengüter beeinträchtigt werden würden. Darin liegt der Zweck, für den die in der Prisengerichtsordnung vorgeschriebene Feststellung und Hinterlegung des Wertes der Prise bestimmt ist. Es kommt mithin darauf an, welche Ansprüche in dem bezeichneten Falle dem Berechtigten zustehen. Das Oberprisengericht hat bereits in den Prisensachen, betreffend die Dampfer „Zaanstroom"[1]) und „Batavier V.", unter dem 5. Mai d. J. entschieden, daß der Wert, der für beschlagnahmte Güter zu erstatten ist, wenn diese der Militärverwaltung überwiesen und sodann im prisengerichtlichen Verfahren freigegeben worden sind, nach dem Zeitpunkte der Beschlagnahme zu bemessen ist. An diesem Grundsatz ist festzuhalten.

Erkennt das Prisengericht auf Freigabe einer Prise, so hat dies zur Folge, daß die Beschlagnahme rückgängig zu machen und der Zustand wieder herzustellen ist, der ohne die Beschlagnahme vorhanden gewesen wäre. Von besonderen Schadensersatzansprüchen abgesehen, geschieht dies, wenn die Prise noch vorhanden und zur Verfügung der Prisenbehörden ist, durch die Rückgabe der Gegenstände. Ist die Rückgabe infolge einer Verfügung über die Prise nicht möglich, so muß der Sachwert an die Stelle treten. Aus der vorbezeichneten Wirkung, die mit der Aufhebung der Beschlagnahme verbunden ist, folgt aber, daß in einem solchen Falle der Wert nach dem Zeitpunkte der Beschlagnahme zu bemessen ist, denn gerade dieser Wert war in der ihn verkörpernden Prise dem Berechtigten durch die Beschlagnahme entzogen worden. Von diesem Gesichtspunkte hat daher auch die Wertfestsetzung durch das Prisenamt auszugehen.

Die Wahl eines anderen Zeitpunkts für die Wertbemessung führt — zumal bei Gütern mit schwankendem Marktwerte —

[1]) Nr. 30 S. 118.

zu unrichtigen und unter Umständen unbilligen Ergebnissen. Im vorliegenden Falle würde die Wertbemessung nach dem Marktpreise zur Zeit der Überweisung an die Marineverwaltung, falls der Inlandspreis zugrunde zu legen wäre, den Reklamanten infolge der eingetretenen Preissteigerung einen unverhältnismäßigen Vorteil zuwenden; im Falle eines Sinkens der Preise wäre dagegen den Beteiligten bei solcher Wertbemessung nur ein unzureichender Ersatz für die entzogenen Güter geboten.

Alle über den Sachwert zur Zeit der Beschlagnahme hinausgehenden Ansprüche gehören in das Gebiet des Schadensersatzes, der durch den § 46 Abs. 2 Pr. GO. nicht berührt wird. Die Geltendmachung solcher Schadensersatzansprüche bleibt, soweit ihre Voraussetzungen vorliegen, den Beteiligten unbenommen. Auch Änderungen des Marktpreises der beschlagnahmten Güter können unter Umständen für die Frage des Schadensersatzes von Bedeutung sein. Ein Ersatz für den Unterschied zwischen dem Werte der Güter zur Zeit der Beschlagnahme und dem später gestiegenen Inlandspreise, wie ihn die Reklamanten beanspruchen, wird sich allerdings auch aus diesem Gesichtspunkte nicht begründen lassen. Denn der Schadensersatzanspruch, den die Prisenordnung im Einklange mit den Grundsätzen des Völkerrechts gewährt, bezieht sich nur auf den Schaden, der durch eine ungerechtfertigte Beschlagnahme verursacht ist. Hier handelt es sich dagegen nicht um einen solchen Schaden, sondern umgekehrt um einen Gewinn, den die Reklamanten aus der Beschlagnahme und der damit verbundenen Verbringung der Waren ins Inland für den Fall der Freigabe der Güter erwartet haben und für dessen Entziehung sie Ersatz verlangen. Das Prisengericht hat mit Recht angenommen, daß es für einen solchen Anspruch an jeder rechtlichen Grundlage fehlt. Auch Rücksichten der Billigkeit sprechen nicht für den Standpunkt der Reklamanten, da diese bei Zugrundelegung des von dem Prisenamt festgestellten Wertes im gegebenen Falle zweifellos alles erhalten werden, was sie bei der Einleitung der von ihnen unternommenen Handelsoperation als deren Ergebnis erwarten konnten.

36.

„Assistent" und „Undine".

Beschluß vom 27. Juni 1916.

„Kauffahrteischiffe" im Sinne des Prisenrechts.

Ziff. 1 der Prisenordnung; § 2 der Prisengerichtsordnung.

In den Prisensachen, betreffend die in Libau beschlagnahmten sieben Holzprähme, fünf Wasserprähme und zwei Schlepper mit Namen „Assistent" und „Undine", hat das Oberprisengericht am 27. Juni 1916 beschlossen:

Die Beschwerden des Kaiserlichen Kommissars gegen die Beschlüsse des Prisengerichts in Hamburg vom 11. Mai 1916 werden zurückgewiesen.

Gründe.

Die oben bezeichneten Fahrzeuge sind nach der Einnahme von Libau im dortigen Hafen von dem deutschen Hafenkapitän beschlagnahmt worden. Sie stehen sämtlich im Eigentum russischer Staatsangehöriger; Schiffspapiere sind nicht vorhanden. Nach den Angaben der Beteiligten haben die Holzprähme eine Größe von 27 auf 7 Meter, die Wasserprähme einen Raumgehalt zwischen 12 und 18 Tonnen und die beiden Schlepper einen solchen von 10 bezw. 5 Tonnen. Es ist anzunehmen, daß die Prähme zur Verbringung von Gütern von und an Bord der im Hafen liegenden Seeschiffe dienten, während die beiden Schlepper zur Bewegung der Prähme bestimmt waren. Mit Rücksicht auf die Beschaffenheit und geringe Größe der Fahrzeuge hat das Prisengericht angenommen, daß es sich nicht um Kauffahrteischiffe handele, und daß daher die Prisengerichte nicht zuständig seien, über sie zu erkennen. Demgemäß sind die Anträge des Kaiserlichen Kommissars auf Einziehung von dem Prisengerichte durch vier auf die einzelnen Gruppen von Fahrzeugen sich beziehende Beschlüsse abgelehnt worden. Die hiergegen von dem Kaiserlichen Kommissar erhobenen Beschwerden sind nicht begründet.

Es ist richtig, daß die Bedeutung des in der Prisenordnung und Prisengerichtsordnung ebenso wie in der Londoner Seekriegsdeklaration gebrauchten Wortes „Kauffahrteischiff" (navire de commerce) sich nicht mit dem Sinne deckt, in dem es im deutschen Handelsgesetzbuch und anderen deutschen Gesetzen gebraucht wird. In den Verhandlungen der Londoner Konferenz ist festgestellt worden, daß die Bezeichnung nur den Gegensatz zu den Staatsschiffen ausdrücken solle (Schramm, Verhandlungen und Beschlüsse der Londoner Seekriegskonferenz S. 141), und dem entspricht die erläuternde Bestimmung des § 2 der Prisengerichtsordnung. An sich haben danach als Kauffahrteischiffe im Sinne der Prisenvorschriften alle im Privateigentum stehenden Schiffe zu gelten.

Ohne jede Einschränkung kann dies aber doch nicht gelten. Aus der Bezeichnung „Kauffahrteischiff" ist jedenfalls so viel zu entnehmen, daß dabei nur an Schiffe gedacht ist, die nach ihrer Größe und Beschaffenheit wenigstens einige Bedeutung besitzen. Fahrzeuge, wie die hier in Frage stehenden, die nur die Verbindung zwischen den im Hafen liegenden Kauffahrteischiffen und dem Lande vermitteln und mit Rücksicht auf ihre Bauart und Größe nach seemännischer Auffassung kaum noch als „Schiffe" anzusprechen sind, können nicht als Kauffahrteischiffe bezeichnet werden. Daß auch die Prisenordnung auf diesem Standpunkte steht, ergibt sich schon daraus, daß sie für die als Prise zu behandelnden Schiffe überall das Recht zur Führung einer Nationalflagge und den Ausweis durch Schiffspapiere voraussetzt. Für die den Gegenstand der Beschwerden bildenden Fahrzeuge trifft dies nicht zu. Für solche Fahrzeuge wäre auch der umständliche Apparat des prisengerichtlichen Verfahrens wenig zweckmäßig, und es läßt sich nicht annehmen, daß die Prisengerichtsordnung sie diesem Verfahren hat unterwerfen wollen. Ein Bedürfnis dazu besteht um so weniger, als schon die für den Landkrieg geltenden Grundsätze (Art. 53 Abs. 2 der Anlage zum IV. Übereinkommen der zweiten Haager Konferenz) eine genügende Handhabe bieten, um die Hand auf derartige Fahrzeuge zu legen.

37.

„Björn."

Urteil vom 29. Juni 1916.

Bearbeitete Hölzer und Feuerungsmaterial. Streichhölzer. Hämatitroheisen im Sinne der Prisenordnung.

Ziff. 23 Nr. 10, 14, 20 der Prisenordnung in der Fassung vom 18. April 1915 (Reichs-Gesetzbl. S. 227).

In der Prisensache, betreffend den schwedischen Dampfer „Björn", Heimatshafen Gotenburg, hat das Kaiserliche Oberprisengericht in Berlin in der Sitzung vom 29. Juni 1916 für Recht erkannt:

Auf die Berufungen der Versicherungs-Aktiengesellschaft Ocean in Göteborg, der Firma Haglund & Söners in Falköping, der Firma K. G. Backlund in Göteborg, der Aktiengesellschaft Förenade Svenska Tändsticker Fabrik und der Aktiengesellschaft Jönköping & Vulkan Tändsticker Fabrik wird das Urteil des Prisengerichts zu Hamburg vom 13. August 1915 dahin geändert, daß auch die unter Nr. 32 und 80 des Manifestes aufgeführten Besenstiele, Ruderriemen und Flaggstöcke sowie die unter Nr. 19, 25, 58 bis 76 aufgeführten Zündhölzer freigegeben werden. Im übrigen werden die Berufungen zurückgewiesen. Die gerichtlichen Kosten des Verfahrens beider Instanzen hat, soweit sie durch die Reklamationen der genannten Reklamanten entstanden sind, das Reich zu tragen; im übrigen werden die Kosten des Berufungsverfahrens den unterliegenden Berufungsklägern auferlegt.

Gründe.

Am 10. Mai 1915 wurde der schwedische Dampfer „Björn", Heimatshafen Gotenburg, mit Stückgütern auf der Reise von Gotenburg über New-Castle nach London, von einem Unterseeboot aufgebracht, weil die Schiffspapiere, die dem näheren Befunde nach in Ordnung waren, ergaben, daß die Ladung zu einem großen Teil aus absoluter und relativer Konterbande bestand. Er wurde nach Hamburg eingebracht. Die

Feststellung der Ladung, die aus dem Schiff herausgenommen wurde, bestätigte — mit unbedeutenden Abweichungen — die Angaben des Manifestes.

Das Gesamtgewicht der Ladung betrug (abgerundet) nach dem Manifest 1376 tons, nach der Feststellung bei der Entladung 1370 tons, davon waren 743 tons Roheisen. Ferner ergaben sich als beanstandete Ladungsteile Hölzer (Besenstiele), Zündhölzer, Telephonmaterial, Lebensmittel (Eier, Speck und Schweinsköpfe) und eine Partie Rasiermesser, die für das Royal Army Clothing Departement bestimmt waren.

Die Lebensmittel wurden verkauft und der Erlös ist hinterlegt.

Das Schiff hatte Gotenburg am 8. Mai 1915 verlassen.

Auf die Bekanntmachung des Kaiserlichen Prisengerichts in Hamburg haben die Reederei des „Björn", die Angfartygs-Aktie-Bolaget Thule in Gotenburg, sowie eine größere Anzahl von Ladungsinteressenten Reklamation in der vorgeschriebenen Form und Frist erhoben mit dem Antrage, die beschlagnahmten Gegenstände freizugeben und den ihnen erwachsenen Schaden zu ersetzen.

Da die Reederei und die beiden Ablader des Roheisens die Annahme, daß es sich bei ihrer Ware um relative Konterbande (Hämatiteisen) handle, bestritten und sich hierfür auf das zu den Akten gebrachte Gutachten beriefen, ist ein Gutachten vom Hamburgischen Staatshüttenlaboratorium eingezogen worden. Des ferneren wurde wegen der von einem Reklamanten abgeladenen Bootsriemen ein Gutachten eingeholt.

Das Prisengericht in Hamburg hat

das Roheisen als Hämatiteisen (Ziff. 23 Nr. 14 Pr. O.),

die Zündhölzer als Feuerungsmaterial (Ziff. 23 Nr. 10 Pr. O.),

die Besenstiele und Bootsriemen als Hölzer (Ziff. 23 Nr. 20 Pr. O.),

die Lebensmittel — Eier, Speck, Schweinsköpfe — (Ziff. 23 Nr. 1 Pr. O.),

die Telegraphenapparate und Telephonmaterial (Ziff. 23 Nr. 9 Pr. O.)

für relative,

die Rasiermesser (Ziff. 21 Nr. 7 Pr. O.)

für absolute Konterbande erklärt. Es hat, was erstere angeht, die gesetzliche Vermutung nur bezüglich derjenigen Waren für widerlegt angesehen, welche zur Weiterverschiffung nach Buenos Aires, Australien und Auckland bestimmt waren. Abgesehen von diesen Gütern hat es auf Einziehung der Konterbande sowie auf Einziehung des Schiffes erkannt, hinsichtlich dessen, was nicht Konterbande war, auf Freigabe; es hat ferner ausgesprochen, daß für die Beschlagnahme ausreichende Gründe vorgelegen haben, und sämtliche Ansprüche auf Schadensersatz zurückgewiesen.

Die gegen diese Entscheidung eingelegten Berufungen sind zu einem Teil begründet.

Mit Recht hat der Vorderrichter die Prisenordnung in der Fassung vom 18. April 1915 angewendet. Die Aufbringung hat am 10. Mai 1915 stattgefunden. In der Sache ebenfalls zutreffend, aber unzutreffend in der Begründung hat er den Einwand zurückgewiesen, daß das Schiff von der Konterbande-Erklärung vom 18. April 1915 keine Kenntnis gehabt habe. Wie bereits wiederholt erkannt ist (vergl. Prisensache Schoner „Elsa") [1]) findet der § 44 Anwendung auf alle nachträglich ergehenden Abänderungen der Prisenordnung, gleichviel in welcher Form solche Abänderungen bestimmt werden. Hier hat das Schiff einen der den deutschen Küsten nächstgelegenen neutralen Häfen ungefähr drei Wochen nach Veröffentlichung der Konterbande-Erklärung verlassen. Wenn wirklich der Kapitän damals noch keine Kenntnis von ihr gehabt haben sollte, kann das nur darauf beruhen, daß er sich um die Frage nach der Konterbande überhaupt nicht gekümmert hat. Und nicht minder gilt das vom Reeder. Es hätte der Darlegung bedurft, worauf eine so auffallende Unkenntnis in dem, was ihn am nächsten angeht, beruht (vgl. Art. 43 Abs. 2 der Londoner Deklaration).

Die Frage, ob das an Bord des Schiffes befindliche Eisen, das dem Gewichte nach den größeren Teil der Ladung ausmachte, als Hämatiteisen und damit als Konterbande anzusehen ist, war mit dem Gericht erster Instanz ohne Bedenken zu bejahen. Es liegen zwei einwandfreie Gutachten vor, welche sich zu dieser

[1]) Nr. 18 S. 75.

Frage äußern. Das eine ist von einer Kommission schwedischer Sachverständiger erstattet und spricht sich dahin aus, daß die Handelsbezeichnung Hämatitroheisen sich auf Kokes-Roheisen beziehe von einem Phosphorgehalt unter 0,1 % und von einer Zusammensetzung, die es zur Herstellung von Martinsstahl geeignet mache; die Bezeichnung stamme aus England, wo solches Eisen aus Hämatiterzen gewonnen werde, die in Schweden nicht vorkommen; das schwedische Eisen werde aus Schwarzerz und Blutsteinerz unter Verwendung von Holzkohle gewonnen und habe in der Regel weniger als 0,03 % Phosphorgehalt; da also das schwedische Eisen nicht aus Hämatiterz gewonnen werde, sei es falsch, schwedisches Holzkohleneisen als Hämatitroheisen zu bezeichnen. Das Gutachten des Hamburgischen Staatshütten-Laboratoriums sagt, daß man unter der fraglichen Bezeichnung ursprünglich ein graues Roheisen aus englischen Hämatiterzen (Roteisenerze oder Eisenoxyderze) verstanden habe, welche derartig phosphor- und schwefelfrei seien, daß das gewonnene Eisen unmittelbar zur Stahlerzeugung nach dem Bessemerprozeß habe verwendet werden können. Wie der Sprachgebrauch jetzt sei, komme es aber nicht darauf an, aus welchen Erzen das Eisen gewonnen werde; insbesondere in England bezeichne man als Hämatitroheisen jedes Roheisen, das weniger als 0,1 % Phosphor enthalte; diese Begriffserklärung sei auch von dem Internationalen Verband für die Materialprüfungen der Technik auf dem 5. Kongreß in Kopenhagen im Jahre 1909 festgelegt worden. Das aus den sehr reinen schwedischen Eisen unter Verwendung von Holzkohle statt Kokes gewonnene Eisen enthalte nur ganz geringe Mengen von Phosphor und Schwefel; es sei daher den mittels Kokes erzeugten Hämatitroheisen noch überlegen und koste nahezu das Doppelte. Gegenüber dem schwedischen Gutachten wird erklärt, Hämatitroheisen sei jetzt lediglich eine Handelsbezeichnung, welche besagen solle, daß das Roheisen von besonders guter Beschaffenheit, von bestimmtem Höchstgehalt an Phosphor und Schwefel sei.

Die beiden Gutachten stimmen sonach im allgemeinen miteinander überein, nur wollen die schwedischen Sachverständigen an der ursprünglichen Bedeutung des Namens, der zugleich auf die Erze hinweist, aus denen es gewonnen wird, festhalten. Dem widersprechen aber die Tatsachen, welche von dem Staatshüttenlaboratorium mitgeteilt worden sind, wonach es bei dieser ursprünglichen Bedeutung des Wortes nicht geblieben ist, sodaß jetzt im Handelsverkehr mit dem Worte nicht mehr die Provenienz, sondern die mit jener Provenienz gegebene, aber nicht ausschließlich durch sie bedingte Qualität bezeichnet wird. Wenn die Reklamanten beantragt haben, von der Handelskammer in Lübeck oder Hamburg ein Gutachten darüber einzuholen, daß das schwedische Eisen nicht unter Bezeichnung Hämatitroheisen gehandelt werde, so wird man ohne weiteres mit der Möglichkeit rechnen können, daß allerdings das schwedische Eisen, das von ganz besonderer Güte und nahezu doppelt so teuer ist, in Kaufverhandlungen, Lieferungsabschlüssen usw. mit dem in Frage stehenden Ausdruck nicht hinreichend genau als das bezeichnet erscheint, was gemeint ist. Aber damit wäre doch nur gesagt, daß die Bezeichnung Hämatitroheisen als Gattungsbezeichnung nicht ausreicht, wo es auf die besonders beschaffene Art der Gattung ankommt.

Gar nichts kann daraus gefolgert werden, daß die Prisenordnung das Hämatitroheisen unter Nr. 14 der Liste der Gegenstände relativer Konterbande aufführt, nachdem unter Nr. 13 die Erze genannt sind, die sie für relative Konterbande erklärt, darunter auch das Hämatiteisenerz. Daß die Liste in Aufzählung der Masse von Gegenständen, die sie als relative Konterbande bezeichnet, eine gewisse Ordnung einzuhalten sucht, die die Übersicht erleichtert, ist verständlich, und auf den ersten Blick ergibt sich, daß unter Nr. 13 die Erze, die beanstandet werden, unter Nr. 14 die Metalle, unter Nr. 16 gewisse Legierungen usw. zusammengestellt sind. Daß dabei mehr als dieses einfache Ordnungsprinzip mitgesprochen hätte, tritt in keiner Weise hervor. Es wäre auch schwer zu sagen, an welcher Stelle das Hämatitroheisen — die Bezeichnung im weiteren Sinne genommen — besser gestanden hätte.

Insbesondere gegenüber dem Umstande, daß bereits seit 1909 auf dem erwähnten internationalen Kongreß diese weitere Bedeutung des Wortes festgelegt worden ist, müßten schon gewichtige Gründe vorliegen, die es rechtfertigen könnten, die Prisenordnung enger auszulegen. In Wahrheit spricht aber vielmehr alles dagegen. Wenn man sich entschloß, das für die Technik besonders brauchbare, zur Herstellung von Stahl geeignete Roheisen auf die erweiterte Liste der relativen Konterbande zu setzen, kann man nicht wohl beabsichtigt haben, gerade das Eisen auszunehmen, welches diese Eigenschaften in besonders hohem Grade besitzt. Vollends wäre unter den im gegenwärtigen Kriege obwaltenden Verhältnissen unverständlich, daß man gerade das Eisen auf die Liste der Konterbande gesetzt hätte, welches in England zu Hause und im Überfluß vorhanden ist, und von dem daher nicht erwartet werden konnte, daß man nennenswerte Mengen auf hoher See antreffen werde, nicht dagegen das überseeische, insbesondere nicht das so vortreffliche schwedische, das für die Waffenfabrikation und den Schiffbau, insbesondere den Schiffsmaschinenbau in erster Linie das Augenmerk der Feinde auf sich ziehen mußte.

Es kann auch, da es sich um Abladungen im Großbetrieb handelt, den Beteiligten unmöglich unbekannt geblieben sein, daß der Ausdruck Hämatitroheisen im Laufe der Zeit den weiteren Sinn angenommen hat, und es erscheint ausgeschlossen, daß sie gegenüber der Aufnahme des so bezeichneten Eisens in die Liste der Konterbande nicht damit gerechnet haben sollten, daß damit auch das schwedische Holzkohlenroheisen gemeint sei.

Somit unterliegt das Eisen und mit ihm das Schiff der Einziehung.

Nicht das Gleiche kann von den Besenstielen, den Flaggenstangen und den Bootsriemen angenommen werden. Der Vorderrichter wendet die Nr. 20 der Ziff. 23 Pr. O. auf sie an. Wenn dort „Hölzer" aufgeführt werden, so ist darunter das Rohmaterial zu verstehen. Der Zusatz „jeder Art, roh oder bearbeitet (insbesondere auch behauen, gesägt, gehobelt, genutet)" weist darauf hin, daß Holz nicht schon durch jede Bearbeitung aufhört, Rohmaterial zu sein. Der Gegensatz von Bearbeitung ist die Verarbeitung. Der fertige Gebrauchsgegenstand ist nicht mehr nur bearbeitetes Holz. Der Besenstiel usw. ist das fertige Fabrikat, und demgegenüber kommt nicht in Betracht, daß Besenstiele und Flaggenstangen Gegenstände einfachster Art der Herstellung sind. Die Bootsriemen sind außerdem nach dem vorliegenden Gutachten so minderwertig, daß ihre Verwendung für Zwecke der Armee oder Marine nicht in Frage kommen kann.

Was die Streichhölzer angeht, so sind unter Feuerungsmaterial nach dem hier anzuwendenden Sprachgebrauch des täglichen Lebens die Stoffe zu verstehen, welche man in der Wirtschaft und Industrie zur Erzeugung von Wärme in der Weise benutzt, daß sie durch den Gebrauch verbraucht, daß sie verbrannt werden. Das Streichholz wird nicht in diesem Sinn zur Feuerung benutzt. Es dient nur zur Entzündung der Flamme, und es wird hierbei nicht seinem Stoffe nach verbraucht, sondern seines geringfügigen Wertes wegen nach dem Gebrauch achtlos fortgeworfen. Man wird weder die alten Feuerzeuge, Feuerstein, Stahl und Zunder, noch die modernen Cereisen-Feuerzeuge als Feuerungsmaterial ansprechen, weil sie zur Entzündung der Flamme bestimmt sind.

Sind sonach die genannten Gegenstände freizugeben, soweit ihretwegen noch reklamiert wird, so kann doch ein Anspruch auf Ersatz des entstandenen Schadens nicht anerkannt werden. Die Beschlagnahme des Schiffes und somit auch die Beschlagnahme der Ladung war geboten und gerechtfertigt.

38.

„Kiew."

Urteil vom 29. Juni 1916.

Vermutung feindlicher Bestimmung bei Gegenständen relativer Konterbande, die zufolge Weisung einer feindlichen Macht nach Feindesland zurückbefördert werden.

Ziff. 33 Abs. 1 c der Prisenordnung in der Fassung vom 18. April 1915 (Reichs-Gesetzbl. S. 227).

In der Prisensache, betreffend den dänischen Dampfer „Kiew", Heimatshafen Kopenhagen, hat das Kaiserliche Oberprisengericht in Berlin in der Sitzung vom 29. Juni 1916 für Recht erkannt:

Die Berufungen gegen das Urteil des Prisengerichts in Hamburg vom 22. Januar 1916 werden zurückgewiesen. Die Kosten der Berufungsverfahren werden den Berufungsklägern auferlegt.

Gründe.

Der dänische Dampfer „Kiew" wurde am 22. Juni 1915, als er sich mit einer Ladung Stückgütern auf der Reise von Kopenhagen nach London befand, von einem deutschen Kriegsschiff aufgebracht und nach Cuxhaven eingebracht. Nachdem er einen Teil seiner Ladung freiwillig gelöscht hatte, wurde er am 9. Juli 1915 entlassen. Von den gelöschten Waren wurde ein Teil demnächst freigegeben; wegen des Restes wurde Reklamation erhoben. Durch Urteil des Prisengerichts Hamburg vom 22. Januar 1916 wurden unter anderem eingezogen: der Erlös für 100 Kisten Äpfel, die wegen Gefahr des Verderbens inzwischen versteigert waren, und 1 Kiste mit Telegraphen-Ersatzteilen. Insoweit ist gegen das Urteil erster Instanz von den Reklamanten frist- und formgerecht Berufung erhoben mit dem Antrage auf Freigabe und Schadensersatz.

Dem Rechtsmittel war der Erfolg zu versagen. Was zunächst die beschlagnahmten 100 Kisten Äpfel anlangt, so macht der Reklamant geltend, daß die Äpfel ursprünglich von einem neutralen Ablader in Amerika für einen neutralen Empfänger in Norwegen verschifft, von diesem nach Deutschland weiter verkauft waren oder werden sollten, und daß die Rücksendung von Kopenhagen nach London gegen den Willen der Ladungsbeteiligten erfolgt sei, weil der Empfänger in Christiania nicht die von der Englischen Regierung verlangte Versicherung abgeben konnte, daß die Äpfel zum Verbrauch in Norwegen bestimmt seien. Das ändert aber nichts an der Tatsache, daß die Äpfel auf einem nach London fahrenden Schiffe beschlagnahmt sind, daß auch der Bestimmungsort der Äpfel selbst infolge der Anordnung des Kapitäns oder der Reederei London war und daß somit die Vermutung der feindlichen Bestimmung — da London die Hauptversorgungsbasis der englischen Land- und Seemacht ist — gemäß Ziff. 33 Abs. 1c Pr.O. gegeben ist. Diese Vermutung hätte die Reklamantin widerlegen müssen. Das hat sie nicht getan. Der bloße Hinweis darauf, daß die Äpfel gegen den Willen der Beteiligten nach London unterwegs waren, genügt dazu nicht. Auch die Umstände widersprechen nicht der Annahme, daß die Äpfel bei ihrer Ankunft in London dem Feinde zugute gekommen wären. Es ist im Gegenteil mit großer Wahrscheinlichkeit anzunehmen, daß die Englische Regierung, weil die Voraussetzung, unter der sie den Import nach Norwegen gestattet hatte, nicht erfüllt war, ihrerseits die Hand auf die Äpfel gelegt und sie im Interesse ihrer Streitmacht verwendet hätte.

Die Kiste Telegraphen-Ersatzteile war von der Großen Nordischen Telegraphen-Gesellschaft in Kopenhagen über London nach Calais verschifft, um von der dortigen Zweigniederlassung der genannten Gesellschaft zur Instandhaltung der Station, welche ein Kabel nach Dänemark betreibt, verwandt zu werden. Auch hier ist also wegen des Bestimmungsortes des Schiffes und der Ware die feindliche Bestimmung zu vermuten. Die Tatsache, daß die Empfängerin eine neutrale Gesellschaft ist, ist an sich nicht geeignet, diese Vermutung zu widerlegen. Auch eine neutrale Gesellschaft kann sich in den Dienst des Feindes stellen. Tut sie es nicht freiwillig, so kann sie dazu gezwungen werden. Für das Oberprisengericht unterliegt es im vorliegenden Falle keinem Zweifel, daß die Zweigstelle Calais der Großen Nordischen Telegraphen-Gesellschaft, welche über Dänemark den Verkehr nach Amerika und vor allem nach Rußland, dem Verbündeten Frankreichs und Englands, vermittelt, auch von der Heeresverwaltung Frankreichs und Englands für ihre kriegerischen Zwecke in Anspruch genommen wird. Dazu ist eine formelle Beschlagnahme der Station durch die feindlichen Regierungen oder ihre Besetzung mit französischen oder englischen Beamten keineswegs nötig, sodaß die von der Reklamantin überreichten Erklärungen der Reklamantin und der dänischen Telegraphendirektion, deren Richtigkeit nicht bezweifelt werden soll, die Vermutung der feindlichen Bestimmung der Ware im vorliegenden Falle nicht widerlegen. Daß die Telegraphen-Ersatzteile dem Feinde dienen, wenn sie zur Instandsetzung einer von ihm für seine kriegerischen Zwecke tatsächlich benutzten Kabelstation bestimmt sind, bedarf keiner weiteren Ausführung.

Hiernach war in der Hauptsache, wie geschehen, zu erkennen. Die Kostenentscheidung folgt aus § 37 Pr. GO.

39.

„Tello."

Urteil vom 29. Juni 1916.

Verwendung der Prisenbesatzung einer neutralen Prise zu prisenrechtlichen Maßnahmen gegen ein anderes neutrales Schiff. Kriegsschiffkommandant im Sinne der Prisenordnung. Voraussetzungen der Benutzung einer Prise als Hilfsschiff.

Ziff. 39, 41, 115 der Prisenordnung.

In der Prisensache, betreffend den norwegischen Dampfer „Tello", Heimatshafen Kragerö, hat das Kaiserliche Oberprisengericht in Berlin in der Sitzung vom 29. Juni 1916 für Recht erkannt:

Die Berufungen gegen das Urteil des Prisengerichts in Hamburg vom 11. Dezember 1915 werden zurückgewiesen. Die Kosten des Berufungsverfahrens fallen den Versicherungsgesellschaften Viking und Wikborg zur Last, soweit sie nicht durch die zurückgenommene Berufung der Reederei entstanden, also von dieser zu tragen sind.

Gründe.

Am 16. August 1915 wurde der norwegische Dampfer „Tello" aus Kragerö, mit einer vollen Ladung Grubenhölzer auf der Reise von Gotenburg nach Sunderland, durch einen Offizier, der zur Besatzung eines deutschen Unterseeboots gehörte, aufgebracht und, nachdem die Besatzung das Schiff verlassen hatte, mit der Ladung zerstört.

Auf die Bekanntmachung des Kaiserlichen Prisengerichts in Hamburg haben

a) die Versicherungs-Gesellschaft Viking in Christiania,

b) die Assuranceselskab Wikborg A. G. in Drammen

Ansprüche auf Ersatz der verloren gegangenen Fracht geltend gemacht, die sie versichert hatten. Sie erachten, obwohl die Ladung aus absoluter Konterbande bestand, die nach einem englischen Hafen bestimmt war, die Aufbringung und Zerstörung des Schiffes wegen der Umstände, unter welchen beides geschah, für unrechtmäßig. Das U-Boot hatte den schwedischen Dampfer „Götaland" angehalten und, weil er verdächtig war, Konterbande zu führen, auch den Anordnungen des Kriegsschiffs nicht Folge geleistet, vielmehr nach Auffassung des U-Boot-Kommandanten den Versuch gemacht hatte, das U-Boot zu rammen, aufgebracht und mit einer Prisenbesatzung unter dem Kommando eines Oberleutnants belegt. Mit dem diesem gegebenen Befehl, ihm zu folgen, setzte das U-Boot den Kurs auf Sylt. Während dieser Fahrt und in einem Moment, als das U-Boot getaucht fuhr, kam der Dampfer „Tello" in Sicht. Der Oberleutnant signalisierte von der „Götaland" aus, die unter der deutschen Kriegsflagge fuhr, daß der „Tello" zu stoppen habe, und fuhr mit einem Maschinisten in einem Beiboot der „Götaland" zum „Tello" hinüber, wo er das Schiff aufbrachte, die Mannschaft anwies, das Schiff zu verlassen, und dieses selbst durch Öffnen der Bodenventile und Anstecken der Ladung zerstören ließ.

Die Mannschaft des Dampfers „Tello" wurde auf die „Götaland" übernommen, die dem U-Boot nach dem Lister Hafen folgte. Zeitweilig hat man dieses vom Dampfer noch sichten können. Nachträglich hat der Kommandant des U-Boots laut Prisenbericht sich mit der Entscheidung des Oberleutnants einverstanden erklärt und sie genehmigt.

In dem prisengerichtlichen Verfahren gegen den Dampfer „Götaland" hat sich der Verdacht, daß er Konterbande führte, nicht bestätigt. In Beziehung auf den angeblich geleisteten Widerstand wird in der Begründung der Entscheidung des Prisengerichts ausgeführt, es lasse sich objektiv nicht feststellen, daß die „Götaland" versucht habe, das U-Boot zu rammen, wenn auch die Manöver des Kapitäns durchaus gegen die Vorschriften des Prisenrechts verstoßen hätten und der Kommandant des U-Boots sehr wohl der Ansicht sein durfte, daß es sich um einen Rammversuch handele.

Es sind zwei Gründe, aus denen die Reklamanten in der ersten Instanz die Aufbringung und weiter die Beschlagnahme und Zerstörung des Schiffes für unrechtmäßig erklärten. Die Maßnahmen seien nicht ausgegangen vom „Kommandanten" des Kriegsschiffs, nämlich des U-Boots; und sie seien unternommen von dem unrechtmäßigerweise aufgebrachten schwedischen Dampfer, somit von einem neutralen Gebiet aus.

Dem Antrage des Kaiserlichen Kommissars entsprechend hat das Kaiserliche Prisengericht in Hamburg erkannt, daß Schiff und Ladung der Einziehung unterlegen hätten und die Zerstörung gerechtfertigt gewesen sei; die Reklamationen sind zurückgewiesen.

Die hiergegen eingelegte Berufung ist nicht begründet.

Es ist richtig, daß die Prisenordnung sich mit ihren Vorschriften im allgemeinen an die Kommandanten der Kriegsschiffe wendet. Aber damit hat nicht ein bestimmter Dienstrang bezeichnet werden sollen, sondern diejenige Persönlichkeit, welche zu der gegebenen Zeit an der betreffenden Stelle, also der Regel nach auf dem Kriegsschiffe, das Kommando führt. Selbstverständlich tritt in Abwesenheit und überhaupt im Falle der Verhinderung des Kommandanten wie in Beziehung auf die Leitung des Schiffes so auch insbesondere in Beziehung auf die Führung des Handelskrieges und auf die Ausübung des Prisenrechts der nächstälteste Offizier ohne weiteres an seine Stelle und ist dann berechtigt und verpflichtet, das durch die Umstände Gebotene anzuordnen.

Auch daraus kann gegen die Rechtmäßigkeit der Aufbringung des „Tello" kein Grund hergeleitet werden, daß zur Zeit dieser Aufbringung die „Götaland", wenn auch unter deutscher Kriegsflagge fahrend, doch ein neutrales Schiff gewesen ist. Richtig ist, daß auf neutralem Gebiete das Prisenrecht nicht ausgeübt werden darf. Es mag auch richtig sein, daß selbst gegen ein auf hoher See befindliches Schiff von einem Kriegsschiff aus, das sich im Territorialgewässer eines neutralen Staates befindet, keine prisenrechtlichen Maßnahmen ergriffen werden dürfen. Aber das trifft den vorliegenden Fall nicht. Der Satz, daß die Seeschiffe als Teile des Gebiets des Staates zu gelten haben, dem sie angehören, ist nicht wörtlich zu nehmen. Es ist nicht die Meinung, daß das Staatsgebiet dadurch eine Erweiterung erfährt, daß die Schiffe auf die See hinausgehen. Vielmehr wird mit dieser mehr bildlichen Ausdrucksweise nur zusammenfassend ausgedrückt, daß in vielen Beziehungen für das Schiff und für die Personen auf dem Schiffe das nationale Recht weiter gilt, obwohl sie das Staatsgebiet verlassen haben. Die Prisenmannschaft, die auf die „Götaland" gesetzt wurde, begab sich damit jedenfalls nicht auf schwedisches Staatsgebiet, verblieb vielmehr auf hoher See.

Ist mithin insoweit gegen die Aufbringung des „Tello" nichts einzuwenden, so ist es auch ohne Bedeutung, daß nach dem inzwischen ergangenen — übrigens noch nicht rechtskräftig gewordenen — Urteil des Hamburgischen Prisengerichts die späteren Feststellungen eine objektive Rechtmäßigkeit der Aufbringung der „Götaland" nicht ergeben haben. War es im übrigen völkerrechtlich zulässig, daß von dem neutralen Kauffahrteischiff aus und unter Benutzung seines Beiboots der Dampfer „Tello" angehalten und zerstört wurde, so berührt es die Rechtmäßigkeit dieser Maßnahmen nicht, wenn die Benutzung der „Götaland" den Interessenten dieses Schiffes und dem Schwedischen Staate gegenüber unberechtigt gewesen sein sollte. Überdies kann selbst vom Standpunkte des in der Sache „Götaland" ergangenen Urteils aus nicht zugegeben werden, daß die Benutzung der „Götaland" und ihres Beiboots unerlaubt gewesen ist. Nach Lage der Sache war der Schiffskommandant, der die „Götaland" auf Grund der Ziff. 16 b der Pr. O. aufgebracht hatte, sogar berechtigt, das Schiff als Hilfsschiff zu verwenden. Im Augenblick der Aufbringung kann der Offizier nicht immer alle objektiv für die Schuld des aufgebrachten Schiffes maßgebenden Umstände mit Sicherheit feststellen. Das völkerrechtlich anerkannte Verfahren besteht darin, daß auf hinreichenden Verdacht hin die Aufbringung erfolgen darf, die — vorbehaltlich der prisengerichtlichen Untersuchung — als solche eine erlaubte Handlung ist. Angesichts dieser Tatsache kann auch die Vorschrift der Prisenordnung, daß der Kommandant das aufgebrachte Schiff als Hilfsschiff verwenden darf, nur so verstanden werden, daß es hierfür nicht auf die objektive Rechtmäßigkeit der Beschlagnahme ankommt, sondern nur darauf, ob ausreichende Gründe für die Beschlagnahme vorgelegen haben (Ziff. 8 Pr. O.).

In dieser Instanz hat der Vertreter der Reklamanten als den Leitgedanken seiner Ausführungen den Satz aufgestellt, daß Prisen überhaupt nur von einem Kriegsschiffe gemacht werden dürfen. Dieser Satz findet sich auch in der völkerrechtlichen Literatur nicht selten ausgesprochen, hat hier aber regelmäßig nur die Bedeutung, den Gegensatz zur Kaperei zum Ausdrucke zu bringen. So unbedingt, wie der Vertreter der Reklamanten ihn verstehen will, kann er jedenfalls nicht anerkannt werden. Mit Recht weist das Prisengericht auf den § 23 Pr. GO. hin, der voraussetzt, daß keineswegs nur Kriegsschiffe Prisen machen dürfen, daß vielmehr neben Hafenbehörden auch „Truppen“, d. h. Teile der bewaffneten Macht, in die Lage kommen können, zur Aufbringung eines Schiffes zu schreiten. Es kann sich nur fragen, ob dies bei einer Aufbringung auf hoher See einer Einschränkung unterliegt.

Die Frage braucht jedoch im vorliegenden Falle nicht entschieden zu werden. Tatsächlich liegt es hier nicht so, daß der Oberleutnant, der sich auf der „Götaland“ befand, darauf ausgegangen wäre, mit dem seinem Kommando unterstellten Schiffe selbständig Prisen zu machen. Er hatte den bestimmten Befehl, dem Kriegsschiffe nach dem Lister Hafen zu folgen. Die „Götaland“ sollte in Verbindung mit diesem bleiben, und der Oberbefehl über die Prise und ihre Besatzung verblieb bei dem Kommandanten des Kriegsschiffs. Dem entsprach es, daß der Schiffskommandant davon abgesehen hat, dem Prisenoffizier einen schriftlichen Reisebefehl zu erteilen. Dieser sollte eben nicht selbständig seinen Weg nehmen, sondern auf dem hinreichend bestimmt angegebenen Kurse mit dem U-Boot in Fühlung bleiben. Der Kommandant des letzteren konnte mithin, solange diese Verbindung bestand, die Besatzung der Prise auch zu prisenrechtlichen Maßnahmen gegen andere Schiffe verwenden. Angenommen selbst, daß dies nicht angängig gewesen wäre, ohne daß dadurch die „Götaland“ zum Hilfsschiff wurde, so lagen doch, wie schon bemerkt, die Voraussetzungen vor, unter denen die Verwendung des Schiffes als Hilfsschiff zulässig war. Auch bedurfte es dazu keiner Förmlichkeit. Da nun im Augenblick, als sich während der Fahrt der Schiffe die Gelegenheit zum Vorgehen gegen den in Sicht kommenden fremden Dampfer bot, der Schiffskommandant nicht zur Stelle war, weil in diesem Zeitpunkte das U-Boot getaucht fuhr, trat die oben erörterte Sachlage ein, daß in seiner Vertretung der älteste Offizier zu handeln hatte und handelte. Daß auch die Beteiligten von dieser Auffassung ausgegangen sind, ergibt sich schon daraus, daß der Prisenoffizier demnächst die Genehmigung des Kommandanten für sein Vorgehen eingeholt hat. Dies wäre nicht erklärlich, wenn er nicht die Absicht gehabt hätte, lediglich als Vertreter des Kommandanten zu handeln.

40.

„Liesbeth Betty."

Urteil vom 29. Juni 1916.

Aufbringung wegen Verdachts neutralitätswidriger Unterstützung. Schadensersatz bei Nichtbestätigung des Verdachts. Bemessung des Ersatzes für Fangverluste eines Fischdampfers.

Ziff. 8 der Prisenordnung.

In der Prisensache, betreffend den niederländischen Fischdampfer „Liesbeth Betty", Heimatshafen Ymuiden, hat das Kaiserliche Oberprisengericht in Berlin in der Sitzung vom 29. Juni 1916 für Recht erkannt:

Auf die Berufung der Reederei des Schiffes wird das Urteil des Prisengerichts in Hamburg vom 22. Januar 1916 dahin geändert, daß der Reklamantin ein Schadensersatz in Höhe von 3500 ℳ zugesprochen wird. Im übrigen wird die Berufung zurückgewiesen. Die Kosten beider Instanzen mit Einschluß der notwendigen Auslagen der Reklamantin hat diese zu $^2/_3$, die Reichskasse zu $^1/_3$ zu tragen.

Gründe.

Der niederländische Fischdampfer „Liesbeth Betty" wurde am 11. April 1915 in der Nordsee von einem deutschen Kriegsschiff wegen Verdachts neutralitätswidriger Unterstützung aufgebracht und nach Cuxhaven eingebracht. Das Schiff hatte sich dadurch verdächtig gemacht, daß es beim Herannahen der deutschen Seestreitkräfte starke Rauchwolken zeigte. Da der Verdacht sich später nicht bestätigte, wurde das Schiff am 23. April 1915 wieder entlassen. Die Reederei erhob Reklamation und beanspruchte 6590,80 fl. Schadensersatz für Fangverlust während 15 Tagen. Das Gericht erster Instanz hat durch Urteil vom 22. Januar 1916 die Reklamation abgewiesen. Es hat angenommen, daß — da einige Tage vorher andere Fischerfahrzeuge nach einem Berichte deutscher Aufklärungsschiffe sich ähnlicher Rauchentwickelung anscheinend zu Signalzwecken bedient hätten — für einen verständig prüfenden Kommandanten der Verdacht nahe gelegen habe, daß „Liesbeth Betty" sich der neutralitätswidrigen Unterstützung des Feindes schuldig gemacht habe. Gegen dieses Urteil hat die Reklamantin am 2. März 1916 Berufung erhoben und dieselbe am 29. März gerechtfertigt.

Der Berufung war der Erfolg nicht zu versagen. Die Tatsache, daß die „Liesbeth Betty" beim Herannahen der deutschen Kriegsschiffe starken Rauch gezeigt hat, reicht nach Ansicht des Oberprisengerichts für sich allein nicht aus, um den Verdacht neutralitätswidriger Unterstützung als gerechtfertigt erscheinen zu lassen. Solche Rauchentwickelung kann verschiedene unverfängliche Ursachen haben, sie kann insbesondere, wie auch ein bei den Akten befindlicher Bericht der Festungskommandantur Cuxhaven als möglich hinstellt, auf die Verwendung schlechter Kohlen zurückgeführt werden. Ein solcher häufig beobachteter Vorgang für sich allein bot daher für den Kommandanten keinen ausreichenden Anlaß, das Schiff aufzubringen; er war vielmehr in der Lage, die ihm auffallend erscheinende Tatsache an Ort und Stelle durch geeignete Ermittelungen an Bord des Schiffes aufzuklären, wie sie später im Prisenhafen, ohne daß weiteres Material zur Beurteilung der Sachlage beigebracht wäre, tatsächlich zugunsten des aufgebrachten Schiffes aufgeklärt worden ist.

Da hiernach ein ausreichender Grund zur Beschlagnahme nicht vorgelegen hat, war gemäß Ziff. 8 Pr. O. auf Schadensersatz zu erkennen. Bei der Ungewißheit des von Fischdampfern zu erzielenden Gewinns hat das Oberprisengericht auch diesmal davon abgesehen, die Schadensberechnung der Reklamantin in ihren einzelnen Positionen dem Grunde und Betrage nach einer Prüfung zu unterziehen. Es hat vielmehr unter Festhaltung an den in der Prisensache „Sidney Albert"[1]) aufgestellten Grund-

[1]) Nr. 15 S. 62.

sätzen angesichts der Tatsache, daß zweifellos einem Schiffe durch Stilliegen unmittelbar ein Verlust erwächst, diesen unter Berücksichtigung aller Umstände des Falles nach freiem Ermessen, wie geschehen, festgesetzt.

Die Kostenentscheidung folgt aus § 37 Pr. GO. Da die Niederlande die Gegenseitigkeit verbürgt haben, waren dem Reiche auch die notwendigen Auslagen der Reklamantin aufzuerlegen.

41.

„Dahlia."

Urteil vom 29. Juni 1916.

Neutralitätswidrige Unterstützung. Verdacht solcher Unterstützung bei Aufenthalt im unmittelbaren Kriegsgebiet ohne Führung des Tagebuchs.

Ziff. 8, 48 ff. der Prisenordnung.

In der Prisensache, betreffend den niederländischen Fischdampfer „Dahlia", Heimatshafen Ymuiden, hat das Kaiserliche Oberprisengericht in Berlin in der Sitzung vom 29. Juni 1916 für Recht erkannt:

Die Berufung der Reederei gegen das Urteil des Prisengerichts in Hamburg vom 22. Januar 1916 wird zurückgewiesen. Die Kosten der Berufungsinstanz hat die Reklamantin zu tragen.

Gründe.

Der niederländische Fischdampfer „Dahlia" wurde am 11. April 1915 von einem deutschen Kriegsschiff angehalten und, weil er sich der neutralitätswidrigen Unterstützung dadurch verdächtig machte, daß er kein Schiffstagebuch geführt hatte, nach Cuxhaven eingebracht. Dort wurde auf Vorschlag des untersuchenden Offiziers vom Festungskommandanten die Aufbringung ausgesprochen. Die Reederei erhob, nachdem das Schiff wieder freigelassen war, Reklamation und forderte Schadensersatz wegen Fangverlustes. Das Prisengericht Hamburg hat durch Urteil vom 22. Januar 1916 die Reklamation abgewiesen. Es nahm an, daß von Schiffen, die sich im unmittelbaren Kriegsgebiet bewegen, verlangt werden müsse, daß ihre Papiere in Ordnung seien. Dies gelte namentlich vom Schiffstagebuch, aus dem zu ersehen sei, wo sich das Schiff in letzter Zeit aufgehalten habe.

Gegen dieses Urteil hat die Reklamantin frist- und formgerecht Berufung erhoben. Sie macht geltend, daß die Nichteintragung in das an Bord befindlich gewesene Journal lediglich auf Nachlässigkeit beruhe und den Verdacht neutralitätswidriger Unterstützung nicht zu rechtfertigen vermöge.

Die Berufung konnte keinen Erfolg haben. Das Oberprisengericht tritt den Ausführungen des Vorderrichters über die Bedeutung der Schiffspapiere für die im Kriegsgebiet sich aufhaltenden neutralen Schiffe bei. Namentlich das Schiffstagebuch ist insofern von Bedeutung, als es Auskunft darüber gibt, wo das Schiff sich auf früheren und namentlich auch während der letzten Reise im einzelnen aufgehalten hat. Es ist sehr wohl denkbar, daß ein Fischdampfer, der in der Nähe der deutschen Küsten und Seestreitkräfte fischt, die Reise dazu benutzt, um sich mit dem Feinde in Verbindung zu setzen und ihm über seine Wahrnehmungen Mitteilung zu machen. Eine Kontrolle über die Bewegungen eines Schiffes kann nur durch Einsicht des Schiffstagebuchs ausgeübt werden. Fehlt dieses oder enthält es, wie im vorliegenden Falle, keine Eintragungen über die letzten Fahrten, so ist der Verdacht begründet, daß das Schiff in dieser Beziehung etwas zu verbergen hat. Eine Aufbringung zwecks näherer Ermittelungen ist in einem solchen Falle gerechtfertigt.

Hiernach war, wie geschehen, zu erkennen. Die Kostenentscheidung folgt aus § 37 Pr. GO.

42.

„Ambiorix."

Urteil vom 11. Juli 1916.

Aufbringung eines Schiffes innerhalb der Hoheitsgewässer eines neutralen Staates. Freigabe des Schiffes bei Zweifel über den Ort der Aufbringung.

Vorbehalt der Geltendmachung von Schadensersatzansprüchen im Urteil.

Ziff. 3 Abs. 1a der Prisenordnung; §§ 26, 28, 29 der Prisengerichtsordnung.

In der Prisensache, betreffend den belgischen Dampfer „Ambiorix", Heimatshafen Antwerpen, hat das Kaiserliche Oberprisengericht in Berlin in der Sitzung vom 11. Juli 1916 für Recht erkannt:

Das Urteil des Prisengerichts in Kiel vom 24. November 1915 wird aufgehoben. Der Dampfer „Ambiorix" ist freizugeben. Die gerichtlichen Kosten des Verfahrens werden dem Reiche auferlegt.

Gründe.

Der belgische Dampfer „Ambiorix" wurde am 13. August 1915, in Ballast auf der Fahrt von Malmö nach Gothenburg befindlich, morgens 5 Uhr 46 Min. im Sunde nahe der Insel Hven von einem deutschen Torpedoboot aufgebracht und nach Swinemünde eingebracht. Der Kapitän erhob gegen die Beschlagnahme Widerspruch mit der Behauptung, er befinde sich in neutralen Gewässern. Eine Ortsbestimmung durch Peilung wurde vom Kommandanten bei der Aufbringung nicht gemacht, weil das Wetter nach seiner Angabe zu unsichtig war. Erst 41 Minuten später wurde durch Bojen der Schiffsort ausgemacht; er lag nunmehr einige Hundert Meter innerhalb der Neutralitätsgrenze. Nach Angabe des Kommandanten, die auf einer Schiffsortsberechnung mittelst gekoppelten Bestecks beruht, befand sich „Ambiorix" bei der Aufbringung einige Hundert Meter außerhalb (südlich) der Neutralitätsgrenze. Der Kommandant ist dabei ausgegangen von dem letzten, durch Bojen genau festgestellten Schiffsort um 5 Uhr 14 Min. Er ist dann bis 5 Uhr 34 Min. „große Fahrt" (nach der Tabelle = 17 Sm.), bis

5 Uhr 42 Min. „alle Fahrt" (= 19 Sm.) und dann bis zur Aufbringung „3 mal äußerste Kraft" (= 22 Sm.) gefahren. Danach hat er den vom Torpedoboot in der Zeit von 5 Uhr 14 Min. bis 5 Uhr 46 Min. zurückgelegten Weg berechnet und unter Berücksichtigung des gesteuerten Kurses den Schiffsort ermittelt. Nicht berücksichtigt hat er bei dieser Berechnung einerseits den Fahrtverlust und die Verminderung der zurückgelegten Strecke, die sich durch mehrfaches Ausweichen vor Fischerbooten ergaben, sowie den Umstand, daß das Schiff beim Übergehen zu einer größeren Geschwindigkeit diese nicht sofort, vielmehr erst nach einigen Minuten erreicht, andererseits den in jener Gegend von Süden nach Norden setzenden Strom. Er meint, daß diese in entgegengesetzter Richtung wirkenden Faktoren sich im Endergebnis ausgeglichen hätten. Wie stark der Strom an der hier in Betracht kommenden Stelle gewesen ist, war dem Kommandanten nicht bekannt. Er hat ihn auf 1 Sm. per Stunde geschätzt.

Der Kapitän des „Ambiorix" behauptet, abweichend von obigen Angaben des Kommandanten, es sei bei der Aufbringung nicht unsichtig gewesen; er habe vielmehr den Leuchtturm und die Nordostecke der Insel Hven gesehen und danach gepeilt. Dabei habe er einen Schiffsort ermittelt, der innerhalb der Neutralitätsgrenze liege. Die Richtigkeit dieser Peilung werde der Kapitän des schwedischen Dampfers „Britannia", der zur Zeit der Aufbringung in der Nähe vorbeigefahren sei, bestätigen. Daß der von ihm berechnete Schiffsort richtig sei, ergebe sich auch daraus, daß die Schrauben beider Schiffe vom Augenblick der Beschlagnahme an auf Befehl des Torpedobootkommandanten rückwärts geschlagen hätten, wodurch eine Ortsveränderung nach Süden habe stattfinden müssen. Wenn also um 6 Uhr 27 Min. (d. h. etwa $^3/_4$ Stunden nach der Beschlagnahme) das Schiff sich in neutralem Gewässer befunden habe, müsse dies erst recht um 5 Uhr 46 Min. der Fall gewesen sein.

Demgegenüber hat der Kommandant bestritten, daß die Schrauben beider Schiffe rückwärts geschlagen hätten; es sei dies vielmehr nur beim „Ambiorix" der Fall gewesen, und zwar nicht vom Augenblick der Beschlagnahme an, sondern erst einige Zeit nachher. Auch sei dadurch keine Verschiebung des Schiffes in nordsüdlicher, vielmehr in ostwestlicher Richtung erfolgt, weil

„Ambiorix" als Einschraubendampfer mit rechtsgängiger Schraube beim Rückwärtsgehen mit dem Heck nach Backbord drehe. Das Rückwärtsgehen sei zudem nur geschehen, um die Fahrt aus dem Schiffe zu bringen. Die Tatsache, daß „Ambiorix" und das Torpedoboot sich 6 Uhr 27 Min., also 41 Minuten nach der Aufbringung, nach seiner eigenen Feststellung in neutralem Gewässer befunden haben, erklärt der Kommandant als eine Folge der Stromversetzung.

Das Prisengericht Kiel hat zunächst durch Urteil vom 30. August 1915 ohne mündliche Verhandlung, entsprechend dem Antrage des Kaiserlichen Kommissars, auf Freigabe des Schiffes erkannt. Es hat angenommen, daß es an ausreichenden objektiven Grundlagen für die Feststellung fehle, daß die Beschlagnahme außerhalb der Neutralitätsgrenze erfolgt sei. Auf Veranlassung des Kaiserlichen Kommissars beim Oberprisengerichte ist gegen dieses Urteil Beschwerde eingelegt worden. Das Prisengericht hat daraufhin durch Beschluß vom 6. Oktober 1915 sein Urteil aufgehoben und demnächst auf Grund mündlicher Verhandlung durch Urteil vom 24. November 1915 auf Einziehung des Schiffes erkannt. Es stützt sich hierbei im wesentlichen auf einen nachträglichen Bericht des Torpedobootkommandanten, in welchem dieser die Annahme des ersten Urteils, daß sein Besteck ungenau gewesen sei und auf bloßer Schätzung beruhe, zu widerlegen suchte. Das Gericht nimmt nunmehr an, daß im vorliegenden Falle die Berechnung mittelst des gekoppelten Bestecks in einer Weise vorgenommen sei, daß die einer solchen Berechnung an sich anhaftenden unsicheren Faktoren möglichst zugunsten des „Ambiorix" als Sicherheitskoeffizienten eingesetzt seien. Auf der anderen Seite habe sich die Peilung des Kapitän Palm — der im Verhandlungstermin vor dem Prisengericht gehört worden ist und ausgesagt hat, er habe im Augenblick der Aufbringung mit einem Winkelinstrument gemessen und dabei die Peilungslinie mit der Hand über den Kompaß hinweg genommen — als unzuverlässig erwiesen, sodaß der vorsichtig und zugunsten des „Ambiorix" gemachten Ortsbestimmung des Kommandanten der Vorzug zu geben sei.

Gegen dieses Urteil hat der Kapitän des „Ambiorix" Berufung erhoben. Er meint, daß das Gericht erster Instanz zu

Unrecht die Ortsbestimmung des Kommandanten, die dieser anfangs selbst als ungenau bezeichnet habe, seiner Entscheidung zugrunde lege, während es die von ihm selbst vorgenommene genauere Berechnung, die er in seinem Logbuch niedergelegt habe, unbeachtet lasse. Zum Beweise für die Richtigkeit seiner Messung hat der Berufungskläger zwei eidliche Erklärungen des Kapitäns Erlandh vom schwedischen Dampfer „Britannia“, sowie eine Erklärung des Kapitänleutnants der schwedischen Kriegsmarine Malmgren, der sich zur Zeit der Aufbringung an Bord des „Ambiorix“ befunden hat, überreicht, auf deren in der mündlichen Verhandlung vorgetragenen Inhalt hier Bezug genommen wird. Er hat ferner eine Erklärung der „Feuerdirektoren“ in Kopenhagen des Inhalts vorgelegt, daß am 13. August 1915 (dem Tage der Aufbringung des „Ambiorix“) nach den auf dem Lappe-Grund Feuerschiff gemachten Beobachtungen von 4 Uhr morgens bis 12 Uhr mittags ein Strom von 2 Sm. Geschwindigkeit gesetzt hat. Der Berufungskläger hat beantragt:

unter Aufhebung des Urteils des Kaiserlichen Prisengerichts Kiel vom 24. November 1915 den Dampfer „Ambiorix“ freizugeben und die Ausführung von Rechten auf Schadensersatz vorzubehalten.

Der Kaiserliche Kommissar bei dem Oberprisengericht hat die Zurückweisung der Berufung beantragt. Er vertritt den Standpunkt, daß die Ortsbestimmung des Kommandanten größeren Anspruch auf Genauigkeit habe als die des Berufungsklägers, und daß, wenn eine Ungenauigkeit bei der Fahrtberechnung untergelaufen sei, diese höchstens zugunsten des „Ambiorix“ ins Gewicht falle. Die Peilung des Berufungsklägers selbst entbehre jeglicher Zuverlässigkeit, und auf die angebliche Beobachtung des Kapitänleutnants Malmgren könne schon deswegen kein Gewicht gelegt werden, weil der Kapitän des „Ambiorix“ bei seiner ersten Vernehmung auf dessen Zeugnis mit der Begründung verzichtet habe, Malmgren habe sich nicht um die Navigation gekümmert. Wenn dieser wirklich, wie er jetzt behaupte, im Augenblick der Aufbringung eine genaue Ortsbestimmung vorgenommen hätte, so sei es undenkbar, daß dies dem Kapitän Palm unbekannt geblieben sein sollte, und daß dieser sich nicht sofort oder doch in Swinemünde darauf berufen hätte. Die Angaben des Kapitän Erlandh erschienen verdächtig, weil er erst so lange nach dem Ereignis mit ihnen hervorgetreten sei. Was die Stärke des Stromes anlange, so werde durch die amtliche Auskunft, wonach er 2 Sm. gesetzt habe, die Angabe des Kommandanten über den Ort der Aufbringung nur bestätigt; ja, es sei sogar anzunehmen, daß dieser Ort noch weiter außerhalb der Neutralitätsgrenze gelegen habe, als der Kommandant selbst annehme. Wenn man als feststehend ansehe, daß sich „Ambiorix" mit dem Torpedoboot beim Aufklaren nur etwa 300 bis 400 m innerhalb der neutralen Gewässer befunden habe, so müsse er, bei Annahme eines Stromes von 2 Sm. die Stunde, sich etwa $^1/_2$ Stunde vorher erheblich weiter außerhalb befunden haben, als der Kommandant durch sein Besteck ermittelt habe. Denn bei solcher Stromstärke müsse er vom Augenblick der Aufbringung an etwa 1800 m weiter nach Norden getrieben sein.

Der Berufung war der Erfolg nicht zu versagen.

Die Einziehung eines aufgebrachten Schiffes kann nur erfolgen, wenn zur Überzeugung des Gerichts feststeht, daß die Aufbringung außerhalb neutraler Gewässer erfolgt ist. Ist sie innerhalb der Hoheitsgrenze eines neutralen Staates erfolgt, so ist der Akt der Aufbringung nichtig, und der Nehmestaat kann daraus Rechte für sich nicht herleiten. Die Frage, ob im Einzelfalle die Grundsätze über die räumliche Geltung prisenrechtlicher Maßnahmen — wie sie für das deutsche Prisenrecht durch Ziff. 3 Abs. 1a Pr. O. aufgestellt sind — beobachtet worden sind, ist also von Amts wegen zu prüfen, und wenn sie nicht bejaht werden kann, ist die Beschlagnahme nicht aufrecht zu erhalten (vergl. Schramm, Prisenrecht 1913 § 17 V. 2 vorletzter Absatz S. 376).

Eine zweifelsfreie Feststellung läßt sich aber in vorliegender Sache nach Lage der Umstände nicht treffen. Eine regelrechte Peilung durch den Kriegsschiffkommandanten hat, wie feststeht, im Augenblick der Aufbringung nicht stattgefunden. Der Schiffsort ist vielmehr durch sogen. gekoppeltes Besteck, d. h. nach Kurs und Fahrt, als etwa 300 bis 400 m außerhalb der Neutralitätsgrenze liegend ermittelt worden. Eine solche Schiffsortberechnung mag, wenn alle in Betracht kommenden Faktoren genau bekannt sind, einen Anspruch auf hinreichende Genauigkeit haben. Sobald aber der eine oder andere Faktor ungewiß ist, verliert die ganze Berechnung erheblich an Wert, namentlich wenn es, wie hier, auf wenige Hundert Meter ankommt. Derartige ungewisse Faktoren sind aber vorliegend eine ganze Anzahl vorhanden. Einmal steht die Schiffsgeschwindigkeit auf der ganzen vom Torpedoboot von 5 Uhr 14 Min. bis 5 Uhr 46 Min. zurückgelegten Strecke nicht genau fest. Wiederholt ist Fischerbooten ausgewichen worden, wodurch die tatsächlich durchlaufene Gesamtstrecke kürzer wird und die Geschwindigkeit sich vermindert. Es ist aber nicht bekannt, wie oft ein solches Ausweichen stattgefunden hat und mit welcher Ruderlage. Das Torpedoboot hat ferner wiederholt die Geschwindigkeit gewechselt, was insofern von Bedeutung ist, als die neue Geschwindigkeit nicht sogleich mit der Kommandoabgabe, sondern erst einige Minuten später wirklich erreicht wird. Diese von ihm nicht berücksichtigten Faktoren hält der Kommandant für ausgeglichen durch den Strom, der von ihm bei der Berechnung ebenfalls nicht in Rücksicht gezogen war, dessen Geschwindigkeit er aber auch nicht kannte. Es liegt nun auf der Hand, daß ein solches Aufrechnen verschiedener, noch dazu meist unsicherer Faktoren zu einem wirklich genauen Rechnungsergebnisse nicht führen kann. Es kann sich vielmehr beim Vorhandensein so vieler Fehlerquellen nur um eine ungefähre Ermittelung des Schiffsorts handeln, die aber in einem Falle, wie dem vorliegenden, wo wenige Hundert Meter eine ausschlaggebende Rolle spielen, nicht für hinreichend sicher zu erachten ist, um das Schicksal des Schiffes darauf zu gründen. Wenn der Kommissar beim Oberprisengericht aus der Stärke des Meeresstroms, die jetzt als erheblich größer festgestellt worden ist, als der Kommandant des Torpedoboots angenommen hatte, die Folgerung zieht, daß der Ort der Aufbringung noch weiter von der Neutralitätsgrenze entfernt gewesen sein müsse, als nach der Berechnung des Kommandanten vorausgesetzt war, so ist auch diese Folgerung unsicher. Denn einerseits steht nicht fest, ob der Strom in der Gegend der Aufbringung die gleiche Stärke und Schnelligkeit hatte, wie an der weit entfernten Stelle, wo die Messung stattgefunden hat, und andererseits ist zu berücksichtigen, daß der „Ambiorix" nach der Aufbringung längere Zeit rückwärts gegangen ist, wodurch die spätere Einwirkung des Stroms ganz oder teilweise ausgeglichen werden konnte.

Nach alledem ist zwar nicht als festgestellt anzusehen, daß „Ambiorix" innerhalb der Neutralitätsgrenze aufgebracht worden ist; es fehlt aber auch der Beweis dafür, daß die Aufbringung im freien Gewässer erfolgt ist. Nach dem oben Gesagten mußte daher, wie geschehen, erkannt werden, ohne daß es eines näheren Eingehens auf die überreichten Erklärungen der Kapitäne Malmgren und Erlandh bedurfte, von denen sich die letztere überdies nicht auf den Zeitpunkt der Aufbringung bezieht. Dem Antrage, dem Berufungskläger die Geltendmachung von Schadensersatzansprüchen vorzubehalten, konnte nicht entsprochen werden. Einen solchen Vorbehalt kennt die Prisengerichtsordnung nur im Falle des § 25 Abs. 1, nämlich wenn eine Prise ohne vorgängige mündliche Verhandlung abgeurteilt wird. Alsdann ist der Vorbehalt gerechtfertigt, weil die Geltendmachung von Schadensersatzansprüchen sonst ausgeschlossen wäre, nachdem in der Hauptsache erkannt ist. Anders liegt die Sache hier. Nachdem das erste Urteil des Prisengerichts aufgehoben war, sind die Beteiligten durch öffentliche Bekanntmachung im Reichsanzeiger vom 14. Oktober 1915 aufgefordert worden, ihre Ansprüche binnen 3 Wochen durch Einreichung einer Reklamationsschrift geltend zu machen. Es wäre Sache des Berufungsklägers gewesen, in erster Instanz innerhalb der ihm gesetzten Reklamationsfrist alle Ansprüche, die er aus der Aufbringung des „Ambiorix" herleiten wollte, geltend zu machen und zu begründen. Innerhalb der Reklamationsfrist nicht erhobene Ansprüche sind, wie sich aus §§ 26, 28 und 29 Pr. GO. ergibt, nicht zu beachten. Vorliegend hat nun der Berufungskläger bis zum Ablauf der Reklamationsfrist, wie die Akten ergeben, einen Anspruch auf Schadensersatz nicht geltend gemacht; er hat ihn vielmehr auch in erster Instanz sich vorbehalten. Das war aber nach dem Gesagten unzulässig, und deshalb war er auch in dieser Instanz mit diesem Antrage nicht zu hören. Die Kostenentscheidung folgt aus § 37 Pr. GO.

43.

„Nordsoen."

Urteil vom 11. Juli 1916.

Vermutung feindlicher Bestimmung bei relativer Konterbande. Begriff des „Händlers, von dem feststeht, daß er Gegenstände der beschlagnahmten Art der Streitmacht oder den Verwaltungsstellen des feindlichen Staates liefert".

Ziff. 33 Abs. 1a der Prisenordnung in der Fassung vom 18. April 1915 (Reichs-Gesetzbl. S. 227).

In der Prisensache, betreffend den dänischen Dampfer „Nordsoen", Heimatshafen Esbjerg, hat das Kaiserliche Oberprisengericht in Berlin in der Sitzung vom 11. Juli 1916 für Recht erkannt:

Auf die Berufung der A. Karlson, Metall- und Maschinen-Aktiengesellschaft in Stockholm, wird das Urteil des Prisengerichts in Kiel vom 5. Januar 1916 dahin geändert, daß das Reich den für die reklamierten 31 Faß Ferromangan von dem Prisenamt festgesetzten Wert im Betrage von 7600 ℳ an die Reklamantin zu zahlen hat. Im übrigen wird die Berufung zurückgewiesen. Die durch die Reklamation bezüglich des Ferromangan entstandenen gerichtlichen Kosten erster Instanz sowie die gerichtlichen Kosten der Berufungsinstanz hat die Reichskasse zu tragen.

Gründe.

Am 7. Mai 1915 wurde der dänische Dampfer „Nordsoen", mit Stückgütern auf der Reise von Liverpool nach Stockholm, in der Ostsee von einem deutschen Kriegsschiff angehalten und nach Swinemünde gebracht, wo er nach freiwilliger Herausgabe verschiedener Güter, von denen für die Berufungsinstanz nur noch eine Abladung von Ferromanganeisen in Betracht kommt, entlassen wurde.

Wegen der genannten Abladung reklamiert die Firma A. Karlson Metall und Maskin A. B. in Stockholm, die beantragt hat, ihr das Eisen herauszugeben oder den Wert zu erstatten, ihr auch den entstandenen Schaden zu ersetzen. Sie behauptet, daß sie das Eisen durch Vertrag vom 16. April 1915 von A. W. Blackwell, Sons & Co. Ltd. in Liverpool gekauft und durch Vertrag vom 21. April 1915 an die Metala Werkstads Nya A. B. verkauft, den Kaufpreis an ihren Verkäufer auch bereits am 19. April 1915 bezahlt habe.

Das Kaiserliche Prisengericht in Kiel hat auf Einziehung des Eisens sowie einer Partie Nickel, die in demselben Schiff für die Reklamantin verladen war, und auf Zurückweisung der Reklamation erkannt.

Die hiergegen von der Reklamantin unter Beschränkung ihrer Reklamation auf das Eisen eingelegte Berufung erscheint begründet.

Ferromangan ist nach Ziff. 23 Nr. 16 Pr. O. relative Konterbande. Es ist in einem neutralen Schiffe auf der Reise nach einem neutralen Platze beschlagnahmt worden. Gleichwohl hat der erste Richter auf Einziehung erkannt, weil die Empfängerin in enger Verbindung mit der Firma A. Karlson in Kopenhagen stehe, welche während des Krieges wesentliche Mengen Kriegsmaterial nach Rußland gesandt und vermittelt, vor allem auch Spezialstahl schwedischer Eisenwerke nach Rußland geliefert habe, während die Reklamantin selbst nach Rußland große Partien Maschinen und Werkzeuge, nach England Luftkompressoren befördert habe, sodaß sie als Kriegshändler im Sinne der Ziff. 33 Abs. 1 a Pr. O. anzusehen sei.

Dem Vorderrichter ist insofern zuzustimmen, als der gegen die Vermutung nach § 33 Abs. 1 a zulässige Gegenbeweis nicht, jedenfalls nicht wegen der ganzen Abladung Eisen geführt worden ist. Es wird behauptet, daß das Eisen am 16. April 1915 von A. W. Blackwell, Sons & Co. Ltd. in Liverpool gekauft und am 21. April 1915 an die Metala Werkstads Nya A. B. weiterverkauft sei. Mit dem Abschluß solcher Käufe scheint es seine Richtigkeit zu haben. Es liegen in beglaubigter Abschrift das Bestätigungsschreiben vom 16. und die Vertragsannahme vom 21. April über 20 Tonnen vor. Dagegen muß bezweifelt werden, daß die 21 Tonnen große Nordsoen-Abladung gerade die an die schwedischen Werke verkauften Mengen hat darstellen sollen. Nach dem erwähnten Schreiben der Metala Werkstads vom 21. April

1915 waren 5 Tonnen von einer schon eingekommenen oder einkommenden Ladung, 15 Tonnen aber in 6 Wochen zu liefern. Nicht 6, sondern 3 Wochen später würde in dem „Nordsoen“ die Abladung, die nicht 15, sondern 21 Tonnen groß war, eingetroffen sein. Nun heißt es zwar in dem Schreiben der Reklamantin an die Käuferin, man habe die Absicht gehabt, die ganze Partie aus dem „Nordsoen“ zu liefern, während dagegen in dem Schreiben der Käuferin an die Reklamantin vom 11. Juni 1915 wiederum nur davon die Rede ist, daß die beschlagnahmte Partie die erste Partie der verkauften Menge gewesen sei. Sonach bestätigen die vorgelegten Schriftstücke die Behauptung der Reklamantin nicht mit der erforderlichen Sicherheit.

Aber ebensowenig liegt auf der anderen Seite ein hinreichend sicherer Beweis dafür vor, daß die Reklamantin ein Händler ist, von dem feststeht, daß er, wie es in Ziff. 33 Abs. 1a Pr. O. lautet, Gegenstände der beschlagnahmten Art der Streitmacht oder den Verwaltungsstellen des feindlichen Staates liefert. Es mag sein, daß A. Karlson, Kopenhagen, Kriegslieferant für den Russischen Staat ist. Aber die Verbindung, die zwischen ihm und der Reklamantin besteht, ist offenbar keine andere als eine geschäftliche. Die Reklamantin ist eine selbständige Aktiengesellschaft in Schweden. Die Mitglieder ihres Vorstandes sind durch öffentliche Urkunden nachgewiesen und unter ihnen befindet sich der Generalkonsul Karlson in Kopenhagen nicht. In glaubhafter Weise wird durch das beigebrachte Schreiben vom 23. Mai 1916 von ihm berichtet, daß er früher Aktien der reklamierenden Gesellschaft besessen, daß er sie aber an ein Stockholmer Konsortium verkauft habe, und daß er schon seit Anfang 1912 in keinerlei Verbindung mit der Stockholmer Firma mehr stehe. Im übrigen kann als erwiesen nur angenommen werden, daß allerdings lebhafte Handelsbeziehungen der Reklamantin nach Rußland bestehen, daß sie große Partien Maschinen und Werkzeuge nach dort geliefert hat, Luftkompressoren und Drehbänke nach England. Das reicht aber nicht aus. Nicht nur sind die genannten Handelsartikel nicht der gleichen Art, wie Ferromangan oder Nickel, sondern es ist auch darüber nichts festzustellen gewesen, daß die Lieferungen nach Rußland unmittelbar oder mittelbar für die russische Streitmacht oder für Verwaltungsstellen des russischen Staates bestimmt gewesen sind.

Danach unterliegt das Ferromangan nicht der Einziehung. Auf Grund des § 46 Abs. 2 Pr. GO. ist das Eisen von dem Prisenamt an die vom Kriegsministerium bezeichnete Stelle überwiesen und auf Grund eines Gutachtens von Sachverständigen der Wert auf rund 7600 ℳ festgesetzt worden. Gegen die Richtigkeit dieser Wertfestsetzung bestehen keine Bedenken. Der bezeichnete Geldbetrag tritt daher an die Stelle des Eisens.

Ein Anspruch auf Schadensersatz besteht nicht. Die Anhaltung des Schiffes erwies sich als gerechtfertigt, weil ein Teil seiner Ladung Konterbande war. Auch hinsichtlich der Abladungen der Reklamantin bestanden Verdachtsmomente, die dringend genug waren, um bis zur vollständigen Aufklärung des Sachverhalts die Beschlagnahme aufrecht zu erhalten. Es lag in dieser Beziehung mit dem Eisen nicht anders, wie mit dem Nickel, das zur Einziehung gelangt ist, nachdem die Reklamantin die Verfolgung ihrer Ansprüche insoweit freiwillig aufgegeben hat.

44.

„Hyades.“

Urteil vom 11. Juli 1916.

Voraussetzungen der Legitimation zur Erhebung von Reklamationen. Erfordernis des Eigentums an den beschlagnahmten Gegenständen. Schadensersatzansprüche Neutraler wegen der Mitzerstörung ihres unverdächtigen Eigentums.

§ 26 der Prisengerichtsordnung.

In der Prisensache, betreffend den englischen Dampfer „Hyades“, Heimatshafen Liverpool, hat das Kaiserliche Oberprisengericht in Berlin in der Sitzung vom 11. Juli 1916 für Recht erkannt:

Die Berufungen gegen das Urteil des Prisengerichts in Hamburg vom 4. März 1916 werden zurückgewiesen. Die Kosten des Berufungsverfahrens haben die Berufungskläger zu tragen.

Gründe.

Am 16. August 1914 wurde im südlichen Atlantischen Ozean der der British and South American Steam Navigation Company in Liverpool gehörige Dampfer „Hyades", mit einer Ladung losen Mais auf der Reise von Rosario in Argentinien nach einem europäischen Hafen, von einem deutschen Kriegsschiff aufgebracht und mit der Ladung versenkt. Der Dampfer hatte nach Abfahrt von Rosario den inzwischen erfolgten Ausbruch des Krieges erfahren, war Pernambuco angelaufen, wo er die Order erhalten hatte, auf einem von dem üblichen abweichenden Kurse nach Las Palmas für Order zu gehen. Konnossemente befanden sich, als das Schiff aufgebracht wurde, nicht an Bord, im übrigen erwiesen sich die Schiffspapiere in Ordnung. Ablader der Ladung war die A. G. Weil Hermanos & Cia. in Buenos Aires. Die von den Reklamanten beigebrachten Konnossemente lauten an die Order des Abladers, geben Rotterdam als Bestimmungsplatz an und sind in blanco indossiert.

Ersatzansprüche machen außer dem Ablader als Empfänger die Firma Jacob Hirsch & Söhne G. m. b. H. in Mannheim und die Firma Gebr. Zimmern & Co. daselbst geltend, und zwar reklamiert der Ablader

1. in Gemeinschaft mit Jacob Hirsch & Söhne wegen eines Teilquantums von 1500 t Mais, mit der Behauptung, daß letztere Firma dieses Quantum gekauft, indessen die ihr angedienten Konnossemente nicht aufgenommen habe, weil inzwischen die Ladung untergegangen war,
2. in Gemeinschaft mit Gebr. Zimmern & Co. wegen eines Teilquantums von 2500 t mit der Behauptung, daß letztere Firma dieses Quantum gekauft, auch die Konnossemente eingelöst habe, letzteres erst, nachdem die Ladung bereits untergegangen war,
3. der Ablader allein wegen eines Teilquantums von 500 t, mit der Behauptung, es seien verkauft:

a) an Henry P. Newman in Hamburg 200 t,
b) an die Westdeutsche Mühle G. m. b. H. in Düsseldorf 100 t,
c) an B. S. Wolff in Rees 100 t.

Die Einlösung der Konnossemente sei hier abgelehnt worden, weil die Ladung inzwischen untergegangen war.

Das Kaiserliche Prisengericht in Hamburg hat dem Antrage des Kaiserlichen Kommissars entsprechend erkannt, daß das untergegangene Schiff der Einziehung unterlegen habe, daß die untergegangene Ladung der Einziehung nicht unterlegen habe, daß aber für ihre Zerstörung ausreichende Gründe vorgelegen hätten, und hat die Reklamationen abgewiesen.

Hiergegen haben die genannten drei Reklamanten Berufung eingelegt; die Berufung ist nicht begründet.

Die unter Nr. 1 und 2 neben der argentinischen Firma aufgetretenen Reklamanten sind deutsche Staatsangehörige und Firmen, welche in Deutschland ihren Sitz haben. Wären die Güter, für die sie Ersatz verlangen, ihr Eigentum gewesen, so würde sich die Frage erheben, ob deutsches Eigentum überhaupt der prisengerichtlichen Aburteilung unterliegt. Es kommt hier jedoch nicht darauf an, weil die in Frage stehenden Güter nicht im Eigentum der deutschen Reklamanten gestanden haben.

Die Firma Jacob Hirsch & Sohn ist schon deshalb mit ihrer Reklamation zurückzuweisen, weil ihr zur Geltendmachung der Ersatzansprüche die Aktivlegitimation fehlt. Sie hat die Einlösung der Konnossemente, die ihr nach Vernichtung von Schiff und Ladung angedient worden sind, abgelehnt und steht daher zu der Ladung in keiner anderen Beziehung, als daß sie von der Abladerin Güter der abgeladenen Art zu beanspruchen hat. Der Geschädigte ist derjenige, dem zur Zeit der Vernichtung das Eigentum an den Gütern zugestanden hatte. Unerheblich ist, ob er in der Lage ist, sich wegen des Verlustes an anderen zu erholen. Wie es keinen Unterschied macht, ob er Versicherung genommen hatte oder nicht, so ist es auch ohne Bedeutung, ob er die Güter so verkauft hatte, daß die Beförderung auf Gefahr des Käufers ging.

Auch die Firma Gebr. Zimmern & Co. ist niemals Eigentümerin der Güter geworden. Sie hat das Konnossement erst zu einer Zeit aufgenommen, als die Güter schon nicht mehr vorhanden waren. Die Begebung des Konnossements, die unter solchen Umständen zwischen Verkäufer und Käufer erfolgt, kann allerdings so verstanden werden, daß Ersterer mit ihr seine Ersatzansprüche wegen der Güter auf Letzteren überträgt, wie ja auch mit dem Konnossement die Police und damit der Anspruch gegen die Versicherer angedient wird. Insofern wäre die Aktivlegitimation der deutschen Firma begründet.

Ihre Reklamation ist aber ebenso wie die der neutralen Reklamantin materiell unbegründet. Es handelt sich um die Frage, ob für neutrales Gut, das mit dem aufgebrachten Schiffe vernichtet worden ist, auch dann Entschädigung gezahlt werden muß, wenn das zerstörte Schiff ein feindliches gewesen ist. Das hat das erkennende Gericht bereits in ständiger Rechtsprechung für den Fall verneint, daß die Vernichtung der Prise nach den Umständen, unter denen die Aufbringung erfolgte, geboten erschien. Wie in den Prisensachen „Glitra“,[1]) „Bowes Castle“, „La Correntina“ [2]) u. a. näher begründet worden ist, handelt es sich unter der erwähnten Voraussetzung um eine rechtmäßige Handlung, aus der sich ein Anspruch auf Schadensersatz nicht herleiten läßt. Die Reklamanten haben neue durchschlagende Argumente gegen diese Auffassung nicht vorgebracht. Das in Deutschland geltende bürgerliche Recht, insbesondere auch der § 75 der Einleitung des Preußischen Allgemeinen Landrechts, kommt gegenüber den Grundsätzen des Prisenrechts nicht in Betracht, zumal es sich hier um Ansprüche aus Vernichtung argentinischer Güter handelt, die auf hoher See stattgefunden hat.

Es kommt hinzu, daß Konnossemente an Bord des Schiffes nicht gewesen sind und daß auch die an Bord befindliche Chartepartie die Bestimmung der Güter und überhaupt des Schiffes nicht erkennen ließ, sodaß der Schiffskommandant die Ladung nach § 20 Pr. O. als feindliches Gut anzusehen hatte.

Daß im vorliegenden Falle die Vernichtung des aufgebrachten feindlichen Schiffs geboten war, liegt klar zutage und wird auch von keiner Seite bestritten.

---

[1]) Nr. 7 S. 34.

[2]) Nr. 28 S. 111.

45.

„Mineral."

Beschluß vom 12. September 1916.

Voraussetzungen der Berufung. Erfordernisse der Rechtfertigungsschrift.

§ 39 Abs. 3 der Prisengerichtsordnung.

In der Prisensache, betreffend den norwegischen Dampfer „Mineral", hat das Oberprisengericht am 12. September 1916 gemäß § 6a der Prisengerichtsordnung auf die Beschwerden der A. S. Norske Varekrigsvorsikring und der Dampskibsaktieselskabet Mineral beschlossen:

Der Beschluß des Prisengerichts in Hamburg vom 30. Juni 1916 wird aufgehoben, soweit er die Berufungen der vorbezeichneten beiden Reklamanten betrifft.

Gründe.

Das Prisengericht in Hamburg hat die Berufungen der in dieser Sache aufgetretenen Reklamanten durch Beschluß vom 30. Juni 1916 als unzulässig verworfen, und zwar in Ansehung der hier allein in Frage kommenden Berufungen der beiden im Eingang bezeichneten Reklamanten um deswillen, weil in ihren Berufungsrechtfertigungsschriften entgegen der Vorschrift des § 39 Abs. 3 Pr. GO. keine Erklärung darüber enthalten sei, weshalb die Entscheidung des Prisengerichts angefochten werde.

Den hiergegen erhobenen Beschwerden konnte der Erfolg nicht versagt werden.

Der vor Ablauf der Rechtfertigungsfrist eingereichte Schriftsatz des Vertreters der beiden Reklamanten vom 23. Juni 1916 ergibt, daß die Eigenschaft des den Hauptteil der Ladung bildenden Roheisens als Hämatiteisen, also als Konterbande, bestritten wird, und daß die in dem Urteil des Prisengerichts vermißten Angaben über die Eigentumsverhältnisse bezüglich der nicht als Konterbande anzusehenden Güter, für welche die norwegische Kriegsversicherungsgesellschaft Ersatz verlangt, noch gemacht werden sollen. Damit ist den Erfordernissen des § 39

Abs. 3 Pr. GO. genügt, denn es bleibt kein Zweifel darüber, in welchen Richtungen die Gründe der angefochtenen Entscheidung entkräftet werden sollen. Eine ausführliche und erschöpfende Erörterung der Tat- und Rechtsfrage in der Rechtfertigungsschrift macht das Gesetz nicht zur Bedingung für die Zulässigkeit des Rechtsmittels. Gewiß ist es ein Mißstand, wenn das zur Begründung der Reklamationen dienende Material so spät und unvollständig beigebracht wird, daß, wie im vorliegenden Falle, noch nach Ablauf eines Jahres nach der Aufbringung des Schiffes das Vorbringen der Reklamanten zum Teil aus nichts weiter als dem Vorbehalt künftiger näherer Begründung besteht. Der § 39 Pr. GO. bietet aber nicht das Mittel, um diesem Mißstand entgegenzutreten.

46.

„Grenland."

Urteil vom 5. Oktober 1916.

Bedeutung eines mit einem fremden Staate geschlossenen Abkommens, das im Reichs-Gesetzblatte nicht veröffentlicht ist. Holzschwellen als Konterbande.

Ziff. 1 ff., Ziff. 21 Nr. 20, Ziff. 23 Nr. 20 der Prisenordnung in der Fassung vom 18. April 1915 (Reichs-Gesetzbl. S. 227).

In der Prisensache, betreffend den norwegischen Dampfer „Grenland", Heimatshafen Skien, hat das Kaiserliche Oberprisengericht in Berlin in der Sitzung vom 6. Oktober 1916 für Recht erkannt:

Die Berufung der Reklamantin gegen das Urteil des Prisengerichts in Kiel vom 5. April 1916 wird zurückgewiesen. Die Kosten des Berufungsverfahrens werden der Reklamantin auferlegt.

Gründe.

Der norwegische Dampfer „Grenland" wurde am 17. Dezember 1915, mit einer Ladung (363 std.) gesägter Tannenschwellen (sawn fir sleepers) auf der Fahrt von Gothenburg nach Hull befindlich, in der Nähe von Skagen von einem deutschen Kriegsschiff aufgebracht und nach Swinemünde eingebracht.

Die Reederei des Schiffes erhob Reklamation mit der Begründung, daß es sich bei der Ladung der „Grenland" nicht um Konterbande handele. Zwischen der Deutschen und Schwedischen Regierung sei vereinbart, daß nur Grubenholz und Brennholz Konterbande sein solle, und unter diesen Begriff falle das hier fragliche Holz nicht. Eventuell sei die Vermutung der feindlichen Bestimmung vorliegend widerlegt, weil das Holz von einer gewöhnlichen Handelsfirma bezogen sei, die es an ihre Privatkunden weiter veräußern wolle.

Durch das Urteil des Prisengerichts Kiel vom 5. April 1916 ist auf Zurückweisung der Reklamation und Einziehung von Schiff und Ladung erkannt. Das Prisengericht hat angenommen, daß die hier fraglichen Hölzer gemäß Ziff. 23 Nr. 20 Pr. O. bedingte Konterbande seien, und daß die Vermutung der feindlichen Bestimmung durch die beigebrachten Nachweise nicht widerlegt sei.

Gegen dieses Urteil hat die Reklamantin Berufung eingelegt mit dem Antrage:

unter Aufhebung des Vorderurteils nach den erstinstanzlichen Anträgen zu erkennen.

Sie hat zur Begründung des Rechtsmittels das frühere Vorbringen wiederholt und noch drei eidesstattliche Versicherungen vorgelegt, inhalts deren die Empfängerin des Holzes, Firma Smith & Co. in Hull, eine gewöhnliche Handelsfirma ist, die keine Verbindung mit der Britischen Regierung hat, und die Kohlenminen, für welche die Hölzer bestimmt sind, nicht Kontrahenten der Regierung sind.

Der Kaiserliche Kommissar bei dem Oberprisengericht hat dem widersprochen und Zurückweisung der Berufung beantragt.

Dem Rechtsmittel war der Erfolg zu versagen. Was zunächst die von der Reklamantin behauptete Vereinbarung zwischen der Deutschen und Schwedischen Regierung, betreffend die Behandlung von Holz als Konterbande, anlangt, so ist über eine solche dem Oberprisengericht amtlich nichts bekannt geworden. Sollte sie geschlossen sein, so würde sie, da sie unstreitig im Reichs-Gesetzblatte nicht veröffentlicht ist, für die Prisengerichte nicht verbindlich sein. Diese haben sich hinsichtlich der in der Prisenordnung geregelten Fragen lediglich an die Prisenordnung zu halten und können etwaige Änderungen derselben nur berücksichtigen, wenn sie in derselben Form, wie die Prisenordnung selbst, oder in der in dem Genehmigungserlaß zur Prisenordnung angegebenen Form ergangen sind. Das ist aber vorliegend nicht geschehen.

Übrigens läßt sich auch bei Zugrundelegung des von der Reklamantin behaupteten Abkommens ein Verstoß gegen dasselbe im vorliegenden Falle nicht erkennen. Wie in der eidesstattlichen Versicherung des Mitinhabers der Firma Henry Smith & Co. gesagt ist, waren die Holzschwellen von 3 und $3^1/_2$ Fuß als Unterlage für Grubenschienen, diejenigen von $4^1/_2$ bis 6 Fuß zur Abstützung des Daches der Minengänge bestimmt. Zum mindesten diese letzteren, die den größeren Teil der Ladung ausmachten, sind danach als Grubenholz im eigentlichen Sinne anzusehen, da sie zum Ausbau der Minengänge dienen. Auf Schiffe mit Grubenholz soll sich aber nach den eigenen Angaben der Reklamantin das in Frage stehende Abkommen nicht beziehen.

Die längeren Hölzer sind nach dem Gesagten als Grubenhölzer gemäß Ziff. 21 Nr. 20 Pr. O. absolute Konterbande, sodaß es insoweit auf die feindliche Bestimmung nicht ankommt. Aber auch bezüglich des Restes der Ladung ist das Vorderurteil für zutreffend zu erachten. Da die Schwellen, die nach Ziff. 23 Nr. 20 Pr. O. als relative Konterbande zu gelten haben, nach Hull, einer Versorgungsbasis des Feindes, bestimmt waren, besteht nach Ziff. 33 Abs. 1e Pr. O. die gesetzliche Vermutung, daß sie feindlichen Zwecken dienen sollten. Diese Vermutung hat die Reklamantin nicht widerlegt. Insbesondere sind die von ihr in erster Instanz und in der Berufungsinstanz vorgelegten eidesstattlichen Versicherungen dazu nicht geeignet. Denn sie ergeben nicht, daß über die Schwellen bereits zu unschädlichen Zwecken verfügt war; sie sollten vielmehr von der Empfängerin, einer Holzhändlerin, auf Lager genommen werden. Wohin die Schwellen bei dieser Sachlage schließlich gelangt und zu welchen Zwecken sie Verwendung gefunden hätten, steht völlig dahin.

Nach ständiger Rechtsprechung des Oberprisengerichts kann in einem solchen Falle von einer Widerlegung der Vermutung der feindlichen Bestimmung nicht die Rede sein.

Die Kostenentscheidung beruht auf § 37 Pr. GO.

47.

„Semantha."

Urteil vom 6. Oktober 1916.

Relative Konterbande auf einem Schiffe, das lediglich nach Orderhäfen bestimmt ist. Vermutung feindlicher Bestimmung der Waren, wenn die Orderhäfen Versorgungsbasen des Feindes sind.

Ziff. 33 Abs. 1 d, Ziff. 37 Abs. 2 der Prisenordnung.

In der Prisensache, betreffend den norwegischen Segler „Semantha", Heimatshafen Lyngör, hat das Kaiserliche Oberprisengericht in Berlin in der Sitzung vom 6. Oktober 1916 für Recht erkannt:

Die Berufung der Norsk Varekrigsforsikring gegen das Urteil des Prisengerichts in Hamburg vom 19. April 1916 wird zurückgewiesen. Die Kosten des Berufungsverfahrens werden der Reklamantin auferlegt.

Gründe.

Das im Eigentum der Gesellschaft ohne Haftung Semantha in Lyngör stehende, damals zur Führung der norwegischen Flagge berechtigte Viermast-Segelschiff „Semantha" wurde am 3. Februar 1915 mit einer Ladung von 59 615 Sack Weizen auf der Reise von Portland (Oregon) nach Queenstown, Falmouth or Plymouth for orders befindlich, von einem deutschen Kriegsschiff im Atlantischen Ozean aufgebracht und versenkt. Die Versenkung erfolgte, weil nach dem Bericht des Kommandanten des Hilfskreuzers die Einbringung nicht möglich war, da sie den Erfolg der derzeitigen Unternehmungen des Kriegsschiffes gefährdet haben würde, das aufgebrachte Schiff auch dem Hilfskreuzer nicht unmittelbar folgen konnte, ohne der Wiederwegnahme ausgesetzt zu sein, weil englische Kreuzer in der Nähe waren. Es wurde Reklamation erhoben vom Kapitän des Schiffes wegen seiner persönlichen Habe und entgangener Heuer, von der Reederei wegen des Schiffes und eines Teiles der Fracht, von der Norwegischen Waren-Kriegsversicherung wegen eines Teiles der Fracht. Die Reklamanten machten geltend, daß durch die Bezeichnung der oben genannten Häfen als Orderhäfen die Vermutung der feindlichen Bestimmung des Weizens nicht begründet würde, weil es ganz ungewiß sei, wohin der Weizen in Wirklichkeit dirigiert worden wäre, falls er einen der Orderhäfen erreicht hätte.

Durch Urteil des Prisengerichts Hamburg vom 19. April 1916 wurden die Reklamationen zurückgewiesen und die Zerstörung des Schiffes für rechtmäßig erklärt. Das Prisengericht nahm an, daß die Vermutung der feindlichen Bestimmung nicht dadurch ausgeschlossen werde, daß das Schiff in den näher bezeichneten Häfen erst Weisung wegen der Entladung erhalten sollte; denn jedenfalls seien Queenstown, Falmouth und Plymouth, die sämtlich dem Feinde als Operations- oder Versorgungsbasen dienten, die zunächst anzulaufenden Häfen gewesen, und dahin sei also die Ladung im Sinne der Prisenordnung gerichtet gewesen.

Gegen dieses Urteil hat die Norwegische Waren-Kriegsversicherung Berufung eingelegt. Sie hat zur Begründung ihres Rechtsmittels im wesentlichen das wiederholt und näher ausgeführt, was bereits in erster Instanz vorgetragen ist. Ihre Ausführungen gipfeln darin, daß es für die Anwendung der Ziff. 33 Abs. 1 d Pr. O. (alte Fassung) darauf ankomme, wohin die Sendung, d. h. die Ware, gerichtet sei, nicht darauf, welchen Hafen das Schiff zunächst anlaufen solle. Vorliegend seien die im Konnossement bezeichneten Häfen nur Orderhäfen, nicht Ausladungshäfen gewesen, d. h. in einem dieser Häfen habe erst Bestimmung getroffen werden sollen, wohin die Ware dirigiert werden solle. Ziff. 37 Abs. 2 Pr. O. finde keine Anwendung, weil diese Vorschrift keine die Prisengerichte bindende materielle

Rechtsvorschrift, vielmehr nur eine Anweisung an die Kriegsschiff-Kommandanten sei.

Der Kaiserliche Kommissar hat diesen Ausführungen widersprochen.

Die Berufung ist unbegründet.

Der Berufungsklägerin ist allerdings darin beizutreten, daß die Vermutung der feindlichen Bestimmung auf Ziff. 33 Abs. 1 d Pr. O. (alte Fassung) allein nicht gegründet werden kann. Das Oberprisengericht hat in ständiger Rechtsprechung angenommen, daß bei dieser Vorschrift die Bestimmung der Ware, nicht des Schiffes das Entscheidende ist. Vorliegend aber war nur die Bestimmung des Schiffes nach einem der drei eingangs erwähnten Häfen gegeben; darüber, wohin die Ware gelangen sollte, war eine Bestimmung noch nicht getroffen. Wäre mithin das Gericht allein auf Ziff. 33 Abs. 1 d Pr. O. angewiesen, so läge eine erhebliche Lücke im Gesetz vor, wie auch die Berufungsklägerin nicht verkennt. Denn alsdann brauchte Konterbande nur auf Schiffen verladen zu werden, die lediglich nach Orderhäfen bestimmt würden, um der Beschlagnahme aus den oben angegebenen Gründen zu entgehen. Das kann der Gesetzgeber nicht gewollt haben, und er hat es auch nicht gewollt, wie aus Ziff. 37 Abs. 2 Pr. O. hervorgeht. Diese Vorschrift stellt eine Vermutung für den Ausladungsort von Gegenständen der relativen Konterbande auf, die auf einem Schiff verladen sind, das einen feindlichen Hafen anlaufen darf oder soll. Enthalten die Schiffspapiere in einem solchen Falle keine Angaben über den Ausladungsort, so kann der Kommandant annehmen, daß die fraglichen Gegenstände in dem feindlichen Hafen ausgeladen werden sollen. Diese Vorschrift ist äußerlich in die Form einer Anweisung an die Kommandanten gekleidet, wie ja überhaupt die ganze Prisenordnung sich formell als eine solche Anweisung an die Kriegsschiff-Kommandanten darstellt. Sie enthält aber, wie das Oberprisengericht mehrfach ausgesprochen hat, in weitem Umfange materielles Recht. Für die Annahme, daß die hier fragliche Bestimmung lediglich eine Instruktion für die Kommandanten enthalte, fehlt es an jedem Anlaß. Im Gegenteil, der oben angegebene Grund zwingt zu dem Schluß, daß es sich um einen materiellen Rechtssatz handelt. Nimmt man das aber an, so gilt einer der drei Häfen Queenstown, Falmouth oder Plymouth als Ausladungshafen, also als Bestimmungsort des Weizens. Damit ist, weil alle drei Häfen nach dem Oberprisengericht zugegangener amtlicher Auskunft als Versorgungsbasen des Feindes anzusehen sind, die feindliche Bestimmung des Weizens nach Ziff. 33 Abs. 1 d Pr. O. (alte Fassung) gegeben. Eine Widerlegung der Vermutung ist nicht versucht worden.

Es war hiernach, wie geschehen, zu erkennen.

Die Kostenentscheidung folgt aus § 37 Pr. GO.

48.

„Heini."

Urteil vom 6. Oktober 1916.

Absolute Konterbande; Werkzeuge, die ausschließlich zur Anfertigung von Kriegsmaterial hergestellt sind.

Ziff. 21 Nr. 18 der Prisenordnung in der Fassung vom 18. April 1915 (Reichs-Gesetzbl. S. 227).

In der Prisensache, betreffend den dänischen Dampfer „Heini", Heimatshafen Kopenhagen, hat das Kaiserliche Oberprisengericht in Berlin in der Sitzung vom 6. Oktober 1916 für Recht erkannt:

Die Berufung der Aktiengesellschaft Nielsen & Winther gegen das Urteil des Prisengerichts in Kiel vom 24. Mai 1916 wird zurückgewiesen. Die Kosten des Berufungsverfahrens hat die Berufungsklägerin zu tragen.

Gründe.

Am 13. Dezember 1915 wurde der dänische Dampfer „Heini", mit Stückgütern auf der Reise von Kopenhagen nach Raumo, von einem deutschen Kriegsschiff angehalten und aufgebracht, weil er Konterbande führte. Er wurde nach Swinemünde eingebracht und, nachdem er die verdächtigen Güter —

eine Anzahl von Drehbänken nebst Zubehör in Kisten sowie Kolli, enthaltend die Bestandteile einer hydraulischen Presse — entlöscht und herausgegeben hatte, entlassen.

Reklamiert haben die verschiedenen Ladungsinteressenten wegen der beschlagnahmten Ladungsteile. Das Kaiserliche Prisengericht in Kiel hat unter dem 24. Mai 1916 auf Einziehung der beschlagnahmten Presse und Zurückweisung der Reklamation erkannt.

Gegen dieses Urteil hat die Reklamantin, die A.-G. Nielson & Winther, Berufung eingelegt.

Der Berufung war der Erfolg zu versagen.

Was den Zweifel betrifft, den der erste Richter gegen die Aktivlegitimation der Reklamantin ausgesprochen hat, so kann dieser jetzt als beseitigt gelten. Ausweislich seines Wortlautes ist das Konnossement über die hydraulische Presse nur einmal im Original, einmal in Kopie zur Ausstellung gekommen, und die Reklamantin hat das Original zu den Akten eingereicht. Danach scheint es zur Einlösung des Konnossements durch den Empfänger nicht gekommen zu sein. Offenbar war die Reklamantin bei Absendung der Maschinenteile noch Eigentümer, und es liegt kein begründeter Anlaß vor, anzunehmen, daß sich hieran seither etwas geändert hat.

Der erste Richter ist zu dem Ergebnis, daß im vorliegenden Falle die hydraulische Presse ausschließlich zur Anfertigung von Waffen und Kriegsmaterial hergestellt ist, auf Grund einer Beweiswürdigung gelangt, der das Oberprisengericht sich nach Lage der Sache anschließen mußte. Allerdings hat sich die anfangs auftretende Vermutung, daß die Presse mit den Drehbänken, welche sich gleichzeitig im Schiffe befanden, zusammengehöre, nicht bestätigt. Doch vermag das an dem Beweisergebnis nichts zu ändern. Unter den obwaltenden Umständen, wo zu der in Frage stehenden Zeit in Rußland die Industrie vor allem auf Beschaffung von Munition bedacht sein mußte, wäre es Sache des Reklamanten gewesen, die tatsächlichen Verhältnisse in Beziehung auf die sehr bedeutende Lieferung zum mindesten insoweit aufzuklären, daß man irgend einen Anhalt für eine friedliche Zweckbestimmung der erst nach Ausbruch des Krieges bestellten Maschine gewinnen könnte. Nach dieser Richtung ist auch nicht der geringste Versuch gemacht, dem Gericht irgend eine Einsicht zu verschaffen. Es ist das so auffallend, daß es den ohnehin bestehenden dringenden Verdacht zur vollen Gewißheit werden läßt.

Die Berufungsrechtfertigung hat denn auch darauf verzichtet, nach dieser Richtung den geltend gemachten Anspruch weiter zu begründen. Sie bekämpft im wesentlichen nur die Rechtsanwendung des ersten Richters. Sie führt aus, daß es nicht darauf ankommen könne, daß im gegebenen Falle die Maschine der Herstellung von Waffen usw. dienen sollte; entscheidend sei vielmehr, ob die Maschine ihrer Art nach im allgemeinen als ausschließlich zu diesem Zwecke angefertigt erscheine, oder ob sie auch für andere Zwecke, Walzwerke und dergl. hätte dienen können; schon die Möglichkeit einer nicht kriegsmäßigen Verwendung der Presse beseitige die prisengesetzliche Voraussetzung der Beschlagnahme.

Die Wendung der Prisenordnung: „Werkzeuge, die ausschließlich zur Anfertigung von Kriegsmaterial hergestellt sind“ läßt in dieser Beziehung dem Zweifel Raum. Sie ist der Londoner Deklaration entnommen, die weder im Text noch in den beigegebenen Erläuterungen weiteren Anhalt für ihre Auslegung bietet.

Offenbar wollte man damit erreichen, daß nur solche Werkzeuge unter die Liste der absoluten Konterbande fallen, bei welchen der Schluß auf die Bestimmung zum Zwecke der Kriegführung völlig sicher ist. Aber es kann im einzelnen Fall so liegen, daß sich aus den begleitenden Umständen der Schluß auf die kriegerische Zweckbestimmung mit Sicherheit ergibt, und es kann nicht die Meinung gewesen sein, daß Maschinen, welche nachweisbar zur Herstellung von Waffen oder Munition bestimmt sind, der Beschlagnahme deswegen haben entzogen werden sollen, weil bei ihnen auch eine andere Art der Verwendung denkbar wäre. Folgte man den Ausführungen der Reklamantin, so würde eine solche, nach ihrer objektiven Beschaffenheit auch zu anderen Zwecken verwendbare Maschine, von der aber außer Zweifel ist, daß sie verwendet werden soll, um Waffen oder Munition herzustellen, nicht nur nicht absolute, sondern überhaupt nicht Konterbande sein. Die Liste der relativen Konterbande weist keine Stelle auf, unter die sie zu bringen wäre. Die kriegführende Macht würde gehalten sein, sie ungehindert dem Feinde zuführen zu lassen. Das erscheint ausgeschlossen. Der Umstand, daß man Maschinen dieser Art auch in der Liste der relativen Konterbande nicht begegnet, weist darauf hin, daß es bei dem, was die Ziffer 11 des Art. 22 der Londoner Deklaration und entsprechend die Prisenordnung in Ziffer 21 Nr. 18 im Auge haben, der Sache nach darauf ankommen soll, ob das Werkzeug oder die Maschine dem genannten kriegerischen Zwecke tatsächlich dienen soll oder nicht. Durch die Formulierung des Gedankens hat nur für die die Regel bildenden Fälle, wo man bei der Entscheidung auf die objektive Beschaffenheit der Maschine angewiesen ist, gesagt sein sollen, daß nicht schon die Möglichkeit einer kriegerischen Verwendung ausreichen soll.

49.

„Primavera.“

Urteil vom 6. Oktober 1916.

Ausübung des Prisenrechts gegen ein Schiff in einem feindlichen Hafen. Kauffahrteischiff im Sinne der Prisenordnung.

Ziff. 1 der Prisenordnung; § 2 der Prisengerichtsordnung.

In der Prisensache, betreffend die belgische Dampfjacht „Primavera“, Heimatshafen Antwerpen, hat das Kaiserliche Oberprisengericht in Berlin in der Sitzung vom 6. Oktober 1916 für Recht erkannt:

Die Berufung gegen das Urteil des Prisengerichts in Hamburg vom 20. Mai 1916 wird zurückgewiesen. Die Kosten des Berufungsverfahrens werden dem Reklamanten auferlegt.

Gründe.

Bei der Einnahme von Antwerpen im Oktober 1914 wurde eine Anzahl dort im Hafen befindlicher feindlicher Schiffe, darunter die belgische Dampfjacht „Primavera", von der Hafenkommandantur beschlagnahmt. Wie der Kapitän bei seiner Vernehmung aussagte, diente das Schiff lediglich zu Vergnügungsfahrten, insbesondere zu Fahrten nach Norwegen. In der Reklamation gab der jetzige Eigentümer an, das Schiff habe früher einem Amerikaner gehört, und dieser habe mit ihm mehrfach die Fahrt über den Ozean gemacht.

Der Eigentümer hat in seiner Reklamation im wesentlichen geltend gemacht, daß die Jacht nicht als Kauffahrteischiff im Sinne der Prisenordnung angesehen werden könne und daher nicht der Beschlagnahme unterliege. Auch nach den für den Landkrieg geltenden Grundsätzen sei die Beschlagnahme nicht zulässig.

Durch Urteil vom 20. Mai 1916 hat das Prisengericht Hamburg die Reklamation zurückgewiesen und die Einziehung der Jacht angeordnet. Es hält die Vorschriften der Prisenordnung für anwendbar, welche unter Kauffahrteischiffen alle Schiffe verstehe, die nicht Staatseigentum sind.

Gegen dieses Urteil hat der Reklamant frist- und formgerecht Berufung erhoben.

Er macht wiederum geltend, die Jacht „Primavera" sei nicht in Ausübung des Prisenrechtes auf See, sondern im Hafen von Antwerpen, d. h. im Innern des Landes Belgien beschlagnahmt, das sei ein Akt des Landkrieges. Die Prisenordnung finde daher keine Anwendung, sondern die Landkriegsordnung. Nach dieser sei aber die Einziehung unzulässig.

Das Schiff sei ferner kein Seeschiff; es diene dem jetzigen Eigentümer nur zu Reisen in den holländischen Kanälen. Die Jacht sei auch kein Kauffahrteischiff und daher weder nach der Prisenordnung noch nach allgemeinen völkerrechtlichen Grundsätzen dem Seebeuterecht unterworfen.

Der Kaiserliche Kommissar bei dem Oberprisengericht hat dem widersprochen.

Dem Rechtsmittel war der Erfolg zu versagen. Der erste Einwand des Reklamanten, daß es sich vorliegend nicht um eine in Ausübung des Prisenrechts erfolgte Beschlagnahme handele, da diese im Hafen von Antwerpen erfolgt sei, ist hinfällig. Wie in der Prisensache „Primula" [1]) bereits erörtert ist, ergibt sich aus § 23 Pr. GO., daß der Gesetzgeber auch an den Fall gedacht hat, daß Schiffe nicht von Kriegsfahrzeugen, sondern von Truppen oder Hafenbehörden beschlagnahmt werden; und auf solche sogen. Hafenprisen finden dann alle Vorschriften des Prisenrechtes Anwendung.

Die neue Behauptung des Reklamanten, daß die Jacht „Primavera" kein Seeschiff sei, da sie nur zur Fahrt auf holländischen Kanälen verwendet werde, wird widerlegt durch die oben wiedergegebene Aussage des Kapitäns und die früheren eigenen Angaben des Reklamanten, wonach die Jacht früher wiederholt den Ozean gekreuzt und zu Vergnügungsfahrten nach Norwegen gedient hat. Dadurch kennzeichnet sie sich als ein Seeschiff, und es ist unerheblich, zu welchem Zweck ihr jetziger Eigentümer sie verwendet. Da die Jacht als Seeschiff in einem Seehafen beschlagnahmt ist, kommt das Seekriegsrecht und nicht die Landkriegsordnung zur Anwendung, deren Art. 53 Abs. 2 gerade einen Vorbehalt für die durch das Seerecht geregelten Fälle macht. Und um einen solchen Fall handelt es sich hier, wie oben dargetan.

Das VI. Haager Abkommen kommt hier nicht in Betracht, weil das Schiff sich bei Ausbruch des Krieges nicht in einem deutschen Hafen befunden hat. Schließlich ist noch auf den Einwand einzugehen, die Prisenordnung finde deswegen keine Anwendung, weil die „Primavera" als Dampfjacht kein Kauffahrteischiff im Sinne der Prisenordnung sei. Auch diesen Einwand hat der Vorderrichter mit Recht verworfen. Daß als Kauffahrteischiff im Sinne der Prisenordnung jedes Schiff anzusehen ist, welches nicht im Staatseigentum steht, ergibt sich klar aus den Vorschriften der Prisenordnung selbst im Zusammenhalt mit den Verhandlungen der Londoner Konferenz, aus denen die der Prisenordnung als Grundlage dienende Erklärung über das Seekriegsrecht hervorgegangen ist. Bei den Beratungen über die Blockade erklärte der Bevollmächtigte für Amerika, Wilson, daß der Ausdruck „navire de commerce" verschieden ausgelegt werden könne. Im allgemeinen verstehe man darunter dasselbe

[1]) Nr. 3 S. 17.

wie unter „merchant ship“ und teile die Schiffe in zwei Kategorien, nämlich les navires d'Etat und les navires privés; letzterer Ausdruck umfasse jede Art von Privatschiffen wie navire de commerce, yacht des particuliers usw. Er bat um eine Interpretation des Ausdrucks durch die Konferenz. Diese wurde folgendermaßen gegeben:

Après explication, il est entendu que le sens indiqué par M. Wilson sera considéré comme le sens exact du mot „navire de commerce“, qui, ainsi que l'indique M. Renault, comprend tous les navires autres que les navires d'État.

(Vergl. Niemeyer, Urkundenbuch zum Seekriegsrecht III. Abteilung S. 1545.)

In diesem Sinne ist also der Ausdruck in der Londoner Erklärung gebraucht, und ebenso ist der Ausdruck Kauffahrteischiff in der Prisenordnung zu verstehen. Das ist ausdrücklich im § 2 Pr. GO. gesagt, und zwar, wie ohne weiteres anzunehmen ist, mit Rücksicht auf jene authentische Interpretation des Ausdrucks in der Londoner Konferenz. Es ergibt sich aber auch aus der Prisenordnung selbst. Dort ist in Ziff. 10 nur allgemein von feindlichen Schiffen die Rede, und in Ziff. 6 sind von der Aufbringung ausgenommen gewisse Arten von Schiffen, die zweifellos nicht unter den Begriff Kauffahrteischiffe in dem engen Sinne fallen, welchen der Reklamant diesem Ausdruck untergelegt wissen will. Würden unter Kauffahrteischiffen nur die Schiffe zu verstehen sein, die dem eigentlichen Seehandel dienen, so wäre es nicht nötig gewesen, Lazarettschiffe, Küstenfischereischiffe und die mit religiösen usw. Aufgaben betrauten Schiffe vom Seebeuterecht auszunehmen; denn da sie nicht dem Seehandel dienen, würden sie nach jener Ansicht ohnehin nicht darunter fallen.

Diese Auffassung hat das Oberprisengericht auch bereits früher vertreten, indem es in der Prisensache, betreffend die in Libau beschlagnahmten 7 Holzprähme usw.,[1]) ausgesprochen hat: „an sich haben danach als Kauffahrteischiffe im Sinne der Prisenvorschriften alle im Privateigentum stehenden Schiffe zu gelten“. Hiervon abzugehen, bietet der vorliegende Fall keinen Anlaß.

[1]) Nr. 36 S. 150.

Es war hiernach, wie geschehen, zu erkennen. Die Kostenentscheidung folgt aus § 37 Pr. GO.

50.

„Götaland."

Urteil vom 27. Oktober 1916.

Aufbringung bei Verdacht des gewaltsamen Widerstandes gegen Maßnahmen des Prisenrechts.

Ziff. 16b der Prisenordnung.

In der Prisensache, betreffend den schwedischen Dampfer „Götaland", Heimatshafen Gotenburg, hat das Kaiserliche Oberprisengericht in Berlin in der Sitzung vom 27. Oktober 1916 für Recht erkannt:

Die Berufungen gegen das Urteil des Prisengerichts in Hamburg vom 19. April 1916 werden zurückgewiesen. Die Reklamanten haben die Kosten des Berufungsverfahrens zu tragen.

Gründe.

Am 15. August 1915 sichtete ein deutsches U-Boot den schwedischen Dampfer „Götaland", der sich mit einer Ladung „Magneteisen" (in Wahrheit Magneteisenerz) auf der Reise von Narvik nach Middlesbrough befand. Dem vom aufkommenden U-Boot gegebenen Befehl, zu stoppen, kam Kapitän Norén von „Götaland" nicht nach, indem er vielmehr auf das U-Boot zudrehte und sich ihm näherte. Erst nachdem zahlreiche Warnungsschüsse gegeben waren, stoppte der Kapitän und begab sich mit den Schiffspapieren an Bord des U-Bootes. Zuletzt hatte der Kommandant des letzteren auch scharf schießen lassen, wodurch das Schiff beschädigt und der erste Maschinist so schwer verletzt worden ist, daß er alsbald verstarb.

Nach dem Prisenbericht ist das Schiff aufgebracht worden wegen Widerstandes, und weil es Konterbande geführt habe.

Die Ladung ist freigegeben, nachdem gutachtlich festgestellt worden war, daß sie als Magneteisenerz nicht unter die Liste der relativen Konterbande fällt.

Ohne Verhandlung hat das Kaiserliche Prisengericht in Hamburg durch Urteil vom 20. Oktober 1915 auch das Schiff freigegeben, weil ein Beweis dafür, daß es sich den Anordnungen des U-Bootes mit Gewalt widersetzt habe, nicht erbracht sei.

Auf die Bekanntmachung des Prisengerichts haben der Reeder und der Charterer des Schiffes Schadensersatzansprüche erhoben.

Das Kaiserliche Prisengericht in Hamburg hat die Reklamationen als unbegründet zurückgewiesen.

Die hiergegen von beiden Reklamanten eingelegte Berufung ist nicht begründet.

Das beigebrachte Beweismaterial ist insofern unvollständig, als der Kapitän der „Götaland" wiederholt und eingehend vernommen worden ist, ihm auch Gelegenheit gegeben war, sich gegenüber der Begründung des ersten prisengerichtlichen Urteils, durch welches das Schiff freigegeben worden ist, schriftlich zur Sache zu erklären, wogegen dem Kommandanten des Kriegsschiffes keine gleich ausgiebige Gelegenheit zur wiederholten Äußerung gegeben war. Einer Ergänzung der Beweisaufnahme bedarf es jedoch nicht, weil selbst dann, wenn man die Darstellung des Kapitäns Norén der Beurteilung des Vorfalles zugrunde legt und unterstellt, daß alles so verlaufen ist, wie er behauptet, die Berufungen keinen Erfolg haben können.

Es bezeugt eine Verkennung der Sachlage, wenn die Vertreter der Reklamanten auszuführen versuchten, daß Norén sich einwandfrei verhalten habe. Er hat im Gegenteil bis zu dem Moment, in welchem er endlich Stillstand in sein Schiff brachte und sich im Boot zum Kriegsschiff begab, den prisenrechtlichen Maßnahmen des letzteren andauernd zuwidergehandelt. Ob es richtig ist, daß er das erste Flaggensignal nicht hat ausmachen können, muß dahingestellt bleiben. Aber es ist nicht bei dem Flaggensignal geblieben; es wurde geschossen, und der Kapitän konnte nicht mißverstehen, was dies bedeutete. Er stoppte nicht, minderte vielmehr zuerst nur die Fahrt und ließ dann mit gestoppter Maschine das Schiff auslaufen. Seine Behauptung, er habe ein so allgemein und häufig zur Verwendung kommendes Manöver wie das Rückwärtsschlagen der Schraube zur Schonung der Maschine vermeiden wollen, ist um so weniger haltbar, als er kurz darauf doch die Maschine auf V. K. R. gestellt hat, um ganz verkehrterweise die Wendung gegen das U-Boot zu machen. Aber auch bei dem Auslaufen des Schiffes ließ er es nicht bewenden. Er machte vielmehr die Kehrtwendung und hielt auf das U-Boot zu. Angenommen selbst, er sei in gutem Glauben gewesen, als er diesen Entschluß faßte, so sagten ihm doch die in schneller Folge abgegebenen weiteren Schüsse des U-Bootes, daß er damit die Absicht des Kommandanten nicht getroffen hatte. Mochten auch jetzt noch immer die Flaggensignale undeutlich sein, die Schüsse waren nicht zu verkennen. Sie besagten, was auch für den Kapitän am nächsten lag, und was er, wenn nicht früher, so jedenfalls in dem Moment erkannt haben muß, als er nach Ausführung der Wendung weiter auf das U-Boot zuhielt und die Warnungsschüsse nicht aufhörten. Denn wenn auch jetzt noch die Entfernung der beiden Schiffe erheblich gewesen sein sollte — der Kapitän gibt sie auf $2^1/_2$ Seemeilen an und will sich schließlich bis auf 1000 m genähert haben, sodaß er nach der Wendung noch eine Fahrt von $3^1/_2$ Kilometer gemacht haben müßte — so war doch nichts klarer, als daß es dem U-Boot gerade auf den Abstand der Schiffe ankam, daß es eine weitere, schließlich unmittelbar gefährlich werdende Annäherung nicht zulassen, sich das große Fahrzeug vom Leibe halten wollte. Aber alle Warnungsschüsse ließ der Kapitän unbeachtet. Erst als er scharfe Schüsse erhielt, und als er freilich nun auch so nahe gekommen war, daß er mit der Behauptung, die Signale seien nicht zu erkennen gewesen, nicht mehr auf Gehör hätte rechnen können, bequemte er sich, dem Befehl des Kriegsschiffs nachzukommen. Seine Verteidigung, daß er das alles nur getan habe, um nicht mit dem Boot so weit rudern zu müssen, kann sein Verfahren nicht entschuldigen. Nicht nur hätte er sich sagen können, daß das U-Boot, das gar keine Veranlassung hatte, die Sache in die Länge zu ziehen, sich ihm auch seinerseits nähern werde, sobald er still lag, sondern es ist auch mit dem Ernste der Sachlage nicht in Einklang zu bringen. Vielmehr bietet der Vorgang das Bild, daß der Kapitän, unmutig über die Störung seiner Reise, sich nur widerwillig und zögernd entschloß, dem Verlangen des U-Bootes nachzukommen und auch das nur auf die Art und Weise, wie er es sich in den Kopf gesetzt hatte. Der Kommandant des U-Bootes konnte aber nicht wissen, welches die Motive des Kapitäns waren, und was er mit seinem höchst verdächtigen Manöver bezweckte.

Auf der anderen Seite ist zuzugeben, daß, wenn man die Entfernungsangaben des Kapitäns als richtig unterstellt, der Lauf der Ereignisse nicht bis zu dem Moment gediehen ist, in welchem ein Rammversuch gegen das U-Boot, selbst wenn er in der Absicht des Kapitäns gelegen hätte, unmittelbar zur Ausführung kommen konnte. Es ist auch zu bedenken, daß es sich um ein neutrales Schiff handelt, dessen Kapitän obendrein in Beziehung auf die Ladung ein gutes Gewissen haben durfte. Es wäre unter diesen Umständen ein für jede vernünftige Überlegung unverständliches Unternehmen gewesen, gegen das U-Boot mit Feindlichkeiten vorzugehen, und deshalb nimmt auch dieses Gericht mit dem Prisengericht den Beweis nicht als erbracht an, daß das Verhalten des Kapitäns von einer solchen Absicht getragen war. Aber die Hartnäckigkeit, mit welcher „Götaland" sich den prisenrechtlichen Maßnahmen des U-Bootes widersetzte, sodaß schließlich das Kriegsschiff sie unter Anwendung von Waffengewalt zum Gehorsam zwingen mußte, legten den Verdacht, daß es auf Anwendung von Gewalt abgesehen war, so nahe, daß es gerechtfertigt, ja geboten erschien, das Schiff aufzubringen, um den Vorgang zur prisengerichtlichen Entscheidung zu stellen. Daran ändert auch der von den Vertretern der Reklamanten betonte Umstand nichts, daß schließlich der Kapitän Norén sich an Bord des Kriegsschiffs begeben und dort Rede und Antwort gestanden hat. Das einzige, worüber sich infolgedessen der Kommandant mit Sicherheit Aufklärung verschaffen konnte, war, daß er es nicht mit einem feindlichen Schiffe unter falscher Flagge zu tun hatte. Im übrigen ist es verständlich, daß die Versuche des Kapitäns, sein Verhalten zu rechtfertigen, dem Kommandanten nicht genügten, um die Sachlage als aufgeklärt zu betrachten.

Es kommt hinzu, daß das Schiff nicht nur wegen Verdachts des gewaltsamen Widerstandes aufgebracht worden ist, sondern auch, weil angenommen wurde, daß es relative Konterbande führe. Allerdings hat sich der in dieser Beziehung aufgetretene Verdacht nicht bestätigt. Die Angabe des Manifestes usw., daß es sich bei der Ladung der „Götaland" um Magneteisenerz handle, hat sich als richtig herausgestellt. Doch hat es hierzu einer Untersuchung des Erzes durch das Staatshüttenlaboratorium in Hamburg bedurft. Der Kommandant des U-Bootes konnte sich hierüber ein Urteil nicht bilden. Er mußte mit der, wie sich aus dem beigebrachten Gutachten ergibt, durchaus naheliegenden Möglichkeit rechnen, daß es sich um Hämatiteisenerz oder um anderes als relative Konterbande in die Liste der Prisenordnung aufgenommenes Erz handle. Im Prisenbericht wird freilich das Erz als Magneteisen bezeichnet. Aber daraus folgt nicht, daß der Kommandant die Art der Ladung erkannt hat und nur deshalb zu ihrer Beanstandung veranlaßt worden ist, weil er irrigerweise Magneteisen oder Magneteisenerz für relative Konterbande gehalten hat. Vielmehr hat der Kommandant offenbar nur die Bezeichnung der Ladung übernommen, welche sie in den Schiffspapieren führte. Nach Lage der Sache war es gerechtfertigt, daß dieser Ladung der Weg nach Feindesland so lange verwehrt blieb, bis feststand, um welche Art von Eisenerz es sich bei ihr handelte.

Somit erscheint der Anspruch der Schiffsinteressenten auf Schadensersatz unbegründet.

51.

„Cubano."

Urteil vom 27. Oktober 1916.

Übergang eines Schiffes von der feindlichen zu einer neutralen Flagge nach Beginn der Feindseligkeiten.

Ziff. 12 der Prisenordnung.

In der Prisensache, betreffend den norwegischen Dampfer „Cubano", Heimatshafen Tønsberg, hat das Kaiserliche Oberprisengericht in Berlin in der Sitzung vom 27. Oktober 1916 für Recht erkannt:

Die Berufung der Norwegischen Mexico-Gulf-Linie gegen das Urteil des Prisengerichts in Hamburg vom 20. Mai 1916 wird zurückgewiesen. Die Kosten des Berufungsverfahrens hat die Berufungsklägerin zu tragen.

Gründe.

Am 2. Juni 1915 wurde der unter norwegischer Flagge segelnde Dampfer „Cubano", mit einer Ladung Stückgüter auf der Reise von Kristiania nach Ostindien, von einem deutschen U-Boot aufgebracht. Es ergab sich, daß es sich um den früheren englischen Dampfer „Strathmore" handelte, der vor kurzem erst Flagge und Namen gewechselt hatte, indem er in das Eigentum der A. G. Norge Mexico Gulf Linjen in Tønsberg übergegangen war. Es war die erste Ausreise, die er, über Liverpool hereingekommen, unter norwegischer Flagge machte. Der Übergang in das Eigentum des neuen Reeders war in Liverpool geschehen. An Bord befand sich eine Übertragungsurkunde nicht. Auch hat der Kapitän dem Kommandanten Konnossemente nicht ausgeliefert. Sie sollen in einem besonderen Fach gelegen haben und mit dem Schiffe verloren gegangen sein. Dagegen war vorhanden: ein Schiffszertifikat vom 28. Mai 1915, der Meßbrief vom 26. Mai 1915, das Manifest, ferner Zollpaß, Gesundheitspaß und andere Zertifikate. Das Tagebuch war nicht auf dem Laufenden gehalten. Über die am 28. Mai 1915 angetretene Ausreise aus Kristiania lagen nur die Kladdezettel vor. Nach dem Manifest waren 2050 Tonnen Güter an Bord, die als Konterbande anzusehen waren, gegen 2690 Tonnen unverdächtige Güter. Eine Nachprüfung der Angaben des Manifestes auf ihre Richtigkeit war nicht ausführbar. Auf Grund der Ziff. 12 Pr. O. schritt der Kommandant des U-Bootes zur Vernichtung des Dampfers.

Auf die Bekanntmachung des Kaiserlichen Prisengerichts in Hamburg haben die Reederei und eine Anzahl von Ladungseigentümern Ersatzansprüche angemeldet. Das Prisengericht hat zunächst nur über die Reklamation der Reederei entschieden. Es hat erkannt, daß das Schiff der Einziehung unterlegen habe und rechtmäßig zerstört worden sei, und hat die Reklamation zurückgewiesen.

Die hiergegen von der Reklamantin eingelegte Berufung ist nicht begründet.

Es handelt sich um die Frage, ob das aufgebrachte Schiff prisenrechtlich als feindliches behandelt werden durfte, weil es nach Beginn der Feindseligkeiten von der feindlichen zu einer neutralen Flagge übergegangen ist. Mit Recht hat der erste Richter diese Frage bejaht, wenn auch der Begründung seiner Entscheidung nicht durchweg zugestimmt werden kann.

Nach Art. 56 der Londoner Deklaration soll der nach Beginn der Feindseligkeiten herbeigeführte Übergang eines feindlichen Schiffes zur neutralen Flagge nichtig sein, falls nicht bewiesen wird, daß dieser Übergang nicht herbeigeführt worden ist, um den mit der Eigenschaft eines feindlichen Schiffes verbundenen Folgen zu entgehen. Danach spricht für die Nichtigkeit des Überganges eine Vermutung, die zu widerlegen Sache des Reklamanten ist. Wenn die entsprechende Bestimmung der Prisenordnung in Ziff. 12 dahin zum Ausdruck gelangt ist, daß das Schiff als feindliches zu behandeln sei, wenn der Kommandant nicht die Überzeugung gewinnt, daß der Übergang auch ohne den Ausbruch des Krieges erfolgt wäre, so darf daraus nicht geschlossen werden, daß damit in Abweichung von dem Art. 56 der Londoner Deklaration habe gesagt sein sollen, daß es auch für die Entscheidung der Prisengerichte nur darauf ankomme, ob dem Kommandanten bei der Aufbringung des Schiffes Beweismaterial vorgelegen habe, nach welchem er die gesetzliche Vermutung für widerlegt erachtet hat oder hätte erachten sollen. Dies wäre eine mit dem Zwecke und den Aufgaben der Prisengerichtsbarkeit wenig in Einklang stehende Abänderung dessen, worüber man auf der Londoner Konferenz einig geworden war. Die Ausdrucksweise der Prisenordnung in Ziff. 12 erklärt sich vielmehr ungezwungen daraus, daß die materiellrechtliche Bestimmung, welche man im Auge hatte, hier wie auch an anderen Stellen der Prisenordnung lediglich in der Form einer an die Schiffskommandanten gerichteten Instruktion gebracht wird. Es ist selbstverständlich, daß der Kommandant sich in seiner Überzeugung nur durch das leiten lassen kann, was ihm an Beweismaterial beigebracht wird. Aber darum hat die Beibringung weiteren Beweismaterials für die sich anschließende Entscheidung der Prisengerichte den Reklamanten nicht abgeschnitten werden sollen. So wird dann auch in Ziff. 13 b Pr. O. ausdrücklich von dem vor dem Prisengericht zu erbringenden Beweise gesprochen, wobei zugleich auf § 12 a, also auf die gegenwärtige Bestimmung, verwiesen wird.

Die Vermutung, um die es sich handelt, geht dahin, daß die Eigentumsübertragung erfolgt ist, um den mit der Eigenschaft eines feindlichen Schiffes verbundenen Folgen zu entgehen, oder, wie es in Ziff. 12 der Prisenordnung lautet, daß der Übergang des Schiffes ohne den Ausbruch des Krieges nicht erfolgt wäre. Was darunter im Sinne der Londoner Deklaration zu verstehen ist, ergibt ein Blick auf die Entstehungsgeschichte der Artikel 55, 56 dieser Deklaration. Der bis dahin bestehende Rechtszustand war unsicher. Eine allgemeinere Anerkennung hatte nur der im Leitsatz 37 (vergl. Schramm, Verhandlungen und Beschlüsse der Londoner Konferenz S. 112) niedergelegte Gedanke gefunden, daß der nach Beginn der Feindseligkeiten herbeigeführte Übergang nichtig ist, wenn er während der Fahrt des Schiffes erfolgt. Im Gegensatz zum Leitsatz 35, nach welchem der Übergang zur neutralen Flagge wirkungslos sein sollte, wenn er erfolgt, um den mit der Eigenschaft eines feindlichen Schiffes verbundenen Folgen zu entgehen, hatte Deutschland zunächst vorgeschlagen, jeden vor Ausbruch des Krieges erfolgten Übergang für gültig, jeden nach Ausbruch des Krieges erfolgten Übergang schlechthin für wirkungslos zu erklären (wobei nur als entscheidender Tag nicht der des Kriegsausbruchs, sondern der zwei Wochen vorher liegende Tag gelten sollte). Dagegen wurde eingewendet, es könne einem im guten Glauben vorgenommenen Verkauf des Schiffes die Wirkung nicht versagt werden. Das fand Zustimmung, und es wurde nunmehr — auf deutschen Vorschlag — so unterschieden, daß bei dem Verkauf vor Ausbruch des Krieges eine Vermutung für den guten Glauben, nach Ausbruch des Krieges eine solche gegen den guten Glauben gelten solle. Nur die Delegation der Vereinigten Staaten von Nord-Amerika bestand darauf (Schramm, a. a. O. S. 230), daß jeder Verkauf vor Beginn der Feindseligkeiten wirksam sein müsse, wenn er unbedingt und vollständig ist und zur Folge hat, daß weder die Verfügung über das Schiff noch der aus seiner Verwendung entspringende Gewinn in denselben Händen bleiben. Hierauf ging man ein, aber nicht ohne die Einschränkung zu machen, daß es nur von den Verkäufen zu gelten habe, welche mehr als 30 Tage vor Ausbruch des Krieges erfolgt sind, sodaß im übrigen bei einem Übergang, auch wenn er nachgewiesenermaßen nicht nur zum Schein, wenn er unbedingt und endgültig, insbesondere ohne Vorbehalt eines Rückkaufs usw. erfolgt ist, des ferneren noch zu unterscheiden ist, ob er erfolgt ist, um den mit der Eigenschaft eines feindlichen Schiffes verbundenen Folgen zu entgehen oder nicht, ob es sich also um eine in diesem Sinne gutgläubige Übertragung des Eigentumes auf einen Neutralen handelt oder nicht. Dem entsprach es, wenn die deutsche Delegation ausführte, nach dem Sinne der gemachten Vorschläge wäre der Flaggenwechsel dann nichtig und wirkungslos, wenn sich der Verkäufer hierdurch gegen den Verlust zu decken beabsichtige, der ihm aus der Entziehung des Schiffes entstehen würde; dagegen wäre der Flaggenwechsel dann als gültig anzusehen, wenn angenommen werden dürfe, daß er auch vollzogen worden wäre, wenn der Krieg nicht ausgebrochen wäre oder nicht bevorgestanden hätte (Schramm, a. a. O. S. 228). Daß man sich dieser Auffassung angeschlossen hat, ergibt der Bericht der Kommission an das Plenum der Konferenz (Proceedings of the international Naval Conference 1908/9 S. 326), wo gesagt wird, es sei zu schroff, alle nach Ausbruch des Krieges erfolgten Übertragungen für wirkungslos zu erklären, und wenn es zwar vernünftig sei, zu präsumieren, daß der Übergang des Schiffes stattgefunden hat, pour le faire bénéficier de la protection due à la neutralité, so sei es doch billig, den Gegenbeweis zuzulassen. Als einziger Fall einer solchen Entkräftung der Vermutung wird in dem Kommissionsbericht ebenso wie in dem Generalberichte der Konferenz der Erbfall angeführt.

Aus allem ergibt sich, daß der Gegensatz, um den es sich handelt, nicht darin besteht, ob der Übergang des Schiffes zur neutralen Flagge, insbesondere also die Veräußerung, ernsthaft gemeint, endgültig gewollt und nach jeder Richtung vollständig durchgeführt ist oder nicht, sondern darin, ob er durch den Krieg und die damit für die feindliche Flagge begründete Gefahr veranlaßt worden ist, oder ob er ganz unabhängig von diesem Ereignis erfolgte. Darauf ist die gesetzliche Vermutung gerichtet, daß dieser ursächliche Zusammenhang besteht. Das entspricht auch der Natur der Sache. Der Übergang eines feindlichen Schiffes zur neutralen Flagge hat immer die Beseitigung der für ersteres bestehenden Gefahr zur Folge; die Beteiligten sind sich dessen nicht nur bewußt, sondern im allgemeinen wird, wenn sie sich nach Ausbruch des Krieges zur Eigentumsübertragung entschlossen haben, auch anzunehmen sein, daß sie es gewollt, beabsichtigt haben. Es wird sich in der Regel nicht lediglich um den Wunsch nach Gewinnung von Frachtraum handeln; diesen Zweck könnte man auch durch einen Chartervertrag erreichen. Aber damit wäre nicht gedient; man will eben zugleich den Schutz der neutralen Flagge. Das einzige Motiv braucht dies nicht zu sein; es genügt, wenn es mitbestimmend gewirkt hat.

Es unterliegt keinem Zweifel, daß die Prisenordnung, die sich im übrigen bei dem, was sie in Ziff. 12 bis 14 bestimmt, vollständig im Rahmen der Artikel 55, 56 der Londoner Deklaration hält, mit der abweichenden Ausdrucksweise in Ziff. 12 a nichts anderes hat sagen wollen, als was die entsprechende Vorschrift der Deklaration bestimmt. Wenn sie den Kommandanten anweist, daß es darauf ankomme, ob er sich davon überzeugen könne, daß der Übergang auch ohne den Krieg erfolgt wäre, so ist damit nichts anderes gesagt, als was in Art. 56 mit der dort gebrauchten Wendung gemeint ist, es müsse bewiesen werden, daß der Übergang nicht herbeigeführt ist, um den mit der Eigenschaft eines feindlichen Schiffes verbundenen Folgen zu entgehen. Dies folgt auch aus Ziff. 13 b und c der Prisenordnung, wo durch die Verweisung auf Ziff. 12a zum Ausdruck gebracht wird, daß beide Wendungen Gleiches bedeuten.

Tritt man von diesem Standpunkt aus an die Würdigung der beigebrachten Beweise heran, so ist nicht zu verkennen, daß es sich im vorliegenden Falle um einen ernstlich gemeinten und endgültig gewollten Verkauf des Schiffes gehandelt hat, durch den zugleich auch die Kontrolle über dasselbe und der Gewinn aus seiner Verwendung auf den Käufer übergehen sollte. Aber das genügt nicht. Nach dem Inhalte der gesetzlichen Vermutung wäre es Sache der Reklamanten gewesen, zu beweisen, daß der Verkauf nicht abgeschlossen ist, um dem Schiffe den Schutz der neutralen Flagge zu verschaffen. Und dafür ist nichts vorgebracht. Namentlich beweist der Umstand nichts, daß der frühere Eigentümer schon vor Ausbruch des Krieges das Schiff zum Verkauf angeboten hat. Die damaligen Verhältnisse gestatten nicht ohne weiteres einen Rückschluß auf das, was unter so gänzlich veränderten Umständen, wie der gegenwärtige Krieg sie geschaffen hat, geschehen ist. Noch weniger kann zugunsten der Reklamanten etwa daraus geschlossen werden, daß es Schwierigkeiten bereitet hat, die Zustimmung der Englischen Regierung zu dem Verkaufe zu erhalten.

52.

„Comte de Smet de Naeyer."

Urteil vom 17. November 1916.

Ausübung des Prisenrechts in einem feindlichen, der Seeschiffahrt dienenden Hafen gegenüber Kauffahrteischiffen. Schiffe, die mit wissenschaftlichen Aufgaben betraut sind. Unanwendbarkeit dieses Begriffs auf Schulschiffe.

Ziff. 1 der Prisenordnung; § 23 der Prisengerichtsordnung; Art. 4 des elften Abkommens der zweiten Haager Friedenskonferenz vom 18. Oktober 1907 (Reichs-Gesetzbl. 1910 S. 316).

In der Prisensache, betreffend das belgische Vollschiff „Comte de Smet de Naeyer", Heimatshafen Antwerpen, hat das Kaiserliche Oberprisengericht in Berlin in der Sitzung vom 17. November 1916 für Recht erkannt:

Auf die Berufung des Kaiserlichen Kommissars wird das Urteil des Prisengerichts in Hamburg vom 20. Mai 1916 aufgehoben. Das Schiff ist einzuziehen. Die Reklamation wird zurückgewiesen. Die Kosten beider Instanzen hat die Reklamantin zu tragen.

Gründe.

Nach der Einnahme von Antwerpen wurde mit anderen im dortigen Hafen liegenden belgischen Schiffen auch der als Vollschiff getakelte Segler „Comte de Smet de Naeyer" von den deutschen Streitkräften mit Beschlag belegt.

Das Schiff ist im Jahre 1877 aus Eisen erbaut und bis zum Jahre 1906 als Frachtschiff verwendet worden. Im letztgenannten Jahre hat es die belgische Association maritime belge S. A. in Antwerpen erworben, eine mit einem Kapital von 500 000 Frs. begründete Gesellschaft, als deren Gegenstand bezeichnet wird:

l'armement, l'exploitation, l'affrêtement, l'achat, la location et vente de navires à voile et à vapeur et toutes les opérations de commerce, d'industrie et de finances se rattachant à quelque titre que se soit à la navigation maritime et fluviale etc.

Le ou les navires de la société pourront être affectés à l'enseignement professionnel maritime etc.

Die Gesellschaft hat wiederholt Subvention der Belgischen Regierung bezogen, welche im Besitz von Obligationen der Gesellschaft in Höhe von 412 000 Frs. ist. Die von der Gesellschaft gegründete Navigationsschule steht unter der Aufsicht des Staates.

Das Schiff hat, nachdem die Gesellschaft es angeschafft hat, den Hafen von Antwerpen nicht wieder verlassen. Es wurde als Schulschiff verwendet und zum Zwecke des Unterrichts mit besonderen Einrichtungen versehen, die erst beseitigt werden müßten, wenn es wieder der Seefahrt dienen soll. Sein letztes Klassifikationsattest datiert vom Oktober 1910. Für Seefahrten besitzt die Schule die Viermastbark „l'Avenir".

Auf die Bekanntmachung des Kaiserlichen Prisengerichts in Hamburg hat die Eigentümerin Anspruch auf Herausgabe des Schiffes erhoben.

Das Prisengericht hat auf Freigabe des Schiffes erkannt. Die hiergegen vom Kaiserlichen Kommissar eingelegte Berufung ist begründet.

Wie in dem Urteile des erkennenden Gerichts vom 6. Oktober 1916 in der Sache „Primavera" [1]) näher dargelegt ist, versteht die Prisenordnung in Übereinstimmung mit der Londoner Deklaration unter dem Ausdrucke Kauffahrteischiff jedes Seeschiff, das nicht Staatseigentum ist. Ergibt sich das schon aus der Ziff. 2 Pr. O., nach welchem von der Anwendung des Prisenrechts nur die neutralen Staatsschiffe ausgenommen sein sollen, so ist auch in den Londoner Verhandlungen ausdrücklich ausgesprochen worden, daß der Ausdruck navire de commerce alle Schiffe umfasse, die nicht Staatsschiffe seien, und dementsprechend ist denn auch für notwendig erachtet worden, in Ziff. 6 Pr. O. als Ausnahmen gewisse Schiffe der Aufbringung zu entziehen, welche nicht bestimmungsgemäß dem Erwerbe durch die Seefahrt dienen und daher ohnehin als Kauffahrteischiffe im engeren Sinne nicht anzusehen sein würden. Es kann daher die Anwendung des Prisenrechts auf ein Schulschiff aus diesem Grunde nicht beanstandet werden.

---

[1]) Nr. 49 S. 194.

Das Schiff steht im Eigentum einer belgischen Aktiengesellschaft, deren Gegenstand Handelsunternehmungen aller Art sind. Daher ist es kein Staatsschiff. Daß hieran auch dadurch nichts geändert wird, daß der belgische Staat die Aktiengesellschaft gelegentlich subventioniert und auch einen erheblichen Betrag von Obligationen der Gesellschaft übernommen hat, bedarf keiner weiteren Ausführung.

Auch verschlägt es nichts, daß das Schiff schon seit Jahren, und seitdem es Schulschiff geworden ist, nicht mehr Fahrten in See unternommen, vielmehr im Hafen von Antwerpen verankert gelegen hat. Richtig ist, daß, wie die Reklamantin ausführt, Leichter, kleine Schlepper und ähnliche, lediglich dem Hafenverkehre dienende Fahrzeuge dem Seekriegsrechte nicht unterworfen sind (vgl. Beschluß dieses Gerichts vom 27. Juni 1916.) [1])

Das hier in Frage stehende Schiff hat dagegen auch in seiner derzeitigen Bestimmung nicht aufgehört, ein Seeschiff zu sein, kann obendrein mit Leichtigkeit wieder zu einem Seefrachtschiff umgeändert werden, während darauf nichts ankommt, was nötig gewesen wäre, um es zu einem in jeder Richtung seetüchtigen Schiffe zu machen.

Ob der Hafen von Antwerpen zur Zeit der Beschlagnahme Seekriegsschauplatz gewesen ist, kann unerörtert bleiben. Das Prisenrecht wird nicht nur auf dem Kriegsschauplatz ausgeübt, sondern überall, wo die Seeschiffahrt stattfindet, und also nicht nur auf hoher See, sondern auch in Buchten und Häfen, die der Seeschiffahrt dienen. Das gilt von dem Antwerpener Hafen auch nicht etwa deswegen weniger, weil die Scheldemündung nicht belgisches Staatsgebiet ist.

Schließlich kann auch nicht anerkannt werden, daß, wie die Unterinstanz angenommen hat, Schulschiffe zu den Schiffen gehören, welche im Sinne des Art. 4 des XI. Abkommens der II. Haager Konferenz mit wissenschaftlichen Aufgaben betraut sind.

Ob dieser Art. 4 nach seiner Tendenz eher ausdehnend als einschränkend auszulegen ist, wie der Vorderrichter meint, kann

[1]) Nr. 36 S. 150.

unerörtert bleiben, weil er seinem Wortlaute nach deutlich ist und keiner besonderen Auslegung bedarf. Es ist klar, daß ein Schulschiff wissenschaftlichen Aufgaben nicht dient. Gewiß gehört zur gründlichen Ausbildung eines Schiffsoffiziers und Schiffskaptäns auch eine gewisse wissenschaftliche Grundlage, und es ist nicht zu bestreiten, daß auf den Navigationsschulen auch in wissenschaftlichen Fächern, Mathematik, Sternenkunde usw. Unterricht erteilt wird. Es kann auch zugegeben werden, daß nicht nur die Forschung, sondern auch die Unterweisung Aufgabe der Wissenschaft ist. Das letztere aber doch nur insofern, als die Wissenschaft als solche, die einzelne bestimmte Wissenschaft als Ganzes in allen ihren Zusammenhängen, gelehrt wird und es der Ausbildung zum Gelehrten oder der Vorbildung für einen der gelehrten Berufe gilt. Die Seemannschaft ist kein gelehrter, sondern ein praktischer Beruf. Die Navigationsschule ist keine Schule für Wissenschaften, sondern eine Fachschule. Von ihr kann man ebensowenig wie etwa von einer Baugewerkschule, auf welcher ebenfalls eine theoretische und damit wissenschaftliche Grundlegung erfolgt, sagen, daß sie mit wissenschaftlichen Aufgaben befaßt sei.

Kann sich daher die Reklamantin überhaupt nicht deshalb, weil das aufgebrachte Schiff ein Schulschiff ist, auf die Ausnahme der Ziff. 6 Pr. O. berufen, so bedarf es keiner weiteren Untersuchung, ob die Anwendung dieser Ziff. 6 auch deshalb ausgeschlossen wäre, weil nach der Einnahme von Antwerpen bis auf weiteres, wie anzunehmen ist, der Betrieb der Navigationsschule ein Ende genommen hat, so daß das Schiff zur Zeit der Beschlagnahme den Aufgaben des Unterrichts jedenfalls nicht mehr diente.

53.

„Helicon."

Urteil vom 17. November 1916.

Relative Konterbande. Notwendigkeit des Gegenbeweises gegen die Angaben der Schiffspapiere über die weitere Fahrt und den Ausladungsort der Waren.

Ziff. 36 der Prisenordnung.

In der Prisensache, betreffend das norwegische Segelschiff „Helicon", Heimatshafen Grimstad, hat das Kaiserliche Oberprisengericht in Berlin in der Sitzung vom 17. November 1916 für Recht erkannt:

Das Urteil des Prisengerichts in Hamburg vom 4. November 1915 wird aufgehoben. Die Schadensersatzansprüche der beiden Reklamanten werden dem Grunde nach für berechtigt erklärt. Zur Verhandlung und Entscheidung über den Betrag des Schadens wird die Sache in die erste Instanz zurückverwiesen. Die Entscheidung über die Kosten des Verfahrens bleibt dem Endurteile vorbehalten.

Gründe.

Das norwegische Segelschiff „Helicon" wurde am 1. November 1914 im Stillen Ozean an der Westküste von Südamerika etwa auf der Breite von Valparaiso von einem deutschen Kriegsschiff angehalten. „Helicon" hatte am 3. Mai 1914 Port Talbot (Wales) in England mit einer Ladung von 2604 Tonnen North Navigation steam coals für Caleta Coloso in Chile verlassen, war um das Kap der guten Hoffnung gefahren und hatte wegen verschiedener Segelhavarien am 29. August 1914 den Hafen Port Adelaide in Australien als Nothafen angelaufen, den es am 10. September 1914 wieder verlassen hat. Ablader der Kohlen war die Firma Andrew Weir & Co. in London, Empfänger die in Caleta Coloso domizilierende Firma Geo. C. Kenrick & Co., deren Inhaber Engländer sind. Nach der Anhaltung wurde die Ladung des „Helicon" auf Anordnung des deutschen Geschwaderkommandanten beschlagnahmt, weil Verdacht gehegt wurde, daß die Kohlen für die englischen Seestreitkräfte bestimmt seien und der „Helicon" sich auf der Fahrt zu diesen befinde. Aus der Ladung wurden von verschiedenen Schiffen des deutschen Geschwaders 1766 Tonnen entnommen und das Schiff dann entlassen, weil seine Einbringung ohne Gefährdung des Geschwaders nicht möglich erschien. „Helicon" kam am 26. November 1914 in Caleta Coloso an und wurde dort öffentlich versteigert, weil das Schiff starke Beschädigungen aufwies, deren Beseitigung an Ort und Stelle nach dem Gutachten von Sachverständigen voraussichtlich Kosten verursacht haben würde, die den Wert des Schiffes überstiegen. Der Versteigerungserlös betrug 31 000 Pesos. Reklamationen wurden erhoben:

1. von der Firma Geo. C. Kenrick & Co. in Valparaiso wegen der Ladung. Verlangt werden £ 4412.12.—;
2. von der Reederei A. S. Henriksen & Skaugen in Risör wegen des Schiffes. Verlangt werden £ 17 658.18.7.

Das Prisengericht in Hamburg hat durch Urteil vom 4. November 1915 die Reklamationen zurückgewiesen und die Einziehung von Schiff und Ladung für rechtmäßig erklärt. Es nimmt an, daß bei freier Würdigung aller in Betracht kommenden, im Urteil näher angeführten Umstände der Beweis als erbracht anzusehen sei, daß sich der „Helicon" mit für die englische Flotte bestimmten Kohlen auf der Fahrt zu dieser befunden habe. Das Prisengericht geht hierbei davon aus, daß „Helicon" während seines Aufenthaltes in Port Adelaide von der Firma Kenrick in Valparaiso, die nach glaubhaften Berichten als Kriegshändler für den Feind tätig sei, eine geheime Anweisung des Inhalts bekommen habe, die für Caleta Coloso bestimmten Kohlen unterwegs, falls es englischen Seestreitkräften im Stillen Ozean begegnen sollte, an diese abzuliefern, anderenfalls sie nach Caleta Coloso zu bringen.

Gegen dieses Urteil haben die Reklamanten frist- und formgerecht Berufung erhoben. Sie bestreiten, daß die Ladung des „Helicon" für den Gebrauch der feindlichen Streitmacht bestimmt gewesen sei, und daß das Schiff sich auf der Fahrt dorthin befunden habe. Die gegenteilige Annahme des Prisengerichts beruhe lediglich auf Vermutungen, die durch nichts gerechtfertigt seien. Der Vertreter der Reklamantin Kenrick & Co. hat in der

Verhandlung vor dem Oberprisengericht auch den Inhalt des Schriftsatzes vom 14. November 1916 sowie die in demselben in bezug genommenen Anlagen und das dem Verhandlungsprotokoll als Anlage beigefügte Gutachten ihrem wesentlichen Inhalte nach vorgetragen. Es wird darauf verwiesen. Der Kaiserliche Kommissar bei dem Oberprisengericht ist den Ausführungen des ersten Richters beigetreten und hat um Zurückweisung der Berufung gebeten.

Dem Rechtsmittel war der Erfolg nicht zu versagen.

Zutreffend geht der Vorderrichter davon aus, daß nach den hier noch maßgebenden Bestimmungen der Prisenordnung vom 30. September 1909 eine Beschlagnahme des Schiffes und der Ladung nur erfolgen konnte, wenn die Kohlen für den Gebrauch der feindlichen Streitmacht bestimmt waren und das Schiff sich auf der Fahrt dorthin befand.

„Helicon" hat mehrere Monate vor Kriegsbeginn seinen Ausgangshafen mit der Bestimmung nach einem neutralen Hafen in Südamerika verlassen. Das Konnossement bezeichnet als Bestimmungshafen Caleta Coloso in Chile. Nach Ziff. 36 Pr. O. ist, wenn ein Schiff Gegenstände der relativen Konterbande an Bord hat, den Angaben der Schiffspapiere über seine weitere Fahrt und über den Ausladungsort der Waren unbedingt Glauben zu schenken, es sei denn, daß das Schiff offenbar von der nach seinen Schiffspapieren einzuhaltenden Fahrt abgewichen ist, ohne sich deswegen hinreichend rechtfertigen zu können, oder daß Tatsachen vorliegen, aus denen sich unwiderleglich ergibt, daß die betreffenden Angaben der Papiere falsch sind. Entsprechende Bestimmungen enthält Art. 35 der Londoner Erklärung.

Im vorliegenden Falle ist ein Gegenbeweis gegen den Inhalt der Schiffspapiere nach der Auffassung des Oberprisengerichts nicht geführt.

Was zunächst die erste Alternative der Ziff. 36 Pr. O. anlangt, so ist irgend etwas Erhebliches dafür, daß das Schiff von der nach seinen Schiffspapieren einzuhaltenden Fahrt abgewichen wäre, nicht beigebracht. Auch der Vorderrichter nimmt dies nicht an. Die Angaben der Reklamanten über die Gründe, welche den „Helicon" veranlaßt haben, den östlichen Kurs einzuschlagen, nachdem er bei Cap Horn schwere Segelhavarien gehabt hatte, sind unverdächtig und durch weitere Nachweise, die in zweiter Instanz beigebracht sind, noch überzeugender gemacht worden. Das Schiff ist denn auch an einer Stelle angehalten worden, die mit dem behaupteten Reiseziel durchaus im Einklange steht. Es fragt sich daher nur, ob in anderer Weise ein Gegenbeweis gegen die Angaben der Schiffspapiere über den Ausladungsort erbracht ist. Zweifellos kann eine Unrichtigkeit der Schiffspapiere in dem hier fraglichen Sinne auch nachträglich dadurch herbeigeführt werden, daß dem Schiffe während der Reise eine andere Weisung hinsichtlich des Ausladungsortes gegeben wird. Auch ist nicht zu bestreiten, daß die Beteiligten im vorliegenden Falle die Möglichkeit hatten, eine solche Weisung dem Schiffe während seines Aufenthalts in Adelaide zukommen zu lassen. Daß auch eine nur eventuelle Weisung, wie das Prisengericht sie annimmt, an sich geeignet wäre, den Tatbestand der Ziff. 36 Pr. O. zu erfüllen, mag ebenfalls unterstellt werden. Der Beweis der Erteilung einer solchen Weisung ist aber nicht erbracht worden. Was das Prisengericht in dieser Beziehung anführt, sind lediglich Vermutungen, für die auch bei freier Beweiswürdigung die Tatsachen keine genügend sichere Grundlage gewähren, zumal sich die tatsächlichen Voraussetzungen des ersten Richters zum Teil nachträglich als unzutreffend herausgestellt haben. Letzteres gilt insbesondere von den Vorgängen bei der Verhaftung des Kapitäns des „Helicon" in Caleta Coloso. Durch eine Bescheinigung des norwegischen Generalkonsulats in Hamburg vom 18. Februar 1916 ist jetzt dargetan, daß die Verhaftung des Kapitäns nicht auf Veranlassung des norwegischen Konsuls in Antofagasta, sondern des Hafenkapitäns in Caleta Coloso erfolgt ist, dem gegenüber sich der Kapitän widersetzlich gezeigt hatte. Daß der Kapitän sich wegen seiner Freilassung nicht an den norwegischen Konsul gewandt hat, erklärt sich daraus, daß ein solcher in Caleta Coloso nicht vorhanden ist. Deshalb wandte er sich an den Agenten seiner Reederei, die Firma Gibbs & Co., deren Agent Dank zugleich britischer Vizekonsul war. Dadurch wird dieser vom Prisengericht als verfänglich erachtete Umstand zwanglos aufgeklärt.

Als Hauptargument für seine Auffassung dient dem Prisengericht die unstreitige Tatsache, daß der Kapitän sich bei der Anhaltung und in der nachfolgenden Zeit den Deutschen gegenüber in hohem Grade widersetzlich gezeigt und sich geweigert hat, ihren Anordnungen Folge zu leisten und sie bei der Löschung seines Schiffes zu unterstützen. Um dies zu erklären, bedarf es jedoch nicht der Annahme des ersten Richters, daß dem Kapitän durch die Beschlagnahme der Ladung die Aussicht auf eine besondere Vergütung entgangen sei, die er für die Abgabe der Kohlen an englische Kriegsschiffe zu erwarten gehabt habe. Der Kapitän war an dem Schiff zu etwa $1/3$ beteiligt. Nach einer langen, beschwerlichen Reise wurde er nahe vor seinem Ziele angehalten und gezwungen, seine Kohlen an eine kriegführende Macht als Konterbande herauszugeben, auch die Ausladung unter Umständen geschehen zu lassen, die die Gefahr einer erheblichen Beschädigung seines Schiffes mit sich brachten. Auch wenn weiter nichts vorlag, ist es zu begreifen, wenn er darüber in Aufregung geriet und jede Beihilfe verweigerte, zumal er, wie die Vorgänge in Caleta Coloso und sein Verhalten gegenüber seinem eigenen Konsul in Antofagasta, den er schwer beleidigt hat, ergeben, sehr leicht erregbaren Charakters gewesen zu sein scheint. Was schließlich die Angaben betrifft, welche der Kapitän später auf der Fahrt von Antofagasta nach Valparaiso einem ungenannten Deutsch-Amerikaner gegenüber gemacht haben soll, so kann die Wahrheit dieser Angaben dahingestellt bleiben. Sollten sie der Wirklichkeit entsprechen, so würde der Kapitän nachträglich einen Racheakt verübt haben, der in hohem Grade verwerflich war. Irgend eine Folgerung für die hier allein entscheidende Frage, ob die Firma Kenrick & Co. in Caleta Coloso im August oder Anfang September 1914 dem Kapitän hinsichtlich der Ladung seines Schiffes eine anderweitige geheime Weisung erteilt hat, könnte aber daraus in keiner Weise gezogen werden. Die betreffenden Behauptungen können daher als unerheblich auf sich beruhen.

Bei dieser Sachlage konnte die Kohle, da ihre feindliche Bestimmung nicht dargetan ist, nicht beschlagnahmt werden. Die Ansprüche der Firma Kenrick & Co. sind daher dem Grunde nach gerechtfertigt. Dasselbe gilt von den Ansprüchen der Reederei. Soweit die Beschädigungen des Schiffes mit der Anhaltung und

Entnahme des größeren Teiles der Ladung durch deutsche Seestreitkräfte in Zusammenhang stehen, sind sie durch eine prisenrechtliche Maßnahme verursacht, die sich nachher als unberechtigt erwiesen hat, und insoweit sind daher auch diese Ansprüche an sich begründet.

Da über die Höhe des geltend gemachten Schadens beider Reklamanten noch weitere Ermittelungen stattfinden müssen, erschien es angezeigt, gemäß § 44 Abs. 2 Pr. GO. die Sache zur weiteren Verhandlung in die erste Instanz zurückzuverweisen.

Demgemäß ist, wie geschehen, erkannt worden.

54.

„Christian IX.“

Urteil vom 15. Dezember 1916.

Festes Eisenbahnmaterial im Sinne der Prisenordnung. Anwendbarkeit des Begriffes auf einen Kohlenkran.

Ziff. 23 Nr. 9 der Prisenordnung in der Fassung vom 18. April 1915 (Reichs-Gesetzbl. S. 227).

In der Prisensache, betreffend den dänischen Dampfer „Christian IX“, Heimatshafen Kopenhagen, hat das Kaiserliche Oberprisengericht in Berlin in der Sitzung vom 15. Dezember 1916 für Recht erkannt:

Die Berufung der Dansk Krigs-Soforsikring gegen das Urteil des Prisengerichts in Kiel vom 5. Juli 1916 wird zurückgewiesen. Die Kosten der Berufung hat die Berufungsklägerin zu tragen.

Gründe.

Der am 13. Februar 1916 auf der Fahrt von Kopenhagen nach London von einem deutschen Kriegsschiff angehaltene und nach Swinemünde eingebrachte dänische Dampfer „Christian IX“ löschte in Swinemünde freiwillig unter anderem 63 Kolli, welche verschiedene Bestandteile eines Kohlenkrans enthielten. Durch Urteil des Prisengerichts Kiel vom 5. Juli 1916 wurde die Reklamation hinsichtlich dieser Gegenstände, die darauf gestützt war, daß dieselben für den privaten, friedlichen Gebrauch bestimmt und keine Konterbande seien, zurückgewiesen. Das Gericht nahm an, daß der Kohlenkran als Schiffsbestandteil gemäß Ziff. 23 Nr. 21 Pr. O. bedingte Bannware sei, und daß die feindliche Bestimmung keinem Zweifel unterliege.

Gegen dieses Urteil hat die Reklamantin form- und fristgerecht Berufung eingelegt. Zur Begründung des Rechtsmittels hat sie ausgeführt, der Kohlenkran sei für die Dunkerque chamber of commerce in Dünkirchen bestimmt gewesen. Diese Gesellschaft sei eine private Gesellschaft und stehe in keiner Verbindung mit der Französischen Regierung und liefere keinerlei Arbeiten für die französische Marine, vielmehr nehme sie nur gewöhnliche Schiffsarbeiten im Hafen von Dünkirchen vor, und zwar nur derartige Arbeiten, wie sie auch im Frieden ausgeführt würden. Sie hat ferner eine eidesstattliche Versicherung einiger Angestellten der A. G. Titan in Kopenhagen — der Zedentin der reklamierenden dänischen Kriegsversicherungsgesellschaft und Lieferantin des Kranes — vorgelegt, in welcher erklärt wird, daß die A. G. Titan seit einer Reihe von Jahren Waren gleicher Art an die Firma Fraser & Chalmers in London, welche den Kran nach Dünkirchen weiter liefern wollte, geliefert habe, und daß in vorliegendem Falle kein Grund zu der Annahme bestehe, daß die Waren für Kriegszwecke bestimmt seien.

Die Reklamantin hat schließlich noch den Vertrag vorgelegt, welcher zwischen der oben erwähnten Firma Fraser & Chalmers in London und der Dunkerque chamber of commerce über die Erbauung einer großen Kohlen-Löschvorrichtung im Hafen von Dünkirchen, zu welcher die hier fraglichen Kranteile verwendet werden sollten, errichtet ist, sowie eine Erklärung des Präsidenten der Handelskammer in Dünkirchen, daß die Chamber of commerce sich nicht mit dem Löschen von Schiffen, die Kriegsmaterial einführen, oder mit Arbeiten, die Kriegsunternehmungen betreffen, befasse, sich vielmehr darauf beschränke, ihre Kräne, Schuppen und sonstigen Anlagen an diejenigen zu vermieten, welche sie gebrauchen und darum bitten.

Der erwähnte, im Februar/März 1915 geschlossene Vertrag ergibt, daß es sich um eine große Anlage im Gesamtwerte von etwa 500 000 Frs. handelt, bestehend aus 2 elektrischen Umladebrücken mit automatischem Kohlenkorb von 5 Tonnen Fassungskraft, aus 3 Gleitern und einem Silo für 2000 Tonnen Eisenerz und 900 Tonnen Kohlen. Diese Anlage sollte auf dem Westbollwerk des Hafenbeckens Nr. 5 erbaut und am 15. Mai 1915 begonnen werden. Aus § 5 des Vertrages ergibt sich, daß unter dem Silo hindurch ein Schienenstrang führen sollte, auf dem eine Brückenwage aufgestellt werden sollte.

Nach alledem glaubt die Berufungsklägerin den Gegenbeweis gegen die Vermutung der feindlichen Bestimmung des Kohlenkrans erbracht zu haben und bittet daher um Freigabe, eventuell Schadensersatz. Der Kaiserliche Kommissar hat diesen Ausführungen widersprochen und um Zurückweisung der Berufung gebeten.

Dem Rechtsmittel war der Erfolg zu versagen.

Die Beschlagnahme der hier in Rede stehenden Maschinenteile ist nur gerechtfertigt, wenn, abgesehen von der Voraussetzung der Ziff. 35 Pr. O., die vorliegend unbestritten gegeben ist, zweierlei dargetan ist:

1. daß es sich um Gegenstände der relativen Konterbande handelt,
2. daß dieselben zum Gebrauch für die feindliche Streitmacht usw. bestimmt sind.

Zu 1 läßt sich nach den neueren Anführungen der Reklamantin die Auffassung des ersten Richters, daß es sich bei dem Kohlenkran um Schiffsbestandteile handele, nicht aufrecht erhalten, denn durch den überreichten Vertrag ist als erwiesen anzusehen, daß die beschlagnahmten Maschinenteile zu einer größeren, auf der Westmole des Hafenbeckens von Dünkirchen, also auf dem festen Lande, zu errichtenden Anlage Verwendung finden sollten. Das Oberprisengericht nimmt jedoch an, daß diese Anlage unter eine andere Nummer der Liste der relativen Konterbande, nämlich unter die Rubrik: festes Eisenbahnmaterial (Ziff. 23 Nr. 9), fällt. Darunter sind alle, den Zwecken des Eisenbahnbetriebes dienenden, nicht unter den Begriff „rollendes" Material fallenden, also zumeist mit dem Erdboden fest verbundenen Einrichtungen zu verstehen, die mit einem Eisenbahnbetrieb in einem solchen Zusammenhange stehen, daß dieser ohne sie entweder überhaupt nicht oder nicht in gleich vollkommener Weise durchgeführt werden kann. Dies gilt auch von der von der Firma Fraser & Chalmers in London für die Chamber of commerce in Dünkirchen zu erbauende Kohlen- und Erz-Löschanlage, zu welcher die hier in Rede stehenden Maschinenteile Verwendung finden sollten. Wie der Vertrag ergibt, führt unmittelbar unter der Silo-Anlage ein Schienenstrang, auf dem sich eine Brückenwage befindet. Die Löschanlage steht also, wie sich auch aus der Natur der Sache ergibt, in direktem Zusammenhange mit der Eisenbahn; sie hat den Zweck, das Beladen der Eisenbahnwagen aus den Schiffen oder umgekehrt zu vermitteln, dient also ebensowohl den Zwecken der Eisenbahn wie denen der Schiffahrt. Ohne solche Anlagen wäre ein Eisenbahnbetrieb von und nach einem Hafen wie Dünkirchen, bei dem gewaltige Warenmassen in Frage kommen, schlechterdings undenkbar. Daß die Anlage außer der Eisenbahn auch den Schiffen zugute kommt, ist diesen Erwägungen gegenüber unerheblich; auch ist belanglos, in wessen Eigentum die Anlage steht. Sie kann einem anderen gehören als dem Eisenbahnunternehmer und doch den Charakter als festes Eisenbahnmaterial in obigem Sinne behalten. Die oben unter 1 aufgestellte Voraussetzung ist danach erfüllt. Zu 2 kommt in Betracht, daß vorliegend eine Vermutung für die feindliche Bestimmung nach Ziff. 33 Abs. 1a und b Pr. O. spricht. Die Sendung war an Fraser & Chalmers in London und weiter an die Chamber of commerce in Dünkirchen gerichtet, also an Personen, die sich im feindlichen Gebiet aufhalten; auch ist Dünkirchen als Operations- und Versorgungsbasis der Franzosen und Engländer anzusehen. Es bleibt daher zu prüfen, ob die Vermutung von der Berufungsklägerin widerlegt ist. Diese Frage ist zu verneinen. Es mag sein, daß sich die Dünkirchener Handelskammer als Konzessionärin der Dünkirchener Hafenanlagen nicht selbst mit dem Entlöschen von mit Kriegsmaterial beladenen Dampfern und anderen Fahrzeugen befaßt. Da sie aber nach Angaben ihres Präsidenten ihre Einrichtungen an diejenigen Gebraucher vermietet, welche darum bitten, so ist angesichts der Tatsache, daß ein großer Teil der Heeresbedürfnisse für das französische, besonders aber das englische Heer über Dünkirchen nach Frankreich gelangt, unbedenklich anzunehmen, daß die Anlagen der Dünkirchener Handelskammer in der jetzigen Kriegszeit, wenn nicht ausschließlich, so doch vorwiegend von denjenigen, welche sie mieten, zu kriegerischen Zwecken benutzt werden. Auch ist im höchsten Grade wahrscheinlich, daß die französische und englische Heeresverwaltung sich im Bedarfsfalle, ohne die Genehmigung der Konzessionärin erst einzuholen oder abzuwarten, ihrer bedienen werden. Von einem Gegenbeweis gegen die feindliche Bestimmung kann daher nicht die Rede sein. Eine unmittelbare Mitwirkung der Empfängerin der Waren für die feindliche Verwendung ist nicht erforderlich; es genügt, daß dieselben der feindlichen Streitmacht tatsächlich zugute kommen. Das hat das Oberprisengericht in einem ähnlich liegenden Falle, wo es sich um nach einem feindlichen Hafen, wenn auch an eine neutrale Gesellschaft, verschifftes Telegraphenmaterial handelte (Prisensache „Kiew"),[1] angenommen, und daran ist festzuhalten.

Die Berufung mußte daher zurückgewiesen werden. Die Kostenentscheidung folgt aus § 37 Pr. GO.

---

[1]) Nr. 38 S. 158.

55.

„Wally."

Urteil vom 26. Januar 1917.

Telegraphenmaterial. Anwendbarkeit dieses Begriffes auf galvanisierten Eisendraht. Werkzeuge und Vorrichtungen, die ausschließlich zur Anfertigung und Ausbesserung von Waffen und Kriegsmaterial hergestellt sind.

Ziff. 21 Nr. 18, Ziff. 23 Nr. 9 der Prisenordnung in der Fassung vom 18. April 1915 (Reichs-Gesetzbl. S. 227).

In der Prisensache, betreffend den schwedischen Dampfer „Wally", Heimatshafen Stockholm, hat das Kaiserliche Oberprisengericht in Berlin in der Sitzung vom 26. Januar 1917 für Recht erkannt:

Die Berufung der Aktiengesellschaft Radius in Stockholm gegen das Urteil des Prisengerichts in Kiel vom 5. April 1916 wird als unzulässig verworfen. Die Berufungen der Reklamanten Brinell und der Svenska Gummi A. G. Prowodnik gegen das genannte Urteil werden zurückgewiesen. Auf die Berufung der Nya Aktiebolaget Atlas wird das Urteil des Prisengerichts in Kiel vom 12. September 1916 aufgehoben. Die in Beschlag genommenen Güter der Reklamantin sind freizugeben. Der Anspruch auf Schadensersatz wird zurückgewiesen.

Die durch die Berufung der Nya A. B. Atlas entstandenen gerichtlichen Kosten fallen dem Reiche zur Last. Im übrigen fallen die Kosten den Reklamanten zur Last, deren Berufungen zurückgewiesen oder verworfen sind.

Gründe.

Der schwedische Dampfer „Wally", mit Stückgütern auf der Reise von Stockholm nach Raumo, wurde am 21. Oktober 1915 aufgebracht und, nachdem er nach Memel eingebracht und entlöscht war, wieder freigegeben. Auch die Güter sind zum Teil wieder freigegeben. Im übrigen hat wegen der Ladung das Kaiserliche Prisengericht zu Kiel durch zwei getrennte Urteile vom 5. April und 12. September 1916 entschieden. Gegen beide Urteile ist von einem Teil der Reklamanten Berufung eingelegt. In der Berufungsinstanz handelt es sich noch um folgende Reklamationen.

I. Urteil vom 5. April.

1. Es reklamiert Oberingenieur Dr. Brinell in Naßjö wegen 886 Ringe galvanisierten Eisendrahts, 37 379 kg schwer, im Werte von angeblich 16 000 bis 17 000 *M*, nach dem in Abschrift beigebrachten Konnossement gerichtet an J. Nurminen in Raumo zur Weiterbeförderung an die United Cable Works in Petersburg.

2. Die Firma Hedborg & Strindberg in Stockholm hat wegen verschiedener Abladungen Ansprüche angemeldet. In der Berufungsinstanz handelt es sich nur noch um eine Kiste bearbeiteten Stahldrahts und 51 Kisten Stahldraht.

Vorgelegt sind die Konnossemente, nach welchen Ablader die Reklamantin, Empfänger John Nurminen in Raumo ist; ferner Briefe, welche ergeben, daß Direktor Quarnström in Baku am 7. August 1915 von der Nya Garphytte Fabriks A.-B. 100 t Draht gekauft hat.

3. Die Svenska Gummi A.-B. Prowodnik in Stockholm reklamiert wegen 289 und 636 Kisten Rohgummi. Es wird behauptet, die Ware sei nicht für die feindliche Regierung bestimmt gewesen, sondern für Privatpersonen und deren Privatbetrieb.

4. Das Prisengericht hat auf Einziehung von 2 Kisten „Teile von Petroleumkochern" erkannt, da derartige kleine Petroleumkocher und Ofeneinsätze als militärische Ausrüstungsgegenstände anzusehen seien. Wegen dieser Abladung hat nach Ablauf der Reklamationsfrist (2. Februar 1916) die A.-G. Radius in Stockholm am 2. März Reklamation erhoben, gleichzeitig beantragend, ihr eine neue Frist zu gewähren. Die Anträge sind durch Beschluß vom 6. März vom Prisengericht in Kiel abgelehnt.

II. Gegen das Urteil vom 12. September 1916 hat nur die Nya A.-B. Atlas in Stockholm Berufung eingelegt. Ihre Reklamation bezieht sich auf Maschinenteile, teilweise in Kisten verpackt, angeblich aufgegeben an C. Wahlroß & Co. in Raumo, einzelne zur Weiterbeförderung an O. Moller in Petersburg, der

Rest zur Weiterbeförderung an das Verkaufskontor der Reklamantin in Moskau.

Zu I. 1. Die Reklamation des Oberingenieurs Dr. Brinell ist vom Prisengericht mit Recht, wenn auch mit unrichtiger Begründung zurückgewiesen. Es handelt sich um galvanisierten Eisendraht, von dem der Sachverständige gesagt hatte, er könne unter anderem dienen zur Herstellung von Zäunen zusammen mit Stacheldraht sowie zu Starkstromleitungen. Es ist unverständlich, wie das Gericht dieser Auskunft gegenüber dazu gelangt, den Draht unter die Ziff. 21 Nr. 13 Pr. O. zu bringen: „Stacheldraht, sowie die zu dessen Befestigung und Zerschneidung dienenden Werkzeuge.“ Auch die Erwägung, daß sich mit Draht dieser Art Abwehrnetze anfertigen lassen, bringt ihn der Nr. 13 nicht näher. Dagegen ist klar, daß er unter Ziff. 23 Nr. 9 Pr. O. fällt. Es ist bekannt, daß galvanisierter Eisendraht zu Telegraphenleitungen verwendet wird. Auch eignet er sich zur Umwickelung von Kabeln. Der Umstand, daß die Ware an ein Kabelwerk gerichtet war, rechtfertigt die Annahme, daß der Draht sich nicht nur zu solchen Zwecken eignet, sondern geradezu bestimmt war, ihnen zu dienen.

2. Die Abladung, wegen deren die A. G. Prowodnik in Stockholm reklamiert, besteht in Rohgummi und ist also relative Konterbande (Ziff. 23 Nr. 7 Pr. O.). Die gesetzliche Vermutung ihrer kriegerischen Bestimmung ist danach begründet. Sie zu widerlegen, hat die Reklamantin keinen Schritt getan. Sie bestreitet, daß Raumo als ein befestigter Platz anzusehen sei. Es würde aber genügen, wenn er der russischen Armee oder Flotte als Verpflegungsbasis dient, und daß das der Fall ist, daran ist nicht zu zweifeln.

3. Die A. G. Radius ist an dem Verfahren und an der Entscheidung der ersten Instanz nicht beteiligt gewesen und kann daher auch nicht Berufung einlegen. Sie hat die Reklamationsfrist versäumt. Die beantragte Verlängerung der Frist ist abgelehnt worden und kann jetzt, nachdem in erster Instanz das Urteil über die in Rede stehende Abladung ergangen ist, nicht mehr stattfinden (§ 28 Abs. 2 Pr. GO.).

Zu II. Dagegen ist die Berufung der Nya A. B. Atlas in Stockholm begründet. Sie reklamiert wegen einer Abladung zahlreicher Kolli Maschinenteile, die unter den erwähnten Nummern im Manifest aufgeführt werden. Über die Frage, um was es sich bei diesen Maschinenteilen handelt, haben sich drei Sachverständige geäußert, deren Meinung das angefochtene Urteil folgendermaßen wiedergibt. Nach der Auffassung von Fahs seien es Teile von Preßluftanlagen, die in Bergbau, Tunnelbau und Metallbearbeitungswerkstätten Verwendung fänden; damit deckten sich im wesentlichen die Gutachten der Sachverständigen Rieth und Kraus; letzterer halte alles für verwendbar zu Kriegszwecken, während Rieth nur die Preßluftwerkzeuge unter Umständen für geeignet erkläre zur Bearbeitung von Waffen und Kriegsmaterial. Damit lassen sich aber die Sachen nicht in die Ziff. 21 Nr. 18 Pr. O.: „Werkzeuge und Vorrichtungen, die ausschließlich zur Anfertigung und Ausbesserung von Waffen und Kriegsmaterial hergestellt sind" einreihen. Jedenfalls ist bei einem Teil der Sachen klar, daß es sich um Gesteinsbohrer und deren Zubehörteile handelt. Vielleicht lassen sich auch diese nicht minder wie das übrige in Waffen- und Munitionsfabriken verwenden. Aber darum kann man nicht sagen, daß sie ausschließlich zur Anfertigung und Ausbesserung von Waffen und Kriegsmaterial hergestellt sind. Wenn das Gericht erster Instanz es für erwiesen erklärt hat, daß es sich durchweg um Sachen handele, die gegebenenfalls auch zur Anfertigung oder Ausbesserung von Waffen und Kriegsmaterial gebraucht werden könnten, so genügt das nicht, auch nicht, wenn, wie weiter ausgeführt wird, ein hoher Grad von Wahrscheinlichkeit dafür sprechen sollte, daß die Sachen, sobald sie erst in den Besitz der Käufer gelangt wären, zu den genannten kriegerischen Zwecken benutzt worden wären, und daß die Besteller bereits bei der Bestellung an diese Verwendungsart gedacht haben. In der Prisensache „Heini" [1]) hat das erkennende Gericht ausgesprochen, daß auch solche Maschinen ancipitis usus als absolute Konterbande zu betrachten seien, wenn sie im gegebenen Falle zur Verwendung in einer Munitionsfabrik usw. tatsächlich bestimmt sind. Aber diese Bestimmung muß dann positiv feststehen. Eine Vermutung und auch ein hoher Grad von Wahrscheinlichkeit, solange

---

[1]) Nr. 48 S. 191.

er nicht mehr ist als eben nur Wahrscheinlichkeit, ist nicht ausreichend. Übrigens aber neigt die Wahrscheinlichkeit doch wohl viel mehr auf die Seite der erkennbar bestimmungsmäßigen Verwendung der Maschinen, soweit sie spezifisch bergbaulicher Art sind.

Danach unterliegen diese Güter nicht der Einziehung. Ein Anspruch der Reklamantin auf Ersatz des entstandenen Schadens besteht nicht. Nachdem das nach dem feindlichen Lande mit Bannwaren bestimmte Schiff eingebracht und mit der übrigen Ladung auch diese Güter gelöscht waren, konnte nicht in Frage kommen, sie freizugeben, bevor die Art der Maschinenteile, ihr Reiseziel und ihre wahre Bestimmung einwandfrei festgestellt waren (Ziff. 8 Pr. O.). Danach besteht kein Anspruch auf Schadensersatz, und nach § 37 Abs. 3 Pr. GO. ist auch der Antrag der Nya A. B. Atlas, ihre notwendigen Kosten dem Reiche aufzuerlegen, nicht begründet.

56.

„Brage."

Urteil vom 26. Januar 1917.

Ersatz des Wertes für Prisengüter, die einer militärischen Dienststelle überwiesen sind. Maßgebender Ort für die Wertberechnung.

§ 46 Abs. 2 der Prisengerichtsordnung in der Fassung vom 11. Dezember 1915 (Reichs-Gesetzbl. S. 814).

In der Prisensache, betreffend den schwedischen Dampfer „Brage", Heimatshafen Stockholm, hat das Kaiserliche Oberprisengericht in Berlin in der Sitzung vom 26. Januar 1917 für Recht erkannt:

Das Urteil des Kaiserlichen Prisengerichts in Kiel vom 5. Juli 1916 wird aufgehoben. Der in Beschlag genommene Kaffee unterlag nicht der Einziehung. Das Reich hat der Reklamantin den Wert des Kaffees mit 39 685 Kronen in deutscher Reichswährung nach dem Kurs vom 7. April 1916 zu zahlen.

Die Kosten des Verfahrens treffen die Reklamantin und das Deutsche Reich zu gleichen Teilen.

Gründe.

Der mit einer Ladung Stückgütern auf der Fahrt von Kopenhagen nach Norrköping (Schweden) befindliche dänische Dampfer „Brage" wurde am 7. April 1916 von einem deutschen Kriegsschiff angehalten und wegen Verdachts der Konterbandebeförderung nach Swinemünde eingebracht. Dort löschte er unter anderem freiwillig 500 Sack Kaffee, die von der Firma Andersen & Co. in Kopenhagen an die Firma Lindström in Norrköping verschifft waren. Der Dampfer wurde dann, da der größere Teil seiner Ladung Nichtkonterbande war, am 18. April 1916 mit Geleitschein wieder entlassen.

Wegen des Kaffees wurde von der Firma Andersen & Co. Reklamation erhoben, die im wesentlichen darauf gestützt wurde, daß die Ware für den friedlichen Verbrauch im neutralen Schweden bestimmt gewesen sei. Zum Beweise hierfür wurde der Kaufvertrag über den Kaffee vorgelegt, inhalts dessen sich der Käufer verpflichtet hatte, die Ware nicht wieder aus Schweden auszuführen und seinen etwaigen Käufern eine gleiche Verpflichtung aufzuerlegen. Verkauft war der Kaffee von Andersen & Co. laut Rechnung vom 6. April 1916 an Hermann Lindström in Norrköping für 39685 Kr. netto Kasse cif Norrköping. Das Verfügungsrecht über den Kaffee verblieb jedoch der Firma Andersen & Co., weil der Käufer Lindström die Einlösung der Dokumente verweigert hat. Der Kaffee ist vom Prisenamt in Swinemünde gemäß § 46 Abs. 2 Pr. GO. unter Zugrundelegung des Preises, den Kaffee damals in Deutschland hatte, durch Beschluß vom 25. Mai 1916 dem Reichs-Marine-Amt überwiesen. Der Wert ist auf 158688 ℳ festgesetzt.

Durch Urteil des Prisengerichts Kiel vom 5. Juli 1916 ist die Reklamation der Firma Andersen & Co. zurückgewiesen und die Einziehung des beschlagnahmten Kaffees angeordnet. Das Gericht hat angenommen, daß die Voraussetzungen der Ziffern 33 Abs. 1b und 35 Abs. 2b der Pr. O. gegeben seien, weil die Konnossemente über den Kaffee an Order lauteten und bezüglich Schwedens bekannt sei, daß die Russische Regierung von dort Lebensmittel mannigfacher Art beziehe. Die feindliche Bestimmung sei also zu vermuten, und zwar um so mehr, als nach den Ermittelungen der Empfänger es abgelehnt habe, eine Garantieerklärung abzugeben, daß der Kaffee aus Schweden nicht wieder ausgeführt werden solle. Die Reklamantin selbst habe zwar alles getan, um zu erreichen, daß der Kaffee in Schweden verbleibe; sie sei jedoch nach den Umständen nicht in der Lage, ihre Vertragsabsicht zur Durchführung zu bringen.

Gegen dieses Urteil hat die Firma Andersen frist- und formgerecht Berufung erhoben und zur Begründung ihres Rechtsmittels unter Vorlegung zweier bezüglicher Bescheinigungen der Handelskammer in Malmö ausgeführt, daß in Schweden bereits seit dem 20. Februar 1916 ein Ausfuhrverbot für Kaffee bestehe. Ziff. 35 Abs. 2b Pr. O. könne daher keine Anwendung finden. Aus demselben Grunde aber und ferner, weil der Käufer des Kaffees sich verpflichtet habe, den Kaffee nicht wieder aus Schweden auszuführen und seinem etwaigen Käufer eine gleiche Verpflichtung aufzuerlegen, müsse die Vermutung der feindlichen Bestimmung als widerlegt erachtet werden. Die Berufungsklägerin beantragt, ihr unter Aufhebung des Vorderurteils den für den Kaffee hinterlegten Betrag von 158 680 ℳ nebst 5 % Zinsen seit dem 25. Mai 1916 zuzusprechen.

Der Kaiserliche Kommissar hat den Ausführungen der Berufungsklägerin widersprochen und um Zurückweisung der Berufung gebeten.

Dem Rechtsmittel war der Erfolg nicht zu versagen. Die Vermutung der feindlichen Bestimmung ist vorliegend gemäß Ziff. 35 Abs. 2a Pr. O. in Verbindung mit Ziff. 33 Abs. 1b das. gegeben. Es fragt sich, ob diese Vermutung widerlegt ist. Das Oberprisengericht hat diese Frage im Gegensatze zur Auffassung des Vorderrichters bejaht. Einmal hat die Reklamantin den Vertrag vorgelegt, inhalts dessen sie den Kaffee an ihren Abnehmer in Schweden unter der Bedingung verkauft hat, daß der Kaffee nur zur Befriedigung des schwedischen Bedarfs verwendet und unter keinen Umständen wieder aus Schweden ausgeführt werden dürfe. Der Käufer des Kaffees hat sich gleichzeitig verpflichten müssen, seinen etwaigen Käufern dieselbe Bedingung aufzuerlegen. Ferner aber hat die Reklamantin durch zwei Bescheinigungen der Handelskammer in Malmö nachgewiesen, daß zur Zeit der Beschlagnahme des Kaffees in Schweden für Kaffee ein Ausfuhrverbot bestand. Da dem Oberprisengericht bekannt ist, daß die von Schweden während des Krieges erlassenen Ausfuhrverbote von der Regierung mit aller Strenge gehandhabt werden, erscheint es bei Lage der Sache ausgeschlossen, daß der hier in Rede stehende Kaffee, wenn er nach Schweden gelangt wäre, auf irgend eine Weise den Zwecken einer mit dem Deutschen Reiche im Kriege befindlichen Macht nutzbar gemacht worden wäre. Damit aber ist der Gegenbeweis gegen die Vermutung der feindlichen Bestimmung erbracht.

Weil der Kaffee in Natur nicht mehr herausgegeben werden kann, da er gemäß § 46 Abs. 2 Pr.GO. dem Reichs-Marine-Amt überwiesen ist, ist der Reklamantin der Wert desselben zu ersetzen. Über den für die Wertbemessung maßgebenden Zeitpunkt hat das Oberprisengericht sich bereits wiederholt (vergl. „Zaanstroom",[1]) „Kiew")[2]) dahin ausgesprochen, daß dafür nur die Zeit der Beschlagnahme in Frage kommen kann, hier also der 7. April 1916. Von diesem Grundsatz abzugehen, bietet der vorliegende Fall keinen Anlaß. Noch nicht ausdrücklich Stellung genommen hat das Oberprisengericht zu der Frage, welcher Ort der Wertbemessung zugrunde zu legen ist. In der Beschlußsache „Kiew" ist nur ausgeführt, daß der deutsche Inlandpreis aus dem dort angegebenen Grunde nicht in Frage kommen könne. Bei Beantwortung der Frage, welcher andere Ort maßgebend ist, ist davon auszugehen, daß der Berechtigte so zu stellen ist, als sei die Beschlagnahme nicht erfolgt, er mithin in der Lage gewesen wäre, über die Ware im regelmäßigen Handelsverkehr anderweitig zu verfügen. Damit kommt man auf den Ort, an dem sich die Ware zur Zeit der Beschlagnahme befand, oder wenn dies, wie vorliegend, die offene See ist, auf den Ort, den die Ware von dort aus erreichen sollte und nach dem natürlichen Lauf der Dinge voraussichtlich auch erreicht hätte. Denn dort war der Berechtigte zuerst in der Lage, über die Ware zu

[1]) Nr. 30 S. 118.
[2]) Nr. 35 S. 146.

verfügen. Das ist im vorliegenden Falle der Bestimmungsort der Ware, also Schweden, von dessen Küste das Schiff sich nicht allzu weit entfernt befand, als es angehalten wurde. Als Wert ist also zugrunde zu legen der Preis, den Kaffee um die hier fragliche Zeit in Schweden hatte. Die Berufungsklägerin vertritt demgegenüber im Gegensatz zu dem in der Beschwerdesache „Kiew“ vom Oberprisengericht bereits ausgesprochenen Grundsatz den Standpunkt, daß der Preis, den Kaffee in der fraglichen Zeit in Deutschland gehabt habe, für die Wertbemessung maßgebend sein müsse. Das Oberprisengericht hat keinen Anlaß gefunden, den bereits früher eingenommenen Standpunkt aufzugeben. Nach Deutschland konnte der Kaffee wegen des in Schweden bestehenden Ausfuhrverbots niemals ausgeführt werden, und der Umstand, daß durch eine prisenrechtliche Maßnahme der Kaffee zufällig dennoch nach Deutschland gelangt ist, kann der Berufungsklägerin nicht zum Vorteil gereichen.

Für den Wert, welchen Kaffee zu der hier fraglichen Zeit in Schweden gehabt hat, bietet den besten Maßstab der Kaufpreis, den die Berufungsklägerin sich für denselben ausbedungen hat, denn er spiegelt den Wert wieder, den der Kaffee nach ihrer eigenen Anschauung für sie darstellte. Die Rechnung, welche vom 6. April 1916 lautet, während das Schiff am 7. April 1916 angehalten ist, beziffert den Preis auf 39 685 Kronen. Dieser Betrag war daher, und zwar in deutscher Reichswährung zum Kurse des Tages der Anhaltung, der Berufungsklägerin zu vergüten. Da sie mehr als den doppelten Betrag gefordert hat, erschien es angemessen, die Kosten, wie geschehen, zu teilen.

57.

„Davanger."

Urteil vom 26. Januar 1917.

Fehlen des Nachweises für die Nationalität eines neutralen Schiffes bei der Aufbringung. Schadensersatz bei Zerstörung des hiernach als feindlich behandelten Schiffes. Bedeutung der Vorschriften der Strafprozeßordnung im prisengerichtlichen Beweisverfahren.

Ziff. 8, 115 der Prisenordnung; § 55 der Prisengerichtsordnung.

In der Prisensache, betreffend den norwegischen Dampfer „Davanger", Heimatshafen Bergen, hat das Kaiserliche Oberprisengericht in Berlin in der Sitzung vom 26. Januar 1917 für Recht erkannt:

Die Berufung des Reklamanten gegen das Urteil des Kaiserlichen Prisengerichts in Hamburg vom 30. Juni 1916 wird als unbegründet zurückgewiesen. Die Kosten des Verfahrens treffen den Reklamanten.

Gründe.

Der mit einer Ladung Stückgütern auf der Fahrt von Liverpool nach Archangelsk befindliche norwegische Dampfer „Davanger" (früher „Ceylon") wurde am 14. Juni 1915 westlich der Hebriden von einem deutschen U-Boot angehalten, wegen Konterbandetransports aufgebracht und, da wegen weiter Entfernung des nächsten Prisenhafens sowie Nähe der englischen Küste die Einbringung nicht möglich war, zerstört. Der Reeder, H. Westfal Larsen in Bergen, erhob mit der Behauptung, daß ein Grund für die Zerstörung nicht vorgelegen habe, Reklamation und verlangte Schadensersatz. In erster Instanz war unstreitig, daß sich an Bord des zerstörten Schiffes ein nach norwegischem Recht vorgeschriebenes Schiffszertifikat (Nationalitetsbewis) oder eine sonstige Urkunde, aus der die Nationalität des Schiffes einwandfrei zu entnehmen gewesen wäre, nicht befunden hat. Durch Urteil des Prisengerichts Hamburg vom 30. Juni 1916 ist die Reklamation abgewiesen. Das Gericht nahm, indem es die Frage, ob mehr als die Hälfte der Ladung aus Konterbande bestanden habe, dahingestellt ließ, an, daß die Aufbringung und Zerstörung des Schiffes gemäß Ziff. 11 Abs. 3, Ziff. 112 Pr. O. berechtigt gewesen sei, da die nach dem Flaggenrecht Norwegens zum Nationalitätsnachweis erforderliche Urkunde sich nicht an Bord befunden habe. Daß dieser Nachweis später dem Prisengericht erbracht sei, sei unerheblich. Denn aus dem angegebenen Grunde hätten ausreichende Gründe für die Beschlagnahme und Zerstörung vorgelegen, sodaß gemäß Ziff. 8 Pr. O. der Anspruch auf Schadensersatz entfalle.

Gegen dieses Urteil ist vom Reklamanten Berufung erhoben. Zur Begründung des Rechtsmittels wird ausgeführt, die vom Prisengericht für anwendbar erklärte Bestimmung der Prisenordnung (Ziff. 11 Abs. 3) enthalte keinen materiellen Rechtssatz, welcher die Prisengerichte binde, sondern nur eine Anweisung an die Kriegsschiffkommandanten, wie denn auch die Londoner Erklärung eine derartige Vorschrift nicht kenne. Eventuell macht der Berufungskläger geltend, daß der Vorderrichter die Ziff. 8 Pr. O. falsch ausgelegt habe. Was dort bezüglich der Beschlagnahme gesagt sei, gelte nicht in gleicher Weise für den Fall der Zerstörung eines Schiffes. Bei der Beschlagnahme handele es sich in der Regel um einen verhältnismäßig geringfügigen Schaden, während bei der Zerstörung meist erhebliche Werte in Frage kämen. Eine Ausdehnung jener, ihrem Wortlaute nach nur auf den Fall der Beschlagnahme zugeschnittenen Vorschrift auf den Fall der Zerstörung sei mit Rücksicht auf die Neutralen nicht angängig.

In zweiter Instanz ist sodann neu behauptet und unter Beweis gestellt, daß sich die zum Nachweis der Nationalität des Schiffes geeigneten Urkunden, Nationalitätszertifikat und Meßbrief, bei der Versenkung des „Davanger“ doch an Bord desselben befunden haben. Es ist eine feierliche Erklärung des Kapitäns des „Davanger“ vorgelegt und vorgetragen, nach welcher der Kommandant des Kriegsschiffes dem Kapitän diese beiden Urkunden sowie das Logbuch zurückgegeben haben soll. Das Schiffszertifikat selbst ist überreicht und zum Gegenstand der mündlichen Verhandlung gemacht. In demselben ist überall der frühere Schiffsname „Ceylon“ durch „Davanger“ ersetzt, und es findet sich darin ein Vermerk des norwegischen Konsuls in Liverpool, inhalts dessen die Änderungen am 28. Mai 1915 auf dem norwegischen Konsulat in Liverpool vorgenommen sind. Ferner ist ein Brief des norwegischen Konsuls in Leith an das Auswärtige Amt in Christiania vom 23. Juni 1915 vorgelegt, aus dem sich ergibt, daß an diesem Tage der Kapitän des „Davanger“ dem Konsul in Leith den Meßbrief und das Schiffszertifikat übergeben hat. Der Berufungskläger folgert auch aus dem Umstande, daß dies neun Tage nach der Versenkung des Dampfers geschehen ist, daß sich beide Urkunden bei der Anhaltung des Schiffes an Bord desselben befunden haben müssen. Es ist sodann noch die Abschrift einer Eintragung in das Kirchenbuch von Grimstad überreicht, aus der sich ergibt, daß Frederick Crawfurd am 15. Juni 1871 daselbst geboren ist. Der Berufungskläger behauptet, dieser Frederick Crawfurd sei mit dem gleichnamigen Kapitän des „Davanger“ identisch. Endlich sind noch mehrere Urkunden vorgelegt, in denen bescheinigt ist, daß die frühere Schornsteinkennung des Dampfers „Ceylon“ (gelb mit schwarzem Top und einem roten Kreuz) nach dessen Übergang in das Eigentum des Berufungsklägers, und zwar in der Zeit vom 20. bis 24. April 1915, umgeändert wurde in: gelb mit einem schwarzen Top und zwei schwarzen Ringen. Diese Bescheinigungen sind beigebracht mit bezug auf die Angabe in dem Prisenbericht, daß der „Davanger“ bei der Anhaltung einen schwarzen Schornstein mit rotem Ring und weißem Kreuz gehabt habe.

Mit Rücksicht auf diese Neuanführungen hat das Oberprisengericht in der mündlichen Verhandlung vom 17. November 1916 beschlossen, Beweis zu erheben durch Vernehmung des Kommandanten des Kriegsschiffes über die Vorgänge bei der Versenkung des „Davanger“, insbesondere über das Fehlen des Schiffszertifikats. Die Vernehmung ist durch ein Mitglied des Oberprisengerichts als beauftragten Richter erfolgt, und das Protokoll über die Zeugenaussage, die eidlich erfolgt ist, ist in der erneuten mündlichen Verhandlung vorgetragen. Der Vertreter des Berufungsklägers hat gegen die Verwertung dieser Aussage protestiert, weil ihm keine Gelegenheit zur Teilnahme an dem Beweistermin gegeben sei. Eventuell hat er gebeten, die

Verhandlung zu vertagen und den Kommandanten des Kriegsschiffes nochmals als Zeugen zu vernehmen. Im übrigen hat er sein früheres Vorbringen aufrecht erhalten und noch darauf hingewiesen, daß die hier anzuwendende Vorschrift der Prisenordnung nicht in Ziff. 8 enthalten sei, die nur den Schadensersatz für Beschlagnahme regele, vielmehr in Ziff. 115, welche offenbar in bewußtem Gegensatz zu Ziff. 8 die Entschädigungspflicht gegenüber dem zerstörten, nachträglich aber als nicht einziehbar erwiesenen neutralen Schiffe unter allen Umständen eintreten lasse, gleichviel ob für die Beschlagnahme ausreichende Gründe vorgelegen haben oder nicht.

Der Kaiserliche Kommissar bei dem Oberprisengericht ist diesen Ausführungen entgegengetreten und hat um Zurückweisung der Berufung gebeten.

Dem Rechtsmittel war der Erfolg zu versagen. Was zunächst die Rüge anlangt, daß dem Vertreter des Berufungsklägers im Widerspruch mit den Vorschriften der Prisengerichtsordnung die Anwesenheit in dem Beweistermin nicht ermöglicht sei, so kann nicht anerkannt werden, daß darin ein prozessualer Verstoß zu erblicken ist. Wenn § 55 Pr. GO. vorschreibt, daß auf die Vernehmung der Zeugen und Sachverständigen die Vorschriften der Strafprozeßordnung mit einer hier nicht interessierenden Maßgabe Anwendung finden sollen, so kann damit nicht gemeint sein, daß alle Vorschriften der Strafprozeßordnung, welche die Beweisaufnahme betreffen, im prisengerichtlichen Verfahren entsprechend anzuwenden sind. Dieses Verfahren ist seinem Wesen nach so verschieden vom Strafverfahren, daß eine Übertragung aller für letzteres geltenden Grundsätze über Beweisaufnahme auf dasselbe vom Gesetzgeber unmöglich gewollt sein kann. Es bewegt sich auch in seinen sonstigen Abschnitten in viel freieren Formen als das ordentliche Prozeßverfahren, und es würde seinen Zielen und Zwecken widerstreiten, wollte man es in die Formen unserer bis in das Einzelne ausgebauten Prozeßordnungen zwängen. Deshalb hat sich auch der Gesetzgeber in der Prisengerichtsordnung auf verhältnismäßig wenige Verfahrensvorschriften beschränkt, die nur in großen Zügen andeuten, wie sich das Verfahren abspielen soll. Im übrigen ist dem Gericht freie Hand gelassen, wie es prozedieren will. Dementsprechend kann das Gericht sich z. B., anstatt Zeugen und Sachverständige zu hören, darauf beschränken, schriftliche Erklärungen derartiger Auskunftspersonen heranzuziehen, was im bürgerlichen Prozeßverfahren nicht für zulässig zu erachten ist. Wenn daher im § 55 Pr. GO. hinsichtlich der Vernehmung von Zeugen auf die Strafprozeßordnung bezug genommen ist, so kann das bei richtiger Auslegung des Gesetzes unter Berücksichtigung seiner ganzen Tendenz nur dahin verstanden werden, daß die allgemeinen Bestimmungen der Strafprozeßordnung über die Beweisaufnahme durch Vernehmung von Zeugen, namentlich über die Form der Vernehmung, Eidesfähigkeit, Verpflichtung zur Aussage usw. entsprechende Anwendung finden sollen, nicht aber auch, daß alle Kautelen, welche im Strafverfahren dem Angeschuldigten in der Beweisaufnahmeinstanz zugestanden sind, in gleicher Weise dem Reklamanten im prisengerichtlichen Verfahren zugute kommen sollen. Der Verwertung der Aussage des Kriegsschiffkommandanten stehen hiernach prozessuale Bedenken nicht entgegen.

In der Sache selbst ist der rechtlichen Beurteilung der Vorgänge durch den Vorderrichter auch bei der in zweiter Instanz teilweise veränderten tatsächlichen Grundlage im wesentlichen beizutreten. Vorauszuschicken ist, daß es nach der Fassung der Ziff. 11 Abs. 3 Pr. O. nicht ausschließlich darauf ankommt, ob sich das Schiffszertifikat an Bord befunden hat, vielmehr darauf, ob die Nationalität des Schiffes überhaupt einwandfrei festgestellt werden konnte. Das geeignetste Mittel dazu ist naturgemäß die Vorlegung des Schiffszertifikats, und deshalb ist in Ziff. 11 Abs. 3 das Fehlen desselben als Beispiel für die Unmöglichkeit der Feststellung der Nationalität angeführt. Denkbar ist natürlich auch der Fall, daß das Zertifikat zwar an Bord ist, aber nicht vorgelegt wird, oder daß es zwar vorgelegt wird, aber wegen seines Inhalts oder aus sonstigen Gründen zu Bedenken Anlaß gibt. In beiden Fällen kann im Sinne der angeführten Bestimmung trotz Vorhandenseins des Schiffszertifikats sich die Feststellung der Nationalität als unmöglich erweisen.

Im vorliegenden Falle nun hat das Oberprisengericht auf Grund der eidlichen Aussage des Kommandanten als erwiesen angenommen, daß diesem bei der Anhaltung das Schiffszertifikat nicht vorgelegt ist. Es erscheint ausgeschlossen, daß bei der eigenartigen Beschaffenheit dieser Urkunde mit ihren Änderungen und Zusätzen diese Tatsache dem Kommandanten völlig aus dem Gedächtnis geschwunden sein sollte. Wie es bei dieser Annahme zu erklären ist, daß nach dem Schreiben des norwegischen Konsuls in Leith vom 23. Juni 1915 diesem neun Tage nach der Versenkung des „Davanger" das Schiffszertifikat vom Kapitän ausgehändigt worden ist, kann dahingestellt bleiben. Es gibt dafür verschiedene Erklärungsmöglichkeiten, deren Erörterung im einzelnen nicht erforderlich erscheint. Unvereinbar mit der hier getroffenen Feststellung ist allerdings die feierliche Erklärung des Kapitäns vor dem Notar Hurry in Glasgow, daß der Kommandant ihm das Schiffszertifikat und den Meßbrief zurückgegeben habe. Dies wird aber von letzterem in seiner eidlichen Aussage ausdrücklich als unrichtig bezeichnet, und hinsichtlich des Meßbriefes findet sich sogar im Prisenbericht die Feststellung, daß er gefehlt habe. Das Oberprisengericht hat keine Bedenken getragen, dieser eidlichen Bekundung des Kommandanten vor der Erklärung des Kapitäns den Vorzug zu geben, zumal auch die äußeren Umstände für ihre Richtigkeit sprechen. Das ganze Bestreben des Kommandanten bei den Verhandlungen mit dem Kapitän ging gerade dahin, sich über die Nationalität des Schiffes, das ihm aus verschiedenen Gründen verdächtig erschien, Gewißheit zu verschaffen. Wären ihm zwei für diesen Zweck so wichtige Urkunden, wie das Schiffszertifikat und der Meßbrief, vorgelegt worden, und hätte er sich durch dieselben doch nicht überzeugen lassen, so wäre das, auch wenn man von der eigenartigen Beschaffenheit des Zertifikats absieht, jedenfalls in seinem Gedächtnis haften geblieben, und er müßte sich erinnern, aus welchen Gründen ihm damals die beiden Urkunden ungeeignet erschienen sind, die Tatsachen, zu deren Nachweis sie bestimmt sind, zu beweisen. Völlig unverständlich aber wäre der Vermerk im Prisenbericht über das Fehlen des Meßbriefes. Der Kommandant bezeichnet es in seiner eidlichen Aussage auch mit Recht als unerfindlich, weshalb er dem Kapitän die beiden für das prisengerichtliche Verfahren so wichtigen Urkunden zurückgegeben haben sollte, zumal es seiner sonstigen Gewohnheit widersprochen haben würde (vergl. auch Ziff. 108 Pr. O.).

Der Frage der Schornsteinkennung legt das Oberprisengericht geringere Bedeutung bei, und es hat es aus diesem Grunde auch nicht für erforderlich gehalten, dem Berufungskläger Gelegenheit zur Beibringung weiteren Materials zu geben. Das Gericht hat auch in diesem Punkt keine Veranlassung, an der Zuverlässigkeit der Bekundungen des Offiziers zu zweifeln. Aber selbst wenn man in dieser Beziehung einen Irrtum des Kommandanten für möglich hält, so würde dadurch seine Aussage im übrigen nicht erschüttert werden.

Erachtet man als erwiesen, daß die zur Feststellung der Nationalität des Schiffes wesentlichen Papiere dem Kommandanten nicht vorgelegt sind, so ist ferner zu berücksichtigen, daß nach der Namensbezeichnung am Schiffsbord und nach den Ladungspapieren in allerletzter Zeit eine Namensänderung des Schiffes stattgefunden hatte, die möglicherweise eine Verdunkelung der Nationalitätsverhältnisse bezwecken konnte, und für die im Augenblick eine befriedigende Aufklärung nicht zu erlangen war. Dazu kommt als weniger bedeutender Umstand der englisch klingende Name des Kapitäns. Unter Berücksichtigung aller dieser Umstände ist die Feststellung zu treffen, daß zur Zeit der Anhaltung des „Davanger" eine einwandfreie Feststellung der Nationalität desselben nicht möglich war. Nach Ziff. 11 Abs. 3 Pr. O. war mithin das Schiff als feindliches zu behandeln. Daß diese Vorschrift lediglich eine Anweisung an die Kriegsschiffkommandanten, aber keinen materiellen Rechtssatz enthalten soll, dafür fehlt es an einem ausreichenden Anhalt. Die Bestimmung findet sich nicht vereinzelt in Ziff. 11 Abs. 3, sie kehrt in den Ziffern 12 bis 16 in gleicher Form wieder. Diese sämtlichen Fälle sind dann hinsichtlich ihrer Folgen für die betreffenden Schiffe in Ziff. 112 Pr. O. geregelt. Es ist nicht anzunehmen, daß alle diese Vorschriften, die auch von weittragender vermögensrechtlicher Bedeutung für den Nehmestaat sind, lediglich für die Kommandanten, nicht aber für die Prisengerichte bestimmt sein sollten. Das Argument, daß die Londoner Erklärung keine entsprechende Bestimmung enthält, trifft nur für Ziff. 11 Abs. 3 zu. Die übrigen eben erwähnten Fälle sind zum großen Teil in der Londoner Erklärung (Art. 55, 56, 57) geregelt und daher wohl auch vom Standpunkt des Berufungsklägers aus auch für die

Prisengerichte bindend. Wenn nun die Prisenordnung — die sich allerdings eng an die Londoner Erklärung anschließt, aber doch auch vielfach neue Grundsätze aufstellt — den in der Londoner Erklärung geregelten Fällen einen neuen hinzufügt und ihn hinsichtlich der Folgen für das Schiff ebenso behandelt, wie die übrigen, so ist anzunehmen, daß er auch im übrigen dieselbe Bedeutung haben soll, wie diese. In Ziff. 112 wird zudem ausdrücklich auf die Beweisführung vor dem Prisengericht hingewiesen.

Es ist mithin im prisengerichtlichen Verfahren nachzuprüfen, ob die Versenkung des „Davanger“ gemäß Ziff. 11 Abs. 3 in Verbindung mit Ziff. 112 Pr. O. gerechtfertigt war und gegebenenfalls, welche weiteren Folgen sich daran knüpfen. Daß es dem Kommandanten im vorliegenden Falle, wo es sich um ein Tauchboot handelt, das weit von seiner Basis entfernt in der Nähe der englischen Küste operierte, unzweckmäßig und unsicher erscheinen mußte, das Schiff einzubringen, bedarf keiner weiteren Ausführung. Er war also zur Zerstörung des Schiffes berechtigt. Zu prüfen bleibt nur, ob der Eigentümer des Schiffes, nachdem nachträglich dessen neutrale Nationalität dargetan ist, ein Recht auf Entschädigung hat. Aus Ziff. 8 Pr. O. ergibt sich ein solcher Anspruch nicht, weil nach dem Ausgeführten ausreichende Gründe für die Beschlagnahme des Schiffes vorgelegen haben. Der Berufungskläger beruft sich auf Ziff. 115 das., wonach bei der Zerstörung eines n e u t r a l e n Schiffes unter allen Umständen Entschädigung zu leisten ist, wenn sich herausstellt, daß Schiff oder Ladung nicht einziehbar waren, worüber die Entscheidung vom ersten Richter offen gelassen ist und noch aussteht. Indessen, die Ziff. 115 a. a. O. trifft auf den gegenwärtigen Fall nicht zu. Die Prisenordnung regelt an dieser Stelle das Recht, eine genommene Prise zu zerstören. Dabei wird in den Ziffern 112 und 113 scharf und deutlich unterschieden nicht schlechthin zwischen feindlichen und neutralen Schiffen, sondern zwischen Schiffen, die nach den Ziffern 10 bis 16 b als feindliche zu behandeln sind, einerseits und neutralen Schiffen, die entweder gemäß Ziff. 39 (Konterbande) oder gemäß Ziff. 77, 78 (Blockadebruch) oder gemäß Ziff. 51 (neutralitätswidrige Unterstützung) aufgebracht sind, andererseits. Die Voraussetzungen, unter denen die Prise zerstört werden darf, sind in den ersterwähnten Fällen weiter gesteckt als in den letzteren. Und unverkennbar hat denn auch die Ziff. 115, wenn sie von der Zerstörung eines neutralen Schiffes handelt, nur diese letzteren und nicht auch Fälle der ersteren Art im Auge. Dies geht auch daraus hervor, daß sie die Ersatzpflicht des Reichs davon abhängig macht, ob die für diese aufgestellten engeren Voraussetzungen einer Zerstörung des Schiffes vorgelegen haben oder nicht. Es kann nicht die Meinung gewesen sein, daß unter Umständen im Falle der Zerstörung einer Prise die Verpflichtung zum Schadensersatz von dem Verstoß gegen Vorschriften abhängig gemacht werden sollte, welche für diesen Fall gar nicht gelten. Auch der Umstand, daß zwar in Ziff. 13 c und 14 c Pr. O. ausdrücklich gesagt ist, „die Aufbringung des Schiffes gibt in einem solchen Falle nie zu Schadensersatz Anlaß", während dieser Zusatz bei Ziff. 11 Abs. 3 fehlt, kann nicht zu der Annahme führen, daß im Falle der Ziff. 11 Abs. 3 die Grundsätze der Ziff. 8 gegebenenfalls nicht gelten sollen. Diese Anführung hat vielmehr nur die Bedeutung, daß in den Fällen der Ziffern 13 c und 14 c der Anspruch auf Schadensersatz gesetzlich ausgeschlossen ist, insoweit also das Ermessen des Prisengerichts darüber, ob ausreichende Gründe für die Beschlagnahme vorgelegen haben, nicht Platz greift. Für den Fall der Ziff. 11 Abs. 3 ist gesetzlich nichts verordnet, mithin hat das Prisengericht im Rahmen der Ziff. 8 freie Hand zur Ausübung seines Ermessens. Die Tatsache aber, daß in den Ziffern 13 c und 14 c auf Ziff. 8 (und umgekehrt) bezug genommen ist, liefert andererseits einen Beweis dafür, daß die Schadensersatzpflicht bei Beschlagnahme und Zerstörung von Schiffen, die als feindliche behandelt sind, nachher aber sich als neutrale erweisen, nicht nach Ziff. 115 resp. 121, sondern nach Ziff. 8 Pr. O. zu beurteilen ist.

Daß im vorliegenden Falle ausreichende Gründe für die Beschlagnahme des Schiffes vorgelegen haben, ist oben des näheren ausgeführt worden. Damit entfällt aber der Anspruch des Berufungsklägers auf Schadensersatz, und es war daher, wie geschehen, zu erkennen.

58.

„Kiew.“

Urteil vom 9. Februar 1917.

Lebensmittel. Anwendbarkeit des Begriffs auf Käselab. Vermutung der feindlichen Bestimmung bei Gegenständen relativer Konterbande, die auf Weisung einer feindlichen Macht zur Verfügung ihres Prisengerichts nach Feindesland zurückbefördert werden.

Ziff. 23 Nr. 1, Ziff. 33 Abs. 1a der Prisenordnung in der Fassung vom 18. April 1915 (Reichs-Gesetzbl. S. 227).

In der Prisensache, betreffend den dänischen Dampfer „Kiew“, Heimatshafen Kopenhagen, hat das Kaiserliche Oberprisengericht in Berlin in der Sitzung vom 9. Februar 1917 für Recht erkannt:

Die Berufungen der Reklamanten gegen das Urteil des Kaiserlichen Prisengerichts in Kiel vom 21. Juni 1916 werden zurückgewiesen. Die Kosten des Verfahrens fallen den Reklamanten zur Last.

Gründe.

Am 18. Januar 1916 wurde der dänische Dampfer „Kiew“, mit Stückgütern auf der Reise von Kopenhagen nach Liverpool, von einem deutschen Kriegsschiff aufgebracht. Ein Teil der Ladung ist vom Prisenamt in Swinemünde freigegeben. Von den verbleibenden Gütern sind zwei Abladungen (frische Äpfel und Käselab) für 1140 *M* versteigert, der Rest gemäß § 46 Abs. 2 Pr. GO. dem Reichs-Marine-Amt überwiesen unter Festsetzung des Gesamtwertes von 2 317 935,68 *M*.

Die Ladung des Dampfers bestand zu einem großen Teile aus Lebensmitteln, welche ursprünglich für Dänemark und zum Teil weiter für Deutschland bestimmt gewesen und auf dem Seewege dorthin von den Engländern angehalten und nach Kirkwall verbracht waren, wo das betreffende Schiff, weil die Ausladung untunlich war, entlassen wurde, nachdem die Reederei die Verpflichtung übernommen hatte, die Güter nach Löschung des

Schiffes in Kopenhagen nach England zur Verfügung des Prisengerichts zurückzubringen.

Auf die Bekanntmachung des Kaiserlichen Prisengerichts in Kiel haben eine Anzahl von Ladungsinteressenten und die Reederei des Schiffes Freigabe ihres Eigentums beantragt und Schadensersatzansprüche geltend gemacht.

Das Prisengericht hat wegen zweier Abladungen (Butter für Brasilien) auf Freigabe der Güter, im übrigen auf Einziehung der Güter und des Schiffes erkannt und die Schadensersatzansprüche zurückgewiesen. Gegen acht Reklamanten ist das Urteil rechtskräftig geworden. Die übrigen Reklamanten haben in der vorgeschriebenen Form und Frist Berufung eingelegt und das Rechtsmittel gerechtfertigt. Danach handelt es sich hier noch um folgende Reklamationen:

I. Auf den aus Dänemark stammenden Teil der Abladungen beziehen sich

Reklamation 8: C. Commichau & Cie., 10 Kisten Flachs-Trikotagen,

Reklamation 22: Christian Hansens technisches Laboratorium, 15 Faß Käselab,

Reklamation 27: A. G. F. O. Jörgensen, 2 Regulatoren für Diesel-Motore.

II. Die übrigen die Ladung betreffenden Reklamationen beziehen sich auf die erwähnten Lebensmittel, welche — angeblich gegen den Willen und gegen den ausdrücklichen Widerspruch der Empfänger der verschiedenen Abladungen — auf Anordnung der Reederei wieder verladen worden sind, um sie der den englischen Behörden gegenüber eingegangenen Verpflichtung entsprechend nach England zurückzubringen, wo über sie prisengerichtlich abgeurteilt werden sollte. Nach Behauptung der Reklamanten sind die Güter nur für den Absatz in Dänemark und in Deutschland und Österreich-Ungarn bestimmt gewesen.

III. Wegen des Schiffes endlich hat die Reederei, die Forenede Dampskibs-Selskab in Kopenhagen, reklamiert.

Die gegen die Entscheidung des Prisengerichts eingelegten Berufungen sind nicht begründet.

Zu I. Zur Ausrüstung der Truppe gehört auch die Ausrüstung mit Wäsche und mit Unterwäsche, die Ausrüstung sowohl der Leute als der Offiziere. Es macht auch keinen Unterschied, ob den Mannschaften oder den Offizieren das Notwendige durch die Heeresverwaltung geliefert wird, oder ob sie es nach den geltenden Bestimmungen selbst anzuschaffen haben. Daher ist der Umstand, daß es sich um sehr feine und teure Ware handelt, zum Gegenbeweis gegen die gesetzliche Vermutung der feindlichen Bestimmung der Ware nicht geeignet, und weitere Beweise sind nicht angeboten.

Ohne Bedenken ist dem ersten Richter darin beizustimmen, daß Käselab zu den Lebensmitteln im Sinne der Prisenordnung zu rechnen ist. Es mag sein, daß, wie die Sachverständigen übereinstimmend erklärt haben, der Käselab bei der Käsefabrikation lediglich als Ferment dient und im genußfertigen Käse, wenn auch noch vorhanden, so doch jedenfalls nicht mehr nachweisbar ist. Er ist insofern nur ein Mittel zur Herstellung des Käses. Aber deshalb darf er doch nicht mit den ganz äußerlichen Mitteln der Käsefabrikation, den dazu erforderlichen Gefäßen, den Maschinen usw. auf eine Stufe gestellt werden, die gewiß keine Lebensmittel sind. Er ist doch immer ein Zusatz zum Käsestoff und macht sich in dem fertigen Käse durch die Eigenart, die dieser durch die Zusetzung erhalten hat, beim Genuß geltend. Es liegt mit ihm nicht anders, wie beispielsweise mit Hirschhornsalz oder überhaupt mit den verschiedenen Backpulvern, die nur dazu dienen, durch Gasentwickelung den Teig zu treiben, die selbst im Backprozeß verloren gehen und nur in dem Wohlgeschmack, den das Gebäck durch sie erhalten hat, sich geltend machen.

Die Regulatoren für Diesel-Motore waren für eine Schiffswerft bestimmt. Daraus schließt das erkennende Gericht ebenso wie der erste Richter, daß es sich bei ihnen um Schiffsbestandteile handelt, welche nach Ziff. 23 Nr. 21 relative Konterbande sind. Der Nachweis einer anderweiten Bestimmung der Motore oder einer friedlichen Bestimmung der Schiffe, für die sie dienen sollten, ist weder in erster noch in zweiter Instanz auch nur versucht.

Zu II. Die übrigen Reklamanten, über deren Ansprüche noch zu entscheiden ist, berufen sich darauf, daß ihre Güter gegen ihren Willen auf den Weg nach England durch den Reeder gebracht worden sind, der damit einer den englischen Behörden gegenüber eingegangenen Verpflichtung nachgekommen sein soll. Zu der Frage, ob prisenrechtlich hierauf etwas ankommt, hat das erkennende Gericht bereits in der Prisensache „Kiew" im Urteil vom 29. Juni 1916 [1]) im verneinenden Sinne Stellung genommen. Wie der erste Richter zutreffend ausführt, ist der Endzweck aller Vorschriften über Konterbande, die Zufuhr der verbotenen Gegenstände nach Feindesland und an die feindliche Streitmacht zu verhindern. Dabei macht es keinen Unterschied, von wem diese Zufuhr ausgeht, und es kann prisenrechtlich nicht in das Gewicht fallen, ob der Veranstalter der Zufuhr befugt gewesen ist, über die Güter zu verfügen. Das Gesetz drückt sich in dieser Beziehung ganz farblos aus. Die Güter müssen bewußter- und gewollterweise auf den Weg nach Feindesland gebracht sein, und das sind sie auch dann, wenn der Reeder, eigenmächtig handelnd, die Versendung anordnet. Übrigens kann im vorliegenden Falle gar nicht zugegeben werden, daß die Versendung gegen den Willen der Reklamanten erfolgt wäre. Mit Worten zwar wollen sie Verwahrung gegen das Vorgehen der Reederei eingelegt haben. Aber sie befanden sich, wie sie behaupten, im Besitze der Konnossemente. Sie konnten die Auslieferung der Güter fordern und nötigenfalls durch Angehung des Gerichts — sofern dieses nach Recht und Gesetz entschied — erzwingen. Weshalb sie dies nicht getan haben, ist leicht verständlich und erklärlich. Aber hatten sie auch gute Gründe, es nicht zu tun, so haben sie es doch nichtsdestoweniger freiwillig unterlassen.

Die Voraussetzung der gesetzlichen Vermutung, daß die Sendung an eine feindliche Behörde gerichtet war, liegt darum nicht weniger vor, weil diese Behörde, wie vorgetragen wird, das englische Prisengericht war. Die staatsrechtliche Stellung dieses Gerichts interessiert in dieser Beziehung höchstens insofern, als es unzweifelhaft als eine Behörde bezeichnet werden muß. Richtig wird schon sein, daß es mit der Ausrüstung und Verpflegung der englischen Streitkräfte nichts zu tun hat. Aber darauf kommt es nicht an. Sehr mit Recht hat ein Vertreter der Reklamanten nachdrücklich betont, daß zwischen der örtlichen Bestimmung der Sendung — d. h. dem Bestimmungsorte der Reise sowie der

[1]) Nr. 38 S. 158.

Persönlichkeit des Empfängers — und der Zweckbestimmung der Güter zu unterscheiden sei. Weil jene erstere Bestimmung insofern vorliegt, als die Güter dem englischen Prisengericht zur Verfügung gestellt werden sollten, ist nach Ziff. 33 Abs. 1a Pr. O. die Vermutung begründet, daß die Güter für den Gebrauch der Streitmacht oder der Verwaltungsstellen des feindlichen Staates bestimmt waren, und diese Vermutung gilt es für die Reklamanten zu widerlegen. Zum Überfluß liegt aber auch der Tatbestand nach Ziff. 33 Abs. 1b deswegen vor, weil das englische Prisengericht sich aus bestimmten Persönlichkeiten zusammensetzt und diese sich im feindlichen Gebiete aufhalten.

An der in der bisherigen Rechtsprechung festgehaltenen Auffassung über die Bedeutung und Tragweite der gesetzlichen Vermutung ist festzuhalten. Es ist nicht richtig, daß damit die Anforderungen an den vom Reklamanten zu führenden Beweis so hoch gespannt werden, daß die Widerlegung der Vermutung unmöglich gemacht wird. Zahlreiche Entscheidungen des erkennenden Gerichts beweisen das Gegenteil. Aber in einem Falle wie der gegenwärtige ist allerdings der Gegenbeweis wohl überhaupt nicht zu führen. Denn dadurch, daß die Güter dem Prisengericht zur Verfügung gestellt werden, werden sie zugleich den Stellen der feindlichen Staatsverwaltung geradezu entgegengebracht, welche mit der Versorgung und Ausrüstung der Truppen befaßt sind, und die auch dann, wenn das Prisengericht die Güter freigeben sollte, im Bedarfsfalle Mittel und Wege ohne Schwierigkeit finden können, sie sich, wenn nicht unentgeltlich, so gegen Zahlung zu sichern. Es kann daher auch dahingestellt bleiben, welche Aussichten das bevorstehende prisengerichtliche Verfahren in England den Ladungsbeteiligten geboten hätte.

An dem Gesagten kann schließlich auch der Hinweis auf Ziff. 98 Pr. O., der von dem Rechtsverhältnis der Reprise handelt, nichts ändern. Der Fall der Ziff. 98 liegt nicht vor. Es handelt sich bei „Kiew“ nicht um ein vom Feinde aufgebrachtes Schiff. Das verkennen auch die Reklamanten nicht, die vielmehr nur für eine entsprechende Anwendung der Vorschrift eintreten. Aber dafür fehlt es an der erforderlichen Voraussetzung der gleichgearteten Rechtslage im Tatbestand. Zuzugeben ist, daß der Reeder sich in einer Zwangslage befand, die sein Verfahren erklärt. Aber das kann auch annähernd mit dem Falle nicht verglichen werden, wo ihm das Schiff mit kriegerischer Gewalt fortgenommen ist. Die Zwangslage war hier im wesentlichen die gleiche, wie wenn ein Schiff durch Gewalt der Streitmacht genötigt wird, von seinem Wege abzuweichen, beispielsweise um Kirkwall anzulaufen. Niemand wird behaupten, daß auf ein auf diesem Wege deutscherseits aufgebrachtes Schiff das Recht der Reprise Anwendung zu finden hätte. Außerdem sind die Folgen, welche die Ziff. 98 an den vorausgesetzten Tatbestand anknüpft, der Sache nach rein negative. Es soll ein Schiff nicht darum schon, weil es in feindlicher Gewalt war, der es, vielleicht mit Gewalt, wieder hat abgenommen werden müssen, als feindliches behandelt werden. Es stände nichts im Wege, ein solches Schiff gleichwohl einzuziehen, wenn sich herausstellen sollte, daß es zugleich auch gegen den nehmenden Staat prisenrechtlich sich vergangen hat. Das ist auch in Ziff. 98 ausdrücklich hervorgehoben. Also auch wenn man die Ziff. 98 auf den gegenwärtigen Fall anwenden wollte, würde man damit doch wieder auf die Frage geführt, wie die Beförderung der Güter nach England prisenrechtlich zu beurteilen ist.

Wenn die Reklamanten haben ausführen lassen, es entspräche der Billigkeit und dem eigenen Interesse der kriegführenden Macht, wenn in Fällen, wie der vorliegende, den Beteiligten ihre Güter erhalten blieben, so stellen sie sich damit auf einen unrichtigen Standpunkt. Die Prisengerichte sind nicht berufen, darüber zu bestimmen, was aus den Gütern werden soll, nachdem sie mit Recht beschlagnahmt worden sind. Die prisenrechtlich maßgebende und hier zu entscheidende Vorfrage ist vielmehr, ob die Güter und das Schiff nach dem geltenden Rechte der Beschlagnahme unterlagen oder nicht. Ist diese Frage zu bejahen, so ergibt sich die bestimmte gesetzliche Folge, daß sie einzuziehen sind. Daran können auch Gründe der Billigkeit oder der Nützlichkeit in dem gerichtlichen Vorgehen nichts ändern. Dafür aber, daß in Fällen dieser Art auch die Berechtigung zur Aufbringung des Schiffes und zur Beschlagnahme der Güter verneint werden müßte, sprechen sicherlich weder Gründe der Billigkeit noch solche der politischen Klugheit.

Somit war zu erkennen, wie geschehen.

59.

„Ida."

Urteil vom 23. Februar 1917.

Schiffbaustahl im Sinne der Prisenordnung.

Ziff. 21 Nr. 15 der Prisenordnung in der Fassung vom 18. April 1915 (Reichs-Gesetzbl. S. 227).

In der Prisensache, betreffend den schwedischen Dampfer „Ida", Heimatshafen Stockholm, hat das Kaiserliche Oberprisengericht in Berlin in der Sitzung vom 23. Februar 1917 für Recht erkannt:

Die Berufungen gegen das Urteil des Prisengerichts in Kiel vom 5. April 1916 werden zurückgewiesen. Die Kosten der Berufungsinstanz haben die vier Reklamanten, jeder zu $^1/_4$ zu tragen.

Gründe.

Der schwedische Dampfer „Ida", mit einer Ladung von 1750 Tonnen schwedischen Eisens auf der Fahrt von Hudiksvall nach Hull befindlich, wurde am 17. Dezember 1915 in der Ostsee von einem deutschen Kriegsschiff angehalten und nach Swinemünde eingebracht. Am 8. Januar 1916 wurde er vom Bevollmächtigten des Admiralstabs aufgebracht, weil die Ladung nach Ziff. 21 Nr. 15 Pr. O. als Konterbande (Schiffbaustahl) angesehen wurde. Die Ladung bestand nach den Charterparties aus Swedish Bar Iron; nach den Angaben der Reklamanten handelt es sich im wesentlichen um Stangen Rohschienen, Stangen Walzeisen bezw. geschmiedetes Stangeneisen und gewalzte Rohschienen. Von dem schwedischen Sachverständigen Wahlberg wird es Holzkohlen-Schweißeisen genannt. Das Material war von den schwedischen Erzeugern an englische Fabrikanten in Sheffield verkauft, die daraus nach den vorgelegten eidesstattlichen Versicherungen feinere Werkzeuge und andere Stahlerzeugnisse, insbesondere Sensen, herstellen wollten.

Die Verkäufer des Eisens, ferner der Zeitcharterer des Dampfers und dessen Reederei traten in erster Instanz als

Reklamanten auf. Sie behaupteten, das Eisen sei keine Konterbande, falle insbesondere nicht unter den Begriff „Schiffbaustahl".

Durch Urteil des Prisengerichts Kiel vom 5. April 1916 wurden die Reklamationen abgewiesen und die Einziehung des Dampfers nebst Ladung ausgesprochen. Das Prisengericht nahm, gestützt auf das Gutachten des vom Prisenamt gehörten Sachverständigen Dr. Elsbach an, daß es sich bei der Ladung der „Ida" um Schiffbaustahl, also absolute Konterbande nach Ziff. 21 Nr. 15 Pr. O., handele.

Gegen dieses Urteil haben sämtliche Reklamanten frist- und formgerecht Berufung erhoben. Sie bekämpfen die Auffassung des Prisengerichts, daß es sich vorliegend um Schiffbaustahl handele, und beziehen sich dieserhalb auf den Inhalt zweier von ihnen vor der ersten mündlichen Verhandlung in der Berufungsinstanz beigebrachten Gutachten. Dieselben sind erstattet von dem Professor an der Königlichen Technischen Hochschule in Charlottenburg, Geheimrat Flamm, und dem Vorsteher des eisenhüttenmännischen Laboratoriums derselben Hochschule, Geheimrat Professor Mathesius. Beide Gutachter kommen zu dem Ergebnis, daß das mit dem Dampfer „Ida" verschiffte Material unmöglich als Schiffbaustahl angesprochen werden könne. Die Ausführungen des Professors Flamm, auf dessen Gutachten die Berufungskläger das Hauptgewicht legen, gipfeln darin, daß unter Schiffbaustahl ausschließlich die zum Bau des eigentlichen Schiffskörpers verwendeten Profileisen und Bleche aus Flußeisen zu verstehen seien, mithin ein ausgesprochenes Fertigfabrikat, daß also die Ladung der „Ida", die sich lediglich aus Halbfabrikaten zusammensetze, nicht darunter falle. Professor Flamm hat in seinem Gutachten auch eine größere Anzahl Äußerungen des Schiffbaustahlkontors und der der Schiffbaustahlvereinigung angehörenden Walzwerke über den Begriff Schiffbaustahl angeführt, die sich im wesentlichen mit der von ihm gegebenen Definition decken. Der Kaiserliche Kommissar bei dem Oberprisengericht hat demgegenüber auf das von ihm bereits in der Prisensache „Dux" überreichte Gutachten von fünf Marinesachverständigen hingewiesen, nach welchem unter Schiffbaustahl ganz allgemein „Material aller Bearbeitungsgrade für Schiffs- und Schiffsmaschinenbau aus schmiedbarem Eisen und Stahl" zu verstehen sei. Nachdem dann in der ersten mündlichen Verhandlung der Vertreter der Berufungskläger noch ein weiteres Gutachten des Geheimrats Flamm, in welchem dieser zu der Entscheidung des Oberprisengerichts in Sachen „Dux" [1]) Stellung nimmt, sowie ein im Auftrage des schwedischen Jernkontoret von verschiedenen schwedischen Sachverständigen erstattetes Gutachten überreicht hatte, beschloß das Oberprisengericht, den fünf Marinegutachtern Gelegenheit zu geben, sich zu den von den Berufungsklägern beigebrachten Gutachten zu äußern. Von diesen wurde darauf eine Entgegnung zu den Gutachten Flamm und Mathesius eingereicht, auf welche wiederum Professor Flamm sich in einem Gegengutachten äußerte. Alle diese Gutachten sind in der mündlichen Schlußverhandlung ihrem wesentlichen Inhalte nach vorgetragen und zum Gegenstande der Erörterung gemacht. Auch hat der vor dem Berufungsgericht erschienene Gutachter Professor Flamm in beiden Verhandlungen Gelegenheit gehabt, seinen Standpunkt näher zu erläutern. Der Vertreter der Berufungskläger hat die von den fünf Marinegutachtern vertretene Auffassung über die Bedeutung des Wortes Schiffbaustahl in eingehenden Ausführungen bekämpft. Der Kaiserliche Kommissar bei dem Oberprisengericht hat demgegenüber an seinem, auf den Gutachten des in erster Instanz vernommenen Sachverständigen und der fünf Marinegutachter fußenden Standpunkt festgehalten und um Zurückweisung der Berufungen gebeten.

Dem Rechtsmittel war der Erfolg zu versagen. Das Oberprisengericht hat auch nach nochmaliger eingehender Prüfung der Sachlage unter Berücksichtigung der neuerdings beigebrachten Gutachten keinen Anlaß gefunden, von seiner in der Prisensache „Dux" dargelegten Auffassung über die Bedeutung des Begriffs Schiffbaustahl im Sinne der Prisenordnung abzugehen.

Unter „Stahl" an sich versteht man gegenwärtig, nachdem frühere Versuche einer engeren Begriffsbestimmung sich als unhaltbar ergeben haben, alles schmiedbare, im flüssigen Zustande gewonnene Eisen in jedem Produktionsstadium. Am nächsten liegt es daher, auch unter Schiffbaustahl derartiges Eisen in jedem Produktionsstadium zu verstehen, soweit es zum Schiffbau

[1]) Nr. 17 S. 70.

geeignet ist. Ein dieser ungezwungenen Wortauslegung im konkreten Fall entgegenstehender, sie ausschließender engerer Sprachgebrauch muß von demjenigen bewiesen werden, der sich darauf beruft. Nun besteht allerdings nach den vom Gutachter Flamm beigebrachten Auskünften kein Zweifel, daß man in gewissen Industrie- und Handelskreisen Deutschlands mit dem Worte Schiffbaustahl einen engeren Begriff verbindet, indem man dort nur ein Fertigfabrikat, nämlich zum Schiffbau bestimmte Profile und Bleche, darunter begreift. Aus allen anderen bisher zu dieser Frage beigebrachten Gutachten ergibt sich auf der anderen Seite überzeugend, daß dieser Sprachgebrauch keineswegs über jenen engen Kreis von Interessenten hinaus allgemein bekannt ist. In keinem einzigen der bisher sowohl in der Prisensache "Dux" wie in der vorliegenden Sache, sei es von den Reklamanten, sei es von dem Kaiserlichen Kommissar, beigebrachten Gutachten ist mit einem Wort davon die Rede, daß das maßgebende Kennzeichen des Schiffbaustahls darin bestehe, daß ein bestimmtes, weit vorgeschrittenes Produktionsstadium erreicht sein muß, daß mithin nur ein Fertigfabrikat bestimmter Art auf diese Bezeichnung Anspruch erheben kann. Es ist schlechterdings für ausgeschlossen zu erachten, daß allen anderen Gutachtern, unter denen sich ebenfalls namhafte Fachleute befinden, dieses augenfällige Kennzeichen entgangen sein sollte, und es bleibt daher nur die Annahme übrig, daß jener enge Sprachgebrauch in der Tat auf den angegebenen Kreis von Industrie und Handel beschränkt ist.

Bei dieser Sachlage erhebt sich die Frage, in welchem Sinne der nach vorstehendem einer verschiedenartigen Auslegung zugängliche Ausdruck Schiffbaustahl in der Prisenordnung gebraucht worden ist. Hierzu ist zunächst zu bemerken, daß es innerlich wenig wahrscheinlich ist, daß der Ausdruck in der Prisenordnung, die, wie die Berufungskläger richtig hervorheben, namentlich für die Neutralen eine Richtschnur ihres Handelns bilden soll, in einem Sinne gebraucht sein soll, der selbst in Deutschland nur einem engeren Kreise von Fachleuten geläufig ist, sodaß man ohne weiteres annehmen kann, daß er im Auslande noch weniger bekannt ist. In der Tat ergibt sich aus den in der Sache „Dux" und in dieser Sache von den Reklamanten überreichten schwedischen Gutachten, daß in Schweden jedenfalls die Techniker die engere Bedeutung des Wortes nicht kennen, denn sonst würden sie sie zweifellos, wie der Gutachter Flamm es getan hat, zur Begründung ihrer Ansicht, daß das mit der „Ida" verschiffte Material kein Schiffbaustahl ist, mit herangezogen haben. Das hat aber, wie schon erwähnt, keiner von ihnen getan. Um also die Tragweite des Ausdrucks im Sinne der Prisenordnung richtig zu erfassen, muß man, wie es bereits in dem Urteil in Sachen „Dux" geschehen ist, auf den Zweck zurückgehen, welcher durch jene Bestimmung in der Prisenordnung hat erreicht werden sollen. Man hat, wie in jenem Urteil näher ausgeführt ist, den Stahl insofern dem Handelsverbot unterworfen, als man den Schiffbau hat erschweren wollen, und so ist man veranlaßt gewesen, von Schiffbaustahl zu sprechen. Dieser Zweck würde aber, darüber kann kein begründeter Zweifel bestehen, nur in höchst unvollkommener Weise erreicht sein, wenn man nur ein bestimmtes Fertigfabrikat, nämlich Profile und Bleche, als Bannware, alle anderen Fertigfabrikate und alle der Weiterverarbeitung für Schiffbauzwecke fähigen Halbfabrikate aber als Freigut erklärt hätte. Denn dieses würde die Konsequenz des vom Gutachter Flamm verteidigten Standpunktes sein, da Material der hier fraglichen Art unter eine andere Position der Bannwarenlisten nicht zu subsummieren ist. Das kann aber nicht die Meinung der Verfasser der Prisenordnung gewesen sein. Denn eine Ausfuhr von fertig gewalzten Profilen und Blechen speziell aus Schweden findet, wenn überhaupt, so doch jedenfalls nur in einem ganz beschränkten Umfange statt; jedenfalls ist bislang noch nicht ein einziger derartiger Fall zur Kognition des Oberprisengerichts gelangt. Nicht die Fähigkeit zur Bearbeitung des für den Schiffbau erforderlichen Materials ist es, die England mit seiner hochentwickelten Eisenindustrie abgeht, vielmehr fehlt dort lediglich das Material bestimmter Qualität, und dessen Bezug sollte ihnen durch die richtig verstandene Prisenordnung unmöglich gemacht werden. Richtig ist, daß von diesem Standpunkt aus die Nebeneinanderstellung von Schiffbaustahl und Schiffsblechen in der Prisenordnung in gewissem Sinne unlogisch ist; das ist es aber, wie Gutachter Flamm in seinem Gutachten vom 28. September 1916 selbst zugibt, von seinem Standpunkt aus nicht weniger. Es erklärt sich wohl zur Genüge daraus, daß im gewöhnlichen Leben „Stahl" und „Blech" als zwei ganz verschiedene Dinge angesehen werden; vielleicht hat dadurch auch zum Ausdrucke gebracht werden sollen, daß neben dem Stahl, der sich nach dem gewöhnlichen Wortsinn in erster Linie als ein Rohmaterial darstellt, auch das Fertigfabrikat Blech durch jene Bestimmung mit hat erfaßt werden sollen.

Der Gutachter Flamm hat zur Rechtfertigung seines Standpunkts auch auf die Materialvorschriften der Kaiserlichen Marine Bezug genommen, in welchen nach seiner Behauptung der Ausdruck Schiffbaustahl immer nur mit Bezug auf Profile, Platten und dergl., d. h. also ausschließlich für das Fertigfabrikat angewendet werde. Auch dieser Grund kann als stichhaltig nicht anerkannt werden. In den Materialvorschriften werden nicht Formstahl (Profil- und Winkelstangen) und Bleche als Schiffbaustahl bezeichnet, sondern das Material, aus dem sie hergestellt sind, wird so genannt, und zwar in 3 Abstufungen je nach seiner Güte und seinen sonstigen Eigenschaften. Auf Seite 31 der Ausgabe 1915 ist dann auch der Ausdruck Material I, II und III gleichbedeutend gebraucht mit S. I, II und III (Schiffbaustahl I, II und III). In diesem Sinne kommt der Ausdruck auch noch an anderen Stellen vor, z. B. S. 81: geschweißte Rohre aus Schiffbaustahl I. Auf der anderen Seite lassen die Materialvorschriften erkennen, was auch Professor Flamm in seinem Gutachten vom 28. September 1916 ausdrücklich zugibt, daß außer Profilen und Blechen noch viele andere Fabrikate aus Stahl zum Schiff- und Schiffsmaschinenbau notwendig sind, und zwar, worauf die fünf Marinegutachter in ihrer Entgegnung auf das Flamm'sche Gutachten hinweisen, sowohl als Stahlformgüsse (Steven, Ruder, Wellenböcke, Ventile, Teile für Antriebsmaschinen usw.) wie als Stahlschmiedestücke (Wellen, Steven, Ruder, Maschinenteile usw.). Es wäre widersinnig, wenn das Material zu allen diesen für den Schiffbau so wichtigen Stahlfabrikaten, die naturgemäß nicht als Fertigfabrikate eingeführt werden können, keine Konterbande sein sollte, und zwar auch dann, wenn es erkennbar für den Schiffbau bestimmt ist. Das wäre aber die notwendige Folge des Flamm'schen Standpunktes.

Nach alledem muß das Oberprisengericht auch unter Berücksichtigung des neuerdings beigebrachten Materials auf seinem in der Prisensache „Dux" eingenommenen Standpunkt verbleiben. Es erachtet in Übereinstimmung mit dem von den fünf Marinegutachtern erstatteten Gutachten als Schiffbaustahl im Sinne der Prisenordnung: Material aller Bearbeitungsgrade für Schiff- und Schiffsmaschinenbau aus schmiedbarem Eisen und Stahl.

Daß das auf dem Dampfer „Ida" verschiffte Material unter diese Begriffsbestimmung fällt, darüber besteht bei den Gutachtern, auch bei Professor Flamm, kein Zweifel. Es ist daher als unbedingte Bannware im Sinne der Ziff. 21 Nr. 15 Pr. O. anzusprechen. Deshalb war, wie geschehen, zu erkennen.

60.

„Thorsten."

Urteil vom 23. Februar 1917.

Kosten des Prisenverfahrens im Falle der Freilassung eines zur Durchsuchung eingebrachten, aber nicht aufgebrachten Schiffes. Feuerungsmaterial. Unanwendbarkeit des Begriffs auf Streichhölzer. Festsetzung des Wertes für Prisengüter, die einer militärischen Dienststelle überwiesen worden sind.

Ziff. 23 Nr. 10 der Prisenordnung in der Fassung vom 18. April 1915 (Reichs-Gesetzbl. S. 227); § 37, § 46 Abs. 2 der Prisengerichtsordnung in der Fassung vom 11. Dezember 1915 (Reichs-Gesetzbl. S. 814).

In der Prisensache, betreffend den schwedischen Dampfer „Thorsten", Heimatshafen Göteburg, hat das Kaiserliche Oberprisengericht in Berlin in der Sitzung vom 23. Februar 1917 für Recht erkannt:

Auf die Berufungen der Jönköpings och Vulkans Tändsticksfabriksaktiebolaget in Jönköping und der Förenade

Svenska Tändsticksfabriker in Stockholm wird das Urteil des Prisengerichts Kiel vom 12. September 1916 dahin abgeändert, daß die beschlagnahmten 280 Kisten Streichhölzer freizugeben oder, soweit sie an Marinestellen überwiesen sind, ihre durch das Prisenamt festgesetzten Werte den Reklamanten vom Deutschen Reich zu erstatten sind. Die Kosten beider Instanzen mit Einschluß der notwendigen Auslagen trägt, soweit sie durch diese beiden Reklamanten verursacht sind, das Reich. Im übrigen werden die Berufungen auf Kosten der Berufungskläger zurückgewiesen.

Gründe.

Der mit einer Stückgüterladung auf der Fahrt von Gothenburg nach Newcastle befindliche schwedische Dampfer „Thorsten" wurde am 13. Mai 1916 wegen Verdachts des Konterbandetransports von einem deutschen Kriegsschiff angehalten und zur Untersuchung nach Swinemünde eingebracht. Dort löschte der Kapitän freiwillig eine Anzahl Kisten und Kolli, enthaltend Kugellager und Bestandteile von solchen, sowie 280 Kisten Streichhölzer, die beschlagnahmt wurden. Ferner noch gelöschte Waren (2 Partieen Kistenholz und 29 Postpakete) interessierten hier nicht, weil insoweit keine Berufung eingelegt ist. Das Schiff wurde am 26. Mai 1916 mit Geleitschein entlassen. Reklamation ist hinsichtlich der jetzt noch in Frage kommenden Waren erhoben von:

1. Jönköpings och Vulkans Tändsticksfabriks A. B. in Jönköping wegen 230 Kisten Streichhölzer,
2. Förenade Svenska Tändsticksfabriker in Stockholm wegen 50 Kisten Streichhölzer,
3. A. B. Svenska Kullagerfabriken in Gothenburg wegen der Kugellager usw.,
4. Angfartygs A. B. Thale in Gothenburg wegen unberechtigter Aufbringung des Schiffes.

Die Reklamationen sind damit begründet, daß die beschlagnahmten Waren keine Konterbande und deren Beschlagnahme sowie die Aufbringung des Schiffes daher ungerechtfertigt gewesen sei.

Durch Urteil des Prisengerichts Kiel vom 12. September 1916 sind die beschlagnahmten Waren eingezogen und die Reklamationen zurückgewiesen. Das Prisengericht hält dafür, daß sämtliche beschlagnahmten Waren, einschließlich der Streichhölzer, Bannwaren seien. Der Dampfer sei überhaupt nicht aufgebracht, sondern nur zur Untersuchung eingebracht. Aber auch sachlich sei seine Anhaltung gerechtfertigt gewesen, da er Bannware befördert habe.

Gegen dieses Urteil ist von sämtlichen Reklamanten frist- und formgerecht Berufung erhoben. Zur Begründung der Rechtsmittel ist das Vorbringen erster Instanz wiederholt. Die A. B. Svenska Kullagerfabriken hat noch geltend gemacht, der Vorderrichter habe zu Unrecht angenommen, daß die beschlagnahmten Maschinenteile Materialien für Kraftfahrzeuge bildeten. Ein großer Teil derselben könne wegen der Bauart und Größe zum Kriegsgebrauch unter keinen Umständen verwendet werden, insbesondere nicht in der Automobilindustrie. Das Gleiche gelte für den größten Teil der übrigen Maschinenteile, die nur nach einer Umschmelzung für Kriegszwecke Verwendung finden könnten. Damit entfalle naturgemäß ihre Konterbandeeigenschaft.

Wegen der beschlagnahmten Streichhölzer haben die Berufungskläger auf das Urteil des Oberprisengerichts in Sachen „Björn“ [1]) bezug genommen und sich die dort vertretene Auffassung zu eigen gemacht. Hinsichtlich der Wertbemessung für die inzwischen der Marineverwaltung überwiesenen Streichhölzer hat die Berufungsklägerin Jönköpings och Vulkans Tändsticksfabrik A. B. in Jönköping ausgeführt, die vom Prisenamt vorgenommene Wertfestsetzung unter Zugrundelegung des deutschen Preises ausschließlich Zoll sei unberechtigt, es müsse vielmehr der Preis für importierte schwedische Ware zugrunde gelegt werden, welcher für die in Frage stehende Art von Zündhölzern Anfang Mai 1916 sich auf etwa 200 ℳ für 10 000 Schachteln (ohne Zoll), also auf 172 ℳ 80 ₰ für die Kiste mit 8640 Schachteln belaufen habe. Bestritten werde, daß die Ware irgendwie minderwertig gewesen sei, eventuell sei die Minderwertigkeit auf unsachgemäße Lagerung

[1]) Nr. 37 S. 152.

in Stettin zurückzuführen. Die geringere Zahl der Hölzer in den einzelnen Schachteln bedeute keine Minderwertigkeit, weil diese Anzahl die für Hölzer dieser Art in Schweden übliche sei.

Die Berufungsklägerin Angfartygs A. B. Thale in Gothenburg hat geltend gemacht, daß der Dampfer als beschlagnahmt und aufgebracht und nicht etwa nur als angehalten anzusehen sei, und daß demgemäß das Prisengericht über den erhobenen Anspruch zu entscheiden habe. Die Aufbringung sei aber ungerechtfertigt gewesen, weil nicht mehr als die Hälfte der Ladung aus Konterbande bestanden habe. Deshalb sei wegen unberechtigter Aufbringung Schadensersatz zu leisten. Zu Unrecht seien daher auch die Kosten der Reklamation der Berufungsklägerin zur Last gelegt. Was ferner die dem Schiff im erstinstanzlichen Urteilstenor auferlegten Kosten des Verfahrens wegen Einziehung der Konterbande usw. anlange, so sei § 37 Abs. 4 Pr. GO. nach der Sachlage hier nicht anwendbar, denn wenn, wie das Prisengericht annehme, eine Aufbringung nicht stattgefunden habe, könne auch von einer Freilassung — die nach der Ausdrucksweise der Prisenordnung nur bei aufgebrachten Schiffen stattfinde — nicht die Rede sein.

Der Kaiserliche Kommissar bei dem Oberprisengericht hat diesen Ausführungen widersprochen und um Zurückweisung der Berufungen gebeten.

Die Berufungen konnten nur zum Teil Erfolg haben.

Was zunächst die Berufung wegen der Kugellager usw. anlangt, so hat das Oberprisengericht in Übereinstimmung mit dem Vorderrichter angenommen, daß es sich dabei um Materialien für Kraftfahrzeuge, also um bedingte Bannware nach Ziff. 23 Nr. 6 Pr. O., handelt. Die in erster Instanz vernommenen Sachverständigen haben dies in dem schriftlichen Gutachten bekundet und der Sachverständige Herzberg hat es bei seiner Vernehmung vor dem Prisenamt am 31. Mai 1916 ausdrücklich bestätigt. Hierzu wird bemerkt, daß sich nur der letzte Absatz des Vernehmungsprotokolls vom 31. Mai 1916 auf die hier fraglichen Ladungsteile bezieht, während der vom Vertreter der Berufungsklägerin in der mündlichen Verhandlung verlesene Teil dieses Protokolls andere, hier nicht interessierende, aus dem Dampfer „Thorsten II" beschlagnahmte Waren betrifft. Gegen die Richtigkeit des der erstinstanzlichen Entscheidung zugrunde gelegten Gutachtens hat die Berufungsklägerin in zweiter Instanz erhebliches nicht vorgebracht. Insbesondere ist das von ihr überreichte Verzeichnis in keiner Weise geeignet, jenes Gutachten zu entkräften, zumal die Behauptung, daß die darin rot angekreuzten Maschinenteile zum Kriegsgebrauch unter keinen Umständen verwendet werden könnten, nicht unter Beweis gestellt, geschweige denn bewiesen ist. Es muß daher bei dem in erster Instanz erstatteten Gutachten sein Bewenden behalten. Die feindliche Bestimmung der Kugellager, die nach Newcastle an eine dortige Firma abgeladen waren, ist nach Ziff. 33 Abs. 1 b u. c Pr. O. zu vermuten. Ein Gegenbeweis gegen diese Vermutung ist auch in zweiter Instanz nicht angetreten. Die Reklamation ist daher vom Vorderrichter mit Recht zurückgewiesen, und die Berufung konnte keinen Erfolg haben.

Ebenfalls unbegründet ist die von der Reederei des Schiffes erhobene Berufung. Wie die Akten zweifelsfrei ergeben, ist der Dampfer „Thorsten II" nicht aufgebracht, sondern nur angehalten und zwecks näherer Untersuchung nach Swinemünde eingebracht. Nach feststehender Rechtsprechung des Oberprisengerichts, die namentlich in den Beschwerdesachen „Bertha Elisabeth"[1]) und „Niobe" eingehend begründet ist, fehlt es in solchen Fällen den Prisengerichten an der Zuständigkeit für die Aburteilung etwaiger Schadensersatzansprüche. Hieran war festzuhalten, da der vorliegende Fall zu einer anderweitigen Beurteilung der Sach- und Rechtslage keinen Anlaß bietet. Aber auch wenn der Dampfer „Thorsten II" prisenrechtlich aufgebracht wäre, würde der Schadensersatzanspruch der Reederei unbegründet sein. Denn wie sich aus den obigen Ausführungen ergibt, hat das Schiff Konterbande befördert, und demzufolge haben ausreichende Gründe für die Beschlagnahme des Schiffes vorgelegen, ohne daß es auf das Mengeverhältnis der Konterbande ankommt. Damit entfällt jeder auf die Tatsache der Aufbringung gegründete Schadensersatzanspruch (Ziff. 8 Pr. O.). Auch die Kosten, welche durch das Verfahren wegen Einziehung

[1]) Nr. 12 S. 55.

der Konterbande usw. entstanden sind, hat der Vorderrichter mit Recht dem Schiffe auferlegt. Der im § 37 Abs. 4 Pr. GO. gebrauchte Ausdruck „Freilassung" ist ein ganz allgemeiner, und es besteht kein Grund zu der Annahme, daß der Gesetzgeber die Folge der Kostentragung nur im Falle der prisenrechtlichen Aufbringung gewollt hat. Nach den Erläuterungen zu Art. 41 der Londoner Erklärung, welcher dem zitierten Paragraphen der Prisengerichtsordnung zugrunde liegt, sollte die Verpflichtung zur Kostentragung eine Art Buße für die Konterbandebeförderung in den Fällen sein, in welchen das Mengeverhältnis der Waren eine Einziehung des Schiffes nicht rechtfertigt. Diese ratio legis trifft aber auf den hier vorliegenden Fall ebenso zu wie auf den Fall der Aufbringung, und es besteht deshalb kein Anlaß, jene Vorschrift der Prisengerichtsordnung enger auszulegen.

Für begründet hat das Oberprisengericht lediglich die beiden Berufungen hinsichtlich der Streichhölzer erachtet. Auch bei erneuter Prüfung der Sachlage hat das Oberprisengericht keinen Anlaß gefunden, von seiner dieselbe Frage betreffenden Entscheidung in der Prisensache „Björn" abzugehen. Was der Vorderrichter gegen deren Begründung anführt, ist nicht geeignet, sie als unzutreffend erscheinen zu lassen. Unrichtig ist schon der Ausgangspunkt jener Darlegungen: das Oberprisengericht sehe das entscheidende Merkmal des Feuerungsmaterials darin, daß es bei dem Gebrauch verbrannt werde. Vielmehr hat das Oberprisengericht in jenem Urteil ausgeführt: „unter Feuerungsmaterial sind nach dem hier anzuwendenden Sprachgebrauch des täglichen Lebens die Stoffe zu verstehen, welche man in der Wirtschaft und Industrie *zur Erzeugung von Wärme* in der Weise benutzt, daß sie . . . verbrannt werden." Hiernach ist also ersichtlich die Verwendung zur Erzeugung von Wärme das Hauptkennzeichen des Feuerungsmaterials, der Verbrauch durch Verbrennen eine notwendige Begleiterscheinung; sie kennzeichnet nur die Art der Verwendung, nicht den Zweck, sondern nur das Mittel zur Erreichung des Zweckes. Richtig mag sein, daß das Streichholz dazu dient, die Flamme noch einige Zeit zu nähren und zu erhalten, aber doch immer nur seine eigene Flamme, die aber nicht der Erzeugung von Wärme, sondern dem Entzünden des Feuerungsmaterials dient. Mit demselben

Rechte könnte man das Streichholz als Beleuchtungsmaterial bezeichnen, weil es nebenbei auch etwas Licht erzeugt, oder das Papier als Feuerungsmaterial, weil es hie und da zur Entzündung des Feuerungsmaterials Verwendung findet. Beides würde aber dem Sprachgefühl und dem natürlichen Volksempfinden ebenso widersprechen, wie die Bezeichnung des Streichholzes als Feuerungsmaterial. Was das Prisengericht zur Begründung seiner Auffassung aus der Vorgeschichte des Gesetzes anführt, ist eher geeignet, die gegenteilige Ansicht zu stützen. Wenn fuel gleichbedeutend ist mit: anything that feeds the fire, so müßte das Streichholz, um unter jene Begriffsbestimmung zu fallen, die Bestimmung haben, das Feuer zu füttern, zu nähren; die hat es aber auch nach Ansicht des Prisengerichts offenbar nicht, es sei denn, daß das Prisengericht unter Feuer in obigem Sinne die eigene Flamme des Streichholzes verstanden wissen will, was zweifellos falsch wäre.

Sind die Streichhölzer nicht unter den Begriff Feuerungsmaterial zu bringen, so sind sie, da eine andere Position der Liste auf sie nicht zutrifft, nicht als Konterbande anzusprechen und müssen freigegeben werden. Soweit inzwischen gemäß § 46 Abs. 2 Pr. GO. eine Überweisung stattgefunden hat, ist der Wert zu erstatten. Die Höhe des Werterſatzes anlangend, so hat das Oberprisengericht keine Bedenken getragen, die vom Prisenamt vorgenommene Festsetzung des Wertes als maßgebend zu erachten. Es ist nicht ersichtlich, daß der Sachverständige bei der Abschätzung von Voraussetzungen ausgegangen ist, die zu ungünstig für die Reklamanten wären. Es entspricht der Rechtsprechung des Oberprisengerichts, wenn dabei, wie geschehen, der Tag der Beschlagnahme zugrunde gelegt ist. Einen Anspruch auf Erstattung des Wertes, den Streichhölzer um die fragliche Zeit in Deutschland hatten, haben die Reklamanten, wie das Oberprisengericht ebenfalls bereits wiederholt (vergl. Beschwerdesache „Kiew" [1]) und Prisensache „Brage" [2])) ausgesprochen hat, nicht. Mit Recht hat deshalb das Prisenamt von dem geschätzten Wert der Streichhölzer den deutschen Eingangszoll abgesetzt. Aus

[1]) Nr. 35 S. 146.
[2]) Nr. 56 S. 227.

dieser Maßnahme ergibt sich auch, daß das Prisenamt seiner Wertfestsetzung offenbar ausländische, und zwar, wie am nächsten liegend, schwedische Ware zugrunde gelegt hat. Dadurch werden aber die Berufungskläger nicht beschwert, denn es ist anzunehmen, daß sie hiermit mindestens das ersetzt bekommen, was die Streichhölzer in Schweden wert waren. Sie sind also hinsichtlich derselben in den Zustand versetzt, der bestehen würde, wenn die Streichhölzer nicht beschlagnahmt wären. Daß für sie ein höherer Wert, abgesehen von dem von ihnen beanspruchten deutschen Eingangszoll, in Frage käme, haben sie nicht dargetan. Daß wegen Minderwertigkeit der Streichhölzer deren Wert niedriger angenommen ist, ergibt der Beschluß des Prisenamts vom 12. Oktober 1916 nicht. Die Tatsache der Minderwertigkeit ist darin nur nebenbei erwähnt. Es war nach alledem in der Hauptsache, wie geschehen, zu erkennen. Die Kostenentscheidung folgt aus § 37 Pr. GO. Hinsichtlich der Reklamanten, die in zweiter Instanz obgesiegt haben, waren dem Reich die notwendigen Auslagen aufzuerlegen, weil Schweden die Gegenseitigkeit verbürgt hat und für die Beschlagnahme der Streichhölzer ausreichende Gründe nicht vorgelegen haben. Auf diese Beschlagnahme allein aber kommt es hier an, weil das Schiff selbst, wie oben dargetan, nicht aufgebracht ist.

61.

„Germania."

Urteil vom 16. März 1917.

Begriff der als solche kenntlichen Bestandteile von Waffen. Federstahl.

Ziff. 21 Nr. 1 der Prisenordnung in der Fassung vom 18. April 1915 (Reichs-Gesetzbl. S. 227).

In der Prisensache, betreffend den schwedischen Dampfer „Germania", Heimatshafen Gothenburg, hat das Kaiserliche

Oberprisengericht in Berlin in der Sitzung vom 16. März 1917 für Recht erkannt:

Auf die Berufung des Tycho Roberg in Gothenburg und der Versicherungsgesellschaft Ocean daselbst wird das Urteil des Prisengerichts in Hamburg vom 9. Juni 1916 dahin geändert, daß die von den genannten Reklamanten beanspruchten fünf Kisten Stahl freigegeben und die gerichtlichen Kosten der Reklamation in beiden Instanzen der Reichskasse auferlegt werden. Im übrigen werden die Berufungen gegen das bezeichnete Urteil zurückgewiesen und die Kosten des Berufungsverfahrens den Berufungsklägern auferlegt.

Gründe.

Der mit einer Ladung Stückgut auf der Reise von Göteborg nach Hull befindliche schwedische Dampfer „Germania“ wurde am 21. Juli 1915 in der Nordsee von einem deutschen Kriegsschiff angehalten und nach Cuxhaven eingebracht. Nachdem er den kleineren, konterbandeverdächtigen Teil seiner Ladung, der beschlagnahmt wurde, gelöscht hatte, wurde er am 8. August 1915 wieder entlassen.

Außer von der Reederei des Schiffes wurde von elf Ladungsbeteiligten Reklamation erhoben. Die Reederei verlangte Schadensersatz wegen unberechtigter Anhaltung des Schiffes, die übrigen Reklamanten forderten Freigabe ihrer Waren, eventuell Schadensersatz. Begründet wurden die Reklamationen damit, daß die beschlagnahmten Waren keine Konterbande seien, da sie friedlichen Zwecken zu dienen bestimmt seien.

Durch Urteil des Prisengerichts Hamburg vom 9. Juni 1916 wurde die Beschlagnahme des Schiffes für berechtigt erklärt und auch die übrigen Reklamationen abgewiesen, mit Ausnahme der Reklamation 7, der durch Freigabe der Güter bei gleichzeitiger Feststellung, daß für die Beschlagnahme ausreichende Gründe vorgelegen haben, stattgegeben wurde. Beschlagnahmt wurden durch das genannte Urteil ferner noch einige Gegenstände der absoluten Konterbande, hinsichtlich deren keine Reklamation erhoben war, und sechs im Manifest nicht verzeichnete Postpaketsäcke mit Waffen. Diese Gegenstände interessieren in dieser Instanz nicht mehr, weil insoweit keine Berufung erhoben ist.

Das Urteil erster Instanz hat die reklamierten Güter teils als absolute Konterbande (Rekl. 9: 5 Kisten Federstahl; Rekl. 1, 2, 3, 5, 6, 10 und 12: Schiffbaustahl), teils als relative Konterbande (Rekl. 8: Kistenbretter; Rekl. 11: Latten) angesprochen und mit bezug auf letztere die Vermutung der feindlichen Bestimmung nicht für widerlegt erachtet. Bezüglich des Schiffbaustahls hat es angenommen, daß es sich zum kleineren Teil (Rekl. 2 und 10) um Fertigfabrikate (Stahlrohre), zum größeren Teil um Halbfabrikate (Stahlblöcke, Stahlbarren, Stahlstangen) handele.

Gegen dieses Urteil haben sämtliche Reklamanten frist- und formgerecht Berufung erhoben und gerechtfertigt. Die Begründung der Berufungen ist dieselbe, wie in erster Instanz, auch werden dieselben Anträge gestellt. Soweit der Vorderrichter die reklamierten Waren als absolute Konterbande angesprochen hat, wird diese Eigenschaft derselben von den Berufungsklägern bestritten. Hinsichtlich der vom Vorderrichter freigegebenen Güter (Rekl. 7) wird in dieser Instanz Schadensersatz wegen unberechtigter Beschlagnahme verlangt. Zu Rekl. 8 und 11 sind in zweiter Instanz noch eine eidesstattliche Versicherung und zwei Bescheinigungen überreicht, durch welche die friedliche Bestimmung der betreffenden Waren dargetan werden soll.

Der Kaiserliche Kommissar bei dem Oberprisengericht hat den Ausführungen der Berufungskläger widersprochen und um Zurückweisung der Berufungen gebeten.

Den Berufungen war zum größten Teil der Erfolg zu versagen.

Vom Vorderrichter sind als absolute Konterbande angesehen worden und demgemäß eingezogen die Waren, auf welche sich folgende Reklamationen beziehen:

1. der Firma Joh. Sam. Billing and Son, Stockholm (Rekl. 1),
2. der L. G. Bratt & Co. A. B., Gothenburg (Rekl. 2),
3. der Firma Ekmann & Co., Gothenburg (Rekl. 3),
4. der Hellefors Bruks A. B., Hellefors und der Försäkrings A. B. Ocean, Gothenburg (Rekl. 5),
5. der Hofors A. B., Hofors (Rekl. 6),

6. des Tycho Roberg (Uddeholms A. B.), Uddeholm und der Försäkrings A. B. Ocean, Gothenburg (Rekl. 9),
7. der Sandvikens Jernverks A. B., Sandviken (Rekl. 10),
8. der Söderfors Bruks A. B., Falun (Rekl. 12).

Zu 1, 2, 3, 4, 5, 7 und 8 vorstehender Aufstellung erachtet der Vorderrichter die Eigenschaft der betreffenden Waren als absolute Konterbande für vorliegend, weil es sich nach dem von ihm eingeholten Gutachten um Schiffbaustahl handelt, zu 6 nimmt er an, daß die beschlagnahmten 5 Kisten Stahl als Bestandteile von Waffen anzusprechen seien. Das Oberprisengericht ist den Ausführungen des Vorderrichters gefolgt, soweit er die beschlagnahmten Ladungsteile als Schiffbaustahl angesprochen hat. Nach der vom Oberprisengericht bereits in der Prisensache „Björn"[1]) und neuerdings in der Prisensache „Ida"[2]) aufgestellten Begriffsbestimmung des Wortes Schiffbaustahl im Sinne der Prisenordnung fallen die bezeichneten Ladungsteile, deren Beschaffenheit, Verwendbarkeit und Bestimmung vom Sachverständigen Baer in erster Instanz näher erläutert ist, sämtlich unter diesen Begriff, und damit ist ihr Schicksal, weil ihre Bestimmung unstreitig das feindliche Gebiet war, entschieden.

Nicht zu folgen vermochte dagegen das Oberprisengericht dem Vorderrichter in der Beurteilung der oben zu 6 erwähnten fünf Kisten Stahl (Rekl. 9 des Tycho Roberg). Der Sachverständige Baer hat angegeben, der Inhalt dieser Kisten bestehe aus feinstem, ganz schmalem Uhrfederstahl und breitem gehärtetem Federstahl in endlosen Streifen und zugeschnittenen Längen, der zweifellos für Kriegszwecke verwendbar ist. In ihrem gemeinschaftlichen Gutachten haben die Sachverständigen Baer und Ulrich den Inhalt der Kisten als „Bestandteile für Waffen: Federstahl zur Herstellung von Abzügen und Sicherheitsvorrichtungen" bezeichnet. Aus beiden gutachtlichen Äußerungen ergibt sich klar, daß man es hier mit einem Halbfabrikat, nämlich mit Federstahl, der zu allen möglichen Zwecken verwendet werden kann, zu tun hat. Für eine bestimmte Verwendungsart ist er, da er in endlosen Streifen und zugeschnittenen Längen vor-

[1]) Nr. 37 S. 152.
[2]) Nr. 59 S. 247.

liegt, noch nicht verarbeitet. Bei dieser Sachlage ist es unzutreffend, wenn das Prisengericht bezüglich des Stahls annimmt, daß es sich dabei um „als solche kenntliche Bestandteile von Waffen" handele. Die Sachverständigen hatten ihn nur mit der Maßgabe als Bestandteile für Waffen bezeichnet, daß sich daraus Abzüge und Sicherheitsvorrichtungen herstellen ließen. Auch nach dem Gutachten der Sachverständigen handelt es sich mithin nicht um fertige Bestandteile von Waffen, sondern um das Material dazu, und da dieses (Federstahl) nicht in der Liste der Konterbande steht, auch offenbar nicht unter den Begriff Schiffbaustahl zu subsumieren ist, so war dieser Posten, wie geschehen, freizugeben.

Als relative Konterbande hat das Prisengericht die von A. B. Niels R. Parelius, Gothenburg, und die von der Sjöförsäkrings A. B. Ägir, Stockholm, reklamierten Kistenbretter und Latten (Rekl. 8 und 11) behandelt. Hier ist dem Vorderrichter lediglich beizutreten. Der Gegenbeweis gegen die Vermutung der feindlichen Bestimmung ist auch in zweiter Instanz nicht erbracht. Denn die vorgelegten Erklärungen ergeben nicht, daß über die Waren bereits zugunsten des wirklichen Verbrauchers verfügt war. Das muß aber nach der ständigen Rechtsprechung des Oberprisengerichts gegenüber jenen Vermutungen verlangt werden. Insoweit waren also die Berufungen ebenfalls als unbegründet zurückzuweisen.

Dasselbe gilt von der Berufung der Förnyade Angfartygs A. B. Svenska Lloyd, Gothenburg. Da das Schiff, wie vorstehend festgestellt, unter seiner Ladung Konterbande führte, lagen für seine Einbringung ausreichende Gründe vor, und für einen Schadensersatzanspruch ist daher kein Raum. Ebenso liegt es bezüglich des Schadensersatzanspruchs wegen Beschlagnahme der Elektroden (Rekl. 7 der Höganäs-Billesholms A. B. in Höganäs), die vom Prisengericht freigegeben sind. Wenn ausreichende Gründe für die Beschlagnahme des Schiffes vorlagen, haben die auf demselben befindlichen unschädlichen Waren keinen Anspruch auf Schadensersatz. Die an Bord des in Beschlag genommenen Schiffes befindliche unschädliche Ware wird vielmehr von allen Nachteilen der Beschlagnahme des Schiffes mitbetroffen.

Nach alledem war, wie geschehen, zu erkennen. Die Kostenentscheidung folgt aus § 37 Pr. GO.

62.

„Ynez.“

Urteil vom 16. März 1917.

Aufbringung außerhalb der Dreiseemeilenzone. Bestimmung des Schiffsorts.

Ziff. 3 Abs. 1a der Prisenordnung.

In der Prisensache, betreffend den schwedischen Segler „Ynez“, Heimatshafen Malmö, hat das Kaiserliche Oberprisengericht in Berlin in der Sitzung vom 16. März 1917 für Recht erkannt:

Die Berufung gegen das Urteil des Prisengerichts in Kiel vom 8. November 1916 wird zurückgewiesen. Die Kosten des Rechtsmittels fallen der Reklamantin zur Last.

Gründe.

Am 13. August 1916 wurde der schwedische Schoner „Ynez“, mit einer Ladung Grubenholz auf der Reise von Helsingsborg nach Westhartlepool, aufgebracht. Auf die Bekanntmachung des Kaiserlichen Prisengerichts in Kiel hat die Reederei A. G. Max Hillerström & Co. in Malmö Reklamation erhoben, die damit begründet wird, daß die Aufbringung im schwedischen Küstengewässer stattgefunden habe.

Das Prisengericht hat auf Einziehung von Schiff und Ladung erkannt und die Reklamation abgewiesen.

Die hiergegen eingelegte Berufung war zurückzuweisen.

Die Reklamantin hat Behauptungen darüber nicht aufgestellt, wo die Aufbringung des Schiffes stattgefunden haben soll. Sie bezweifelt lediglich, daß die Aufbringung an der Stelle geschehen ist, welche vom Kriegsschiff festgestellt wurde, weil bei dem herrschenden Nebel eine genaue Ortsbestimmung nicht habe stattfinden können. Das ist unbegründet. Es ist richtig, daß gerade zu der Zeit der Anhaltung des Schiffes der Nebel jede Peilung nach Landmarken oder Seefahrtzeichen ausschloß. Das hindert aber die Feststellung nicht, daß man sich außerhalb der Dreiseemeilenzone befand. Die Meldung des Offiziers lautet:

> 6^5 wurde mit 10 Meilen Fahrt, Strom 2 Meilen nördlich setzend, Lappegrund-Feuerschiff passiert, von da gesteuert NNW. 1/2 W. m. w. 6^{45} Jungnäsbaden-Pricken passiert, 1 3/4 Sm. ab. NW. m. w. gesteuert, 3 Sm. gelaufen, um 7^{10} am Segler festgemacht. Besteck genau 56° 12′ N. 12° 25′ O.

Danach hat man 65 Minuten und wiederum 25 Minuten vor der Aufbringung sichere Peilungsmarken gehabt und Kurs und Schiffsort gut absetzen können. Der festgestellte Punkt liegt 4,7 Seemeilen von der schwedischen Küste entfernt. Zum Überfluß fand diese Ortsbestimmung sodann dadurch ihre Bestätigung, daß der Kommandant seinen Rückweg von der bestimmten Stelle aus mit dem Kurs SSO. 3/4 O. nahm und dabei genau auf das angesegelte Lappegrund-Feuerschiff traf.

Somit ist die Aufbringung zu Recht erfolgt.

63.

„Brage.“

Urteil vom 17. März 1917.

Vermutung feindlicher Bestimmung bei absoluter Konterbande, wenn das Schiff einen feindlichen Hafen berühren soll, bevor es den neutralen Bestimmungshafen der Ware erreicht.

Ziff. 30 Abs. 1b der Prisenordnung.

In der Prisensache, betreffend den schwedischen Dampfer „Brage“, Heimatshafen Stockholm, hat das Kaiserliche Oberprisengericht in Berlin in der Sitzung vom 17. März 1917 für Recht erkannt:

Das Urteil des Prisengerichts in Kiel vom 22. August 1916 wird dahin geändert, daß der Wert der beschlagnahmten 185 tons Eisenwaren der Boxholms A. B. in Boxholm vom Reich zu erstatten und an die Rederiaktiebolag Svea der Betrag von 1132 ℳ 46 ₰ nebst 4 % Zinsen seit 19. Juni 1916 zu bezahlen ist. Zur Verhandlung und Entscheidung über die Höhe des zu leistenden Werterſatzes wird die Sache in die erste Instanz zurückverwiesen. Die durch die Berufung der Stockholms Rederiaktiebolag Svea entstandenen gerichtlichen Kosten hat das Reich zu tragen; im übrigen bleibt die Entscheidung über die Streitkosten dem Endurteil vorbehalten.

Gründe.

Der mit einer Ladung Stückgüter auf der Fahrt von Norrköping nach Copenhagen befindliche schwedische Dampfer „Brage“ wurde am 6. Mai 1916 wegen Verdachts des Konterbandetransports von einem deutschen Kriegsschiff angehalten und nach Swinemünde eingebracht. Dort löschte er freiwillig etwa 185 Tonnen schwedisches Lancashire-Eisen (Chavcoal iron), bestehend aus Eisenringen und Stangeneisen, und wurde am 17. Mai 1916 mit Geleitschein entlassen. Das Eisen war an die Forenede D/S. in Copenhagen verschifft und sollte von dort, wie die Reklamanten angeben, nach Boston und Philadelphia an einen privaten Empfänger weiter verladen werden. Die betreffenden Durchkonnossemente sind im Laufe des prisengerichtlichen Verfahrens eingereicht worden und bestätigen diese Angabe. Konnossemente für die Fahrt Stockholm-Copenhagen befanden sich bei der Anhaltung an Bord des Schiffes.

Reklamationen wurden erhoben von der Abladerin, Boxholms A. B. in Boxholm, wegen des Eisens mit dem Antrag auf Freigabe bezw. Wertersatz (73 994 ℳ 95 ₰) und Schadensersatz und von der Reederei Stockholms Rederiaktiebolag Svea in Stockholm wegen der Fracht (1132 ℳ 46 ₰). Die Reklamanten bestreiten, daß es sich bei dem Eisen um absolute oder relative Konterbande handelt, und daß seine Bestimmung das feindliche Gebiet gewesen sei.

Durch Urteil vom 22. August 1916 hat das Prisengericht Kiel die Reklamationen zurückgewiesen und die Einziehung des Eisens ausgesprochen. Auf Grund des Gutachtens des von ihm gehörten Sachverständigen nimmt es an, daß das Eisen als Schiffbaustahl, also als absolute Konterbande, anzusprechen sei. Es erachtet ferner den Fall der Ziff. 30 Abs. 1 b Pr. O. als vorliegend, d. h. daß das Schiff einen feindlichen Hafen berühren sollte, bevor es den neutralen — amerikanischen — Hafen erreichte. Es sei nicht zu bezweifeln, daß das die Ware nach Amerika befördernde Schiff vor Erreichung des neutralen Zieles einen englischen Hafen berührt haben würde; denn schon im Frieden pflegten die von Dänemark nach Amerika fahrenden Dampfer regelmäßig einen englischen Hafen anzulaufen, und jetzt im Kriege würden sie schon durch die von England ausgeübte Sperre dazu genötigt. Daß dieses Anlaufen nicht durch das Schiff, auf welchem die Konterbande beschlagnahmt sei, habe erfolgen sollen, vielmehr durch ein die Weiterbeförderung ausführendes Schiff, sei bei dem auf absolute Konterbande anzuwendenden Prinzip der fortgesetzten Reise unerheblich. Dafür, daß das Eisen nach England bestimmt sei, spreche übrigens auch die demselben aufgedruckte Marke „made in Sweden", die nur bei nach England bestimmtem Eisen verwendet werde.

Gegen dieses Urteil haben beide Reklamanten Berufung erhoben. Sie bestreiten, daß das Schiff, mit dem das Eisen nach Amerika befördert werden sollte, einen englischen Hafen habe anlaufen sollen, und erwarten in dieser Beziehung den Beweis.

übrigens sei die Voraussetzung der Ziff. 30 Abs. 1 b Pr. O. nur dann erfüllt, wenn das Schiff, auf dem die Beschlagnahme stattgefunden habe, einen feindlichen Hafen habe anlaufen sollen, und das sei hier ausgeschlossen. Ferner bestreiten die Berufungskläger, daß es sich bei dem hier fraglichen Eisen um absolute oder relative Konterbande handele und endlich machen sie geltend, daß die Marke „made in Sweden“ gerade für die Bestimmung des Eisens nach Amerika spreche, weil dieses Land immer einen solchen Stempel verlange. Der Kaiserliche Kommissar beim Oberprisengericht hat diesen Ausführungen widersprochen und um Zurückweisung der Berufungen gebeten.

Den Berufungen war der Erfolg nicht zu versagen.

In Übereinstimmung mit dem Vorderrichter hat das Oberprisengericht zunächst angenommen, daß die auf dem Dampfer „Brage“ verschifften 185 Tonnen schwedisches Lancashire-Eisen als Schiffbaustahl und somit als absolute Konterbande anzusprechen sind. Der in erster Instanz vernommene Sachverständige hat sich in diesem Sinne geäußert und ist dabei von Grundsätzen ausgegangen, die mit der Rechtsprechung des Oberprisengerichts, wie sie erst neuerdings wieder in der Prisensache „Ida“ [1]) zum Ausdruck gelangt ist, übereinstimmen.

Mit dem Vorderrichter nimmt das Oberprisengericht auf Grund der von den Reklamanten beigebrachten Nachweise ferner an, daß das hier fragliche Eisen nach dem Willen der Ablader für private Empfänger in Boston und Philadelphia bestimmt war.

Die Vorentscheidung ist aber nur zu halten, wenn weiterhin mit dem Prisengericht anzunehmen ist, daß die Voraussetzungen der Ziff. 30 Abs. 1 b Pr. O. gegeben sind. Dies hat das Oberprisengericht verneint. Die Bestimmung lautet in der hier maßgebenden alten Fassung der Prisenordnung, soweit sie hier interessiert:

> Der Kommandant hat die unter Ziff. 29 bezeichnete feindliche Bestimmung ohne weiteres als vorliegend anzusehen, wenn das Schiff . . . . . einen feindlichen Hafen berühren soll. bevor es den neutralen Hafen erreicht, wohin die Ware bestimmt ist.

---

[1]) Nr. 59 S. 247.

Der Vorderrichter steht auf dem Standpunkt, daß es in einem Falle wie dem vorliegenden, wo der Transport nach dem neutralen Bestimmungshafen hintereinander von mehreren Schiffen ausgeführt wird, unerheblich sei, welches Schiff einen feindlichen Hafen anlaufen soll, daß es insbesondere genügt, wenn zwar nicht das Schiff, auf dem Ware beschlagnahmt wird, wohl aber ein Schiff, das später mit dem Transport befaßt wird, dies tun soll. Dieser Auffassung konnte das Oberprisengericht nicht beitreten; sie steht einmal mit dem klaren Wortlaut des Gesetzes in Widerspruch und führt auf der anderen Seite zu unhaltbaren Konsequenzen.

In Ziff. 30 Abs. 1 bildet unter a die Bestimmung der Ware, unter b die des Schiffes das Kriterium für das Vorhandensein der Vermutung. In beiden Fällen handelt es sich nach dem Wortlaut des Gesetzes um konkrete Begriffe, nämlich „die" Ware und „das" Schiff. Diese Sprechweise kann ungezwungen nur dahin verstanden werden, daß die unter a und b aufgestellten Voraussetzungen gerade auf die Ware und das Schiff zutreffen müssen, gegen welche sich die prisenrechtliche Maßnahme richten soll.

Wollte man anders entscheiden, so würde man zu der unhaltbaren Konsequenz kommen, daß im vorliegenden Falle auch der Dampfer „Brage", wenn die Eisenladung mehr als die Hälfte der Gesamtladung ausgemacht hätte, zu beschlagnahmen und einzuziehen gewesen wäre, und zwar nicht deshalb, weil er selbst gegen die Vorschriften der Prisenordnung verstoßen hätte, sondern weil dies ein zurzeit noch unbekanntes Schiff einer anderen Reederei getan haben würde, in welches das Eisen zwecks Weitertransports umzuladen war. Ja, diese Konsequenz würde sogar dann gezogen werden müssen, wenn der Reederei des „Brage" die Tatsache, daß die Ware von dem Hafen aus, wohin ihr Schiff die Ware brachte, weiter verschifft werden sollte, überhaupt nicht bekannt war. Eine solche offenbare Unbilligkeit kann der Gesetzgeber nicht gewollt haben. Vorliegend war das Eisen auf einem Schiff verladen, welches sich auf der Fahrt von Stockholm nach Copenhagen befand und dahin lautende Konnossemente an Bord hatte. Gemäß Ziff. 31 Pr. O. ist diesen Angaben der Konnossemente, da die daselbst vorgesehenen Ausnahmefälle nicht vorliegen, unbedingt Glauben zu schenken. Auf der Fahrt von Stockholm nach Copenhagen aber konnte „Brage" einen feindlichen Hafen nicht anlaufen, und damit entfällt die Anwendung der Ziff. 30 Abs. 1 b Pr. O. im vorliegenden Falle.

Da es für die Vermutung der feindlichen Bestimmung nur auf das Schiff ankommt, auf dem die Konterbande beschlagnahmt wird, ist es unerheblich, ob mit dem Vorderrichter anzunehmen ist, daß das spätere Schiff, das den Weitertransport besorgen sollte, auf der Fahrt von Copenhagen nach Amerika einen feindlichen Hafen berührt haben würde, ob also auf dieses andere Schiff die Voraussetzungen der Ziff. 30 Abs. 1 b zutreffen würden.

Die Bezugnahme des Vorderrichters auf Ziff. 29 Satz 2 Pr. O. ist nicht geeignet, eine andere Beurteilung der Sachlage eintreten zu lassen. Der Grundsatz der fortgesetzten Reise findet nach Satz 1 daselbst nur auf solche Gegenstände der absoluten Konterbande Anwendung, von denen bewiesen ist, daß ihre Bestimmung das feindliche Gebiet ist. An diesem Beweise fehlt es hier aber, da, wie oben ausgeführt, die Vermutung der Ziff. 30 Abs. 1 b nicht zutrifft und andere Anhaltspunkte für eine feindliche Bestimmung des Eisens nicht vorliegen.

Nach alledem unterlag die Eisenladung des „Brage" nicht der Beschlagnahme. Da sie inzwischen gemäß § 46 Abs. 2 Pr. GO. überwiesen ist, war auf Werterſatz zu erkennen, dessen Höhe noch weiterer Erörterungen bedarf. Deshalb erschien es angemessen, insoweit die Sache in die Instanz zurückzuverweisen.

Auch der von der Reedereigesellschaft Svea geltend gemachte Anspruch erscheint nach Vorstehendem begründet, weil sie, wie durch das Schreiben der Forenede D/S. vom 29. Juni 1916 dargetan ist, durch die Anhaltung des Schiffes und Beschlagnahme des Eisens in Swinemünde, also durch prisenrechtliche Maßnahmen, den Anspruch auf die bereits verdiente Fracht verloren hat. Diese beläuft sich nach den beigebrachten Nachweisen auf den zuerkannten Betrag, wovon jedoch nur Zinsen vom Tage der Einreichung der Reklamationsschrift an zuzubilligen waren, weil ein früher eingetretener Verzug nicht nachgewiesen ist.

Nicht berührt durch dieses Urteil wird die Entscheidung des Vorderrichters, soweit sie den Anspruch der Boxholms Aktiebolag auf Ersatz des ihr durch die Beschlagnahme des Eisens angeblich entstandenen, noch zu spezifizierenden Schadens abgewiesen hat. Dieser Anspruch ist auch bei der in zweiter Instanz geänderten Sachlage ungerechtfertigt. Es ist in keiner Weise dargetan, worin der Schaden bestehen soll, wie hoch er sich beläuft und wodurch er veranlaßt ist.

Die Kostenentscheidung hinsichtlich der Reklamation der Reedereigesellschaft Svea stützt sich auf § 37 Pr. GO. Im übrigen war die Kostenentscheidung vorzubehalten.

64.

„Morsö."

Urteil vom 17. März 1917.

Wertersatz für Prisengüter, die einer militärischen Stelle überwiesen sind. Grundsätze der Wertberechnung. Anspruch des Ersatzberechtigten auf Prozeßzinsen.

§ 46 Abs. 2 der Prisengerichtsordnung in der Fassung vom 11. Dezember 1915 (Reichs-Gesetzbl. S. 814).

In der Prisensache, betreffend den dänischen Dampfer „Morsö", Heimatshafen Kopenhagen, hat das Kaiserliche Oberprisengericht in Berlin in der Sitzung vom 17. März 1917 für Recht erkannt:

Die Berufungen gegen das Urteil des Prisengerichts in Kiel vom 12. September 1916 werden zurückgewiesen, jedoch mit der Maßgabe, daß den Reklamanten 4 % Prozeßzinsen von den ihnen zuerkannten Beträgen seit dem 8. Mai 1916 zu entrichten sind. Die Reklamanten haben die Kosten des Berufungsverfahrens zu tragen.

Gründe.

Am 21. März 1916 wurde der dänische Dampfer „Morsö", mit Stückgütern auf der Reise von Kopenhagen nach Drontheim, von einem deutschen Kriegsschiff angehalten und angewiesen, nach Swinemünde zu gehen, wo er wieder entlassen wurde, nachdem er 1336 Sack Malz und 39 Sack Kaffee freiwillig herausgegeben hatte. Die einbehaltenen Güter sind vom Prisenamt dem Reichs-Marine-Amt überwiesen worden unter Festsetzung ihres Wertes auf 70 653 ℳ 10 ₰ für das Malz und auf 15 088 ℳ 40 ₰ für den Kaffee.

Es sind mit Anspruch auf Herausgabe der Güter und auf Schadensersatz vier Reklamanten aufgetreten, wegen des Malzes drei Brauereien in Drontheim, wegen des Kaffees die Freihafen-Kaffee-Kompagnie in Kopenhagen.

Durch rechtskräftig gewordenes Urteil des Kaiserlichen Prisengerichts in Kiel ist festgestellt, daß die Güter der Einziehung nicht unterlagen und freizugeben sind und daß, soweit ihre Herausgabe nicht erfolgt, an ihre Stelle der noch festzusetzende Wert tritt, daß aber für die Beschlagnahme der Güter ausreichende Gründe vorgelegen haben.

In dem nunmehr angefochtenen Urteil desselben Gerichts ist über die Höhe der Ansprüche der Reklamanten entschieden.

Es fordern:

a) die Aktienbrauerei Drontheim wegen 134 Sack Malz 7000 ℳ Sachwert und Schadensersatz in Höhe von 3680 ℳ,
zuerkannt ist nur der Sachwert mit 5827 ℳ 50 ₰,

b) die Trondhjems-Brauerei wegen 668 Sack Malz den Sachwert mit 25 000 Kr. zum Kurse von 161 ℳ 50 ₰ = 40 375 ℳ und Schadensersatz in Höhe von 5000 Kr. = 8075 ℳ,
zuerkannt ist nur der Sachwert mit 29 137 ℳ 50 ₰,

c) L. Maacks Brauerei und Mineralwasserfabrik wegen 534 Sack Malz den Sachwert mit 28 000 Kr. zum Kurse von 161,50 ℳ = 45 220 ℳ und 8000 ℳ Schadensersatz,
zuerkannt ist nur der Sachwert mit 24 727 ℳ 50 ₰,

d) die Freihafen-Kaffee-Kompagnie in Kopenhagen wegen der 39 Sack Kaffee den Sachwert, wie er vom Prisenamt festgesetzt worden ist (15 088 ℳ 40 ₰), und Schadensersatz in Höhe von 523,06 Kr. und 120 ℳ,
zuerkannt ist nur der Sachwert mit 5714 ℳ 45 ₰.

Das Prisengericht hat in dem voraufgegangenen rechtskräftigen Urteil sämtliche Ansprüche auf Schadensersatz bereits zurückgewiesen. In Beziehung auf den Sachwert geht es jetzt davon aus, daß weder die vom Prisenamte vorgenommene, die Preisverhältnisse des inländischen Marktes berücksichtigende Wertfestsetzung noch auch eine etwaige Werterhöhung, die den Auslandsmarkt betreffe und in die Zeit nach der Beschlagnahme falle, maßgebend seien, ebensowenig der Wert, den die Waren unter Berücksichtigung des mit ihnen zu erzielenden Gewinnes gehabt hätten; deshalb sei auch nicht auf Zinsen von den zugesprochenen Beträgen zu erkennen, die sich als Ersatz für die Entziehung einer gewinnbringenden Verwertung des Kapitals darstellten; eine sichere Grundlage für Feststellung des wirklichen Wertes zur Zeit der Beschlagnahme bildeten allein die Preise, die von den Reklamanten für die Waren bezahlt worden oder (bei dem Kaffee) zu fordern gewesen seien. Der Umrechnung in deutsches Geld ist der Kurs 157,50 *M* zugrunde gelegt.

Die Reklamanten haben in der vorgeschriebenen Form und Frist Berufung eingelegt.

Die Reklamanten unter a und b haben ihre Ansprüche voll aufrecht erhalten, in den Anträgen der Reklamanten c und d sind die Ansprüche auf Schadensersatz nicht mehr wiederholt.

Die Berufungen sind in der Hauptsache unbegründet.

Es handelt sich bei allen Reklamationen um Feststellung des Sachwertes der nicht mehr vorhandenen Güter der Reklamanten durch Schätzung. Von vornherein unbegründet ist der Anspruch auf Erstattung des Wertes, den die Güter in Deutschland hatten, wohin sie gebracht worden sind. Wie die Dinge zurzeit liegen, würde den Reklamanten damit ein Gewinn zugesprochen werden, den sie, auch wenn es zur Beschlagnahme nicht gekommen wäre, das Schiff vielmehr seine Reise ungehindert durchgeführt hätte, ganz bestimmt nicht gemacht haben würden.

Ohne weiteres zutreffend erscheint sodann die Entscheidung des Prisengerichts auf die Reklamation der Kopenhagener Freihafen-Kaffee-Kompagnie. Diese hat die Fakturen vorgelegt, aus denen der Preis zu ersehen ist, zu welchem sie den Kaffee nach Norwegen verkauft hatte. Es gibt kaum einen besseren Maßstab für die Schätzung der Güter als den Nachweis der Summe, für welche der Eigentümer selbst in wohlerwogener Handelstransaktion seine Ware kaufmännisch zu verwerten sich entschlossen hat. Jedenfalls gilt das im allgemeinen. Gewiß wird unter Umständen der Kaufmann auch einmal dazu schreiten, seine Ware unter dem Preis abzustoßen. Aber so liegt es hier offenbar nicht. Jedenfalls wäre es, wenn es an dem gewesen wäre, Sache der Reklamantin gewesen, es geltend zu machen.

Anders verhält es sich mit den drei reklamierenden Brauereien. Sie haben die Fakturen über den betreffenden Ankauf des Malzes vorgelegt. Der hieraus ersichtliche Preis ist nicht der Verkaufs- sondern der Einkaufspreis. Indessen macht das für den gegenwärtigen Fall keinen Unterschied. Es kommt in Betracht, daß die Reklamanten offensichtlich das Malz nicht zum Zwecke des Weiterverkaufs, sondern zum Zwecke des Verbrauens angeschafft haben, und es kann deshalb unerörtert bleiben, ob sich mit Grund behaupten läßt, daß für den Weiterverkäufer darum, weil er beim Weiterverkauf verdienen will, die Feststellung des „Sachwertes" nach dem Einkaufspreis einen unrichtigen Maßstab abgebe. Beim Konsumenten kommt dies jedenfalls nicht in Betracht. Vielmehr greift ihm gegenüber schon die Erwägung durch, daß im allgemeinen der Fabrikant beim Einkauf der Rohstoffe darauf angewiesen ist, sich zu dem Preise, der der allgemeinen Marktlage entspricht, einzudecken. Auch hier müßte, sollte dies einmal aus besonderen Gründen sich anders verhalten, der Reklamant bei Geltendmachung seiner Ansprüche das vorbringen, wenn es berücksichtigt werden soll. Und wenn auch zuzugeben ist, daß auch für den Fabrikanten der Wert der Rohstoffe, die er einkauft und auf Lager nimmt, mit dem Wechsel der Konjunktur den gleichen Schwankungen unterliegt, so kann derartiges im vorliegenden Falle nicht von Bedeutung sein, weil es sich bei der Aufbringung des Schiffes nach Ausweis der beigebrachten Fakturen um Ankäufe neuesten Datums gehandelt hat, sodaß bis zur Aufbringung eine in das Gewicht fallende Preissteigerung der Ware nicht stattgefunden haben kann.

Begründet sind die Berufungen allein in dem Punkt, daß der Vorderrichter auch den Anspruch auf alle Zinsen, also auch auf Prozeßzinsen aberkannt hat. Das Prisengericht führt aus, entgangener Gewinn sei hier nicht zu ersetzen, daher könne auch eine Verzinsung nicht in Betracht kommen, weil die Zinsen den Ersatz für die Entziehung einer gewinnbringenden Verwertung des Kapitals darstellten. So richtig das ist, so trifft es doch nicht auf Prozeßzinsen zu, die ohne Rücksicht, ob den Zahlungspflichtigen ein Verschulden trifft oder nicht, nach allgemeinen, unbedenklich auch hier anzuwendenden Prozeßgrundsätzen lediglich dem Zwecke dienen, den durch den unvermeidlichen Zeitverlust der Prozeßführung bedingten Nachteil, daß der obsiegende Kläger nicht gleich bei Erhebung der Klage zu seinem Recht gekommen ist, auszugleichen. Somit waren die beanspruchten Zinsen in Höhe der gesetzlichen Prozeßzinsen zuzuerkennen.

65.

„Trudvang."

Urteil vom 17. März 1917.

Ungerechtfertigte Zerstörung eines Schiffes. Ersatzansprüche der Mannschaft wegen ihrer mitzerstörten Habe. Geltendmachung durch den Reeder. Anspruch auf Ersatz des Schiffswerts im Zeitpunkt der Aufbringung. Berechnung des Wertes in deutscher Währung.

Ziff. 8 der Prisenordnung.

In der Prisensache, betreffend den norwegischen Dampfer „Trudvang", Heimatshafen Bergen, hat das Kaiserliche Oberprisengericht in Berlin in der Sitzung vom 17. März 1917 für Recht erkannt:

Die Berufung gegen das Urteil des Prisengerichts in Hamburg vom 27. Oktober 1916 wird zurückgewiesen. Die Berufungsklägerin hat die Kosten des Rechtsmittels zu tragen.

Gründe.

Am 7. Juli 1915 ist der norwegische Dampfer „Trudvang", mit einer Ladung Schwefelkies auf der Reise von Portugal nach

Dublin, von einem deutschen Kriegsschiff aufgebracht und, weil nach Auffassung des Kommandanten mit Konterbande beladen, zerstört worden.

Durch rechtskräftiges Urteil des Kaiserlichen Prisengerichts Hamburg vom 4. November 1915 ist entschieden, daß Dampfer und Ladung unrechtmäßig aufgebracht und der Anspruch der Reederei auf Schadensersatz begründet sei.

Im anschließenden Verfahren über die Höhe des Anspruchs der Reederei hat diese folgende Rechnung aufgemacht:

a) Wert des Schiffes	Kr.	400000
b) Inventar, Proviant	„	1812.06
c) Effekten der Mannschaft	„	2768.00
d) Kosten der Heimschaffung der Mannschaft .	„	542.23
e) entgangene Fracht	£	485.16.8
f) entgangene Maklerkurtage und Adreßkommission	„	815.17.0.

Nachträglich ist durch Schriftsatz vom 26. Oktober 1916 eine angemessene Entschädigung dafür gefordert, daß die Reederei bis zur Beschaffung eines Ersatzschiffes die Möglichkeit, Fracht zu verdienen, entbehrt hat. Der Anspruch auf Ersatz von Adreßkommission ist nach stattgehabter Beweisaufnahme fallen gelassen.

Das Kaiserliche Prisengericht in Hamburg hat die Entscheidung über die Ansprüche wegen der Fracht und Kurtage ausgesetzt, im übrigen nach Einziehung des Gutachtens eines Sachverständigen der Reklamantin zugesprochen:

1. als Wert des Schiffes	Kr.	400000
2. für Ausrüstung und Proviant	„	1812.06
3. Kosten der Heimschaffung	„	542.23

Zurückgewiesen sind die Ansprüche auf Ersatz der Effekten der Mannschaft und auf Entschädigung für Geschäftsverlust.

Die unter 1 bis 3 festgesetzten Beträge sind in deutscher Währung nach dem Kurse vom Tage der Zerstörung des Schiffes zuerkannt.

Hiergegen hat die Reklamantin in vorgeschriebener Form und Frist Berufung eingelegt und das Rechtsmittel begründet.

Dem Rechtsmittel war der Erfolg zu versagen.

I. Effekten der Mannschaft. Das Prisengericht hat den Ersatzanspruch unter Hinweis auf die Entscheidung dieses Gerichts in der Prisensache „Elna" [1]) zurückgewiesen. In jener Sache stand indes nur die Frage zur Entscheidung, ob der Mannschaft, wenngleich ausreichende Gründe für die Zerstörung des Schiffes vorlagen, der § 8 Pr. O. also nicht herangezogen werden konnte, doch auf Grund des § 115 Pr. O. ein Anspruch auf Ersatz der verloren gegangenen Effekten zustehe, was verneint wurde, weil im § 115 nur vom Schiff und von der Ladung die Rede ist und zur Ladung jene Effekten jedenfalls nicht gehören. Hier kann die Reklamantin ihre Ansprüche auch aus § 8 Pr. O. herleiten, der ganz allgemein Schadensersatz den „Beteiligten" zuerkennt, und es muß anerkannt werden, daß die Mannschaft, wenn sie Effekten verliert, dadurch am Ereignis beteiligt wird und damit in den Kreis der Beteiligten im Sinne des § 8 tritt. Aber es ist dann nur der betroffene Mann der Schiffsbesatzung der Beteiligte. Ein Recht des Reeders, deswegen zu reklamieren, kann nicht anerkannt werden. Jedenfalls kann er nicht, wie er hier tut, dabei im eigenen Namen auftreten. Will er es vertretungsweise tun, so kann nicht davon abgesehen werden, daß er eine ihn hierzu befugende Vollmacht beibringt. Kraft Gesetzes steht ihm die Vertretungsmacht nicht zu. Wenn im Handelsgesetzbuch zwar nicht dem Reeder, aber dem Schiffer die Stellung gesetzlich verliehen ist, daß er sich der Ladungsgüter in einer Weise anzunehmen hat, die ihn unter Umständen befugt, über die Güter zu verfügen und insofern die Ladungsinteressenten zu vertreten, so läßt sich das, weil es auf Sonderbestimmung beruht, schon privatrechtlich nicht einmal auf das Verhältnis der Schiffsmannschaft zum Schiffer, geschweige denn zum Reeder entsprechend anwenden. Vollends bedeutungslos ist es für die Vertretung der Rechte der Schiffsmannschaft vor dem Prisengerichte. Somit ist die Entscheidung des Prisengerichts im Ergebnis zu billigen.

II. Was den Ersatzanspruch wegen entgangenen Frachtverdienstes betrifft, so könnte in Frage kommen, ob er überhaupt noch geltend gemacht werden kann. Er ist erst angemeldet, als die Reklamationsfrist längst verstrichen und die Vorentscheidung über den Grund der angemeldeten Ansprüche bereits ergangen

[1]) Anm. 1 zu Nr. 34 S. 141.

war. Dabei ist zu beachten, daß in der rechtzeitig eingereichten Reklamationsschrift die einzelnen Ansprüche genau bezeichnet und nach ausgeworfenen Zahlen einzeln genau beziffert waren, sodaß sich sagen läßt, daß zwar auch gewisse Ansprüche auf Schadensersatz (verloren gegangene Fracht, entgangene Kurtage usw.), sicher aber nicht der Anspruch auf Ersatz des Schadens erhoben war, den die Reklamantin dadurch erlitten haben will, daß sie sich erst ein Ersatzschiff verschaffen mußte. Es kann das indessen hier dahingestellt bleiben, weil der Anspruch auch ohne das mit Recht zurückgewiesen ist. Denn die Reklamantin hat es bis in die zweite Instanz hinein und bis zur letzten Verhandlung an jeder tatsächlichen Begründung des erhobenen Anspruchs fehlen lassen. Weder was die Bemühungen angeht, ein anderes Schiff zu beschaffen, und die Zeit, die darüber verstrichen ist, noch in betreff der Höhe der Frachtsätze, welche man hätte erzielen können, sind Angaben gemacht worden. Die Reklamantin hat sich darauf beschränkt, ein in einer anderen Sache abgegebenes Gutachten vorzulegen, das hier nach keiner der erwähnten Richtungen ohne weiteres verwertet werden könnte. Schon deshalb muß es bei der Abweisung dieser Forderung bleiben.

III. Unrichtig ist endlich noch der Standpunkt der Reklamantin, wenn sie meint, es müsse die Umrechnung der 400 000 Kr., welche ihr als Wert des Schiffes zugesprochen seien, nicht nach dem Kurse am Tage der Aufbringung des Schiffes, sondern nach dem Kurse am Tage der Zahlung der Urteilssumme zugesprochen werden. Es handelt sich um den Ersatz des Sachwertes, des Wertes, den das Schiff hatte, als es vernichtet wurde. Der zu ersetzende Wert ist damit ein für allemal festgelegt. Die Reklamantin fordert vor deutschem Gerichte vom Deutschen Reich die in Deutschland zu zahlende Summe. Daher ist es willkürlich, wenn sie ihre Forderung nach nordischer Münze beziffert. Was sie zu beanspruchen hat, ist ihr in deutscher Währung zu zahlen. Vielleicht wäre es daher richtiger gewesen, den Sachverständigen zu veranlassen, daß er von vornherein nach deutscher Münze schätzte. Aber auch so, wie geschehen, ist seine Schätzung unmißverständlich. Wenn er zu dem Ergebnis gelangt ist, daß das Schiff einen Wert von 400 000 Kr. hatte, also zur Zeit der Aufbringung hatte, so heißt das in anderer Weise ausgedrückt, daß es in dem betreffenden Zeitpunkte so viel wert gewesen ist, als nach damaligem Kurse 400 000 Kr. nach deutscher Währung galten. Das ist die Summe, die das Prisengericht der Reklamantin mit Recht zugesprochen hat. Eine nachträgliche Verminderung des Wertes der deutschen Valuta hat der ausländische Gläubiger einer in dieser Währung zu erfüllenden Verbindlichkeit ebenso zu tragen wie ein inländischer.

Somit war, wie geschehen, zu erkennen.

66.

„Guldborg."

Urteil vom 29. März 1917.

Aufbringung außerhalb der Dreiseemeilenzone. Bestimmung des Schiffsorts.

Ziff. 3 Abs. 1a der Prisenordnung.

In der Prisensache, betreffend den dänischen Motorschoner „Guldborg", Heimatshafen Kallundborg, hat das Kaiserliche Oberprisengericht in Berlin in der Sitzung vom 29. März 1917 für Recht erkannt:

Die Berufungen gegen das Urteil des Prisengerichts in Kiel vom 22. August 1916 werden zurückgewiesen. Die Kosten des Berufungsverfahrens haben die Reklamanten zu tragen.

Gründe.

Am 21. Mai 1916 wurde der dänische Motorschoner „Guldborg", mit einer Ladung Stückgüter auf der Reise von Kopenhagen nach Mäntyluoto oder Raumo, von einem deutschen Torpedoboot aufgebracht. Die Ladung bestand aus absoluter und relativer Konterbande. Die Konnossemente lauteten an Order. Auf die Bekanntmachung des Kaiserlichen Prisengerichts in Kiel haben die Reederei und ein Ladungsinteressent Freigabe von Schiff und Ladung und Schadensersatz beansprucht. Sie gründen ihre Ansprüche darauf, daß die Aufbringung im schwedischen Küstengewässer stattgefunden habe. Während nach dem von dem Kommandanten eidlich bestätigten Prisenberichte der Ort der Anhaltung auf 55° 37' 5' N. und 14° 24' O., d. h. südöstlich von Stenshufvud und gut außerhalb der Dreiseemeilenzone gelegen hat, behaupten der Kapitän des „Guldborg" Hermansen und der Lotse Renström, daß es nach ihrer Schätzung 3 bis 4 Kabellängen von Stenshufvud gewesen sei.

Das Kaiserliche Prisengericht ist zu dem Ergebnisse gelangt, daß die Angaben des Schiffskommandanten den Tatsachen entsprechen, und hat auf Einziehung von Schiff und Ladung und Abweisung der Reklamationen erkannt.

Die hiergegen eingelegte Berufung der Reklamanten ist nicht begründet.

Der Kommandant hat über die Vorgänge einen ausführlichen Bericht erstattet, aus dem hervorgeht, daß er den „Guldborg" schon seit dem voraufgehenden Tage beobachtet und verfolgt hatte. Spät am Abend des 20. Mai war der Schoner in Simrisham eingelaufen. Es heißt dann in dem Bericht:

„Dann ging ich bei völliger Dunkelheit nahe an die Küste heran, dampfte vor Simrisham auf und ab und legte mich dann bei der ersten Morgendämmerung nahe Stenshufvud vor den dort steil ansteigenden Bergen so hin, daß ich von Simrisham kaum gesehen werden, ich dagegen jedes dort auslaufende Schiff genau beobachten konnte. Gegen 4 Uhr morgens sah ich dann auch den Schoner dort auslaufen. Ich wartete, bis er weit außerhalb der Hoheitsgrenze war, fuhr dann auf ihn zu und befahl ihm sofort zu stoppen. Er tat dies jedoch zunächst nicht, sondern suchte durch Kursänderung nach Land zu das schwedische Hoheitsgebiet zu erreichen. Dies gelang ihm jedoch nicht, da ich längsseits ging und Leinen auf ihm festmachte. Das Fahrzeug war der dänische Motorschoner „Guldborg". Der Führer suchte nun noch durch Loswerfen der Leinen von mir frei zu kommen, und als ihm das nicht gelang, ließ er, entgegen meinem Befehl, den Anker fallen, der bei der großen Wassertiefe (über 40 m) die ganze Kette mit herausriß. Da der Schiffer behauptete, daß er sich in schwedischem Hoheitsgebiet befinde, stellte ich sofort durch Peilungen meinen Schiffsort fest und fand, daß ich $3^1/_2$ Sm. von

Land ab war. Die Peilungen waren: die Huk von Stenshufvud in m. w. 311 ° 5 und Rörum Kirche in m. w. 280 ° (Position I). An Bord der „Guldborg" befand sich ein schwedischer Lotse, der, wie sich herausstellte, in Simrisham an Bord genommen worden war. Das Aufhieven des Ankers war mit Schwierigkeiten verknüpft; das Spill funktionierte nicht. Ich ließ daher die Ankerkette kappen, da ich ein längeres Stilliegen wegen der U-Bootsgefahr in dieser Gegend vermeiden wollte, und nahm den Schoner in Schlepp. Sobald ich die Schleppleine fest hatte, nahm ich noch eine zweite Peilung und fand den Schiffsort gegen den vorhin festgestellten nur wenig verändert. Die Peilungen waren: Rörum Kirche in m. w. 282 ° und die Huk südlich von Simrisham in m. w. 208 ° (Position II). Von der Nr. 2 und dem diensttuenden Steuermannsmaaten wurden die Seekarten des Schoners eingesehen. Es ergab sich, daß keinerlei Peilungen, dagegen eine Kurslinie von Simrisham nach dem Kalmarsund eingetragen war. Ich schleppte nun den Schoner nach Swinemünde."

Ganz abweichend stellen der Kapitän und der Lotse des „Guldborg" den Vorgang dar. Danach soll „Guldborg" beim Auslaufen aus Simrisham den Pricken nahe bei Bojan umsteuert und von hier aus den Kurs auf Stenshufvud genommen haben, sodaß er die ganze Strecke bis zur Aufbringung in gerader Linie gefahren und auch da, wo die Bucht am tiefsten eingeht, nicht weiter als eine Seemeile von der Küste entfernt gewesen sei. Die Aufbringung habe im Abstand von 3 bis 4 Kabellängen (600 bis 800 m) von der Küste stattgefunden, Stenshufvud in NW. m. w. Bei der Fahrt habe man das deutsche Kriegsschiff dicht unter Land liegend an B.-B. passiert, das dann von B.-B.-Seite her aufgekommen sei.

Zwei Zeugen, Steuermann Sjöstrand und Schutzmann Larsson bekunden, sie hätten den Vorgang in einer Entfernung von 300 bis 400 m beobachtet, als sie damit beschäftigt gewesen seien, bei Rörumsklubb Fischgeräte aufzunehmen. Die Entfernung vom Lande habe höchstens eine Seemeile betragen.

Nachdem der Kommandant, der Lotse Renström und der Steuermann Sjöstrand vor dem Oberprisengericht persönlich und eidlich vernommen worden sind, hat der Gerichtshof keinen Zweifel, daß die Darstellung des Kommandanten auf Wahrheit beruht und das, was die Zeugen vom „Guldborg" und die Fischer bekunden, den Tatsachen nicht entspricht.

Der vom Offizier nunmehr auch eidlich bestätigte Bericht desselben trägt schon an und für sich in seiner Anschaulichkeit und in der Schlüssigkeit des Ablaufs der Ereignisse den Stempel der Wahrheit an sich. An der Darstellung des Kapitäns Hermansen anderseits und des Lotsen muß zunächst schon auffallen, daß man sich so übermäßig dicht unter Land gehalten haben will. Der „Guldborg" müßte dann an dem Kriegsschiff ganz dicht vorbeigefahren sein, ohne auch nur den Versuch gemacht zu haben, auszumachen, wen man vor sich habe. Auch kann es nur auf einer Übertreibung beruhen, wenn die Zeugen vom „Guldborg" behaupten, man habe während der Fahrt Stenshufvud zeitweise sogar über St.-B. gesichtet. Der Kommandant meint, es könne das höchstens beim Kreuzen der Fall gewesen sein. Aber der „Guldborg" hat offenbar nicht gesegelt, sondern ist mit dem Motor und höchstens unter Mitverwendung der Segel gefahren. Beim Kreuzen hätte auch der Kurs so gerade auf Stenshufvud, wie behauptet wird, nicht genommen werden können. Nicht ohne Widersprüche sind die Angaben des Kapitäns Hermansen und des Lotsen über das Ankermanöver. Während der Kapitän zugibt, daß beim Fallen des Ankers die Kette sofort auf 60 Faden ausgelaufen sei, was einen sicheren Schluß darauf zuläßt, daß man viel weiter von dem Lande entfernt, als die Zeugen behaupten, und außerhalb der Dreiseemeilengrenze gewesen ist, sagt der Lotse, daß der Anker auf 15 Faden den Grund erreicht habe, und daß dann noch 35 Faden Kette abgelaufen seien. Beim Ankeraufnehmen zeigte sich dann, daß die Kette bei 45 bis 60 m auf und nieder stand, wonach man unmöglich so nahe unter Land gewesen sein kann, wie Kapitän und Lotse behaupten; vielmehr muß daraus geschlossen werden, daß die Wassertiefe mehr als 40 m betragen hat. In der Tat hat denn auch der Kommandant noch an der Stelle selbst, wo das Schiff aufgebracht wurde, und ehe eine weitere Bewegung der Fahrzeuge stattgefunden hatte, nicht nur seine beiden Kreuzpeilungen vorgenommen, sondern auch gelotet und dabei festgestellt, daß die Wassertiefe jedenfalls mehr als 40 m war. Davon, daß auf dem „Guldborg", bevor er angehalten wurde, der Kurs geändert und in der Richtung nach der Küste genommen worden ist, hat weder der Lotse in seinem Berichte noch der Kapitän bei seinen wiederholten Vernehmungen etwas gesagt. Wenn ihre Darstellung im übrigen richtig wäre, würde auch eine solche Änderung des Kurses ganz unverständlich gewesen sein. Erst in der Vernehmung des Lotsen, die in Entgegnung auf den ihm vorgehaltenen Bericht des Kommandanten stattgefunden hat, wird diese Kursänderung erwähnt. Eine Erklärung wurde für sie hier aber nicht gegeben, und erst in der Vernehmung vor dem erkennenden Gerichte meinte der Zeuge, es sei wohl geschehen, um wegen des Ankerns, das man vorgehabt habe, auf noch flacheres Wasser zu kommen. Dies wäre indessen nicht nötig gewesen und sicherlich keinem Seemann eingefallen, wenn man nicht mehr als 800 m Abstand von der Küste gehabt hätte. Dagegen steht das Geständnis, daß man dem Lande zugedreht habe, in Einklang wiederum mit der Darstellung des Kommandanten, wonach der „Guldborg“, als man das Kriegsschiff erkannte, noch den Versuch gemacht hatte, in das neutrale Wasser zu kommen.

Auch alle Versuche des Reklamanten, die Peilungen des Kriegsschiffs als unzuverlässig zu kennzeichnen, sind mißglückt. Es ist mit den vollkommensten Instrumenten zweimal nach guten, jedenfalls hinreichend scharfen Landmarken in einer Weise gepeilt worden, daß beide Peilungen sich gegenseitig kontrollierten und in der Kontrolle bestätigten.

Was die Zeugen Sjöstrand und Larsson ausgesagt haben, kann überhaupt nicht ins Gewicht fallen. Es liegt zwar kein Grund vor, zu bezweifeln, daß sie die Wahrheit haben sagen wollen. Aber ihre Vernehmung ist erst viele Monate nach den Vorgängen erfolgt, und es steht ganz dahin, wie treu sie die Dinge im Gedächtnis behalten haben, was um so mehr in Betracht zu ziehen ist, als ihre Ortsbestimmung auf bloßer Schätzung beruht und jeder greifbaren Markierung entbehrt. Ihre Angaben sind denn auch mit keiner der beiderseitigen Darstellungen in Einklang zu bringen. Sie verlegen vielmehr den Vorgang der Aufbringung nach einer dritten Stelle. Somit war zu erkennen, wie geschehen.

67.

„Balduin."

Urteil vom 29. März 1917.

Relative Konterbande. Behandlung der Emballage. Abhängigkeit von dem rechtlichen Schicksal der Gegenstände, zu deren Verpackung sie dient.

Ziff. 33 der Prisenordnung in der Fassung vom 18. April 1915 (Reichs-Gesetzbl. S. 227).

In der Prisensache, betreffend den norwegischen Dampfer „Balduin", Heimatshafen Kristiania, hat das Kaiserliche Oberprisengericht in Berlin in der Sitzung vom 29. März 1917 für Recht erkannt:

Die Berufung der Reederei des „Balduin" gegen das Urteil des Prisengerichts in Hamburg vom 30. Juni 1916 wird zurückgewiesen. Die Kosten des Rechtsmittels hat die Berufungsklägerin zu tragen.

Gründe.

Am 1. Mai 1915 ist der norwegische, der Aktiengesellschaft Bonheur in Kristiania gehörige Dampfer „Balduin", auf der Reise von Drammen nach London, in der Nordsee von einem deutschen Kriegsschiff aufgebracht und mit seiner Ladung, aus Papier und Hölzern bestehend, versenkt worden. Auf die Bekanntmachung des Prisengerichts haben eine Anzahl von Ladungsinteressenten oder ihre Versicherer sowie die Reederei Reklamationen erhoben. In der Berufungsinstanz interessiert nur die Reklamation der Reederei.

Das Kaiserliche Prisengericht in Hamburg hat in der Erwägung, daß nur in Beziehung auf das Holz in Frage kommen könne, ob es sich um Konterbande gehandelt hat, und daß daher das Schicksal der Reklamation davon abhänge, ob das Holz nach Wert, Gewicht, Umfang oder Frachtgebühren der größere Teil der Ladung gewesen ist, die Aufstellung des Dispacheurs Schmidt herangezogen, wonach das Holz an Wert und Gewicht hinter dem Papier zurückbleibt, während die dafür zu zahlende oder gezahlte Fracht die Papierfracht um 20 £ 14 sh übersteigt. Angaben über den „Umfang" der Abladungen sind in die Zusammenstellung nicht aufgenommen.

Die Reklamantin behauptet, daß die Holzabladungen unter Nr. 40 bis 42 unverfängliche Ware gewesen seien und die dafür zu berechnende Fracht von insgesamt £ 60.13.3 auf die unrechte Seite eingestellt worden sei. Es habe sich um Stabhölzer gehandelt, welche für die Konservenfabrik von Croß & Blackwell, eine der größten, wenn nicht die größte Konservenfabrik Englands, bestimmt gewesen seien, die sie habe verwenden wollen, um daraus in ihrem eigenen Fabrikbetrieb Fässer für ihre Konserven, namentlich auch Fleisch- und Gemüsekonserven, zu machen. Die Abladung Nr. 40 sei von James Webster & Bro, die Abladungen Nr. 41 und 42 von John H. Douglas & Co. gekauft und von diesen an Croß & Blackwell weiter verkauft gewesen. Der Lieferant der beiden ersteren sei Jens Gram in Drammen gewesen.

Das Prisengericht hat erkannt, daß das zerstörte Schiff der Einziehung unterlegen habe und hat durch Teilurteil u. a. die Reklamation der Reederei zurückgewiesen.

Die von der Reederei hiergegen eingelegte Berufung ist nicht begründet.

Der Vorderrichter hat zur Begründung seiner Entscheidung, daß auch die für Croß & Blackwell bestimmten Hölzer Konterbande gewesen seien, ausgeführt, daß, selbst wenn man unterstelle, daß es sich bei allen diesen Abladungen um Hölzer gehandelt habe, aus denen von Croß & Blackwell Fässer hätten hergestellt werden sollen, die gesetzliche Vermutung der feindlichen Bestimmung nicht widerlegt erscheine; es liege hier anders, wie in dem Falle der von der Reklamantin angezogenen Entscheidung des Oberprisengerichts in der Sache „Anvers" [1]; es sei allgemein bekannt, daß die Empfängerin eine der größten, wenn nicht die größte Konservenfabrik Englands sei; besonders den kaufmännischen Mitgliedern des Prisengerichts sei bekannt, daß von Croß & Blackwell Fässer für Massenartikel gebraucht würden, die speziell für das Heer und die Marine in Betracht kämen, wie

[1]) Nr. 33 S. 138.

Kohlsorten, Fleischwaren; die Emballage erscheine somit als Teil der für Armee und Marine bestimmten Konserven.

Das erkennende Gericht schließt sich diesen Erwägungen an. Allerdings besteht kein Grund, daran zu zweifeln, daß die Hölzer tatsächlich für Croß & Blackwell bestimmt waren, die sie gekauft hatten, um in eigener Werkstätte sog. dry casks, Fässer zum Verpacken der gefüllten Konservenbüchsen, daraus herzustellen. Es entsprach zwar den Tatsachen nicht, wenn John Herbert Douglas und der Direktor der Firma Croß & Blackwell, Frank Burnman Bell, in ihren beschworenen Affidavits erklärten, daß es sich bei den Abladungen für John H. Douglas & Co. um Lieferungen auf einen schriftlichen Abschluß vom 18. Oktober 1912 gehandelt habe. Die Reklamantin gibt zu, daß dieser Abschluß im Jahre 1915 erledigt war; sie behauptet aber, daß in der Folgezeit schriftliche Abschlüsse nicht mehr getätigt seien, daß vielmehr je nach Bedürfnis die Bestellungen der Firma mündlich oder durch Telephon gemacht worden seien. Sie hat das durch Vorlegung einer Reihe fortlaufender Fakturen über Hölzer der gleichen Art in einer Weise belegt, daß ihre Behauptung glaubhaft erscheint. Die Angaben der Affidavits sind hiernach mehr ungenau als unwahr, da auch für die weiteren Lieferungen im allgemeinen die in jenem Abschluß beurkundeten Bedingungen maßgeblich gewesen sind und in diesem Sinne der Abschluß aus 1912 auch dieser späteren Lieferung zugrunde gelegen hat.

Damit ist indessen, wie der erste Richter mit zutreffender Begründung angenommen hat, die gesetzliche Vermutung noch nicht widerlegt, der Fall liegt anders wie der Fall „Anvers“. Dort war Empfängerin der Kistenbretter eine dem Gerichte nicht weiter bekannte Zuckerraffinerie, und es handelte sich um Kisten zur Verpackung von Zucker, der nicht so unmittelbar, jedenfalls nicht in den Mengen wie Konserven ein zur Verproviantierung der Armee in England unerläßlicher Artikel ist. Das Gericht hat keinen Zweifel, daß, was die Bezugsquellen der Englischen Regierung für die Versorgung der Truppen angeht, die Firma Croß & Blackwell mit in erster Linie steht, die sicherlich einen ganz erheblichen Teil ihrer im größten Stile betriebenen Produktion, wenn nicht die ganze Produktion, zur Verfügung der Regierung stellt. Es liegen des ferneren Auszüge aus der englischen Fachzeitschrift The timber trades Journal vor, aus denen sich ergibt, daß gerade die Kistenfabriken und Kistenmacher in den Monaten Mai und Juni 1915 übervoll beschäftigt gewesen sind, und daß namentlich auch die Englische Regierung, die als Auftraggeberin in großem Umfang auftrat, einen dringenden Bedarf an den Tag legte. Wenn daher in dem Falle „Anvers" das Gericht unter dem Eindrucke hat entscheiden müssen, daß die Verwendung des Zuckers, der in den Kisten verpackt werden sollte, und damit die Verwendung dieser Kisten selbst und der Hölzer, aus denen sie hergestellt werden sollten, für Zwecke der Versorgung der Armee nur als eine entfernte Möglichkeit erschien, so läßt sich hier nicht nur das nicht behaupten, es kann vielmehr die naheliegende und erhebliche Wahrscheinlichkeit dafür, daß zum mindesten ein sehr erheblicher Teil des Holzes mit den Konserven an die Armee gelangt wäre, wenn man das Schiff nicht aufgebracht hätte, nicht verkannt werden. Somit ist der der Reklamantin obliegende Beweis nicht geführt, und es war zu erkennen, wie geschehen.

68.

„Kaipara."

Urteil vom 29. März 1917.

Rechtmäßige Zerstörung eines feindlichen Schiffes. Geltendmachung von Schadensersatzansprüchen für mitzerstörte neutrale Güter, wenn das Schiff vom Ausbruch der Feindseligkeiten noch keine Kenntnis erlangt hatte.

Art. 4 Abs. 2 des sechsten Abkommens der zweiten Haager Friedenskonferenz vom 18. Oktober 1907 (Reichs-Gesetzbl. 1910 S. 181); Ziff. 112, 114, 115 der Prisenordnung.

In der Prisensache, betreffend den englischen Dampfer „Kaipara", Heimatshafen Plymouth, hat das Kaiserliche Oberprisengericht in Berlin in der Sitzung vom 29. März 1917 für Recht erkannt:

Die Berufung gegen das Urteil des Prisengerichts in Hamburg vom 8. Dezember 1916 wird zurückgewiesen. Die Kosten des Rechtsmittels fallen der Berufungsklägerin zur Last.

Gründe.

Der mit einer Ladung Stückgüter auf der Fahrt von Montevideo nach Plymouth und London befindliche englische Dampfer „Kaipara" wurde am 16. August 1914 im Atlantischen Ozean von einem deutschen Kriegsschiff angehalten und, da wegen der Nähe feindlicher Kreuzer eine Einbringung nicht möglich war, wegen Konterbandetransports — die Ladung bestand zum größten Teile aus Gefrierfleisch — zerstört. Die Firma Hirsch & Co. in New York erhob als Eigentümerin von 7 Fässern Fellen, die an die Order des Bankhauses Boving Broth. & Co. in London verschifft waren und von dort angeblich nach New York weiter befördert werden sollten, Reklamation, die vom Prisengericht Hamburg durch Urteil vom 8. Dezember 1916 zurückgewiesen ist.

Das Prisengericht hat angenommen, daß das Schiff als feindliches der Einziehung und Zerstörung unterlegen habe, weil Art. 3 des VI. Haager Abkommens für das Deutsche Reich keine Geltung habe. Für die mitzerstörte neutrale Ware, auch soweit sie etwa amerikanisches Gut sei, sei nach der ständigen Rechtsprechung des Oberprisengerichts bei rechtmäßiger Versenkung eines feindlichen Schiffes Schadensersatz nicht zu leisten. Art. 4 Abs. 2 des VI. Haager Abkommens sei von Deutschland ebenfalls nicht ratifiziert, beziehe sich übrigens nicht bloß, wie Reklamantin behaupte, auf feindliche Waren, sondern auf Waren schlechthin.

Gegen dieses Urteil hat die Reklamantin frist- und formgerecht Berufung eingelegt und begründet. Sie macht in erster Linie geltend, daß sie sich von der Richtigkeit der Rechtsauffassung, welche in der vom Prisengericht angeführten Rechtsprechung vertreten werde, nicht überzeugen könne und daher um nochmalige Prüfung derselben durch das Berufungsgericht bitte. Eventuell führt sie aus, daß, auch wenn man dieser Rechtsauffassung folge, der Schadensersatzanspruch begründet sei. Insbesondere stehe Art. 4 Abs. 2 des VI. Haager Abkommens nicht entgegen. Durch Nichtratifizierung desselben habe das Deutsche Reich sich lediglich das Recht auf entschädigungslose Zerstörung f e i n d l i c h e r Waren vorbehalten. Daraus folge noch keineswegs, daß es ein solches Recht auch gegenüber neutralen Waren in Anspruch nehmen könne.

Der Kaiserliche Kommissar bei dem Oberprisengericht hat diesen Ausführungen widersprochen und um Zurückweisung der Berufung gebeten.

Das Rechtsmittel konnte keinen Erfolg haben.

Es kann dahingestellt bleiben, ob die „Kaipara" bei der Anhaltung Kenntnis vom Ausbruch der Feindseligkeiten hatte, denn wenn es nicht der Fall war, so hätte das Schiff gleichwohl als feindliches gemäß Ziff. 112 Pr. O., deren Voraussetzungen unbestritten gegeben waren, der Zerstörung unterlegen. Die Ausnahmebestimmungen des Art. 3 des VI. Haager Abkommens können keine Anwendung finden, da das Deutsche Reich diesen Artikel nicht ratifiziert hat. Nun meint die Reklamantin den Art. 4 Abs. 2 des genannten Abkommens dahin auslegen zu können, daß für n e u t r a l e Waren in einem zerstörten feindlichen Schiffe, das vom Ausbruch der Feindseligkeiten keine Kenntnis gehabt hat, eine Entschädigungspflicht begründet sei. Ihren bezüglichen Ausführungen ist jedoch nicht beizutreten. Schon ihr Ausgangspunkt, daß der Abs. 2 von Art. 4 a. a. O. nicht von neutralen, sondern nur von feindlichen Waren handele, ist verfehlt, denn an der fraglichen Stelle ist schlechthin der Ausdruck „Waren" gebraucht, und für eine einschränkende Auslegung besteht kein ausreichender Grund. Aber auch wenn man hiervon absieht, sind die Folgerungen, welche die Reklamantin ziehen will, unzutreffend. Falls das Deutsche Reich durch Nichtannahme des Art. 4 Abs. 2 des VI. Haager Abkommens nur die Verpflichtung abgelehnt hätte, für f e i n d l i c h e Waren auf Schiffen, die vom Ausbruch der Feindseligkeiten noch keine Kenntnis erlangt haben, Entschädigung zu leisten, so würde daraus keineswegs folgen, daß es bei Zerstörung von n e u t r a l e n Waren mit solchen Schiffen stets zum Ersatz verpflichtet wäre. Dazu bedürfte es, weil nach

Ansicht der Reklamantin dieser Fall durch das Abkommen überhaupt nicht geregelt wird und auch die Prisenordnung darüber nichts enthält, eines allgemein anerkannten, auch das Deutsche Reich bindenden Grundsatzes des Völkerrechts. Ein solcher existiert aber nicht; vielmehr ist die Behandlung von Schiffen der hier fraglichen Art vor der zweiten Haager Konferenz von Fall zu Fall nach dem Ermessen der Kriegführenden geordnet worden, ohne daß sich daraus allgemein anerkannte Rechtsgrundsätze entwickelt hätten. Eine besondere Regelung hat auch seitens des Deutschen Reichs vor dem gegenwärtigen Kriege nicht stattgefunden. Neutrale Waren auf feindlichen Schiffen, die vom Ausbruch der Feindseligkeiten keine Kenntnis haben, sind also ebenso zu behandeln, wie neutrale Waren auf feindlichen Schiffen schlechthin. Daß hinsichtlich dieser, falls die Versenkung des Schiffes rechtmäßig erfolgt ist, nach deutschem Prisenrecht eine Entschädigungspflicht nicht besteht, hat das Oberprisengericht in ständiger Rechtsprechung, von der abzugehen auch bei nochmaliger Prüfung der Sachlage kein Anlaß gefunden ist, angenommen. Es genügt, in dieser Beziehung auf die vom Vorderrichter angeführten Urteile zu verweisen.

Es war hiernach in der Hauptsache, wie geschehen, zu erkennen. Die Kostenentscheidung folgt aus § 37 Pr. GO.

69.

„Mineral.“

Urteil vom 26. April 1917.

Hämatitroheisen im Sinne der Prisenordnung. Rechtmäßige Zerstörung eines neutralen Schiffes. Geltendmachung von Schadensersatzansprüchen für mitzerstörte unverdächtige Ladungsgüter in feindlichem Eigentum.

Ziff. 23 Nr. 14, Ziff. 42 Abs. 2, Ziff. 115 Satz 2 der Prisenordnung in der Fassung vom 18. April 1915 (Reichs-Gesetzbl. S. 227).

In der Prisensache, betreffend den norwegischen Dampfer „Mineral“, Heimatshafen Narvik, hat das Kaiserliche Oberprisengericht in Berlin in der Sitzung vom 26. April 1917 für Recht erkannt:

Die Berufungen der Norwegischen Kriegsversicherung und der Aktiengesellschaft Mineral gegen das Urteil des Prisengerichts in Hamburg vom 19. April 1916 werden zurückgewiesen. Die Kosten des Berufungsverfahrens haben die Berufungskläger zu tragen.

Gründe.

Der mit einer Ladung von 508 Tonnen schwedischem Holzkohlenroheisen (swedish pig iron in bulk) und 1499 Kisten Holzspulen für Garn (empty bobbins) auf der Fahrt von Narvik nach Hull und Newcastle befindliche norwegische Dampfer „Mineral“ wurde am 17. August 1915 in der Nähe von Bergen wegen Konterbandetransports von einem deutschen Kriegsschiff (U-Boot) angehalten und, da seine Einbringung nicht möglich war, versenkt. Reklamation wurde erhoben von der Dampskibsaktieselskabet Mineral in Narvik (wegen des Schiffes und wegen Mannschaftseffekten, Kosten der Heimschaffung der Mannschaft und vier verlorener Reisen) sowie von der A./S. Norske Varekrigsforsikring in Christiania (wegen der Garnrollen und wegen der Ausrüstung, des Proviants, der Fracht und Kohlen).

Durch Urteil des Prisengerichts Hamburg vom 19. April 1916 sind die beiden Reklamationen zurückgewiesen, und zwar die der Reederei, weil die Roheisenladung nach den vorliegenden zwei Sachverständigengutachten als Hämatitroheisen, also gemäß Ziff. 23 Nr. 14 Pr. O. (alte Fassung) als bedingte Bannware zu betrachten sei, das Schiff mithin wegen Konterbandetransports der Einziehung unterlegen habe und mit Recht zerstört sei, die der Nordischen Kriegsversicherung, weil es hinsichtlich der Spulen an jeglichem Nachweis des Eigentums fehle, während Proviant, Fracht und Kohlen das Schicksal des Schiffes ohne weiteres zu teilen hätten.

Gegen dieses Urteil haben beide Reklamanten frist- und formgerecht Berufung eingelegt. Der ihre Berufungen aus einem formalen Grunde als unzulässig verwerfende Beschluß des Prisengerichts Hamburg ist durch Beschluß des Oberprisengerichts vom 12. September 1916 aufgehoben worden. Die Berufungskläger stützen ihr Rechtsmittel darauf, daß das auf dem Dampfer „Mineral" verschiffte Eisen nicht als Hämatiteisen und demgemäß nicht als Konterbande im Sinne der Prisenordnung anzusehen sei. Sie haben zum Nachweise hierfür in zweiter Instanz zunächst zwei Gutachten von norwegischen Sachverständigen (Prof. Dr. Vogt in Trondhjem und Prof. Dr. Brögger in Christiania) vorgelegt, in denen der Standpunkt vertreten wird, daß nach deutschem Sprachgebrauch unter Hämatitroheisen nur solches Roheisen zu verstehen sei, welches neben einem geringen Phosphorgehalt (höchstens 0,1 %) einen bestimmten Mindestgehalt von Silicium (wenigstens 1,8 %) aufweise. Da die Eisenladung des Dampfers „Mineral" nach Mitteilung der Lulea Jernverks A. B. nur 0,53 bis 1,21 % Silicium, durchschnittlich also unter 1 %, enthalten habe, könne es nicht zu der Kategorie Hämatitroheisen gerechnet werden. Im Gegensatz hierzu haben die in erster Instanz gehörten Sachverständigen, insbesondere das Hamburgische Staatshüttenlaboratorium, erklärt, daß jedes Gießereiroheisen mit weniger als 0,1 % Phosphorgehalt als Hämatitroheisen anzusprechen sei. Das Hamburgische Staatshüttenlaboratorium ist bei dieser Ansicht auch stehen geblieben, nachdem ihm die abweichenden Gutachten der Professoren Dr. Vogt und Dr. Brögger zur Kenntnis gebracht sind.

In der mündlichen Verhandlung vor dem Berufungsgericht hat sodann der Vertreter der Reklamanten noch ein Gutachten des Prof. Dr. Wüst in Aachen überreicht, welches auf demselben Standpunkt steht wie die beiden norwegischen Gutachten. Die drei in zweiter Instanz beigebrachten Gutachten sind ihrem wesentlichen Inhalte nach in der mündlichen Verhandlung vorgetragen und zum Gegenstand der Erörterung gemacht. Es wird auf sie verwiesen.

Hinsichtlich der Garnrollen hat der Vertreter der Nordischen Warenversicherung den Inhalt des Schriftsatzes vom 24. April 1917 vorgetragen und dessen Anlagen zum Gegenstand der Verhandlung gemacht. Es wird darauf bezug genommen.

Der Kaiserliche Kommissar bei dem Oberprisengericht hat den Ausführungen der Berufungskläger widersprochen und um Zurückweisung der Berufungen gebeten.

Die Berufungen konnten keinen Erfolg haben.

In allen in dieser Sache in erster Instanz herangezogenen und vom Vorderrichter verwerteten Gutachten ist stets als von einer feststehenden Tatsache davon ausgegangen, daß Hämatitroheisen wesentlich durch seinen niedrigen Phosphorgehalt (höchstens 0,1 %) gekennzeichnet werde. Das nordische Erzkontor, welches auf diesem Gebiet gewiß als besonders sachverständig angesehen werden muß, da seine Geschäftstätigkeit gerade in dem Handel mit schwedischen Eisenerzen und schwedischem Eisen aller Art besteht, hat sich in dem Schreiben vom 13. September 1915 allgemein dahin geäußert, daß unter Hämatitroheisen gemeinhin jedes phosphorarme Roheisen zu rechnen sei. In gleichem Sinne hat sich das Hamburgische Staatshüttenlaboratorium ausgesprochen, welches in seiner Äußerung vom 29. Dezember 1915 noch auf sein in der Prisensache „Björn“ [1]) erstattetes Gutachten vom 4. Juni 1915 bezug genommen hat, in dem des Näheren ausgeführt ist, daß man jetzt insbesondere in England Hämatitroheisen jedes phosphor- und schwefelfreie Roheisen benennt, dessen Phosphorgehalt unter 0,1 % liegt. Auch die übrigen in der Prisensache „Björn“ gehörten Sachverständigen haben denselben Standpunkt vertreten. Insbesondere hat sich, wie in dem

[1]) Nr. 37 S. 152.

Urteil des Oberprisengerichts in Sachen „Björn“ näher ausgeführt ist, eine Kommission schwedischer Sachverständiger dahin ausgesprochen, daß die Handelsbezeichnung Hämatitroheisen sich auf Koksroheisen von einem Phosphorgehalt unter 0,1 % beziehe. Wenn in jener Sache die schwedischen Sachverständigen gleichwohl zu dem Ergebnis gekommen sind, daß das auf dem Dampfer „Björn“ verschiffte Eisen, welches das gleiche wie das hier in Rede stehende Eisen war, kein Hämatit sei, so ist das mit der Begründung geschehen, daß das schwedische Eisen nicht aus Hämatiterzen, sondern aus Schwarzerz und Blutsteinerz gewonnen werde, ein Umstand, der vom Oberprisengericht unter näherer Begründung als unerheblich bezeichnet worden ist.

In vorliegender Sache sind nun in zweiter Instanz drei Gutachten beigebracht worden, welche ein ganz neues Moment in die Streitfrage hineintragen. Danach soll Hämatitroheisen nicht lediglich durch seinen niedrigen Phosphorgehalt, sondern daneben noch durch einen hohen Siliciumgehalt (mindestens 1,8 %) gekennzeichnet werden. Dieser Gesichtspunkt ist von keinem der früher gehörten Sachverständigen bisher auch nur angedeutet worden. Schon dieser Umstand ist geeignet, Bedenken gegen die Richtigkeit der nachträglich beigebrachten Gutachten entstehen zu lassen. Gegenüber den Gutachten Vogt—Brögger, welche sich in dem hier in Betracht kommenden Punkte mit dem dritten Gutachten decken, hat denn auch das Hamburgische Staatshüttenlaboratorium erklärt, an seinem früheren Gutachten festhalten zu müssen. Dem ist das Oberprisengericht gefolgt. Die Richtigkeit dessen, was in den Gutachten Vogt—Brögger im einzelnen ausgeführt ist, soll nicht in Zweifel gezogen werden. Danach hat der Verein Deutscher Eisen*gießereien* gewisse Roheisentypen, darunter drei Sorten Hämatit, aufgestellt. Von diesen sollen Nr. 1 nicht weniger als 3 %, Nr. 2 nicht weniger als 2,5 % und Nr. 3 nicht weniger als 1,8 % Silicium, daneben alle drei gleichmäßig nicht mehr als 0,1 % Phosphor enthalten. Der Roheisenverband Essen (nach Wüst: der Zusammenschluß der Mehrzahl der deutschen Hochofenwerke, die *Gießerei*roheisen erzeugen) fordert nach Vogt ferner für Hämatit 2 bis 3 % Silicium. Aber wenn hieraus und aus der Tatsache, daß die Ladung des „Mineral“ nach einer Mitteilung der Lulea Jernwerks A. B., die ebenfalls als richtig unterstellt werden mag, nur 0,53 bis 1,21 % Silicium enthielt, die Folgerung gezogen wird, daß es sich bei dem auf dem „Mineral" verschifften Material wegen des geringen Siliciumgehalts nicht um Hämatit gehandelt habe, so ist dem nicht zu folgen.

Der Ursprung der Bezeichnung Hämatit ist auf die blutrote Farbe der englischen Cumberlanderze, welche die Grundlage für diese Roheisenerzeugung gebildet haben, zurückzuführen. Das wesentliche Kennzeichen dieser Erze bestand darin, daß sie derartig phosphor- und schwefelfrei, also frei von schädlichen Bestandteilen sind, daß das aus ihnen gewonnene Roheisen unmittelbar zur Stahlerzeugung nach dem Bessemer-Prozeß verwendet werden konnte. Ein bestimmter Gehalt an Silicium ist also, wie auch Wüst in seinem Gutachten hervorhebt, für diese ursprüngliche Begriffsbestimmung von Hämatitroheisen zweifellos nicht wesentlich gewesen. Später hat man die Art des Erzes, aus dem das Eisen erblasen wurde, aus dem Spiel gelassen und den allgemeinen Begriff Hämatitroheisen für alle phosphor- und schwefelarmen Roheisensorten geschaffen. Zutreffend ist allerdings, wie auch das Hamburgische Staatshüttenlaboratorium anerkennt, daß für gewisse besondere Gießereizwecke das Hämatitroheisen einen bestimmten Mindestgehalt an Silicium haben muß. Demgegenüber steht aber die vom Hamburgischen Staatshüttenlaboratorium mit einem Zitat aus Wedding, Handbuch der Eisenhüttenkunde, belegte Tatsache, daß für andere Verwendungszwecke (für schmiedbaren Guß und Feinbleche) gerade ein möglichst geringer Siliciumgehalt gefordert wird, ohne daß das Material den allgemeinen Charakter als Hämatitroheisen verliert.

Die Sachlage ist hiernach eine ähnliche, wie in der Prisensache „Ida",[1]) in welcher es sich um die Begriffsbestimmung von Schiffsbaustahl handelte. Es gibt einen allgemeinen Begriff Hämatitroheisen, der alle phosphorarmen Roheisensorten begreift. Daneben verbinden gewisse Handels- und Industriekreise mit dem Worte einen engeren Begriff, der nur dasjenige Hämatitroheisen umfaßt, welches außerdem einen Mindestgehalt an Silicium aufweist. Will man feststellen, was die Prisenordnung unter dem

[1]) Nr. 59 S. 247.

Ausdruck verstanden wissen will, so muß man auch hier auf den Zweck zurückgehen, welchen die Prisenordnung verfolgt. Man hat offenbar, indem man Hämatitroheisen auf die Bannwarenliste setzte, dem Feinde das Rohmaterial entziehen wollen, dessen er für seine Kriegsindustrie bedarf. Von diesem Gesichtspunkt aus wäre es unverständlich, wenn der Ausdruck nur in jenem beschränkteren Sinne gebraucht wäre; denn gerade das siliciumarme schwedische Holzkohlenroheisen, um das es sich hier handelt, ist, wie auch in dem Gutachten Vogt hervorgehoben, in besonders vortrefflicher Weise zur Herstellung von hochwertigem Stahl geeignet, weil es hierbei nur auf das Fehlen schädlicher Substanzen ankommt. Für die hier vertretene Auffassung spricht ferner entscheidend die Erwägung, daß dem Begriff Hämatit in seiner ursprünglichen Bedeutung ein bestimmter Gehalt an Silicium unbestritten nicht wesentlich war.

Nach alledem war der Entscheidung des Vorderrichters hinsichtlich der Eisenladung des Dampfers „Mineral" dahin beizutreten, daß es sich insoweit um Bannware gemäß Ziff. 23 Nr. 14 Pr. O. handelt. Da die feindliche Bestimmung nicht widerlegt ist, unterlag dieser Teil der Ladung der Einziehung. Damit erweist sich die Reklamation der Reederei, da das Eisen den überwiegenden Teil der Ladung ausmachte und die besonderen Umstände der Ziff. 113 b zweifellos vorgelegen haben, in der Hauptsache und hinsichtlich der Nebenforderungen als unbegründet.

Dasselbe gilt von der Reklamation wegen der Garnrollen. Dieselben waren, wie jetzt in zweiter Instanz aufgeklärt ist, zur Zeit der Zerstörung des Schiffes auf alle Fälle feindliches Eigentum. Daraus ergibt sich, daß Ziff. 115 Satz 2 Pr. O., welcher eine Entschädigungspflicht nur für unschädliche neutrale Güter statuiert, keine Anwendung findet. Nun besteht zwar der auch in der Prisenordnung (Ziff. 42 Abs. 2) anerkannte allgemeine Grundsatz, daß auch unschädliches feindliches Gut durch die neutrale Flagge gedeckt wird. Dies hat jedoch nur Bedeutung, wenn es sich um die Frage der Einziehung handelt. Gerät das unschädliche feindliche Gut mit einem gerechtfertigterweise zerstörten neutralen Schiff in Verlust, so finden wegen Gleichheit des Grundes dieselben Grundsätze Anwendung, welche gelten, wenn unschädliches neutrales Gut bei Versenkung eines feindlichen Schiffes mitzerstört ist. Daß in einem solchen Falle für einen Schadensersatzanspruch kein Raum ist, hat das Oberprisengericht in zahlreichen Fällen (vgl. Prisensache „Glitra",[1]) „Indian Prince",[2]) „Bowes Castle", „La Correntina",[3]) „Condor" u. a.) entschieden und daran ist festzuhalten. In einem solchen Falle liegen aber in der berechtigten Zerstörung des Schiffes die ausreichenden Gründe im Sinne der Ziff. 8 Pr. O., welche die Geltendmachung eines Schadensersatzanspruches ausschließen.

Somit ist auch die Berufung der Norwegischen Kriegsversicherung einschließlich der Nebenforderungen unbegründet.

Es war daher in der Hauptsache, wie geschehen, zu erkennen. Die Kostenentscheidung folgt aus § 37 Pr. GO.

70.

„Storesand."

Urteil vom 26. April 1917.

Unzulässigkeit einer ausdehnenden Auslegung der Konterbandelisten. Salpeter. Voraussetzungen für die Geltendmachung von Schadensersatzansprüchen der Mannschaft durch den Reeder.

Ziff. 8, Ziff. 21 Nr. 3 der Prisenordnung in der Fassung vom 18. April 1915 (Reichs-Gesetzl. S. 227).

In der Prisensache, betreffend die norwegische Bark „Storesand", Heimatshafen Christianssand, hat das Kaiserliche Oberprisengericht in Berlin in der Sitzung vom 26. April 1917 für Recht erkannt:

Die Berufungen des Kaiserlichen Kommissars und der A.-G. Christianssand gegen das Urteil des Prisengerichts in Hamburg vom 27. Oktober 1916 werden zurückgewiesen. Die

[1]) Nr. 7 S. 34.
[2]) Nr. 22 S. 87.
[3]) Nr. 28 S. 111.

Kosten der Berufungsinstanz mit Einschluß der notwendigen Auslagen der A.-G. Christianssand fallen dem Reiche zu $^9/_{10}$, der bezeichneten Reklamantin zu $^1/_{10}$ zur Last.

Gründe.

Am 4. September 1915 wurde die norwegische Bark „Storesand", mit einer Ladung Salpeter auf der Reise von Janique nach River Mersey (Liverpool), im Atlantischen Ozean aufgebracht und versenkt. Das Konnossement lautete an die Order der Liverpool Nitrate Co. Ltd. Im Prisenbericht ist als Grund für die Zerstörung der Prise angeführt: „Beförderung von absoluter Konterbande, insbesondere da Kapitän angibt, daß seine Ladung zur Herstellung von Pulver verwendet werden soll", und weiter: „Trotzdem Salpeter in der Prisenordnung nicht als Konterbande aufgeführt ist, entschloß ich mich zur Vernichtung des Fahrzeuges, weil Kapitän mit Bestimmtheit angab, daß Ladung zur Herstellung von Pulver in England verwandt werden solle."

Auf die Bekanntmachung des Kaiserlichen Prisengerichts in Hamburg hat die Firma S. O. Stray & Co. namens der Reederei des Schiffes, der A.-G. Christianssand, wegen des Schiffes und wegen verloren gegangener Effekten der Mannschaft Reklamation erhoben und Schadensersatz verlangt.

Das Prisengericht hat erkannt, daß das untergegangene Eigentum der Einziehung nicht unterlegen habe, Zerstörung von Schiff und Ladung nicht rechtmäßig gewesen sei, für die Beschlagnahme auch ausreichende Gründe nicht vorgelegen hätten. Die Reklamation der Reederei wegen der Effekten der Mannschaft ist abgewiesen, im übrigen ist sie dem Grunde nach für berechtigt erklärt.

Hiergegen haben sowohl der Kaiserliche Kommissar als die Reederei Berufung eingelegt. Die Berufungen sind nicht begründet.

Die Begründung der angefochtenen Entscheidung geht davon aus, daß Salpeter in den Listen der Prisenordnung, welche die absolute und die relative Konterbande bezeichnen, in der zur Zeit der Beschlagnahme gültigen Gestalt nicht vorkomme. Zwar bilde Salpeter einen wesentlichen Bestandteil des Pulvers. Das sei aber nicht entscheidend. Hätte man um deswillen den Salpeter für Konterbande erklären wollen, so hätte man, wie an anderen Stellen der Listen nicht nur das Fertigfabrikat, sondern auch dessen Bestandteile für verboten erklärt sind, bei Schießpulver und Sprengstoffen ebenso verfahren müssen. Habe man das absichtlich unterlassen, so sei die Sache damit ohne weiteres entschieden. Aber auch wenn es sich um eine unbeabsichtigte Lücke im Gesetz handeln sollte, läge es nicht anders. Denn die Listen vertrügen um ihres Zweckes willen, den Neutralen einen zuverlässigen Anhalt zu bieten, keine ausdehnende Interpretation. Aus diesen Gründen brauche auch nicht entschieden zu werden, ob bewiesen sei, daß im vorliegenden Falle der Salpeter tatsächlich zur Herstellung von Pulver für die feindliche Streitmacht bestimmt gewesen ist.

Dem ist zuzustimmen. Was der Kaiserliche Kommissar dagegen ausführt, schlägt nicht durch. Selbst wenn bewiesen wäre, daß es die Absicht der Empfängerin war, mit dem Salpeter Schießpulver für Armeezwecke herzustellen, bliebe entscheidend, daß eben nur Schießpulver und Sprengstoffe, dagegen nicht deren Bestandteile auf der Liste stehen. Daran kann nichts ändern, daß man den Salpeter als werdendes Pulver bezeichnet. Der Hinweis darauf, daß auch die zur menschlichen Nahrung dienenden Produkte so, wie sie gewonnen werden, als Lebensmittel unter die Liste fallen, ist ohne Beweiskraft. Denn der Begriff der Lebensmittel ist ein so allgemeiner, daß man auch die noch unbearbeiteten einschlägigen Erzeugnisse darunter versteht. Zuzugeben mag sein, daß der allgemein dem Begriff der Konterbande zugrunde liegende Gedanke, dem Feinde tunlichst vorzuenthalten, was seinen militärischen Zwecken dienen soll, dazu führen könnte, auch die Bestandteile und Rohstoffe für die Herstellung des Pulvers für Konterbande zu erklären. Aber dieser allgemeine Gedanke ist nicht Gesetz geworden. Er liegt der Liste zugrunde, aber was danach im einzelnen nun wirklich als Konterbande gilt, ist doch immer nur der Aufzählung der Listen zu entnehmen. Auch im Falle „Heini"[1]) hat das erkennende Gericht keinen anderen Standpunkt eingenommen. Dort handelte es sich um Maschinen, die zur Anfertigung von Waffen und Kriegs-

[1]) Nr. 48 S. 191.

material dienen sollten, und nur darum war die Anwendung der Ziff. 21 Nr. 18 Pr. O., welche diesen Zweck voraussetzt, zweifelhaft, weil an und für sich die Maschinen auch zu anderen Zwecken verwendbar gewesen wären. Der Standpunkt der Entscheidung ist, daß es im Sinne jener Bestimmung nicht schlechthin darauf ankomme, daß die ausschließliche Bestimmung der Maschinen zu dem genannten Zweck sich aus ihrer objektiven Beschaffenheit ergebe, sondern daß es genüge, wenn im einzelnen Falle aus anderen Momenten diese Bestimmung sich mit Sicherheit entnehmen läßt.

Auch in der Entscheidung, daß die Reklamation der Reederei wegen der Effekten der Mannschaft zurückgewiesen worden ist, kann dem ersten Richter nur beigetreten werden. Die Urteile des erkennenden Gerichts in den Prisensachen „Neptunus", „Elna" und „Cocos"[1]) sind zwar für den gegenwärtigen Fall nicht maßgeblich, weil dort der Anspruch auf die besondere Bestimmung der Ziff. 115 Pr. O. gegründet war, während hier, wo die Versenkung des Schiffes ohne ausreichenden Grund erfolgte, die Reklamantin sich auf die Ziff. 8 Pr. O. berufen kann, die ganz allgemein und nicht nur über die Ansprüche von Schiff und Ladung Bestimmungen trifft. Hat der Schiffsmann durch die Beschlagnahme und die Zerstörung der Prise Schaden erlitten, so ist er auch an dem Ereignisse beteiligt, und es liegt an sich kein Grund vor, ihn von dem Kreise der Beteiligten im Sinne des Prisenrechts auszuschließen. Aber er ist in dieser Beziehung auch allein der Beteiligte. Der Reeder mag gleichzeitig mit der Verfolgung seiner Ansprüche auch die Ansprüche der Schiffsmannschaft als deren Vertreter geltend machen. Aber hierzu muß er von dem Schiffsmann bevollmächtigt sein, und hieran fehlt es im vorliegenden Falle. Eine Bevollmächtigung des Reeders kraft Gesetzes kennt weder das Privatrecht noch insbesondere das Prisenrecht. Daraus, daß unter Umständen der Schiffer die Ladungsbeteiligten in gewisser Weise zu vertreten hat, folgt nichts für das Rechtsverhältnis zwischen der Schiffsmannschaft und dem Reeder.

Somit war zu erkennen, wie geschehen.

---

[1]) Nr. 34 S. 141.

71.

„Geertruida."

Urteil vom 27. April 1917.

Unzuständigkeit der Prisengerichte zur Beurteilung kriegerischer Maßregeln, die weder prisengerichtliche Zwecke verfolgen noch sie vorbereiten.

§ 1 der Prisengerichtsordnung.

In der Prisensache, betreffend den niederländischen Fischdampfer „Geertruida", Heimatshafen Scheveningen, hat das Kaiserliche Oberprisengericht in Berlin in der Sitzung vom 27. April 1917 für Recht erkannt:

Die Berufung gegen das Urteil des Prisengerichts in Hamburg vom 8. Dezember 1916 wird zurückgewiesen. Die Kosten des Berufungsverfahrens hat die Berufungsklägerin zu tragen.

Gründe.

Am 5. Juli 1916 ist der niederländische Dampfer „Geertruida" in der Nordsee von einem deutschen U-Boote durch Geschützfeuer versenkt worden. Die Absicht, den Dampfer aufzubringen, hat nicht bestanden. Der Kommandant des U-Bootes ging gegen den Dampfer vor, weil er mit seinen Offizieren unter dem Eindruck stand, daß sie von ihm angegriffen würden. Nachdem man das Fahrzeug auf 7 bis 8 Seemeilen Abstand gesichtet hatte, war man ihm so weit aufgekommen, daß man es auf 3000 m Abstand querab an Backbord hatte. Nach der auf dem Kriegsschiff herrschenden Auffassung lag man mit ihm auf gleichem oder annähernd gleichem Kurse. Dann schien es, als hätte der Dampfer seinen Kurs geändert und wolle auf das U-Boot zuhalten, das, eines Rammversuchs gewärtig, nach Steuerbord abdrehte. Auch schien jetzt der Dampfer mit starker Rauchentwickelung und hoher Bugwelle vollste Fahrt zu machen. Erst als man auf dem U-Boot die Backbord-Ölmaschine eingekuppelt hatte, gelang es, den Abstand zu vergrößern. Da gleichzeitig, nachdem man an dem Dampfer schon vergeblich nach Flagge und Neutralitätsabzeichen gesucht hatte, die Besatzung des U-Bootes deutlich sowohl am Heck wie auch auf dem Vorderschiff des Dampfers ein Geschütz feststellen zu können meinte, da ferner der Dampfer einer Wendung des U-Bootes nach Backbord eine Zeitlang zu folgen schien, während auf ihm Leute nach vorn liefen, als gelte es, das Geschütz zu bedienen, drehte das U-Boot weiter gegen den Dampfer und eröffnete das Feuer, durch das mit etwa 20 Schuß das Schiff vernichtet wurde. Die gesamte Mannschaft ist unversehrt davon gekommen. Nachdem durch Urteil des Kaiserlichen Feldkriegsgerichts der Kapitän, der Maschinist und der Rudergänger der „Geertruida", die wegen Angriffs auf das Kriegsschiff angeklagt waren, freigesprochen worden sind, hat der Chef des Admiralstabs den Prisenbericht an das Kaiserliche Prisengericht Hamburg abgegeben, auf dessen Bekanntmachung der Reeder des Schiffes Schadensersatzansprüche geltend gemacht hat.

Das Prisengericht hat die Reklamation wegen Unzuständigkeit des Prisengerichts abgewiesen.

Die hiergegen vom Reklamanten eingelegte Berufung ist nicht begründet.

In der angefochtenen Entscheidung wird ausgeführt, Sache des Prisengerichts sei es, über die Rechtmäßigkeit der in einem Kriege gemachten Prisen zu entscheiden; Prisen seien feindliche oder neutrale Kauffahrteischiffe und deren Ladung, sofern sie in Ausübung des Prisenrechts in Beschlag genommen würden; danach sei dem Begriffe der Prise eine Beschlagnahme wesentlich; daran fehle es hier; weder sei eine Beschlagnahme erfolgt, noch sei sie in irgend einem Augenblick auch nur beabsichtigt gewesen; der Kommandant habe den vermeintlichen Angriff der „Geertruida" mit Waffengewalt niedergekämpft, wie Ziff. 55 a Pr. O. es vorschreibe; es liege weder ein Fall der Reaktion auf gewaltsamen Widerstand des Kauffahrteischiffes gegen eine Maßnahme des Prisenrechts (Ziff. 16 Pr. O.), noch der der Zerstörung eines aufgebrachten neutralen Schiffes vor (Ziff. 113, 115 Pr. O.), es handele sich lediglich um eine kriegerische Maßregel, deren Rechtmäßigkeit der Nachprüfung im Prisengerichtsverfahren nicht unterliege.

Dem ist beizutreten. Entscheidend ist der § 1 Pr. GO. Er ist der Sitz der Materie, indem er bestimmt, was Gegenstand der Prisengerichtsbarkeit ist. Die Prisengerichte haben über die Rechtmäßigkeit der in einem Kriege gemachten Prisen zu entscheiden. Damit ist die Kompetenz der Prisengerichte fest umschrieben. Hat das erkennende Gericht sogar in den Fällen, wo der Kommandant, ohne zur Aufbringung oder zur einstweiligen Aufbringung (Ziff. 91 Pr. O.) zu schreiten, das Schiff anweist, sich zur Untersuchung nach einem inländischen Hafen zu begeben, seine Unzuständigkeit ausgesprochen, so muß das um so mehr in Fällen, wie der vorliegende, geschehen, wo es sich um eine Kriegsmaßregel handelt, die mit prisenrechtlichen Zwecken überhaupt nicht und nicht einmal mit der Vorbereitung solcher in Beziehung steht.

In dieser Auffassung kann auch der Abs. 3 des § 1 Pr. GO. nicht irre machen, der lautet: Ist ein neutrales Kauffahrteischiff zerstört, so ist zunächst zu entscheiden, ob die Zerstörung rechtmäßig war. Damit ist nicht gesagt, daß in jedem Falle der Zerstörung eines neutralen Schiffes diese zunächst zu treffende Entscheidung zu erfolgen hätte und dem Prisengericht übertragen wäre. Der Abs. 3 darf nicht aus dem Zusammenhange gerissen werden, in dem er steht. Immer muß es sich, auch bei Zerstörung eines Schiffes, um eine Prise und um die Rechtmäßigkeit der prisenrechtlichen Maßregel handeln. Schon die Einreihung dieser Vorschrift in den § 1 und damit ihre Unterordnung unter den im Abs. 1 vorangestellten Leitsatz ergiebt das. Außerdem folgt es aus dem Zusammenhange des Abs. 3 mit den Ziff. 115 und 121 Pr. O., welche besondere Voraussetzungen für die Rechtmäßigkeit der Zerstörung neutraler Schiffe und neutraler Güter auf solchen Schiffen festsetzen, aber, wie das Oberprisengericht schon in der Sache „Davanger" [1]) anerkannt hat, auch ihrerseits sich nur auf eine Zerstörung aus einem der in Ziff. 113 angeführten prisenrechtlichen Gründe beziehen. Ein weitergehendes Verständnis des Abs. 3 würde auch zu Ergebnissen führen, die sachlich offenbar unrichtig wären. So kann es vorkommen, daß während eines Seegefechts ein neutrales Kauffahrteischiff, das in

[1]) Nr. 57 S. 232.

das Gefechtsfeld gerät, zerstört wird. Wenn hier der Neutrale mit der Behauptung aufträte, daß der Kommandant des zerstörenden Schiffes vorsätzlich und ohne Grund nach seinem Schiffe geschossen hat, so wäre es sicherlich nicht Aufgabe der Prisengerichte, darüber zu entscheiden. Dasselbe wie von dem Abs. 3 des § 1 Pr. GO. gilt von dem Zusatz zu § 1 der Pr. O., wenn dieser nicht ohnehin schon deswegen jeder Bedeutung für die gegenwärtige Frage entbehrte, weil er seinem Inhalte nach nicht mehr sein will als eine belehrende Mitteilung. Eine Gesetzesbestimmung kann in ihm nicht erblickt werden. Der Tatbestand der Ziff. 16 b Pr. O. liegt überall nicht vor. Die „Geertruida“ hat sich nicht Maßnahmen des Prisenrechts gewaltsam widersetzt, und der Kommandant ist auch nicht etwa deswegen, weil er dies angenommen hat, gegen sie vorgegangen.

Somit war zu erkennen, wie geschehen.

72.

„Zuiderzee“ und „Gouwzee“.

Urteil vom 27. April 1917.

Ladung im Sinne der Prisenordnung. Geschleppte Schiffe als Bestandteile der Ladung des Schleppers.

Ziff. 23 Nr. 9, Ziff. 41 Abs. 2 der Prisenordnung in der Fassung vom 22. Juli 1916 (Reichs-Gesetzbl. S. 773).

In der Prisensache, betreffend die niederländischen Schleppdampfer „Zuiderzee“ und „Gouwzee“ nebst 4 Leichtern, hat das Kaiserliche Oberprisengericht in Berlin in der Sitzung vom 27. April 1917 für Recht erkannt:

Die Berufungen gegen das Urteil des Prisengerichts in Hamburg vom 26. Januar 1917 werden zurückgewiesen. Die Reklamanten haben die Kosten der Berufungsinstanz zu tragen.

Gründe.

Am 28. September 1916 wurden von deutschen Kriegsschiffen zwei Schleppzüge, der niederländische Dampfer „Zuiderzee“ mit den belgischen Leichtern L'Avenir und Pays bas und der niederländische Dampfer „Gouwzee“ mit den niederländischen Leichtern S. C. C. 17 und S. C. C. 18, aufgebracht und nach Zeebrügge eingebracht. Die Leichter waren unbeladen. Die belgischen Fahrzeuge sind auf Grund des § 46 Abs. 2 Pr. GO. dem Marinekorps in Brügge überwiesen worden. Die Form der Kähne, die nach London gebracht werden sollten, ist die ausgesprochene Form der „Themse barges“, wie sie im Londoner Hafen gebraucht werden.

Es haben auf die Bekanntmachung des Kaiserlichen Prisengerichts in Hamburg Freigabe der Schiffe und Schadensersatz beansprucht:

1. wegen der beiden Schleppdampfer die Firma L. Smit & Co., Sleepdienst in Rotterdam, als Eigentümerin,
2. wegen der belgischen Leichter der Kaufmann L. Letzer, früher in Antwerpen, jetzt in Rotterdam,
3. wegen der holländischen Leichter die Scheepvart en Steenkolen Maatschappij in Rotterdam.

Das Kaiserliche Prisengericht in Hamburg hat auf Einziehung aller Fahrzeuge erkannt und die Reklamationen zurückgewiesen.

Hiergegen haben die Reklamanten Berufung eingelegt.

Die Berufungen sind nicht begründet.

Die mit den beiden Dampfern aufgebrachten Schleppkähne sind nach Ziff. 23 Nr. 9 Pr. O. relative Konterbande. Sie waren nach London bestimmt, und der Vorderrichter erachtet die Widerlegung der danach begründeten Vermutung ihrer Bestimmung für die feindliche Streitmacht oder Regierung nicht für erbracht. Auf Grund dessen gelangt er dazu, daß nicht nur die Kähne selbst, sondern auch die Schleppdampfer der Einziehung unterliegen. Es wird ausgeführt, die Kähne seien die einzigen „Beförderungsgegenstände“ der Schlepper gewesen und seien als deren „Ladung“ im Sinne der Ziff. 41 Abs. 2 Pr. O. anzusehen. Daß sie nicht an Bord der Dampfer genommen seien, verschlage nichts. Darauf komme es nach dem Zweck des Prisenrechts, die „Beförderung“ von Konterbande zum Feinde zu verhindern, nicht an. Wenn einzelne Bestimmungen der Prisenordnung, wie die Ziff. 35, 36, in ihrer Ausdrucksweise so lauteten, als müsse das Gut in das Schiff geladen sein, so stünden dem auch wieder Bestimmungen gegenüber, die schlechthin nur die Beförderung als das Tatbestandsmoment bezeichnen, wie Ziff. 39, 41. Als durchschlagend erscheine, daß es widersinnig sein würde, ein Schiff, welches z. B. Teile eines Unterseebootes oder eines Docks an Bord befördert, anders zu behandeln, als wenn es das unzerteilte Boot oder Dock im Schlepp dem Feinde zuführt.

Dem kann nur zugestimmt werden. Die Rechtsfrage ist unter den hier obwaltenden Umständen, wo die Kähne selbst unbeladen waren, außer Zweifel. Nach den Erklärungen der Reklamanten steht fest, daß die Kähne dem Reeder der Schleppschiffe zur Beförderung übergeben worden sind. Nach allgemein anerkanntem Grundsatz des Privatrechts ist für das Rechtsverhältnis des Schleppzuges dieses das entscheidende Moment. Je nachdem, ob das geschleppte Schiff dem Schiffer des Schleppers anvertraut worden ist zur Ablieferung an den Empfänger, oder ob der Schiffseigner des ersteren in dessen Besitz verbleibt, liegt Frachtvertrag vor oder Schleppvertrag — sei es Dienst- sei es Werkvertrag. Sind auch die privatrechtlichen Grundsätze nicht ohne weiteres für völkerrechtliche Fragen maßgeblich, so haben sie doch auch hier insofern eine unmittelbare Bedeutung, als die Frage, was als die Ladung des Schiffes sich darstellt, nur den wegen der Güter mit dem Schiffseigentümer getroffenen und privatrechtlich zu beurteilenden Vereinbarungen entnommen werden kann. Ob es anders läge, wenn in die Leichter zugleich Güter zur Beförderung nach England eingenommen worden wären, und wenn zugleich die Absicht bestanden hätte, die Leichter nach beendeter Reise und Entlöschung sofort wieder nach Holland zurückzubringen, kann unerörtert bleiben. Hier handelt es sich nur um die Beförderung der Kähne selbst, die den einzigen Gegenstand des Transports bildeten. Ob der Schiffer die ihm anvertrauten Güter in das Schiff verlädt oder auf Deck, ob er sie seitlich an das Schiff hängt oder ob er sie neben oder hinter sich her durch das Wasser zieht, ist gleichgültig. In völkerrechtlicher

Hinsicht waren die Kähne „die“ Güter und „die“ Ladung der Schlepper. Der Anwendung der Ziff. 41 Abs. 2 Pr. O. steht nicht einmal eine sprachliche Härte entgegen. Die Schlepper unterliegen, sofern die geschleppten Fahrzeuge Konterbande waren, der Einziehung, weil sie wegen „Beförderung“ von Konterbande aufgebracht sind. Andererseits findet auf die geschleppten Schiffe die Ziff. 33 Abs. 2 Pr. O. keine Anwendung, die bestimmt, daß Kauffahrteischiffe selbst als für die feindliche Streitmacht usw. bestimmt nicht schon um deswillen anzusehen sind, weil sie sich auf der Fahrt nach einem befestigten Platze des Feindes befinden. Denn die geschleppten Schiffe sind hier nicht „das Schiff selbst“, sondern die „Ladung“. Aus demselben Grunde ist es hinwiederum gegenüber den Leichtern L'Avenir und Pays das nicht von ausschlaggebender Bedeutung, daß sie belgischer also feindlicher Nationalität sind. Denn sie sind Ladung und die feindliche Ladung wird durch die neutrale Flagge des Schleppers gedeckt, es sei denn, daß sie Konterbande ist.

Auch was diese letztere Frage angeht, ist dem ersten Richter beizutreten. Gegen die Leichter spricht mit Rücksicht auf ihren Bestimmungsort die gesetzliche Vermutung der feindlichen Bestimmung, und was der Kaufmann Letzer, um zunächst auf dessen Reklamation einzugehen, zur Widerlegung der Vermutung beigebracht hat, ist ohne Bedeutung. Die eigenen Versicherungen der Eigentümer der reklamierten Fahrzeuge können naturgemäß nur geringen Beweiswert für sich in Anspruch nehmen. Auch die Angestellten der Firma sind nicht so unbeteiligt, daß ihre Unbefangenheit und volle Glaubwürdigkeit ohne weiteres unterstellt werden dürfte. Aber auch inhaltlich sind die Erklärungen, einschließlich dessen, was der Reklamant unter 1 zu bestätigen vermag, zu nichtssagend, als daß ihnen ausschlaggebender Beweiswert zugemessen werden könnte. Man fragt vergebens, was den früher in Antwerpen ansässigen Kaufmann, der jetzt seine Zuflucht in Rotterdam gesucht zu haben scheint, veranlaßt, seinen Betrieb oder einen Teil desselben nach London zu verlegen, und wenn natürlich auch die Annahme, daß zurzeit mit Fahrzeugen dieser Art in London viel zu verdienen sein wird, zweifellos zutrifft, so ist es doch ebenso sicher, daß die englische Heeresleitung oder Stellen der bürgerlichen Verwaltung des Staates als beste

Kunden für Wassertransportmittel in erster Linie stehen. Ist mithin schon in Beziehung auf das, was der Reklamant auch nur vorerst in das Auge gefaßt hat, der Sachverhalt dunkel geblieben, so steht vollends dahin, wie sich in Wahrheit die Dinge gestaltet haben würden, wenn die Überführung der Leichter geglückt wäre. Die gesetzliche Vermutung steht daher ungemindert in Kraft.

Auch mit der Reklamation der holländischen Schiffahrt- und Steinkohlen-Gesellschaft liegt es im Grunde nicht anders. Sie scheint eine Niederlassung unter ihrer, in das Englische übersetzten Firma in London besessen zu haben, und es hätten dann die Leichter vielleicht einem — man erfährt freilich nicht, wie lange schon — bestehenden gewerblichen Betriebe von bestimmter Art mit früher begründeten Geschäftsbeziehungen eingereiht werden sollen. Aber mehr als diese allgemeine Vorstellung von vorhandenen Möglichkeiten gewinnt man auch hier aus dem, was der Reklamant an Beweisen beigebracht hat, nicht. Es kann auch kein entscheidendes Gewicht darauf gelegt werden, daß die Überführung der Leichter nach England von der Regierung nur gegen die Zusage der Eigentümer gestattet worden ist, sie innerhalb 6 Monaten wieder nach der Heimat zurückzuleiten, und erst, nachdem die Englische Regierung dafür, daß dem kein Hindernis bereitet wird, Gewähr geleistet hat. In diesem Punkte scheitert die Beweisführung schon an dem Beweismaterial. Es sind nur zwei ganz vereinzelte Schreiben in Abschrift vorgelegt worden. Steht man schon insofern vor einem lückenhaften und unaufgeklärten Sachverhalt, so fehlt auch jede Sicherheit, daß an den bei der Überführung eingegangenen Verpflichtungen demnächst auch allerseits würde festgehalten worden sein. Die Verlegenheit unserer Feinde in Beziehung auf Schiffsraum jeder Art ist zu bekannt, als daß man nicht auch damit rechnen müßte, daß unter Zustimmung aller Beteiligten, und ohne daß daraus dem Reklamanten seiner Regierung gegenüber Verlegenheiten erwachsen wären, an dem geändert worden sein würde, was man bei der Einführung der Schiffe noch beabsichtigt haben mag. Gerade mit Fahrzeugen der in Rede stehenden Art hat es nach den obwaltenden Verhältnissen seine besondere Bewandtnis, und bei ihnen kann nicht ohne weiteres nach den gleichen Grundsätzen wie bei

Gütern anderer Art, Lebensmitteln und dergl. geurteilt werden. Auffallend ist insbesondere auch, daß in den Versicherungen derer, die davon aus eigener Kunde wissen, nur von der Verwendung zu kriegerischen Zwecken die Rede ist. Auch die Verwendung durch Verwaltungsstellen der Englischen Regierung für andere Zwecke und beschränkt auf die in Aussicht genommene Zeit von 6 Monaten würde für die Eigenschaft der Schiffe als Konterbande entscheidend sein.

Somit war zu erkennen, wie geschehen.

73.

„De Brussels 31."

Urteil vom 27. April 1917.

Bagger als Kauffahrteischiff im Sinne der Prisenordnung. Prisenrechtliche Beschlagnahme nach Inanspruchnahme auf Grund des Landkriegsrechts. Übergang eines feindlichen Schiffes zur neutralen Flagge nach Beginn der Feindseligkeiten.

Ziff. 1, 12a der Prisenordnung; §§ 2, 23 der Prisengerichtsordnung.

In der Prisensache, betreffend den Bagger „De Brussels 31" nebst 2 Baggerprähmen, hat das Kaiserliche Oberprisengericht in Berlin in der Sitzung vom 27. April 1917 für Recht erkannt:

Die Berufung gegen das Urteil des Prisengerichts in Hamburg vom 26. Januar 1917 wird zurückgewiesen. Die Kosten des Rechtsmittels hat der Reklamant zu tragen.

Gründe.

Nach einer Mitteilung des Marinekorps (Hafenbau) in Brügge vom 26. September 1915 an die Intendantur des Marinekorps hat der kommandierende Admiral auf den am 23. September 1915 gehaltenen Vortrag befohlen, den damals im Westhafen der Brügger Hafenanlage liegenden Bagger „De Brussels 31" und zwei dazu gehörige Dampfklappenprähme (Hopper 61 und Vlaanderen 3) zu beschlagnahmen. Die Fahrzeuge sollten als Reserve für in Zeebrügge beschäftigte Bagger dienen. Die Korpsintendantur wurde ersucht, das Weitere wegen der Beschlagnahme zu veranlassen.

Die Korpsintendantur fragte zurück, ob die Baggergeräte beschlagnahmt werden sollten, um sie von jeder anderweitigen Verwendung auszuschließen, oder ob sie zur Benutzung für militärische Zwecke beigetrieben werden sollten. In letzterem Falle genüge leihweise Beitreibung, die Geräte gingen dann nicht in das Eigentum des Reichs über, sondern würden später zurückgegeben. Das Marinekorps antwortete, die Baggergeräte sollten beschlagnahmt werden, um sie von jeder anderweitigen Verwendung auszuschließen, sie müßten aber auch für militärische Zwecke in Benutzung genommen werden, wenn und sobald dies erforderlich erscheine. Nach einem Schreiben der Kommandantur Zeebrügge an das Marinekorps in Brügge vom 16. Oktober 1915 bat der Vertreter der Firma Prosper Decloedt, Gaston Pladys aus Blankenberghe, um Ausstellung einer Empfangsbescheinigung über den vom Hafenbau benutzten, der genannten Firma gehörigen Bagger. Das Marinekorps erwiderte, daß eine Empfangsbescheinigung über den beschlagnahmten Bagger bereits ausgestellt sei; vor dessen Aushändigung an den Vertreter der Firma müsse jedoch der von dieser geforderte Preis noch geprüft werden. Nachdem dies geschehen, wurde am 23. Februar 1916 ein Requisitionsschein vom Marinekorps an die Stadtverwaltung Brügge gesandt. Vorher war von der Gemeindeverwaltung Brügge an die Intendantur des Marinekorps ein Schreiben gesandt worden, in welchem mitgeteilt wurde, daß der durch den Requisitionsschein zum Dienst der deutschen Truppen requirierte Dampfbagger mit 2 Dampfprähmen einen Wert von 575 000 Frcs. habe und dem Herrn Prosper Decloedt in Brügge gehöre. Es werde um Zustellung des Requisitionsscheins an die Gemeindeverwaltung gebeten, damit diese ihn dem Eigentümer übermitteln könne. Am 7. Juni 1916 sandte das Marinekorps in Brügge dem Staatssekretär des Reichs-Marine-Amts in Berlin ein Schreiben des Niederländischen Konsuls in

Brügge vom 22. Mai 1916 nebst Anlagen sowie die in der vorliegenden Sache dort bereits entstandenen anderen Vorgänge mit der Bitte, die Angelegenheit im Reichs-Marine-Amte weiter zu behandeln. Dem Schreiben des Niederländischen Konsuls vom 22. Mai 1916 war ein Schriftwechsel zwischen diesem und dem Marinekorps vorangegangen, in welchem der Konsul mitgeteilt hatte, daß der niederländische Unternehmer Kalis aus Scheveningen im Hafen von Zeebrügge einen großen Bagger mit zwei Transportschiffen besitze, den er zwecks Versicherung nach Brügge transportieren möchte; es werde gebeten, dies zu genehmigen. Im Verlaufe dieses Schriftwechsels wurde dann ein am 12. Juli 1915 im Haag zwischen Prosper Decloedt in Brügge und Bastian Kalis in Scheveningen abgeschlossener Kaufvertrag vorgelegt, inhalts dessen ersterer an letzteren eine große Baggermaschine und zwei Baggerprähme zu einem Preise verkaufte, welcher nach Ankunft der Güter in den Niederlanden durch Sachverständige abgeschätzt werden sollte. Der Verkäufer erklärte, als Abschlagszahlung auf diesen Preis den Betrag von 20000 Frcs. erhalten zu haben. Obiges Schreiben des Niederländischen Konsuls vom 22. Mai 1916 hatte als Anlage das Original des Kaufvertrags zwischen Decloedt und Kalis sowie Abschrift eines Schreibens des Niederländischen Ministeriums des Auswärtigen, in welchem der Konsul anscheinend (eine Übersetzung befindet sich nicht bei den Akten) beauftragt wird, beim Marinekorps dahin zu wirken, daß hinsichtlich des Baggers die Ausfuhrerlaubnis nach den Niederlanden erteilt werde. Der kommandierende Admiral hat auf diesen Brief hin verfügt, daß der Bagger in Brügge zu bleiben habe und die Sache an das Reichs-Marine-Amt abzugeben sei. Der Staatssekretär des Reichs-Marine-Amts ordnete auf den Bericht des Marinekorps vom 7. Juni 1916 an, daß zur Klarstellung der Frage, ob der Bagger nebst Prähmen dem Seebeuterecht unterliege, das prisengerichtliche Verfahren herbeizuführen sei. Daraufhin wurden die Akten dem Prisenamt in Hamburg vorgelegt, welches nunmehr die Einleitung des prisengerichtlichen Verfahrens veranlaßte. In diesem trat der angebliche jetzige Eigentümer des Baggers, Bastian Kalis, als Reklamant auf mit dem Antrage, zu erkennen, daß der Bagger nebst Prähmen der Einziehung nicht unterliege, eventuell für denselben eine Entschädigung in Höhe von 960 000 Frcs. und Zinsen zu gewähren. Er macht in erster Linie geltend, daß eine Beschlagnahme auf Grund Prisenrechts überhaupt nicht erfolgt sei, es handele sich vielmehr lediglich um eine Requirierung nach Landkriegsrecht. Eine Einziehung ohne Entschädigung könne daher schon aus diesem Grunde nicht erfolgen. Eventuell fände aber das Prisenrecht deshalb keine Anwendung, weil ein Bagger überhaupt kein Schiff, geschweige denn ein Kauffahrteischiff im Sinne der Prisenordnung sei. Ganz eventuell hebt er hervor, daß durch den Verkauf des Baggers an ihn, einen niederländischen Staatsangehörigen, dessen Eigenschaft als feindliches Gut beseitigt sei. Zu der Annahme, daß der Verkauf ohne den Kriegszustand nicht erfolgt wäre, liege keine Veranlassung vor. Das Prisengericht in Hamburg hat durch Urteil vom 26. Januar 1917 unter Zurückweisung der Reklamation auf Einziehung des Baggers nebst den beiden Prähmen erkannt. Es nimmt an, daß eine Beschlagnahme in Ausübung des Prisenrechts erfolgt sei. Eine besondere, dahin gehende Erklärung sei nicht erforderlich gewesen; es genüge die tatsächliche Vollziehung der Beschlagnahme von zuständiger Stelle und das Vorhandensein des auf eine prisenrechtliche Beschlagnahme gerichteten Willens der maßgebenden Behörde. Dies liege hier vor. Das Prisengericht hat ferner angenommen, daß der Bagger als Schiff, insbesondere auch als Kauffahrteischiff im Sinne der Prisenordnung anzusehen sei. Der Verkauf an den Reklamanten, selbst wenn er rechtsgültig sein sollte, komme gemäß Ziff. 12 a Pr. O., weil nach Ausbruch der Feindseligkeiten geschlossen, nicht in Frage, da er ersichtlich ohne den Kriegsausbruch nicht getätigt sein würde.

Gegen dieses Urteil hat der Reklamant frist- und formgerecht Berufung eingelegt und gerechtfertigt. Zur Begründung des Rechtsmittels führt er dasselbe aus, was er bereits in erster Instanz vorgebracht hat. Er macht insbesondere noch geltend, daß der Übergang des Eigentums an dem Bagger auch ohne den Ausbruch des Krieges erfolgt sein würde. Decloedt habe schon lange vor Ausbruch des Krieges versucht, den Bagger bei Gelegenheit zu verkaufen. Daß sich gerade während des Krieges eine Möglichkeit dazu geboten habe, könne nicht als Folge des Krieges angesehen und deshalb nicht gegen den Reklamanten verwertet werden.

Der Kaiserliche Kommissar bei dem Oberprisengericht hat diesen Ausführungen widersprochen und um Zurückweisung der Berufung gebeten.

Dem Rechtsmittel war der Erfolg zu versagen.

Die Vorfrage, ob ein Bagger ein Schiff, insbesondere ein Kauffahrteischiff im Sinne der Prisenordnung ist, hat das Oberprisengericht aus den zutreffenden Erwägungen des Vorderrichters ebenfalls bejaht. Als Schiff im allgemeinen ist zunächst unbedenklich jedes auf dem Wasser schwimmende Fahrzeug ohne Rücksicht darauf anzusehen, welchem Verwendungszweck es dienen soll, und einerlei, ob es Eigenbewegung hat oder nicht. Ob ein solches Fahrzeug dem Transport von Personen oder Sachen, oder ob es anderen Zwecken z. B. als Kabel-, Bergungsschiff oder als Eisbrecher zu dienen bestimmt ist, ist für die hier zu entscheidende Frage unerheblich. Ein auf dem Wasser schwimmender Bagger, zumal wenn er, wie der hier in Rede stehende, mit Positionslaternen, Beibooten, Mannschaftsräumen, Kompassen und sonstigen bei Schiffen üblichen Ausrüstungsgegenständen versehen ist, muß hiernach als Schiff im obigen Sinne angesprochen werden.

Ist der Bagger „De Brussels 31" aber ein Schiff, so ist er auch ein Kauffahrteischiff im Sinne der Prisenordnung. Wiederholt hat das Oberprisengericht bereits ausgesprochen, daß dieser Ausdruck alle Schiffe begreift, die nicht im Staatseigentum stehen (zu vergl. die Prisensachen „Comte de Smet de Nayer",[1]) „Primavera".[2]) Nur die eine Einschränkung hat dabei (zu vergl. Beschwerdesache „Assistent" [3])) das Oberprisengericht gemacht, daß bei der Bezeichnung Kauffahrteischiff nur an Fahrzeuge gedacht ist, die nach ihrer Größe und Beschaffenheit wenigstens einige Bedeutung besitzen. Dieses Kennzeichen liegt aber hier vor. Denn nach der bei den Akten befindlichen Photographie handelt es sich bei dem hier fraglichen Bagger um ein Fahrzeug von sehr erheblichen Dimensionen, und die Reklamanten beziffern

---

[1]) Nr. 52 S. 209.
[2]) Nr. 49 S. 194.
[3]) Nr. 36 S. 150.

seinen Wert nebst Zubehör auf 960 000 Frcs. Inwiefern, wie der Reklamant meint, ein Bagger, wenn er als Schiff anzusehen ist, nach Sinn und Zweck des Prisenrechts den in Ziff. 6 Pr. O. aufgeführten Fahrzeugen gleichzuachten und daher dem Prisenrecht nicht zu unterstellen sein sollte, ist nicht ersichtlich.

Auch darin ist das Oberprisengericht dem Vorderrichter gefolgt, daß die Zuständigkeit der Prisengerichte für den hier vorliegenden Fall begründet ist. Die Voraussetzung hierfür ist, daß die Beschlagnahme des Baggers auf Grund des Prisenrechts erfolgt ist. Dies ist auch nach Auffassung des Oberprisengerichts geschehen. Darüber kann allerdings nach der oben gegebenen Sachdarstellung kein Zweifel bestehen, daß bei der ersten Beschlagnahme des Baggers an eine Ausübung des Prisenrechts nicht gedacht ist. Die Umstände, insbesondere die Tatsache der Ausstellung eines Requisitionsscheins, weisen vielmehr darauf hin, daß ursprünglich eine Inanspruchnahme nach Landkriegsrecht, anscheinend gemäß Art. 52 des vierten Abkommens der zweiten Haager Friedenskonferenz, beabsichtigt gewesen ist. Das hinderte jedoch nicht, daß, nachdem auf diese Weise der Bagger in den Besitz des Reichs gelangt war, später eine Beschlagnahme auf Grund des Prisenrechts erfolgte. Mit Recht hebt der Vorderrichter hervor, daß es nicht einer dahingehenden ausdrücklichen Erklärung der beschlagnahmenden Behörde bedürfte, um diesen Erfolg herbeizuführen, es genügte vielmehr, daß die Absicht zu erkennen gegeben wurde, die Sache hinfort nach Prisenrecht zu handhaben. Das ist in unzweideutiger Weise dadurch geschehen, daß das Generalkommando des Marinekorps schließlich durch Verfügung vom 5. September 1916 die Angelegenheit dem Prisenamt in Hamburg zur Entscheidung nach Prisenrecht vorgelegt hat, wofür es nach § 23 Pr. GO. zweifellos zuständig war (zu vergl. Urteil des Oberprisengerichts in der Prisensache „Primula“.[1])

Es bleibt noch zu erörtern, ob der Bagger nebst Zubehör als feindliches Eigentum anzusehen ist, da er nur unter dieser Voraussetzung der Beschlagnahme nach Prisenrecht unterliegt. Auch diese Frage ist zu bejahen. Der Reklamant hat zwar einen im Juli 1915 abgeschlossenen Kaufvertrag vorgelegt, nach welchem er den Bagger und die Prähme vom Unternehmer Decloedt in

[1]) Nr. 3 S. 17.

Brüssel gekauft haben will. Daß dieser Kaufvertrag, dessen Rechtswirksamkeit zunächst unterstellt werden mag, eine obligatorische Bindung der Parteien herbeigeführt hat, soll auch nicht bezweifelt werden. Dafür aber, daß auf Grund desselben auch ein Übergang des Eigentums stattgefunden hat, liegt nichts vor. Es kann dahingestellt bleiben, ob die Frage nach belgischem oder niederländischem Rechte zu beurteilen ist, denn nach den vom Reklamanten über letzteres beigebrachten Nachweisen stimmen die beiden Rechte in den hier in Betracht kommenden Bestimmungen überein. Danach gilt ein Kaufvertrag als vollzogen, wenn die Parteien sich über die Sache und den Preis geeinigt haben. Der Preis kann durch die Parteien bestimmt oder die Festsetzung kann einem Dritten überlassen werden. Falls der Dritte die Bestimmung nicht treffen kann oder will, hat der Kauf nicht stattgefunden. Im vorliegenden Falle sollte die Festsetzung des Preises nach Ankunft des Baggers in den Niederlanden durch drei noch zu ernennende Sachverständige erfolgen. Unbestritten ist sie bislang nicht geschehen, mithin sind die dinglichen Wirkungen des Kaufvertrags noch nicht eingetreten, vielmehr ist das Eigentum noch bei dem belgischen, also feindlichen Staatsangehörigen Decloedt. Dies ist offenbar früher auch die Auffassung der Beteiligten gewesen, denn anders ist die oben angeführte Eingabe der städtischen Behörden in Brügge vom 8. Februar 1916, die von dem Schwiegersohn des Decloedt mit unterzeichnet ist, und auf die der Vorderrichter mit Recht hinweist, nicht zu verstehen.

Aber selbst wenn das Eigentum an dem Bagger zur Zeit der Beschlagnahme bereits auf den neutralen Reklamanten übergegangen wäre, würde doch nicht anders zu entscheiden sein. Denn mit Recht nimmt der Vorderrichter an, daß in diesem Falle Ziff. 12a Pr. O. Anwendung findet. Richtig verstanden hat diese Vorschrift keinen anderen Inhalt als die entsprechende Bestimmung im Art. 56 der Londoner Erklärung (zu vergl. Prisensache „Cubano").[1]) Danach ist der nach Beginn der Feindseligkeiten herbeigeführte Übergang eines feindlichen Schiffes zur neutralen Flagge nichtig, wenn nicht bewiesen wird, daß dieser Übergang nicht herbeigeführt worden ist, um den mit

[1]) Nr. 51 S. 203.

der Eigenschaft eines feindlichen Schiffes verbundenen Folgen zu entgehen. Es spricht also für die Richtigkeit des Übergangs eine Vermutung, die zu widerlegen Sache desjenigen ist, der die Rechtsgültigkeit des Übergangs behauptet. Die Vermutung geht dahin, daß der Übergang durch den Krieg und die damit für die feindliche Flagge verbundene Gefahr veranlaßt worden, daß also Erlangung des Schutzes der neutralen Flagge bezweckt ist. Dies braucht nicht das einzige Motiv der Vertragschließenden zu sein, es genügt, wenn es mitbestimmend gewirkt hat. Das Oberprisengericht hält dafür, daß dies vorliegend der Fall gewesen ist. Es wäre sonst nicht ersichtlich, was die Veranlassung gewesen sein könnte, mitten in einem Kriege einen in den Händen des Feindes befindlichen Gegenstand an einen Neutralen zu veräußern, wenn nicht dabei die Erwägung zum mindesten mitgesprochen hätte, das Eigentum vor dem Zugriff des Feindes sicherzustellen. Irgendwelchen schlüssigen Gegenbeweis in dieser Richtung hat der Reklamant nicht angetreten, geschweige denn geführt. Falls er wirklich vor Ausbruch des Krieges bereits einen Verkauf des Baggers angestrebt hat, so ist dies noch kein Beweis dafür, daß der später bewirkte Verkauf nicht mit jener Nebenabsicht erfolgt ist, nachdem inzwischen der Krieg ausgebrochen war.

Nach alledem war die Berufung, wie geschehen, zu verwerfen. Die Kostenentscheidung folgt aus § 37 Pr. GO.

74.

„Berkelstroom.“

Urteil vom 27. April 1917.

Feststellung des Wertes der Konterbande für die Frage der Einziehbarkeit des Schiffes. Ort und Zeit, die der Wertberechnung zugrunde zu legen sind.

Ziff. 41 Abs. 2 der Prisenordnung.

In der Prisensache, betreffend den niederländischen Dampfer „Berkelstroom“, Heimatshafen Amsterdam, hat das Kaiserliche Oberprisengericht in Berlin in der Sitzung vom 27. April 1917 für Recht erkannt:

Die Berufung des Kaiserlichen Kommissars in Hamburg gegen das Urteil des Prisengerichts daselbst vom 5. Januar 1917 wird zurückgewiesen. Die gerichtlichen Kosten der Berufungsinstanz sind vom Reiche zu tragen.

Gründe.

Am 24. April 1916 ist der niederländische Dampfer „Berkelstroom“, mit einer Ladung Stückgüter auf der Fahrt von Amsterdam nach London, von deutschen Kriegsschiffen, weil er Konterbande führte, aufgebracht und vernichtet worden.

Auf die Bekanntmachung des Kaiserlichen Prisengerichts in Hamburg haben die Reederei und eine Anzahl von Ladungsinteressenten Ersatzansprüche erhoben. Das Gericht hat vorerst durch Teilurteil nur über die Reklamation der Reederei entschieden, und zwar dahin, daß die Zerstörung des Schiffes nicht rechtmäßig gewesen sei und das untergegangene Schiff der Einziehung nicht unterlegen habe, daß aber ausreichende Gründe für die Beschlagnahme desselben vorgelegen hätten.

Die Ladung des Schiffes hat nur zum Teil aus Konterbande bestanden, und die Entscheidung hängt davon ab, ob dieser Teil nach einer der im Gesetz bestimmten Richtungen der überwiegende Teil gewesen ist, was nach der im prisengerichtlichen Verfahren aufgemachten Dispache des Dispacheurs Schmidt wiederum davon abhängt, wie eine an Bord befindliche Abladung von 1000 Sack

Kakao einzuschätzen ist. Auch wegen dieses Kakaos war zunächst Reklamation erhoben worden, aus der hervorgeht, daß die Ware, nachdem sie mit dem Dampfer „Tubantia" bestimmungsgemäß nach Holland gebracht war, hier von der Reederei dem Empfänger nicht ausgeliefert, vielmehr in den „Berkelstroom" verladen worden ist, um sie dem englischen Prisengerichte zuzuführen. Die Reklamation wegen des Kakaos ist zurückgenommen worden.

Nach der Behauptung der Reklamantin des Kakaos war dieser mit 60 000 Fl. versichert, während sein wahrer Wert 79 620 Fl. gewesen sei.

Nach dem dem Gericht vorgelegten Gutachten von Albrecht & Dill in Hamburg betrug der Marktpreis für Kakao am 24. April 1916

in London 83 sh für 50 kg,
in Amsterdam 65 Gulden für 50 kg,

während in Hamburg Mitte April eine Partie Kakaobohnen derselben Qualität für 850 *M* per 50 kg gehandelt worden ist.

Auf letzterer Basis betrüge der Wert der vernichteten Abladung 1 020 000 *M*, während der Dispacheur in seine Rechnung als Wert zwar nicht diesen vollen Betrag, aber doch 600 000 *M* eingesetzt hat und damit zu der Gegenüberstellung gelangt:

Wert der Konterbande . . . . . 649 117 *M*,
Wert der Nichtkonterbande . . . 643 793 *M*.

Gegen die Entscheidung des Prisengerichts, das den Inlandswert des Kakaos für unmaßgeblich erachtet und demnach — im Gegensatz zu der Aufstellung des Dispacheurs — zu dem Ergebnisse gelangt, daß der Wert der Konterbande erheblich weniger als die Hälfte des Wertes der Ladung ausgemacht habe, hat der Kaiserliche Kommissar Berufung eingelegt.

Der Berufung war der Erfolg zu versagen. Der angefochtenen Entscheidung ist im Ergebnisse zuzustimmen. Richtig ist, wie das Prisengericht ausführt, daß die Neutralitätswidrigkeit, die in der Beförderung von Konterbande liegt, nicht darin ihren Grund hat, daß die betreffenden Waren dem nehmenden Staate vorenthalten, sondern darin, daß sie dem Feinde zugeführt werden sollen. Ebenso richtig ist freilich, daß die Verhinderung dieser Beförderung zum Feinde nicht den Zweck verfolgt, den Feind um den

Wert der Konterbande zu schädigen, sondern ihm die Gegenstände selbst vorzuenthalten und damit deren Verwendung für kriegerische Zwecke zu verhindern. Schon darum kann jene — wie der erste Richter es bezeichnet — positive Funktion der Beförderung von Konterbande nicht zu der Annahme führen, daß der Wert entscheidend sei, den die Ware für den Feind hat. Es kommt auch nicht nur auf die Konterbande an. Auch die freien Güter sind abzuschätzen, um festzustellen, welcher Teil der Ladung der größere ist, und selbstverständlich muß die Abschätzung der einen Partie nach denselben Grundsätzen erfolgen wie die der anderen.

Noch weniger besteht aber ein Anhaltspunkt dafür, die Preise, wie sie sich im Lande des nehmenden Staates gebildet haben, zugrunde zu legen. Es fehlt an jeder Beziehung der Güter zu den Verhältnissen dieses Landes. Ebenso wie daran festzuhalten ist, daß selbst dann, wenn die Güter eingebracht worden waren, bei der Entschädigung, die dem Neutralen wegen seiner Güter gebührt, die in Deutschland herrschenden Preisverhältnisse nicht maßgeblich sind, ist vollends in Fällen, wie der gegenwärtige, wo die Güter mit dem genommenen Schiff zerstört worden sind, auf keinem Wege dazu zu gelangen, die Güter nach deutschen Marktpreisen zu bewerten. Auch der Standpunkt der Reklamantin, es müsse der Versicherungswert entscheidend sein, ist nicht richtig. Jedenfalls dann nicht, wenn darunter die in der Police als solcher angegebene Summe verstanden werden soll. Denn wenn auch im allgemeinen Überversicherungen nicht stattfinden sollen, so beruht doch in der Regel jener in der Police aufgeführte Betrag auf einseitiger und unkontrollierter Angabe des Versicherungsnehmers, und es fehlt an der erforderlichen Gewähr, daß er den tatsächlichen Verhältnissen entspricht. Vielmehr kann bei der Abschätzung des Wertes gemäß Ziff. 41 Abs. 2 Pr. O. nur nach den gleichen Grundsätzen verfahren werden, wie in dem von dem Oberprisengericht schon mehrfach entschiedenen Falle, daß es sich um den Werterfatz wegen Verlustes von Gütern handelt. Hier wie dort gilt es, den reinen Sachwert zu ermitteln, und zwar den Wert, den die Güter zur Zeit der Beschlagnahme hatten; hier wie dort liegt es so, daß in diesem Zeitpunkt die Güter unterwegs waren auf dem Wege nach ihrem Bestimmungsort, meist auf hoher See, und sich also am entscheidenden

Zeitpunkt an einer Stelle befanden, wo örtliche Preisverhältnisse nicht bestehen. In der Wahl zwischen den danach allein in Frage kommenden Plätzen, dem Ablade- und dem Bestimmungsort, wird man sich hier nicht anders wie dort für den letzteren Ort zu entscheiden haben. Im vorliegenden Falle ist übrigens die Sache schon dadurch zugunsten der Reklamantin entschieden, daß jedenfalls die ganz ungewöhnlich hohen Preise, wie sie zurzeit in Deutschland herrschen, nicht maßgeblich sind; denn nur, wenn man diese zugrunde legen wollte, würde sich ein Mehrwert der Konterbandeladung herausrechnen lassen.

75.

„Prins Hendrik."

Urteil vom 24. Mai 1917.

Verkäufliche Effekten im Sinne der Prisenordnung.

Ziff. 21 Nr. 27 der Prisenordnung in der Fassung vom 22. Juli 1916 (Reichs-Gesetzbl. S. 773).

In der Prisensache, betreffend den niederländischen Dampfer „Prins Hendrik", Heimatshafen Vlissingen, hat das Kaiserliche Oberprisengericht in Berlin in der Sitzung vom 24. Mai 1917 für Recht erkannt:

Die Berufungen gegen das Urteil des Prisengerichts in Hamburg vom 16. Februar 1917 werden zurückgewiesen. Die Kosten des Berufungsverfahrens fallen den Berufungsklägern zur Last.

Gründe.

Am 23. September 1916 wurde der niederländische Dampfer „Prins Hendrik", auf der Reise von Vlissingen nach Gravesend, von einem deutschen Kriegsschiff aufgebracht und zwecks Untersuchung seiner Ladung nach Zeebrügge eingebracht. Unter den Passagieren befand sich der Kurier der Französischen Regierung,

Oberleutnant d. R. André Benoit, der u. a. Wertpapiere bei sich führte, die ihm von dem französischen Botschafter in Haag zur Ablieferung an die französische Botschaft in London übergeben waren. Es waren

3 % Holländische Schuldverschreibungen zum Nennbetrage von Fl. 4 695 000, davon Fl. 47 100 ohne Zinsschein und Talons, der Rest mit Talons und Zinsscheinen vom 1. September 1919 an,

3 % Dänische Staatsanleihe zum Nennbetrage von 150 000 Kr. mit Zinsscheinen vom 1. Dezember 1919 an und Talons.

Der Dampfer ist nach beendeter Untersuchung wieder freigegeben worden.

Auf die Bekanntmachung des Kaiserlichen Prisengerichts in Hamburg haben Anspruch auf Freigabe der Wertpapiere erhoben:

1. Frau Jules Lebaudy Wwe. geb. Piou in Paris wegen
   a) der 150 000 Kr. dänischer Papiere,
   b) wegen 550 000 Fl. der holländischen Papiere.

Wegen des Restes der holländischen Papiere haben zu gleicher Zeit reklamiert

2. die Jewish Colonization Association in Paris als Eigentümerin,
3. in Wahrnehmung der Interessen dieser Eigentümerin die Amsterdamsche Succursale der Banque de Paris et des Pays-Bas, bei welcher die Papiere in offenem Depot gelegen und in Verwaltung gewesen sein sollen.

Es wird behauptet, daß die Absicht gewesen sei, die Papiere über England nach New York zu senden; es steht auch fest, daß die Pakete mit den Papieren die Aufschrift trugen:

„To the Bankers Trust Company New York,
S. E. Monsieur L'Ambassadeur de France à Londres."

Zum Nachweise der Rechtsverhältnisse an den Papieren haben die Reklamanten Bescheinigungen der Banque de Paris et des Pays-Bas beigebracht, wonach diese Bank die Papiere bis zur Versendung nach England für die Reklamanten 1 und 2 in Verwahrung gehabt hat. Über den Zweck der Versendung haben die Reklamanten angegeben, man habe sich zur Sicherung des Transports nach Amerika an die französischen Behörden gewandt, worauf sich dann die französischen Gesandten im Haag und in London der Vermittelung der Beförderung unterzogen hätten. Im übrigen machen die Reklamanten geltend, daß es nach den Grundsätzen des Völkerrechts, insbesondere nach der Londoner Deklaration, unzulässig gewesen sei, in der Prisenordnung (Fassung vom 22. Juli 1916) „verkäufliche Effekten" für absolute Konterbande zu erklären, daß ferner die hier in Frage stehenden Papiere infolge des Fehlens der Zins- und Erneuerungsscheine überhaupt nicht verkäuflich oder lieferbar gewesen seien, und daß sie auch um deswillen nicht als Konterbande eingezogen werden könnten, weil sie nicht für England, sondern für das damals noch neutrale Amerika bestimmt gewesen seien.

Die Reklamation der Jewish Colonization Association ist als unzulässig verworfen worden, weil der für sie auftretende Rechtsanwalt eine Vollmacht nicht hat beibringen können. Für die Berufungsinstanz kommt sie nicht mehr in Betracht.

Das Prisengericht hat auf Einziehung der Papiere und Zurückweisung der Reklamationen erkannt. Hiergegen haben die Reklamanten unter 1 und 3 in der vorgeschriebenen Form und Frist Berufung eingelegt.

Das Rechtsmittel kann jedoch keinen Erfolg haben. Die Erörterungen darüber, ob es mit dem Völkerrecht und insbesondere mit der Londoner Erklärung im Einklang stand, Effekten auf die Liste der absoluten Konterbande zu setzen, sind müßig. Die Londoner Erklärung ist nicht zur Annahme gelangt und abgesehen von rechtswirksamen Staatsverträgen haben die deutschen Prisengerichte nur nach der Prisenordnung zu entscheiden. Für die Prisengerichte ist daher auch die deutsche Konterbandeliste so, wie sie jeweils lautet, allein maßgebend.

Was die Bezeichnung „verkäufliche Effekten" betrifft, so sind darunter Wertpapiere zu verstehen, deren Beschaffung und Realisierung normalerweise im Wege des An- und Verkaufs erfolgt. Der Ausdruck ist als Gattungsbezeichnung gebraucht und bedeutet eine Eigenschaft des Papiers, die ihm nicht schon dadurch verloren geht, daß im einzelnen Falle Zubehörstücke, die regelmäßig mit den Papieren verbunden sind, zurückbehalten werden. Versteht man unter Effekten die von Staaten, öffentlichen Verbänden, von Industrie- oder Handelsgesellschaften, von

Großunternehmungen ausgegebenen Wertpapiere, welche einen Gegenstand des Handels bilden, so sind alle Effekten zugleich verkäuflich, und der Zusatz in der Prisenordnung erscheint als überflüssig. Er erklärt sich, da es sich bei der betreffenden Vorschrift der Novelle zur Prisenordnung vom 22. Juli 1916 um eine Vergeltungsmaßnahme gegenüber dem englischen Vorgehen handelte, aus der wörtlichen Übersetzung des englischen „realisable securities", das ebenfalls nichts anderes als den vorerwähnten Gattungsbegriff bezeichnet. Wenn in der neueren Fassung der Prisenordnung das „verkäuflich" fortgelassen ist, so bedeutet das mithin keine sachliche Änderung, sondern nur eine sprachliche Verbesserung.

Übrigens steht der Umstand, daß dem größten Teil der Wertpapiere die Zinsabschnitte für die nächsten zwei bis drei Jahre nicht anliegen, ihrer Verkäuflichkeit nicht im Wege. Der Verkäufer wird sich nur einen entsprechenden Abzug gefallen lassen müssen. Eine andere Realisierung der im Papier verbürgten Rechte als im Wege des Verkaufs ist überhaupt nicht möglich. Verfehlt ist die Auffassung, daß die Papiere nicht verkäuflich seien, weil sie nicht lieferbar sind. Das sind zwei wesentlich verschiedene Begriffe. Die Bestimmungen der verschiedenen Börsenordnungen und Usancen über die Lieferbarkeit haben nur für den Fall Bedeutung, daß die Parteien über den Punkt, den die Usancen regeln, nichts vereinbart haben. Ist ein Wertpapier schlechthin verkauft, so müssen Zinsscheine und Talon so mitgeliefert werden, wie die Usance es bestimmt. Das hindert aber nicht, daß die Parteien einzelne Zinsscheine von dem Verkauf ausnehmen.

Außerdem hat das Prisengericht mit Recht darauf hingewiesen, daß es bei den Konterbandevorschriften darauf ankommt, die Verwendung zugunsten des Feindes zu verhindern, und daß daher in erster Linie zu berücksichtigen ist, ob die Papiere in Feindesland verkäuflich gewesen wären. Hier würde aber die zeitweilige Trennung der Zins- und Erneuerungsscheine von den Mänteln, da die Scheine zur Verfügung der Reklamanten waren und von diesen jederzeit den Mänteln nachgeschickt werden konnten, gar keine Erschwerung des Verkaufs zur Folge gehabt haben.

Was endlich die Frage betrifft, wohin die Papiere bestimmt waren, so mag es sein, daß sie im weiteren Verlaufe nach New York gesandt werden sollten. Zunächst waren sie aber nach London und zwar an die dortige Botschaft gerichtet. Es handelt sich nicht darum, daß die Papiere in London lediglich in ein nach New York bestimmtes Schiff umgeladen werden sollten; vielmehr hatte sie der Offizier, der sie mit sich führte, wie er selbst angegeben hat, an den dortigen Botschafter abzuliefern. Sie waren daher nach London bestimmt, und hieran ändert es nichts, daß der Botschafter den Auftrag gehabt haben mag, sie weiterhin nach Amerika gelangen zu lassen, zumal nicht zu bezweifeln ist, daß die beiden mit der Sache befaßten diplomatischen Vertreter Frankreichs nicht lediglich als Transportvermittler für die Reklamanten handeln, sondern durch Verwendung der Papiere zur Beschaffung französischer Guthaben im Ausland ein öffentliches Interesse ihres Landes wahrnehmen sollten. Die Voraussetzungen der Ziff. 29 Pr. O. sind daher gegeben, und es bedarf nicht einmal der Bezugnahme auf die Ziff. 30, wonach Güter, die zur absoluten Konterbande gehören, ohne weiteres und unter Ausschluß des Gegenbeweises als für das feindliche Gebiet bestimmt zu betrachten sind, wenn sie auch nur in einem feindlichen Hafen ausgeladen werden oder mit dem Schiffe, das sie befördert, einen solchen Hafen berühren sollen.

Hiernach waren die Berufungen zurückzuweisen. Die Entscheidung wegen der Kosten bestimmt sich nach § 37 Pr. GO.

76.

„John Wilson."

Urteil vom 24. Mai 1917.

Bestandteile von Schiffen im Sinne der Prisenordnung. Schadensersatzanspruch der Eigentümer neutraler Ladungsgüter im Falle der Zerstörung des Schiffes ohne Rücksicht auf die Tragung der Transportgefahr.

Ziff. 23 Nr. 9, Ziff. 115 der Prisenordnung in der Fassung vom 22. Juli 1916 (Reichs-Gesetzbl. S. 773).

In der Prisensache, betreffend den norwegischen Dampfer „John Wilson", Heimatshafen Stavanger, hat das Kaiserliche Oberprisengericht in Berlin in der Sitzung vom 24. Mai 1917 für Recht erkannt:

Auf die Berufung der A.-G. Elektrotechnische mechanische Industrie in Utrecht wird das Urteil des Prisengerichts in Hamburg vom 5. Januar 1917 dahin geändert, daß der genannten Reklamantin vom Deutschen Reiche £ 364.7.8 zum Kurse vom 2. August 1916 zu zahlen sind. Die übrigen Berufungen gegen das bezeichnete Urteil werden zurückgewiesen. Die durch diese Berufungen entstandenen Kosten fallen den Berufungsklägern zur Last. Die durch die Reklamation der A.-G. Elektrotechnische mechanische Industrie entstandenen gerichtlichen Kosten beider Instanzen hat das Reich zu tragen.

Gründe.

Der mit einer Ladung Stückgüter, zumeist Lebensmittel, auf der Fahrt von Rotterdam nach London befindliche norwegische Dampfer „John Wilson" wurde am 2. August 1916 im Kanal von einem deutschen U-Boot aufgebracht und, weil aus militärischen Gründen eine Einbringung nicht möglich war, zerstört. Reklamationen wurden erhoben von

1. der Firma Elektrotechnische mechanische Industrie in Utrecht (Holland) als Abladerin von 23 Kisten Maschinenteile (elektrische Artikel, meist kleine Motore). Reklamantin behauptet, die Waren seien von den Empfängern noch nicht

bezahlt gewesen, sie seien keine Konterbande und für friedliche Zwecke bestimmt gewesen;

2. der Distilleerderij voorheen Simon Rynbende & Zonen in Schiedam (Holland) als Abladerin von 390 Kisten Genever mit Durchkonnossement von Rotterdam über London nach Durban bestimmt. Reklamantin macht geltend, der Genever sei zu friedlichem Konsum bestimmt gewesen, auch sei Durban nach Beendigung des Krieges gegen Deutsch-Südwest-Afrika keine Versorgungsbasis des Feindes mehr.
3. J. van Holten in Kralingscheveer als Ablader von 80 bushels Gurken und 15 Kolli Tomaten für John Robinson oder Order in London. Reklamant behauptet, die Gurken seien nicht für die Heeresverwaltung bestimmt und daher nicht einziehbar gewesen.
4. C. G. Harrewijn in Rotterdam als Ablader von 74 bushels Gurken an George Craw & Co. oder Order in London. Begründung wie zu 3.

Durch Urteil des Prisengerichts Hamburg vom 5. Januar 1917 ist die Zerstörung des untergegangenen Eigentums für rechtmäßig erklärt und festgestellt, daß das untergegangene Schiff und die untergegangene Ladung, soweit Konterbande, der Einziehung unterlagen, der Rest der Ladung zwar der Einziehung nicht unterlag, für seine Beschlagnahme aber ausreichende Gründe vorlagen. Alle Reklamationen sind demnach zurückgewiesen worden.

Gegen dieses Urteil haben sämtliche Reklamanten rechtzeitig und formgerecht Berufung erhoben.

Zur Begründung ihres Rechtsmittels führt die Reklamantin zu 1 aus, die von ihr verschifften Güter seien keine Konterbande und der Vorderrichter habe zu Unrecht angenommen, daß die Waren den englischen Empfängern bereits übergeben gewesen und in deren Eigentum übergegangen seien. Die Speditionsfirma van Oppen & Co. habe die Waren vielmehr als Vertreter der Reklamantin noch in Besitz gehabt. Die drei anderen Reklamanten, von denen die Reklamantin zu 2 die Berufung hinsichtlich 45 Kisten Genever in der mündlichen Verhandlung vor dem Berufungsgericht zurückgenommen hat, machen geltend, die von ihnen versandten Waren seien wegen ihrer friedlichen Bestimmung nicht einziehbar gewesen, mithin sei gemäß Ziff. 115 Pr. O. Schadensersatz zu leisten. Der Kaiserliche Kommissar bei dem Oberprisengericht hat diesen Ausführungen widersprochen und um Zurückweisung der Berufungen gebeten.

Die Berufungen, welche Lebensmittel betreffen (oben zu 2 bis 4), sind unbegründet. Die nach Ziff. 33 Abs. 1 b und c Pr. O. zu vermutende feindliche Bestimmung der Waren ist, wie der Vorderrichter mit Recht annimmt, in keiner Weise widerlegt. Neues ist dazu in zweiter Instanz nicht vorgebracht. Mit Recht hat auch der Vorderrichter angenommen, daß bei Reklamation 2 die Vermutung außer nach Ziff. 33 Abs. 1 b zugleich nach Ziff. 33 Abs. 1 c gegeben sei. Auch die Okkupation Deutsch-Südwest-Afrikas nach beendetem Kampfe ist eine kriegerische Maßregel, die erhebliche Zufuhren bedingt. Zudem kann, wie der Vorderrichter zutreffend hervorhebt, Durban auch als Basis für die gegen Deutsch-Ost-Afrika kämpfenden feindlichen Truppen in Frage kommen.

Dagegen muß die Berufung der Firma Elektrotechnische mechanische Industrie in Utrecht als begründet erachtet werden. Bei den von dieser Firma reklamierten Waren handelt es sich nicht um Konterbande. Auch das Urteil erster Instanz hat dies nicht angenommen, vielmehr die Frage als zweifelhaft bezeichnet. Die dort erwähnte Position Ziff. 21 Nr. 14 Pr. O. muß ohne weiteres ausscheiden, weil nicht die Rede davon sein kann, daß die hier fraglichen elektrischen Artikel als Bestandteile anzusehen sind, die nach ihrer besonderen Beschaffenheit nur auf einem Kriegsfahrzeug benutzt werden können. Dafür ist nicht das Geringste beigebracht. Aber auch Ziff. 23 Nr. 9 Pr. O. ist nicht anwendbar. Der Zusatz „sowie ihre Bestandteile" bei dieser Position muß allerdings auf alle darin aufgeführten Gegenstände, nicht bloß auf die zuletzt erwähnten Schwimm- und Trockendocks bezogen werden. Eine einschränkende Auslegung im letzteren Sinne, die zudem durch eine andere Interpunktion — etwa durch ein Semikolon hinter den Worten „jeder Art" — hätte zum Ausdruck gebracht werden müssen, wäre völlig unverständlich, da nicht ersichtlich ist, warum zwar Bestandteile von Schwimm- und Trockendocks, nicht aber von den für die Kriegführung viel wichtigeren Schiffen allgemein als Konterbande gelten sollen. Aber die reklamierten elektrischen Artikel können nicht als Bestandteile von Schiffen angesehen werden. Nach den Rechnungen und sonstigen von der Reklamantin beigebrachten Nachweisen handelt es sich im wesentlichen um ganz kleine elektrische Motore (hinab bis zu $^1/_{16}$ P.=K.), die zum Antrieb von Tisch=Ventilatoren, Nähmaschinen usw. dienen sollten. Es kann zwar keinem Zweifel unterliegen, daß Tisch=Ventilatoren und Nähmaschinen auch auf modernen Passagierdampfern Verwendung finden. Man kann deshalb aber nicht alle Gegenstände, auf welche dies zutrifft, als Bestandteile von Schiffen bezeichnen. Sonst gäbe es nur wenige Gebrauchsgegenstände, die nicht unter diesen Begriff fielen. In Fällen, in welchen es sich um Gegenstände handelt, die nicht erkennbar Teile des eigentlichen Schiffes bilden, sondern ebensogut auf dem Lande in Häusern, Hotels usw. wie auf einem Schiffe Verwendung finden können, wird man daher, um Ziff. 23 Nr. 9 Pr. O. zur Anwendung zu bringen, verlangen müssen, daß, soweit hier überhaupt der Begriff des Bestandteils anwendbar erscheint, irgend eine Beziehung zu einem Schiffe dargetan wird, sei es, daß die Sachen besonders zur Verwendung auf einem Schiffe angefertigt oder im Spezialfalle wenigstens dazu bestimmt sind. Eine derartige besondere Beziehung zu einem Schiffe ist im vorliegenden Falle nicht nachweisbar, es sind sogar eidesstattliche Versicherungen beigebracht, daß die Motoren nebst Zubehör zu unverfänglichen Zwecken Verwendung finden sollten. Damit entfällt aber die Anwendung von Ziff. 23 Nr. 9 Pr. O. und, da eine andere Position nicht in Frage kommt, die Konterbandeeigenschaft überhaupt.

Gleichwohl würde der Schadensersatzanspruch der Reklamantin unbegründet sein, wenn mit dem Vorderrichter anzunehmen wäre, daß die Gegenstände zur Zeit der Versenkung des Schiffes in feindlichem Eigentum gestanden haben. Das Oberprisengericht hat jedoch — abweichend vom ersten Richter — angenommen, daß dies nicht der Fall war. Die vom Prisengericht für seine Ansicht angeführten Gründe sind nicht überzeugend. Nach den Umständen des Falles ist es vielmehr im höchsten Grade unwahrscheinlich, daß zwischen den Beteiligten eine Vereinbarung getroffen sein sollte, wonach die holländische Speditionsfirma das Eigentum an den Waren für die Käufer erwerben solle. Insbesondere fehlt es an jedem Anhalte dafür, daß die Speditionsfirma, die von der Reklamantin beauftragt war und die Güter nicht unmittelbar an die an verschiedenen englischen Orten wohnhaften Käufer, sondern an die Firma Hogan & Wardrop abzuliefern hatte, mit den Käufern in irgend einer Verbindung gestanden hat. Es ist nicht einmal anzunehmen, daß die englische Firma Hogan & Wardrop, die nach den von der Reklamantin beigebrachten Nachweisen lediglich deren Agentin für England ist, das Eigentum an den Waren für sich oder für die Käufer erworben haben würde, wenn ihr die Waren oder die Ladungspapiere zugegangen wären, was außerdem niemals geschehen ist. Nach dem natürlichen Verlauf der Dinge ist vielmehr davon auszugehen, daß die Waren, wenn deren Versendung auch vielleicht auf Gefahr und Kosten der englischen Empfänger erfolgte, so lange im Eigentum der Verkäuferin blieben, bis sie den Käufern übergeben waren. Da es sich bei Ziff. 115 Pr. O. um die Frage des formalen Eigentums handelt, kommt es hierauf allein an, die Frage des Gefahrübergangs ist bedeutungslos.

Nach alledem ist anzunehmen, daß die beschlagnahmten Waren zur Zeit der Zerstörung des Schiffes unschädliches neutrales Gut waren; der Schadensersatzanspruch der Eigentümerin ist daher nach Ziff. 115 Pr. O. begründet. Gegen die Höhe des als Ersatz beanspruchten Fakturenwertes bestehen ebenfalls keine Bedenken. Die Kostenentscheidung stützt sich auf § 37 Pr. GO. Die notwendigen Auslagen waren trotz verbürgter Gegenseitigkeit der Reklamantin nicht zu ersetzen, weil die Versenkung des Schiffes zu Recht erfolgt ist, also für die prisenrechtliche Maßnahme, auf der die Reklamation beruht, ausreichende Gründe vorgelegen haben.

77.

„Midsland."

Urteil vom 29. Juni 1917.

Fourage im Sinne der Prisenordnung. Torfstreu.

Ziff. 23 Nr. 2 der Prisenordnung in der Fassung vom 22. Juli 1916 (Reichs-Gesetzbl. S. 773).

In der Prisensache, betreffend den niederländischen Dampfer „Midsland", Heimatshafen Rotterdam, hat das Kaiserliche Oberprisengericht in Berlin in der Sitzung vom 29. Juni 1917 für Recht erkannt:

Die Berufungen gegen das Urteil des Prisengerichts in Hamburg vom 30. März 1917 werden zurückgewiesen. Die Berufungskläger haben die Kosten des Berufungsverfahrens zu tragen.

Gründe.

Der mit einer Ladung Stückgüter auf der Fahrt von Amsterdam nach New Castle o./T. befindliche niederländische Dampfer „Midsland" wurde am 15. November 1916 wegen Verdachts des Konterbandetransports von einem deutschen Kriegsschiff angehalten und nach Zeebrügge eingebracht. Dort wurde er am 17. November 1916 vom Bevollmächtigten des Admiralstabes aufgebracht. Die Ladung bestand aus Strohhülsen, Sand, Torfstreu, kondensierter Milch, Fischen und Arzneimitteln. Von drei Ladungsbeteiligten und der Reederei des Schiffes wurde Reklamation erhoben. In dieser Instanz interessieren nur noch:

1. die Reklamation der Scheepvaart en Steenkolen Maatschappij in Rotterdam wegen Herausgabe des Schiffes und Schadensersatz und
2. die Reklamation des B. Berends jun. in Dedemsvaart wegen 1380 Ballen Torfstreu.

Bezüglich der übrigen Reklamationen ist Berufung nicht erhoben.

Die erstgenannten beiden Reklamationen sind damit begründet, daß nicht mehr als die Hälfte der Ladung des Schiffes aus Konterbande bestanden habe, daß insbesondere Torfstreu nicht dazu zu rechnen sei.

Durch Urteil des Prisengerichts Hamburg vom 30. März 1917 sind die Reklamationen, soweit sie jetzt noch in Frage kommen, zurückgewiesen, und es ist auf Einziehung des Schiffes und der Torfstreu erkannt. Das Gericht hat angenommen, daß Torfstreu sowohl als Fourage wie als Futtermittel anzusprechen sei und somit nach beiden Richtungen unter Ziff. 23 Nr. 2 Pr. O. falle, also Konterbande sei. Damit war auch das Schicksal des Schiffes entschieden, denn unter Einrechnung der Torfstreu besteht unstreitig mehr als die Hälfte der Ladung dem Werte nach aus Konterbande.

Gegen dieses Urteil haben beide Reklamanten frist- und formgerecht Berufung eingelegt und gerechtfertigt. Sie bleiben dabei, daß Torfstreu nicht als Fourage oder Futtermittel angesehen werden könne, und haben in ersterer Beziehung wiederholt auf das in erster Instanz überreichte Gutachten des Professors Dr. Tacke nebst Anlagen Bezug genommen, auch erneut geltend gemacht, daß die Reederei jedenfalls nicht gewußt habe, daß Torfstreu Konterbande sei und deshalb dieserhalb nicht verantwortlich gemacht werden könne.

Der Kaiserliche Kommissar bei dem Oberprisengericht hat diesen Ausführungen widersprochen und um Zurückweisung der Berufung gebeten.

Diesem Antrage war stattzugeben.

Dem Vorderrichter ist darin beizutreten, daß Torfstreu unter den Begriff „Fourage" im Sinne der Ziff. 23 Nr. 2 Pr. O. fällt.

Daß dieser Ausdruck in der Prisenordnung nicht gleichbedeutend mit „Pferde*futter*" gebraucht ist, ergibt sich aus dem Zusatz „und Futtermittel jeder Art". Andernfalls wäre es unverständlich, warum man die Fourage noch besonders aufgeführt hätte, da sie dann schon unter die „Futtermittel jeder Art" fallen würde. Man muß also mit dem Wort Fourage eine erweiterte Bedeutung verbunden haben. Diese ist aber in Übereinstimmung mit dem von dem Proviantamt Altona bekundeten Sprachgebrauche darin zu erblicken, daß unter den Begriff Fourage, abgesehen von dem eigentlichen Pferdefutter, alles das fällt, was sonst zur Wartung der Pferde nötig ist, also insbesondere die Streu. Demgegenüber kann den Vorschriften der Ausführungsbestimmungen zum Kriegsleistungsgesetze über das, was als Fourage zu leisten ist, keine entscheidende Bedeutung beigemessen werden. Nun mag es zwar zutreffen, daß in früheren Zeiten, namentlich im Frieden, vorwiegend Stroh als Pferdestreu verwendet worden ist. Dies hat sich aber, seitdem für Stroh so viele neue Verwertungsmöglichkeiten gefunden sind, in neuerer Zeit erheblich geändert, und ganz besonders im Kriege sind Ersatzstreumittel in weitem Umfange herangezogen worden. Unter diesen nimmt, wie allbekannt, übrigens auch durch das Proviantamt Altona bestätigt ist, die Torfstreu eine hervorragende Stelle ein. Torfstreu dient also namentlich im Kriege in großem Umfange zur Wartung der Pferde und fällt somit nach obigen Ausführungen unter den Begriff der Fourage im Sinne der Prisenordnung. Ob sie, wie der erste Richter annimmt, auch unter den Begriff „Futtermittel“ fällt, kann dahingestellt bleiben, denn das Gesagte genügt, um die Berufungen als unbegründet erscheinen zu lassen. Wenn die Reederei den Begriff Fourage unrichtig ausgelegt hat, so befreit sie das nicht von ihrer Verantwortlichkeit.

Hiernach war, wie geschehen, zu erkennen. Die Kostenentscheidung folgt aus § 37 Pr. GO.

78.

„Papelera."

Urteil vom 29. Juni 1917.

Schadensersatz für das Schiff im Falle seiner ungerechtfertigten Zerstörung. Grundsätze für die Feststellung der Schadenshöhe. Legitimation zur Erhebung von Reklamationen wegen mitzerstörter Ladungsgüter.

Ziff. 115 der Prisenordnung.

In der Prisensache, betreffend den norwegischen Dampfer „Papelera", Heimatshafen Kristiania, hat das Kaiserliche Oberprisengericht in Berlin in der Sitzung vom 29. Juni 1917 für Recht erkannt:

Auf die Berufung des Kaiserlichen Kommissars wird das Urteil des Prisengerichts in Hamburg vom 26. Januar 1917 dahin geändert, daß die Norwegische Warenkriegsversicherung auch mit ihren Ansprüchen wegen der beiden unter a und c des Urteilstenors bezeichneten Sendungen für die Société Générale des Cirages und für die Firma Pelpel, Fay & Cie. abgewiesen wird. Im übrigen werden die Berufungen zurückgewiesen. Die Kosten des Berufungsverfahrens fallen den Reklamanten, welche Berufung eingelegt haben, zur Last.

Gründe.

Am 16. April 1916 ist der norwegische Dampfer „Papelera", mit Stückgütern auf der Reise von Drammen nach Nantes, von einem deutschen Kriegsschiff aufgebracht und vernichtet worden. Nach der auf Grund der Schiffspapiere vom Dispacheur aufgestellten Berechnung hat die unverfängliche Ware im Schiffe gegenüber der Konterbande nach Wert, Gewicht und Frachtbetrag den überwiegend größeren Teil der Ladung ausgemacht (Wert 715 208 *M* zu 27 700 *M*, Fracht 107 375,48 *M* zu 8038,24 *M*; Gewicht 1928 t zu 62 t).

Auf die Bekanntmachung des Kaiserlichen Prisengerichts in Hamburg sind folgende Reklamationen erhoben worden:

1. Wegen des Schiffes reklamiert die Reederei Dampskibsinteressentskabet Garonne in Kristiania. Sie fordert wegen des Schiffes selbst 1 800 000 Kr., wegen verschiedener Nebenposten (Proviant, Requisiten, Effekten der Mannschaft, Kohlen, Heimbeförderung der Besatzung) 12 608,62 Kr. Das Prisengericht hat den Anspruch auf Erstattung des an die Mannschaft wegen ihrer Effekten angeblich gezahlten, auch von der Reklamantin zu 3 beanspruchten und dort vom Prisengerichte zugebilligten Betrags zurückgewiesen, im übrigen den Ersatzanspruch der Reederei nach § 115 Pr. O. für berechtigt erklärt und unter Zugrundelegung eines Durchschnittswertes von 600 ℳ per Tonne die Gesamtentschädigung einschließlich aller Nebenansprüche auf 960 000 ℳ festgesetzt. Hiergegen haben sowohl der Reklamant als auch der Kaiserliche Kommissar Berufung eingelegt.

2. Die Sörlanske Krigsforsikrings A. S. reklamiert wegen einer Abladung von 350 t Holzmasse. Das Prisengericht hat die Reklamation zurückgewiesen, weil es an dem Nachweise fehle, daß es sich um neutrale Güter handle. Die Reklamantin hat Berufung eingelegt.

3. Die Entscheidung auf die Reklamation der Krigsforsikring for Norske Skibe wegen der Effekten der Mannschaft ist rechtskräftig geworden.

4. Die Norsk Varekrigsforsikring A. S. in Kristiania reklamiert wegen neun verschiedener Abladungen von Magnesit, Magnesitziegel, Holz und Holzmasse, für deren Verlust sie den Versicherten habe Ersatz leisten müssen. Das Prisengericht hat in Beziehung auf drei dieser Abladungen den Ersatzanspruch dem Grunde nach für berechtigt erklärt, im übrigen die Reklamation zurückgewiesen, weil es an dem Nachweise fehle, daß es sich um Güter gehandelt habe, welche noch im Eigentum der neutralen Absender gestanden hätten. Die Entscheidung ist sowohl von der Reklamantin als von dem Kaiserlichen Kommissar angefochten.

5. Die Berufung gegen die Entscheidung über die Reklamation der Firma John Lion & Cie. ist zurückgenommen.

6. Die Firma J. A. Kjelberg & Söner reklamiert wegen folgender Abladungen:

a) 60 t dry perforated sulphate pulp, bestimmt für die Papeteries du Pont de Claix,
b) 76 t dgl. für die Papeteries de l'Ouest,
c) 44 t wet Knot pulp für Lorentzen Gutzeit & Falchenberg in Paris,
d) 101 t dry perforated pine pulp für die Papeteries de la Haye Descartes,
e) 101 t dgl. für Couprie & Blanch.

Das Prisengericht hat die Reklamation zurückgewiesen. Hiergegen hat die Reklamantin Berufung eingelegt.

Die Entscheidung des Prisengerichts, daß das untergegangene Schiff und die untergegangene Ladung — abgesehen von den in dem Urteile bezeichneten Abladungen — nicht der Einziehung unterlagen, und daß in diesem Umfange die Zerstörung von Schiff und Ladung nicht gerechtfertigt gewesen ist, wird durch die festgestellten Tatsachen begründet und wird auch von dem Kaiserlichen Kommissar nicht beanstandet.

In Ansehung des Schiffes steht nur die Höhe des Ersatzes in Frage, der der Reederei zuzusprechen ist. Die Vorinstanz hat dem Reeder nach freier Schätzung die runde Summe von 960 000 ℳ zugesprochen. Das wird von der Reklamantin beanstandet, indes mit Unrecht.

Es handelt sich um einen im Jahre 1908 erbauten Dampfer von 1591 $^1/_2$ Reg.-Tonnen. Der Vorderrichter hat ausgeführt, er erachte die Forderung der Reederei für erheblich übersetzt; den kaufmännischen Mitgliedern des Gerichts sei bekannt, daß vor Kriegsausbruch bei Schiffen, wie das gegenwärtige, für die Tonne bis zu 300 ℳ bezahlt worden seien. Wenn in neuerer Zeit in Norwegen wirklich die enormen Preise bezahlt worden seien, welche die Reklamantin ihrer Forderung zugrunde lege, so handle es sich dabei um wilde Spekulation, die keine Berücksichtigung verdiene, wenn es sich um Ermittlung eines objektiven, den tatsächlichen Verhältnissen billige Rechnung tragenden Schadensbetrags handle, wie er von dem Nehmestaat einem neutralen Schiffseigentümer zu ersetzen sei. Das Gericht halte eine Vergütung von annähernd 600 ℳ, den doppelten Betrag des Friedenspreises, für vollkommen ausreichend, auch wenn die durch den Krieg erheblich gesteigerten Schiffspreise zugrunde zu legen seien. Danach schätze es unter Einrechnung der Nebenforderungen — außer dem Anspruch für die Effekten der Mannschaft, der dem Reklamanten unter 3 zukomme — nach freiem Ermessen den gesamten Schaden der Reederei auf die zugesprochene Summe.

Dem ist in der Sache beizutreten. Es ist gerichtsbekannt, daß die Preise, die für Seeschiffe bezahlt werden, eine ganz außerordentliche Steigerung erfahren haben. Dies ist bereits zu der Zeit der Fall gewesen, als die „Papelera“ versenkt wurde, und die Preise haben seitdem noch weiter bedeutend angezogen. Die Bescheinigungen über stattgehabte Verkäufe von Schiffen der hier in Rede stehenden Art, welche die Reklamantin zur Begründung ihrer Forderung beigebracht hat, erscheinen daher an sich nicht unglaubhaft. Auch beanstandet die Reklamantin nicht mit Unrecht die Bemerkung des Vorderrichters, daß diese Preisbewegung auf wilder Spekulation beruhe. Richtig ist nur, daß die Höhe der Preise dadurch hervorgerufen wird, daß die Befrachter wegen der Not der Zeit sich gezwungen sehen, unmäßig hohe Frachten zu bieten oder zu bewilligen, während die Gefahren der Frachtschiffahrt sich so gesteigert haben, daß ein gewissenhaft rechnender Reeder sich auf Frachtschiffahrt, wenn überhaupt, nur einlassen wird, wenn er durch entsprechend kostspieligere Versicherung gedeckt ist und in entsprechend höheren Frachtsätzen genügenden Anreiz erhält, sein Schiff auf das Spiel zu setzen. Es kann in manchen Fällen eine ungesunde Spekulation vorliegen; allgemein behaupten läßt sich das nicht. Indessen trifft diese Richtigstellung doch mehr den Ausdruck als die Sache. Denn darin ist dem Vorderrichter zuzustimmen, daß es der Gerechtigkeit nicht entsprechen würde, wollte man dem Reeder ohne weiteres eine diesem Preisstand entsprechende Vergütung zusprechen. Es darf nicht übersehen werden, daß der augenblickliche Markt auf den ganz außergewöhnlichen Umständen des Krieges beruht und eine ganz unnatürliche, auf alle Fälle vorübergehende Erscheinung ist. Es kann dem Schuldner, hier dem Deutschen Reiche, nicht zugemutet werden, der Reklamantin einen Betrag zu zahlen, den diese nach Belieben anlegen kann, und der ihr dann unter Umständen einen Vermögenszuwachs verschafft, der angesichts der vorübergehenden Natur der gegenwärtigen

Konjunktur für sie einen ihren Schaden weit übersteigenden Gewinn bedeuten würde. Auf der anderen Seite ist zu berücksichtigen, daß zurzeit noch nicht abzusehen ist, wie lange die außerordentlichen Zustände noch bestehen werden, und daß auch nach der Beendigung des Krieges eine im voraus nicht zu schätzende Zeit verstreichen wird, bis sich wieder regelmäßige Verhältnisse einstellen. Das ist so sehr der Fall, daß es nicht ungerechtfertigt erscheint, wenn der Vorderrichter die der Reklamantin zuzusprechende Summe nicht nur überhaupt gegenüber den Preisen in Friedenszeit erhöht, sondern gleich auf das Doppelte des Friedenspreises veranschlagt hat. Von dieser Grundlage ausgehend hat der Vorderrichter den zuzuerkennenden Gesamtbetrag nach freiem Ermessen festgesetzt, und es kann daher gegen seine Entscheidung auch daraus nichts entnommen werden, daß nach der von der Reklamantin aufgemachten genauen ziffernmäßigen Kalkulation unter Zugrundelegung der Tonnenzahl des Schiffes und bei Berücksichtigung der Nebenforderungen sich noch ein verhältnismäßig nicht erheblicher Mehrbetrag herausrechnen läßt.

Auch die Berufungen der Ladungsinteressenten erweisen sich als unbegründet. Der Vorderrichter führt aus, ein Anspruch auf Schadensersatz könne nur auf die Ziff. 115 Pr. O. gestützt werden; dieser setze aber den Nachweis voraus, daß die zerstörten Güter im Eigentum von Angehörigen neutraler Staaten gestanden haben. Die Bezugnahme der Reklamanten auf Ziff. 8 Pr. O., der den „Beteiligten" Schadensersatzansprüche gewähre, sei verfehlt, weil dort nur von solchen Gütern gehandelt werde, die nach der Beschlagnahme im Prisenverfahren wieder freigegeben würden, nicht aber von zerstörten Gütern. Den Beweis, daß es sich um neutrale Güter handle, müsse der Reklamant führen; soweit im vorliegenden Falle diese Beweisführung nicht versucht oder nicht gelungen sei, müsse angenommen werden, daß die Waren bereits in das Eigentum der feindlichen (französische) Empfänger übergegangen waren, als das Schiff zerstört wurde.

Ob dem in jeder Beziehung zuzustimmen wäre, kann unerörtert bleiben, weil die Zurückweisung der Reklamationen aus einem anderen Grunde zu billigen ist. Es kommt unter allen

Umständen darauf an, ob der Reklamant, der vor dem Gerichte die Ersatzansprüche geltend macht, in Wahrheit der Beschädigte oder — wenn der Versicherer reklamiert — dessen Rechtsnachfolger ist. Anderen Falles fehlt ihm die Aktivlegitimation. Den Beweis dieser seiner Aktivlegitimation hat der Reklamant zu führen. Prüft man hierauf die einzelnen Reklamationen, so lassen die meisten es in dieser Beziehung an allem fehlen.

Die Reklamantin zu 2 hat lediglich vortragen lassen, daß die von ihr reklamierten 350 t Holzmasse, die von der Fostvedt Traesliberi an die Order von Lorentzen Gutzeit & Falchenberg verladen waren, bei ihr versichert gewesen seien, und daß sie die Versicherungssumme gegen Übertragung der Ersatzansprüche „der Eigentümer" gegen Dritte habe zahlen müssen. Als Beweismittel sind nur drei Konnossementsexemplare beigebracht worden, welche die genannten Firmen als Ablader und Empfänger bezeichnen und von den Empfängern in blanco ohne Datum indossiert sind. Policen sind nicht vorgelegt. Es fehlt an jedem Nachweise, daß die Versicherung stattgefunden hat, wer der Versicherungsnehmer gewesen ist, wer zur Zeit des Unterganges der Güter legitimierter Inhaber der Konnossemente und Policen war, daß und an wen die Versicherungssumme bezahlt worden ist, und wer „der Eigentümer" gewesen ist, dessen Ansprüche auf die Reklamanten übertragen sein sollen.

Nicht anders liegt es in den meisten Fällen der Reklamation unter 4. Namentlich fehlt es auch hier an jedem urkundlichen Beleg, daß und für wen bei der Reklamantin Versicherung genommen war, und obwohl die Reklamantin, die sich der Dürftigkeit ihres Vorbringens bewußt gewesen sein muß, in der Berufungsrechtfertigung weiteres Beweismaterial in Aussicht gestellt hat, ist auch in dieser Instanz solches nicht beigebracht worden. Es muß daraus geschlossen werden, daß sie zu weiterem nicht imstande zu sein glaubt, obwohl sie, wenn sie an den Versicherungsnehmer gegen Übertragung seiner Ansprüche gezahlt hat, im Besitze der für das Rechtsverhältnis bedeutsamen Urkunden sein müßte.

Es handelt sich bei dieser Reklamation um neun Abladungen, und in Beziehung auf drei derselben hat der Vorderrichter den Anspruch der Reklamantin dem Grunde nach für berechtigt erklärt.

Dem vermag indes das erkennende Gericht nur in Beziehung auf eine der Abladungen beizutreten. Bei ihr steht eine Partie Zellulose in Frage, welche nach den in beglaubigten Abschriften vorgelegten Rechnungen von der Saugbrugsforeningen in Fredrikshald an sechs verschiedene Abnehmer in Frankreich verkauft waren. Sämtliche Rechnungen tragen den Vermerk:

> Nous autorisons nos representants Mssrs. Bulow Bennet & Co. à regler avec vous la présente facture.

Es liegt ferner vor im Original ein Schreiben der genannten Firma Bulow Bennet & Co. in Paris an die Nordisk Skibsrederforening in Kristiania, wonach die Konnossemente nicht auf die Käufer, sondern dem dortigen Brauche entsprechend auf die Spediteure der Schreiberin in Nantes übertragen und alle Konnossemente an die Versicherer in Norwegen zurückgeschickt seien. Es heißt ferner in dem Schreiben:

> Seit Kriegsausbruch bezahlen die Käufer die Fakturen bei Ankunft des Schiffes im Entlöschungshafen, und folglich sind wir nicht in die Lage gekommen, für diese Abladung, die niemals eingetroffen ist, irgendwelche Gelder in Empfang zu nehmen.

Alle Urkunden erscheinen in ihrer Echtheit unverdächtig, und das Gericht vermag sich in diesem Falle der Überzeugung nicht zu verschließen, daß als Interessent und Eigentümer der untergegangenen Güter lediglich der Ablader in Frage kommen kann, der zugleich der Verkäufer gewesen ist und offenbar auch derjenige, der die Versicherung genommen und an den der Versicherer gegen Abtretung seiner Ansprüche gezahlt hat.

Dagegen fehlt es an letzterem Nachweise gänzlich in den übrigen Fällen, einschließlich der beiden, welche der Vorderrichter ebenfalls zugunsten der Reklamantin entschieden hat.

In dem ersten der beiden Fälle handelt es sich um 50 000 kg (500 Sack) Magnesit, das nach dem bei den Schiffspapieren liegenden Konnossementsexemplar für eine Société Générale des Cirages Français in Hennebont bestimmt war. Die Reklamantin hat nur beigebracht einen Brief der Drammens og Oplands Kreditbank an das Comptoir National d'Escompte de Paris vom 3. April 1916, inhalts dessen eingeschlossen Faktura, Police und Konnossement mit dem Ersuchen übersandt sind, gegen

Zahlung der Valuta die Papiere der Empfängerin auszuhändigen und die Valuta der schreibenden Bank gutzubringen; ferner Schreiben der Pariser Bank an die Drammener vom 21. April, das sich als Antwort auf ein nicht vorliegendes Schreiben vom 17. April bezeichnet, nebst einem in diesem Briefe angekündigten Bordereau, wonach der oben genannte Fakturenbetrag bezahlt und der Drammener Bank unter dem 18. April gutgebracht ist.

Der zweite Fall betrifft zwei Partien Holzmasse, die nach den beigebrachten unbeglaubigten Abschriften von Fakturen von O. Chr. Olsen & Co. in Gothenburg an Pelpel, Fay & Co. in Paris verkauft waren, Kasse gegen Dokumente. Die Reklamantin hat ferner einen Brief der Skandinaviska Kredit A.-B. an die Banque des Pays du Nord in Paris von 8. April 1916 vorgelegt, in welchem letztere ersucht wird, gegen Aushändigung der Dokumente den Geldbetrag zu erheben, sowie ein Original-Bordereau der Pariser Bank vom 17. April 1916, wonach diese der Skandinavischen Kreditbank den Fakturenbetrag gutgeschrieben hat. Danach hat die Reklamantin das Gericht über die Grundlage ihrer Ansprüche ganz im Dunkeln gelassen. Die vorgelegten Urkunden genügen nicht, um die Annahme auszuschließen, daß schon vor dem Untergange des Schiffes (16. April 1916) mit den Konnossementen das Eigentum an den Gütern auf den Empfänger übergegangen ist. Dieser mangelhaften Aufklärung gegenüber fällt um so mehr ins Gewicht, daß die Reklamantin es auch hier an jedem Nachweis über die Versicherung, die Persönlichkeit des Versicherungsnehmers sowie desjenigen, dessen Ansprüche sie erworben hat und hier geltend macht, hat fehlen lassen. Insoweit erscheint daher die Berufung des Kaiserlichen Kommissars als begründet.

Ingleichen hat die Reklamantin, die Firma J. A. Kjelberg & Söner, den Nachweis ihrer Aktivlegitimation nicht erbracht. Es handelt sich um fünf Abladungen Holzpapiermasse, von denen eine für die Firma Lorentzen Gutzeit & Falchenberg in Paris, die übrigen für verschiedene Papierfabriken in Frankreich bestimmt waren. Es wird behauptet, daß die genannte Pariser Firma Vertreterin der Reklamantin sei, daß sie die eine Sendung in fester Rechnung für sich gekauft, zwei der anderen Geschäfte a conto meta mit der Reklamantin, die beiden übrigen gegen feste Kommission geschlossen habe. Es sind die fünf Fakturen vorgelegt, ferner einzelne Briefe aus der zwischen der Reklamantin und der Pariser Firma gewechselten Korrespondenz, aus denen sich ergibt, daß die Reklamantin die Fakturenbeträge in der Gestalt erhoben hat, daß sie gegen Sendung der Dokumente an das Pariser Haus auf dieses Tratten zog, und daß das Pariser Haus jedesmal nach Mitteilung hiervon die Honorierung der Tratten ohne Vorbehalt zusagte, die dann auch später erfolgt ist. In einem neuerdings abgefaßten Schreiben erklären Lorentzen Gutzeit & Falchenberg, daß sie als Vertreter der reklamierenden Firma die näher bezeichneten Verladepapiere über die vier Abladungen für die verschiedenen Papierfabriken erhalten und sie an diese — nicht vor dem 16. April 1916 — weiterbefördert haben, daß sie den Preis bezahlt haben, um ihn alsdann von den Käufern einzuziehen, und daß die Dokumente wegen der einen, für eigene Rechnung gekauften Partie erst am 25. April 1916 in ihren Besitz gelangt seien. Die beigebrachten Konnossemente tragen — ohne Datum — das Blancogiro der Pariser Firma, dem weitere Indossamente von Banken folgen. Das für die Papeteries de l'Ouest bestimmte Konnossement trägt das Giro der Käuferin. Wenn in Beziehung auf die von Lorentzen Gutzeit & Falchenberg fest gekaufte Abladung die Reklamantin wegen 80 000 kg Ansprüche erhebt, so beruht das nach der vorgelegten Faktura auf einem Versehen. Nach dieser sind es nur 44 700 kg gewesen; wegen 80 000 kg wird nur eine Frachtdifferenz mit 320,04 Kr. in Rechnung gestellt. Daß sich auch in der oben erwähnten Erklärung der Pariser Firma der gleiche Irrtum findet, ist jedenfalls auffallend. Aber auch abgesehen hiervon kann die durch nichts bestärkte einfache Erklärung der französischen, nach ihrer eigenen Behauptung persönlich an der Sache beteiligten Firma keinen Beweiswert in Anspruch nehmen. Zudem muß es, soweit die für dritte Käufer bestimmten Sendungen in Frage kommen, nach dem aus der Korrespondenz zu entnehmenden Verhältnis zwischen der Reklamantin und Lorentzen Gutzeit & Falchenberg und mit Rücksicht auf die von der letzteren Firma jedesmal übernommene Haftung für die Fakturabeträge zum mindesten als zweifelhaft erscheinen, ob nicht auch das Eigentum an den Gütern mit dem Empfang der Konnossemente von der Pariser

Firma erworben wurde. In diesen Fällen waren aber, wie nicht bestritten, die Verladungsdokumente jedenfalls schon vor dem 16. April in Paris eingetroffen. Die Annahme, daß die Reklamantin hier auftritt, um aus Entgegenkommen Ansprüche für fremde Rechnung geltend zu machen, welche die in Wahrheit Beteiligten aus irgend einem Grunde Bedenken tragen, vor dem deutschen Prisengerichte zu vertreten, ist daher nicht von der Hand zu weisen.

Somit war zu erkennen, wie geschehen.

79.

„Arena.“

Urteil vom 29. Juni 1917.

Zerstörung neutraler Ladungsgüter. Schadensersatzanspruch des Eigentümers. Unmaßgeblichkeit der Transportgefahr.

Ziff. 115 der Prisenordnung.

In der Prisensache, betreffend den norwegischen Dampfer „Arena“, Heimatshafen Kristiania, hat das Kaiserliche Oberprisengericht in Berlin in der Sitzung vom 29. Juni 1917 für Recht erkannt:

Auf die Berufung der A. S. Norsk Varekrigsforsikring in Kristiania wird das Urteil des Prisengerichts in Hamburg vom 27. April 1917 aufgehoben. Das Reich hat der Reklamantin den Wert des Papiers mit 25 302,83 Kr. nebst 4 % Zinsen seit dem 27. Juli 1916 in deutscher Reichswährung nach dem Kurse vom 2. April 1916 zu zahlen. Die gerichtlichen Kosten beider Instanzen hat die Reklamantin zu $^1/_3$, das Reich zu $^2/_3$ zu tragen.

Gründe.

Der auf der Fahrt von Fredrikstad nach Hull begriffene norwegische Dampfer „Arena“ wurde am 2. April 1916 wegen

Konterbandetransports von einem deutschen U-Boot aufgebracht und, weil die Nähe feindlicher Streitkräfte die Wiedernahme besorgen ließ, versenkt.

Laut Manifest bestand die Ladung aus Papier, Ferro-Silicium und Holz. Von den ursprünglich erhobenen 4 Reklamationen interessiert jetzt nur noch die der A. S. Norsk Varekrigsforsikring in Kristiania wegen des Papiers, weil im übrigen die Sache durch Zurücknahme der Berufungen erledigt ist. Die Reklamation ist darauf gestützt, daß zur Zeit des Unterganges des Schiffes das Eigentum an dem Papier noch nicht auf die englischen Empfänger übergegangen war, weil die Dokumente teils gar nicht teils in einem Zeitpunkt eingelöst worden sind, in dem das Schiff bereits versenkt war, also ein Eigentumsübergang nicht mehr stattfinden konnte.

Durch Urteil des Prisengerichts Hamburg vom 27. April 1917 ist die Reklamation zurückgewiesen worden. Das Prisengericht nimmt an, daß zwar das Eigentum an dem von der neutralen Abladerin an vier englische Empfänger verschifften Papier noch nicht auf die letzteren übergegangen war, daß aber, weil die Gefahr nach den zwischen den Beteiligten getroffenen Abreden seit der Verladung von den Empfängern zu tragen war, es wirtschaftlich so angesehen werden müsse, als sei das verladene Papier bereits „Gut der Käufer" gewesen, denn diese allein hätten, obwohl noch nicht Eigentümer, ein eigenes wirtschaftliches Interesse an dem Gut gehabt. Es entspreche dem Sinne und Geiste der Prisenordnung, wenn in einem Falle wie dem vorliegenden der Begriff des Eigentümers in Ziff. 115 Pr. O. nicht in seiner streng juristischen Bedeutung genommen, ihm vielmehr eine erweiternde Bedeutung gegeben werde. Das Prisengericht erachtet daher einen Fall der Ziff. 115 Pr. O. nicht für vorliegend.

Gegen dieses Urteil hat die Reklamantin frist- und formgerecht Berufung eingelegt. Sie bekämpft den Standpunkt des Vorderrichters, daß die wirtschaftliche Seite der Sache eine entscheidende Rolle spiele, und führt ihrerseits aus, daß es nach dem Wortlaute der Ziff. 115 Pr. O. lediglich auf das Eigentum im Rechtssinne ankomme.

Der Kaiserliche Kommissar bei dem Oberprisengericht ist den Ausführungen der Berufungsklägerin entgegengetreten und hat um Zurückweisung der Berufung gebeten.

Dem Rechtsmittel war der Erfolg nicht zu versagen. Wie der Vorderrichter selbst annimmt, war zur Zeit der Versenkung des Schiffes das Eigentum an dem Papier auf die englischen Empfänger noch nicht übergegangen. Dem ist auf Grund der in erster Instanz von der Reklamantin beigebrachten Nachweise, gegen deren Beweiskraft Bedenken nicht bestehen, aus den vom Vorderrichter angegebenen Gründen zuzustimmen. Den weiteren Ausführungen des Vorderrichters jedoch, mit denen er die trotz jener Feststellung erfolgte Zurückweisung der Reklamation rechtfertigt, kann nicht beigetreten werden. Sie gipfeln, kurz ausgedrückt, darin, daß für die Entschädigungsfrage der Ziff. 115 Pr. O. die Staatsangehörigkeit des Gefahrträgers und nicht des Eigentümers dem Sinne und Geiste der Prisenordnung nach entscheidend sein müsse. Damit setzt sich der Vorderrichter in Widerspruch nicht nur mit dem Wortlaute des Gesetzes, sondern auch mit der gesetzgeberischen Absicht, die sich deutlich aus der Entstehungsgeschichte der Vorschrift ergibt. Die Ziffer 115 Pr. O. ist auf den Artikel 58 der Londoner Erklärung über das Seekriegsrecht zurückzuführen. Bei Beratung des letzteren bestanden Meinungsverschiedenheiten darüber, nach welchen Gesichtspunkten die neutrale oder feindliche Eigenschaft der Ladung beurteilt werden solle. Deutschland vertrat in der Tat den Standpunkt, daß die Nationalität derjenigen Person ausschlaggebend sein müsse, welche die Gefahr während der Beförderung trägt. Begründet wurde dieser Standpunkt von der deutschen Abordnung mit ähnlichen legislativ unleugbar beachtenswerten Erwägungen, wie sie der Vorderrichter in seinem Urteil angestellt hat. Mit diesem Standpunkte drang jedoch Deutschland nicht durch; vielmehr gab der zur Prüfung der verschiedenen zu der Frage gemachten Vorschläge eingesetzte Ausschuß sein Gutachten dahin ab, daß es besser sei, die bisherige, seit Jahrhunderten beobachtete, auf das Consolato del mare zurückgehende Praxis beizubehalten, wonach das Eigentum an der Ware über deren feindliche oder neutrale Eigenschaft entscheide. Entsprechend dieser Stellungnahme entschied sich auch die Konferenz für die

Beibehaltung des Eigentümerprinzips (vergl. hierzu Schramm, Das Prisenrecht, Berlin 1913, S. 526 ff., S. 123 ff.). Dem hat sich dann auch die deutsche Prisenordnung angeschlossen, wie sie ja überhaupt die Londoner Beschlüsse zur Grundlage genommen und Abweichungen von diesen, solange nicht Vergeltungsmaßregeln gegenüber englischen Anordnungen geboten waren, so gut wie ganz vermieden hat. Bei dieser Sachlage ist der vom Vorderrichter eingenommene Standpunkt unhaltbar, und die Berufung erweist sich, da das Eigentum an dem Papier zur Zeit der Versenkung der „Arena" noch den neutralen Abladern zustand, gemäß Ziff. 115 Pr. O. als begründet.

Für den Werterſatz bilden die über die Sendung ausgestellten Fakturen die gegebene Grundlage. Es ist nicht ersichtlich, wie die Reklamantin, die nur die Rechte der Eigentümer, d. h. der Ablader, als deren Rechtsnachfolgerin geltend machen kann, den Anspruch auf einen höheren Betrag rechtfertigen will. Für die Ablader war die Handelstransaktion durch den Verkauf erledigt, und sie würden einen höheren Betrag auch dann nicht erhalten haben, wenn die Ware an die Empfänger gelangt wäre. Wenn die Versicherung für eine höhere Summe genommen war, so kann die Reklamantin einen selbständigen Ersatzanspruch hieraus nicht ableiten. Zu erstatten ist nur der reine Fakturenwert, also abzüglich der von den Abladern verauslagten Kosten für Fracht, Versicherung usw., die zu Lasten der englischen Empfänger gehen, da fob Fredriksstad verkauft war. Die reinen Fakturenbeträge beziffern sich bei

Roberts, Mart & Co., Ltd. auf	1 560,76	Kr.
Dobson & Crowther, Ltd. auf	4 882,32	„
James Spicer & Sons, Ltd.	9 473,07	„
„ „ „ „ „	9 386,68	„
Summa	25 302,83	Kr.

Diese Summe einschließlich der üblichen Prozeßzinsen vom Tage der Erhebung der Reklamation an war daher als Werterſatz zuzusprechen, und zwar gemäß feststehender Rechtsprechung des erkennenden Gerichts in deutscher Reichswährung zum Kurse des Tages des schädigenden Ereignisses. Die Kosten sind nach Verhältnis des zugebilligten und geforderten Betrags verteilt worden. Eine Erstattung der außergerichtlichen Auslagen kommt trotz verbürgter Gegenseitigkeit nicht in Frage. Denn für die prisenrechtliche Maßnahme, nämlich die Beschlagnahme und Zerstörung des Schiffes, lagen ausreichende Gründe vor, weil mehr als die Hälfte der Ladung aus Konterbande bestanden hat. Es war hiernach, wie geschehen, zu erkennen.

80.

„Oostzee."

Urteil vom 20. September 1917.

Feindliche Bestimmung der Waren. Bedeutung eines von dem Kapitän gefaßten Entschlusses, wegen schlechten Wetters und Beschädigung des Schiffes die Fortsetzung der Reise aufzugeben.

Ziff. 32, 33, Ziff. 35 Abs. 2 der Prisenordnung in der Fassung vom 18. April 1915, 22. Juli 1916 (Reichs-Gesetzbl. 1915 S. 227, 1916 S. 773).

In der Prisensache, betreffend den niederländischen Motorschoner „Oostzee", Heimatshafen Groningen, hat das Kaiserliche Oberprisengericht in Berlin in der Sitzung vom 20. September 1917 für Recht erkannt:

Die Berufungen gegen das Urteil des Prisengerichts in Hamburg von 9. März 1917 werden zurückgewiesen. Die Kosten des Berufungsverfahrens fallen den Berufungsklägern zur Last.

Gründe.

Am 8. November 1916 wurde der niederländische Motorschoner „Oostzee", der sich nach den Schiffspapieren auf der Reise von Rotterdam nach London befand und als Ladung eine Partie getrockneter Pflaumen sowie eichene Holzstäbe, die als Faßstäbe bezeichnet werden, führte, in der Nähe von Borkum von einem deutschen Kriegsschiff aufgebracht und nach Emden eingebracht.

Auf die Bekanntmachung des Kaiserlichen Prisengerichts in Hamburg haben wegen des Schiffes die Reeder H. B. Klaaszoon und T. M. Blans, wegen der Pflaumen die Firmen Felix Cohen und L. H. von Hertzfeld in Rotterdam Reklamation erhoben.

Die Reklamanten behaupten, daß die Güter mit Dampfern der Holland-Amerika D. S. Gesellschaft von Amerika nach Holland gebracht worden seien, daß die englische Kriegsmacht sie nur habe frei passieren lassen, nachdem jene Reederei sich verpflichtet hatte, die Güter zur Verfügung der englischen Prisenbehörden zurückzubefördern, und daß, um dem nachzukommen, die Versendung mit dem Schoner „Oostzee" unternommen worden sei.

Es wird ferner unter Berufung auf das Zeugnis der Besatzung der „Oostzee" behauptet, daß der Schoner durch schlechtes Wetter an der Fortsetzung der Reise gehindert worden sei und sich in einem so beschädigten Zustande befunden habe, daß man nach gehaltenem Schiffsrat — schon ehe die Aufbringung stattgefunden habe — sich entschlossen habe, die Reise aufzugeben und nach Holland zurückzukehren.

Das Prisengericht hat, indem es diese Behauptungen für unerheblich erklärt, entschieden, daß Schiff und Ladung der Einziehung unterliegen und die Aufbringung rechtmäßig war. Die Reklamationen sind zurückgewiesen worden.

Den gegen diese Entscheidung erhobenen Angriffen der Reklamanten war der Erfolg zu versagen.

Der in dieser Instanz von dem Reklamanten zu 1 aufgestellten Behauptung, daß die im Schiffe verladenen Hölzer nicht fertige Faßstücke gewesen seien, braucht nicht nachgegangen zu werden. Selbst wenn es richtig wäre, würden die Hölzer zwar nicht als Faßstäbe absolute, wohl aber als unter Ziff. 23 Nr. 11 Pr. O. (Hölzer jeder Art roh oder bearbeitet) fallend relative Konterbande sein. Die Ladung war an eine feindliche Behörde, damit zugleich an einen Empfänger, der sich im feindlichen Gebiet aufhält, und außerdem nach einem befestigten und der feindlichen Streitmacht als Operations- und Versorgungsbasis dienenden Platz bestimmt. Die damit nach Ziff. 33 Pr. O. begründete Vermutung der feindlichen Bestimmung kann nach Lage der Sache nicht widerlegt werden. Wenn die Reklamanten sich darauf berufen, daß sicherlich nicht die Holland-Amerika-Linie und auch nicht der Kapitän des Schiffes die Waren für den Gebrauch der englischen Armee oder Regierung bestimmt hätten, so mag das richtig sein, ist aber ohne Bedeutung. Die Prisenordnung unterscheidet im Anschluß an die Londoner Deklaration zwischen der Bestimmung des Transportes, d. h. dem Ziel der Reise, und der Persönlichkeit des Empfängers einerseits, und der Zweckbestimmung der beförderten Ware. Von letzterer handelt die im Eingang der Ziff. 33 angezogene Ziff. 32 Pr. O., von ersterer unter den Buchstaben a bis c die Ziff. 33 Pr. O. War die Ware, wie nicht zu bezweifeln ist, nach Absicht der Holland-Amerika-Linie nach London und für das Prisengericht dort bestimmt, so wird kraft Gesetzes die feindliche Zweckbestimmung der Ware vermutet. Demgegenüber ist es müßig, die Frage aufzuwerfen, welche Aussichten sich für die Güter im Verfahren vor dem englischen Prisengerichte geboten hätten. Selbst im besten Falle würde in dieser Beziehung niemals über unsichere Vermutungen hinaus zu einer Feststellung zu gelangen sein, die zur Widerlegung der gesetzlichen Vermutung dienen könnte. Übrigens muß dem Vorderrichter auch darin zugestimmt werden, daß unter den hier obwaltenden Umständen jene Aussichten nichts weniger als günstig waren.

Beizutreten ist dem Vorderrichter auch in der Beurteilung des Einwandes, daß zur Zeit der Aufbringung des Schiffes vom Kapitän die Reise nach London aufgegeben war und daher die Güter ihre bisherige Bestimmung verloren hatten. Ob eine derartige, nur vom Kapitän ausgehende Sinnesänderung prisenrechtlich überhaupt in Betracht kommen kann, braucht nicht erörtert zu werden. Jedenfalls deuten die Reklamanten mit ihrer Behauptung die Absichten und das Verfahren des Kapitäns unrichtig. Als dieser wegen des Unwetters und der Minengefahr die Einfahrt in die Themsemündung aufgab und umkehrte, war damit weder rechtlich noch tatsächlich die Reise schon aufgegeben. Wie er verpflichtet gewesen wäre, bei Eintritt besseren Wetters die Fahrt nach London wieder aufzunehmen, und selbst dann hierzu verpflichtet gewesen wäre, wenn es ihm gelungen wäre, einen holländischen Nothafen anzulaufen, so liegt auch nichts für die Annahme vor, daß er tatsächlich etwas anderes als nur dieses beabsichtigt hat. Außerdem kommt es gar nicht darauf an, ob das Schiff selbst von einem holländischen Nothafen aus die Reise nach England fortgesetzt haben würde. Es genügt, daß die Ladung nach dem Willen der Beteiligten unter allen Umständen an den englischen Empfänger befördert worden wäre, um der von der Reklamantin gegenüber den englischen Behörden eingegangenen Verpflichtung zu genügen. Dies wird auch von der Reklamantin zugegeben. In einem solchen Falle findet aber nach Ziff. 35 Abs. 2 Pr. O. in der Fassung der Verordnung vom 18. April 1915 (Reichs-Gesetzbl. S. 227) die beschränkende Vorschrift des Abs. 1, wonach relative Konterbande der Beschlagnahme nur auf einem Schiffe unterliegt, das sich auf der Fahrt nach dem feindlichen Gebiete befindet, keine Anwendung. Daher erscheint die Behauptung, daß die Güter ihre ursprüngliche Bestimmung geändert hätten, schon tatsächlich unbegründet.

Somit war zu erkennen, wie geschehen.

81.

„Robert Lea."

Urteil vom 20. September 1917.

Baumwollene Stoffe im Sinne der Prisenordnung. Ausrüstungsstücke von erkennbar militärischer Art. Baumwolldecken.

Ziff. 21 Nr. 7, Nr. 25 der Prisenordnung vom 22. Juli 1916 (Reichs-Gesetzbl. S. 773).

In der Prisensache, betreffend den norwegischen Dampfer „Robert Lea", Heimatshafen Bergen, hat das Kaiserliche Oberprisengericht in Berlin in der Sitzung vom 20. September 1917 für Recht erkannt:

Die Berufungen gegen das Urteil des Prisengerichts in Hamburg vom 30. März 1917 werden zurückgewiesen; die

Kosten des Berufungsverfahrens fallen den Berufungsklägern zur Last.

Gründe.

Der mit einer Stückgutladung auf der Fahrt von Rotterdam nach London begriffene norwegische Dampfer „Robert Lea“ wurde am 28. September 1916 wegen Konterbandetransports von einem deutschen Kriegsschiff angehalten und nach Zeebrügge eingebracht, wo demnächst seine Aufbringung erfolgte. Von den ursprünglich erhobenen fünf Reklamationen interessieren in dieser Instanz, weil im übrigen keine Berufung eingelegt oder die eingelegte Berufung zurückgenommen ist, nur noch die nachfolgenden zwei:

1. Reklamation Nr. 3 der Firma van Heek & Co. in Enschede als Abladerin und angebliche Eigentümerin von 175 Ballen Baumwolldecken im Fakturenwerte von 23 370 fl., verschifft an Leopold Frank in London. Die Konnossemente lauten auf Charles Atkins Nisbet London oder Order.
2. Reklamation Nr. 5 der Firma L. J. P. Stegeman & Co. in Deventer (Holland) als Abladerin und angebliche Eigentümerin von 10 176 kg Speck im Fakturenwerte von 16 000 fl., verschifft an die Firma Armour & Co. Ltd. in London. Die Konnossemente lauten auf Rosenberg Loewe & Co. Ltd. in London oder Order.

Begründet werden die Reklamationen damit, daß die betreffenden Waren keine Konterbande seien, da sie für den Konsum der bürgerlichen Bevölkerung Englands bestimmt seien.

Durch Urteil des Prisengerichts Hamburg vom 30. März 1917 sind beide Reklamationen zurückgewiesen, und es ist auf Einziehung der Waren erkannt worden. Das Gericht hat angenommen, daß hinsichtlich des Speckes die Umstände des Falles der nach Ziff. 33 Pr. O. zu vermutenden feindlichen Bestimmung nicht entgegenständen, daß insbesondere die von der Reklamantin beigebrachte Erklärung — wonach der Speck zum Konsum für die bürgerliche Bevölkerung bestimmt sei — nicht darzutun vermöge, daß nach dem gewöhnlichen Laufe der Dinge die Verwendung der Ware für Zwecke der feindlichen Streitmacht ausgeschlossen gewesen sei. Die Baumwolldecken erachtet der Vorderrichter gemäß Ziff. 21 Nr. 25 Pr. O. als absolute Konterbande, indem er den dort am Schlusse stehenden Relativsatz „die bei der Herstellung von Sprengstoffen gebraucht werden können" nur auf die unmittelbar vorhergehenden Worte „andere Baumwollerzeugnisse" bezieht.

Gegen dieses Urteil haben beide Reklamanten form- und fristgerecht Berufung eingelegt und gerechtfertigt. Zur Begründung führt die Firma van Heek & Co. lediglich aus, daß es sich bei den Baumwolldecken weder um absolute noch um relative Konterbande handele, während die Firma Stegeman & Co. geltend macht, sie brauche als Reklamantin nicht darzutun, daß nach dem gewöhnlichen Laufe der Dinge die Verwendung der Waren für die feindliche Streitmacht ausgeschlossen war, es komme vielmehr darauf an, ob die Umstände der feindlichen Bestimmung widersprechen. Und das sei nach den von ihr beigebrachten Nachweisen der Fall.

Der Kaiserliche Kommissar bei dem Oberprisengericht hat diesen Ausführungen widersprochen und um Zurückweisung der Berufungen gebeten.

Die Berufungen konnten keinen Erfolg haben.

Was zunächst die Reklamation wegen des Speckes anlangt, so kann den Ausführungen des Vorderrichters lediglich beigetreten werden. Die rechtlichen Ausführungen der Reklamantin über den Begriff der feindlichen Bestimmung und über die unter gewissen Voraussetzungen begründete Vermutung dieser Bestimmung (Ziff. 33 Pr. O.) richten sich gegen die ständige Praxis des Oberprisengerichts, wie sie namentlich in den Prisensachen „Modig" [1]) und „Maria" [2]) festgelegt ist. Die dort entwickelten Grundsätze hat der Vorderrichter im vorliegenden Falle angewendet, und in der Berufung sind neue Gesichtspunkte dagegen nicht geltend gemacht worden. In tatsächlicher Beziehung bieten die von der Reklamantin beigebrachten Nachweise keine Gewähr dagegen, daß die große Abladung Speck, also eines Artikels, der für die Massenverpflegung von größter Bedeutung ist, durch

[1]) Nr. 8 S. 41.
[2]) Nr. 9 S. 45.

den Importeur, der nicht selbst Verbraucher ist, letzten Endes kriegerischen Zwecken nutzbar gemacht worden wäre. Darauf kommt es aber nach der Rechtsprechung des Oberprisengerichts an.

Bei der Reklamation wegen der wollenen Decken hat sich das Oberprisengericht der Auffassung des Vorderrichters, daß die Decken unter Ziff. 21 Nr. 25 Pr. O. fallen, nicht anschließen können, aber aus einem anderen Grunde die Reklamation für unbegründet erachtet. Das Prisengericht hält zwar die Position „andere Baumwollerzeugnisse, die bei der Herstellung von Sprengstoffen gebraucht werden", nicht für anwendbar, will die Decken aber unter eine der anderen Positionen der Ziffer 21 Nr. 25 subsumieren. Hierfür könnte nach Lage der Sache nur die Position „baumwollene Stoffe" in Betracht kommen. Unter diese sind indessen die Decken nicht zu bringen. Die Ziff. 21 Nr. 25 Pr. O. enthält lediglich eine Vergeltungsmaßregel für die entsprechende Vorschrift in der englischen Anordnung vom 15. Oktober 1915 und gibt diese in wörtlicher Übersetzung wieder. Es ist daher anzunehmen, daß der Ausdruck „baumwollene Stoffe" in demselben Sinne gebraucht ist wie der in dem englischen Text sich findende Ausdruck „cotton piece goods", und dieser begreift, wie dem Oberprisengericht bekannt ist, nur Stoffe in ganzen Stücken, nicht aber zu Fertigfabrikaten abgepaßte Teile. Damit entfällt die Anwendung der Ziff. 21 Nr. 25 auf den vorliegenden Fall.

Das Oberprisengericht erachtet aber mit dem Kaiserlichen Kommissar die Ziff. 21 Nr. 7 Pr. O. für anwendbar. Danach sind absolute Konterbande „Ausrüstungsstücke von erkennbar militärischer Art". Daß Decken — und zwar bei dem notorischen allgemeinen Mangel an Wolle auch solche aus Baumwolle — zu den militärischen Ausrüstungsstücken gehören, kann bei der Art der jetzigen Kriegsführung keinem Zweifel unterliegen. Auch ist es bei den heutigen Verhältnissen unbedenklich als feststehend anzusehen, daß Decken aller Art in weitestgehendem Maße zu militärischen Zwecken Verwendung finden. Hierin erblickt das Oberprisengericht, zumal es sich im vorliegenden Falle um einen sehr großen Posten solcher Decken handelt, der ohne weiteres der militärischen Verwendung zugeführt werden könnte, das Erfordernis der Erkennbarkeit im Sinne der obigen Bestimmung der Prisenordnung (vergl. auch Prisensache „Capella“). Die Decken sind also Gegenstände der absoluten Konterbande, bei denen die feindliche Bestimmung gemäß Ziffer 30 Abs. 1 a Pr. O. ohne weiteres anzunehmen ist. Deshalb war auch auf Zurückweisung dieser Berufung zu erkennen.

Die Kostenentscheidung folgt aus § 37 Pr. GO.

82.

„Pluto.“

Urteil vom 20. September 1917.

Zwischenerzeugnisse, die zur Herstellung von Waffen oder ihren Bestandteilen geeignet sind. Halbfabrikate, insbesondere Bandstahl. Lagergerät im Sinne der Prisenordnung.

Ziff. 21 Nr. 1, 10 der Prisenordnung vom 22. Juli 1916 (Reichs-Gesetzbl. S. 773).

In der Prisensache, betreffend den norwegischen Dampfer „Pluto“, Heimatshafen Haugesund, hat das Kaiserliche Oberprisengericht in Berlin in der Sitzung vom 20. September 1917 für Recht erkannt:

Auf die Berufung der Husquarna Vapenfabrik wird das Urteil des Prisengerichts in Hamburg vom 30. März 1917 dahin geändert, daß die von der genannten Gesellschaft in der Reklamation 6 beanspruchten Gegenstände freizugeben sind. Die Berufung der Uddeholms A. B. Munkfors Bruk wird zurückgewiesen. Die durch die erstgedachte Reklamation entstandenen gerichtlichen Kosten beider Instanzen hat das Reich zu tragen; die durch die Berufung der Uddeholms A. B. entstandenen Kosten fallen dieser zur Last.

Gründe.

Am 3. November 1916 wurde der norwegische Dampfer „Pluto“, mit Stückgütern auf der Reise von Gothenburg nach Rouen, in der Nordsee von einem deutschen Kriegsschiff aufgebracht und nach Cuxhaven eingebracht.

Auf die Bekanntmachung des Kaiserlichen Prisengerichts in Hamburg haben die Reederei und eine Anzahl von Ladungsinteressenten Reklamation erhoben. Nach der vom Dispacheur aufgemachten Berechnung bestand die Ladung aus Konterbande im Gewicht von 1 301 729 kg und aus freier Ware im Gewicht von 481 861 kg.

Das Prisengericht hat, nachdem ein Teil der Ladung durch das Prisenamt freigegeben war, erkannt, daß das Schiff sowie — mit Ausnahme der bereits freigegebenen Güter und einer Anzahl Abladungen von Holzmasse und Papier — die in Beschlag genommene Ladung einzuziehen sei und die noch aufrecht erhaltenen Ansprüche der Reklamantin zurückgewiesen würden.

Gegen diese Entscheidung hat eine Anzahl von Ladungsinteressenten Berufung eingelegt, die indessen nur von zwei Reklamanten aufrecht erhalten worden ist. Die Husquarna Vapenfabriks A. B. reklamiert wegen einer Abladung von Fleischmühlen, Saftpressen, Teilen von Petroleumkochern, Stärkemühlen und Teilen von Plätteisen in 82 Kisten, bestimmt an die Firma Jules Roy in Rouen zur Weiterbeförderung an die alleinigen Verkäufer der Reklamantin Blondel & Co. in Paris. Die Uddeholms A. B. reklamiert wegen einer Abladung, die sie als Korsettfederstahl und Federstahl zur Herstellung von Stahlfedern bezeichnet.

Die Berufung der Uddeholms A. B. ist nicht begründet. Nach dem bei dem Hamburger Münzwardein eingeholten Gutachten handelt es sich bei dieser Abladung um Federbandstahl, und das Gutachten erklärt es für zweifellos, daß der Bandstahl, der in verschiedenen Breiten vertreten ist, sich zu Band- oder Spiralfedern bei der Anfertigung von Waffen, Werkzeugen und Instrumenten verarbeiten lasse. Mit Recht verweist der Sachverständige auf Ziff. 21 Nr. 1 Pr. O., wonach Zwischenerzeugnisse, die zur Herstellung von Waffen sowie von Bestandteilen von solchen geeignet sind, absolute Konterbande darstellen. Verfehlt erscheint der Versuch der Reklamantin, einen Gegensatz von Zwischenerzeugnis und Halbfabrikat aufzustellen und für die gegenwärtige Ware den Charakter des letzteren in Anspruch zu nehmen. Ein solcher Gegensatz besteht nicht. Auch das Halbfabrikat auf dem Wege zur fertigen Ware ist ein Zwischenerzeugnis im Sinne der Prisenordnung. Die von der Reklamantin beigebrachte Abschrift einer Verbalnote des Auswärtigen Amts an die Schwedische Gesandtschaft nebst Anlage kann an der rechtlichen Beurteilung des Tatbestandes nichts ändern. Es ist nicht ersichtlich, daß sich die Äußerung des Auswärtigen Amts auf die vorliegende Ware bezieht. Auch würde die in ihr — übrigens erst nach der Aufbringung des Schiffes — zum Ausdruck gebrachte Auffassung für die gerichtliche Entscheidung nicht maßgeblich sein.

Dagegen war der Berufung der erstgenannten Reklamantin stattzugeben. Der Vorderrichter will die Güter, insofern sie aus Fleischhackmaschinen, Saftpressen und Teilen von Petroleumkochern bestehen, unter die Ziff. 21 Nr. 10 Pr. O. bringen und sie als absolute Konterbande behandeln, indem er sie ohne weitere Begründung als Lagergerät bezeichnet. Eine Beschreibung der Ware oder eine gutachtliche Äußerung über sie liegt nicht vor. Anscheinend handelt es sich bei den Hackmaschinen und Pressen um handelsübliche Küchenutensilien, wie sie im privaten Haushalt gebraucht werden. Eine Verwendung solcher Geräte im Lager und überhaupt bei Truppenteilen wäre wenig dienlich. Mag auch das eine oder das andere Stück dieser Art einmal dorthin seinen Weg finden, so dürfen die Apparate doch deshalb noch nicht ohne weiteres als Lagergerät bezeichnet werden. Ein so weitgehender, schließlich gar keine Grenze mehr zulassender Umfang kann dem Begriff nicht gegeben werden. Vollends gilt das Gesagte von den einzelnen Bestandteilen und Ersatzstücken von Petroleumkochern. Alle diese Dinge lassen sich weder als absolute noch als relative Konterbande bezeichnen, solange nicht im gegebenen Falle eine Beziehung zu militärischem Verwendungszweck hervortritt.

83.

„Batavier II.“

Urteil vom 21. September 1917.

Aufnahme beschlagnahmter Gegenstände in die Konterbandeliste nach dem Zeitpunkt der Beschlagnahme; Einziehung gegen Erstattung des Wertes. Kleiderstoffe, Ausrüstungsstücke von erkennbar militärischer Art, baumwollene Stoffe.

Ziff. 21 Nr. 7, Ziff. 23 Nr. 3, Ziff. 44 der Prisenordnung in der Fassung vom 22. Juli 1916 (Reichs-Gesetzbl. S. 773).

— — .

In der Prisensache, betreffend den niederländischen Dampfer „Batavier II“, Heimatshafen Rotterdam, hat das Kaiserliche Oberprisengericht in Berlin in der Sitzung vom 21. September 1917 für Recht erkannt:

Die Berufung der Nederlandsche Stoomboot Maatschappij in s'Gravenhage gegen das das Schiff betreffende Teilurteil des Prisengerichts in Hamburg vom 16. Februar 1917 wird auf Kosten der Reklamantin zurückgewiesen.

Auf die Berufungen der Cooperative Vereeniging Central Bureau voor den Verkoop van Zeeuwsche Oesters in Yerseke, der Firma Wittoch van Landghem in Hulst und der Transvaalsche Bank en Handels-Vereeniging in Amsterdam wird das die Ladung betreffende Urteil desselben Gerichts vom gleichen Tage dahin geändert, daß das Reich der ersterwähnten Berufungsklägerin den Wert der Austern mit 3.10 £, der an zweiter Stelle aufgeführten Berufungsklägerin den Wert der von ihr reklamierten, der Einziehung unterliegenden 179 Pack leere Körbe mit 981,58 fl., beides in deutscher Reichswährung nach dem Kurse vom 24. September 1916, zu zahlen hat, und daß die von der dritten Reklamantin beanspruchten acht Ballen Umschlagetücher freigegeben werden.

Die diese drei Reklamationen betreffenden gerichtlichen Kosten hat das Reich zu tragen.

Sämtliche übrigen gegen das die Ladung betreffende Urteil erhobenen Berufungen werden auf Kosten der Reklamanten zurückgewiesen.

Gründe.

Der mit einer Ladung Stückgüter auf der Fahrt von Rotterdam nach London befindliche holländische Dampfer „Batavier II" wurde am 24. September 1916 wegen Beförderung von Konterbande von einem deutschen Kriegsschiff aufgebracht und nach Zeebrügge eingebracht.

Reklamation wurde erhoben von der Reederei des Schiffes (Nr. 1) und 57 Ladungsinteressenten. Die Reederei behauptet, daß weniger als die Hälfte der Ladung aus Konterbande bestanden habe. Die übrigen Reklamanten machen geltend, daß die von ihnen verschifften Waren keine Konterbande seien, oder daß die friedliche Bestimmung derselben dargetan sei.

Durch Teilurteil des Prisengerichts Hamburg vom 16. Februar 1917 ist hinsichtlich des Schiffes auf Einziehung erkannt, da festgestellt sei, daß der Wert der Konterbande den der unschädlichen Waren um rund 2000 £ übersteige. Durch Teilurteil desselben Gerichts vom gleichen Tage ist ein Teil der beschlagnahmten Waren als Nichtkonterbande freigegeben, die gesamte übrige Ladung, soweit das Urteil sich darauf bezieht, eingezogen worden. Alle Schadensersatzansprüche sind zurückgewiesen worden.

Gegen diese beiden Urteile haben die Reederei (Reklamation Nr. 1) und die Reklamanten 11, 27, 33, 37, 46, 54 und 55 form- und fristgerecht Berufung eingelegt.

Die Reederei macht im wesentlichen geltend, daß gewisse Ladungsbestandteile, welche der Vorderrichter bei seiner Berechnung des Wertes der Konterbande und Nichtkonterbande als Konterbande angesprochen hat, als solche nicht anzusehen seien und daß bezüglich einiger anderer Ladungsbestandteile andere Werte einzusetzen seien, als vom Vorderrichter geschehen. Dadurch verschiebe sich das Wertverhältnis zugunsten der Nichtkonterbande, sodaß letztere überwiege. Die Einzelheiten dieses Vorbringens der Reederei werden in der nachstehenden Begründung ihre Würdigung finden.

Die übrigen Reklamanten wiederholen ihr Vorbringen erster Instanz, daß die von ihnen verschifften Güter nicht als Konterbande angesehen werden könnten, oder daß ihre friedliche Bestimmung dargetan sei.

Der Kaiserliche Kommissar bei dem Oberprisengericht hat diesen Ausführungen widersprochen und um Zurückweisung sämtlicher Berufungen gebeten.

Was die zunächst zu erörternden Berufungen von Ladungsbeteiligten betrifft, so sind dieselben zum Teil begründet.

Reklamation Nr. 3 betrifft drei Faß Austern.

Das Prisengericht hat die Austern eingezogen, weil es sie unter den Begriff Lebensmittel bringt und ihre Verwendung für militärische Zwecke nicht für ausgeschlossen hält. Dem ist nicht beizutreten. Im Einklang mit dem schon in einem früheren Urteil (Niederländischer Dampfer „Zaanstroom“)[1] eingenommenen Standpunkt kann sich das Oberprisengericht auch jetzt nicht davon überzeugen, daß Austern als militärisches Verpflegungsmittel selbst unter den durch den Krieg geschaffenen besonderen Verhältnissen in Frage kommen. Vorliegend spricht auch die geringe Menge gegen eine solche Verwendung. Dieser Berufung war daher stattzugeben und der Reklamantin der Wert der Austern (3.10 £), die der Marine überwiesen worden sind, zu erstatten.

Reklamation Nr. 27 betrifft jetzt nur noch 179 Pack leere Körbe, da die mitreklamierten 253 Pack Rohrstühle nach Erlaß des Urteils erster Instanz freigegeben sind. Das Prisengericht hat die Reklamation zurückgewiesen, weil es angenommen hat, daß die Gegenstände nicht an Bord gewesen seien. Sie sind aber nachträglich aufgefunden worden. Während die Rohrstühle freigegeben worden sind, ist die Freigabe der Körbe, weil jetzt unter Ziff. 21 Nr. 26 Pr. O. fallend, abgelehnt worden. Die betreffende Erweiterung der Konterbandeliste hat erst nach der Beschlagnahme der Körbe stattgefunden. Eine ausdrückliche Vorschrift für den Fall, daß Gegenstände erst nach der Beschlagnahme zur Konterbande erklärt werden, enthält die Prisenordnung nicht. Da indessen dem Nehmestaat nicht zugemutet werden kann, einen inzwischen für Konterbande erklärten — also für die Kriegführung zweifellos wichtigen — Gegenstand, der nach dem feindlichen Gebiet bestimmt war, dem Reklamanten zur freien Verfügung herauszugeben, so erscheint es unbedenklich, in Übereinstimmung

[1] Nr. 30 S. 118.

mit der von den Instanzgerichten bereits vielfach geübten Praxis die Ziff. 44 Pr. O. auf solche Fälle analog anzuwenden. Daraus ergibt sich einerseits, daß die Körbe einzuziehen sind, andererseits, daß dem Eigentümer der Wert, bei dem hier unbedenklich der Fakturapreis (981,58 fl.) zugrunde gelegt werden kann, zu erstatten ist.

Reklamation Nr. 54 betrifft 8 Ballen baumwollene Umschlagetücher, sog. Kadungas, ferner 4 Fässer und 1 Korb Heringe. Nach dem Konnossement waren diese Waren an Messrs. Fred Cohen, Goldmann & Co. in Durban oder Order verladen. Ihre feindliche Bestimmung ist also gemäß Ziff. 33 Abs. 1 b Pr. O. zu vermuten. Da die Heringe als Lebensmittel relative Konterbande gemäß Ziff. 23 Nr. 1 Pr. O. sind und gegen die Vermutung der feindlichen Bestimmung ein Gegenbeweis nicht unternommen ist, hat der Vorderrichter sie mit Recht eingezogen.

Die Umschlagetücher sind nach einer bei den Akten befindlichen Probe dünne, mit Fransen und primitiver Stickerei versehene Tücher in zum Teil schreienden Farben. Das Prisengericht hat sie eingezogen, weil es nach einem bei den Akten befindlichen Attest des Bevollmächtigten des Admiralstabes der Marine, das seinerseits auf einer Äußerung der Intendantur des Marinekorps beruht, annimmt, daß sie sich zur Verwendung als militärische Kleiderstoffe eigneten. Dem hat das Oberprisengericht nicht zu folgen vermocht. Wie der Augenschein ergibt, handelt es sich um ein minderwertiges Erzeugnis, dessen Beschaffenheit seine Verwendung zur Erwärmung des Körpers in europäischem Klima ausgeschlossen erscheinen läßt. Die durch eine eidesstattliche Versicherung belegte Behauptung der Reklamantin, daß es sich um für Südafrika bestimmte Kafferkleidung handele, erscheint danach durchaus glaubhaft. Die Umstände widersprechen somit der feindlichen Bestimmung. Ob die Tücher sich etwa zur Herstellung von Sprengstoffen eignen (Ziff. 21 Nr. 25 Pr. O.), steht nicht fest. Deshalb waren die Kadungas freizugeben. Ihr Wert beträgt nach der Faktura 230.8.9 £.

Reklamation 33 betrifft 400 Bündel Torfmoosstreu. Wie das Oberprisengericht in der Prisensache „Midsland“ [1]) näher

---

[1]) Nr. 77 S. 331.

ausgeführt hat, fällt Torfmoosstreu unter den Begriff Fourage im Sinne der Ziff. 23 Nr. 2 Pr. O. Daran ist festzuhalten. Die Berufung ist daher unbegründet.

Reklamationen 37 und 46 betreffen 12 und 15 Ballen baumwollene Decken. Das Prisengericht hat sie als unter Ziff. 23 Nr. 3 Pr. O. fallend erachtet. Dem vermag das Berufungsgericht nicht beizutreten. Als Kleidungsstücke sind Decken nicht anzusprechen. Aber auch unter den Begriff „Kleiderstoffe" fallen sie nicht, weil darunter nur ganze Stücke des Stoffes zu verstehen sind, nicht abgepaßte, zu Fertigerzeugnissen verarbeitete Teile (vergl. Prisensache „Robert Lea").[1] Gleichwohl erachtet das Oberprisengericht die Vorentscheidung für gerechtfertigt, weil es Ziff. 21 Nr. 7 Pr. O. für anwendbar hält. Wie in der angeführten Prisensache „Robert Lea" näher ausgeführt ist, werden Decken jeder Art, auch solche aus Baumwolle, unter den jetzigen Verhältnissen und bei der gegenwärtigen Art der Kriegführung in weitestem Umfange zur militärischen Verwendung herangezogen. Hierin in Verbindung mit dem Umstande, daß es sich hier um sehr große Abladungen von Decken handelt, die ohne weiteres der militärischen Verwendung zugeführt werden können, ist das Erfordernis der Erkennbarkeit im Sinne der Ziff. 21 Nr. 7 Pr. O. zu erblicken. Da es sich danach um absolute Konterbande handelt, deren feindliche Bestimmung — gemäß Ziff. 30 Abs. 1 a Pr. O. — ohne weiteres anzunehmen ist, war die Berufung zurückzuweisen.

Reklamation 55 betrifft 5 Kisten Manufakturwaren. Es handelt sich um dünne Baumwollstoffe — angeblich zur Anfertigung von Damenkleidern und Mützen bestimmt — in ganzen Stücken. Der Vorderrichter hat angenommen, daß sie unter Ziff. 23 Nr. 3 Pr. O. (Kleiderstoffe, die für den Kriegsgebrauch als Kleidung benutzbar sind) fallen, mithin als relative Konterbande zu gelten haben. Es bedarf jedoch nicht der Heranziehung jener Bestimmung, da die in Frage stehenden Waren als „Baumwollstoffe" schon nach Ziff. 21 Nr. 25 Konterbande und zwar absolute Konterbande sind. Die Ziff. 21 Nr. 25 in der Fassung der Verordnung vom 22. Juli 1916 führt als absolute Konter-

[1] Nr. 81 S. 350.

bande auf: „Rohbaumwolle, Baumwollfasern (linters), Baumwollabfälle, baumwollene Garne, *baumwollene Stoffe* und andere Baumwollerzeugnisse, die bei der Herstellung von Sprengstoffen gebraucht werden können." Ob letzteres auch für die Waren zutrifft, auf die sich die Reklamation bezieht, ist gleichgültig, da der Relativsatz: „die bei der Herstellung von Sprengstoffen gebraucht werden können", nur auf die Worte „und andere Baumwollerzeugnisse", nicht auch auf die vorhergehenden Worte, namentlich auf die „bauwollenen Stoffe", zu beziehen ist. Könnte dies — rein grammatikalisch betrachtet — vielleicht als zweifelhaft erscheinen, so ergibt sich doch aus dem Zwecke der Vorschrift die Berechtigung jener Auslegung. Denn wie der Eingang der Verordnung vom 16. Juli 1916 ersehen läßt, handelte es sich bei dieser nur um eine Vergeltung der von England getroffenen Bestimmungen, und die hier in Betracht kommende Position 20 der englischen Verordnung vom 15. Oktober 1915, deren genaue Übersetzung die Ziff. 21 Nr. 25 der deutschen Verordnung enthält (cotton piece goods, and other cotton products capable of being used in the manufacture of explosives) läßt keinen Zweifel, daß Baumwollstoffe unbedingt als Konterbande gelten sollten. Da es sich hiernach um absolute Konterbande handelt, die für das feindliche Gebiet bestimmt war, kommt es nicht darauf an, welche Verwendung sie dort gefunden haben würde. Die in dieser Richtung von den Reklamanten versuchten Beweise sind daher gegenstandslos.

Für die Berufung der Reederei ist das Verhältnis der Konterbande zu der Nichtkonterbande in der Schiffsladung entscheidend. In dieser Beziehung ergibt sich aus dem Vorstehenden zunächst folgende Rechnung:

Nach dem Teilurteil des Prisengerichts hinsichtlich des Schiffes beträgt unter Berücksichtigung der vom Vorderrichter vorgenommenen Berichtigungen der Aufstellung des Dispacheurs Schmidt und des Wertes des Zinkbleches (Reklamation 2) in Höhe von 892 £ und der nicht verschifften leeren Fässer im Werte von 80.11 £

der Wert der Konterbande	15813.19.11	£
„ „ „ Nichtkonterbande	13795. 2. 2	„
Also mehr Konterbande	2018.17. 9	£

Nach den obigen Ausführungen verschiebt sich dies wie folgt. Es sind

	der Nichtkonterbande zuzusetzen:	von der Konterbande abzusetzen:
Rekl. 3, Austern	3.10.— £	3.10.— £
„ 27, Stühle und Körbe	147.14. 1 „	
„ 54, Kadungas . . .	230. 8. 9 „	230. 8. 9 „
	= 381.12.10 £	233.18. 9 £
Also Wert der Konterbande	15813.19.11 £	
weniger	233.18. 9 „	
		15580. 1. 2 £
Wert der Nichtkonterbande	13795. 2. 2 £	
mehr	381.12.10 „	
		14176.15.— £
	Mehr Konterbande	1403. 6. 2 £

Die Reederei bestreitet aber die Konterbandeeigenschaft nicht nur in Ansehung der oben von der Konterbande abgesetzten, sondern auch in Ansehung einer Anzahl anderer Ladungsgüter. Bei der Prüfung dieser Einwendungen ist die Gegenaufstellung der Reederei zugrunde zu legen.

Nr. 1. Elektrische Lampen 400.3.4 £ sind bereits im Urteil erster Instanz über das Schiff zugunsten der Reederei berücksichtigt.

Nr. 2. Zinkblech 892 £ desgleichen.

Nr. 3. Baumwollene Decken der Reklamation 46 288.17 £. Sie ändern die Berechnung nicht, weil sie nach dem Obigen Konterbande sind.

Nr. 4. Fünf Kisten Baumwollstoffe der Reklamation 55. Hier gilt das Gleiche wie zu Nr. 3.

Nr. 5. Baumwollene Decken und Kadungas im angeblichen Werte von 445 £ und 1183.4.7 £. Auf die Kadungas bezieht sich die Reklamation 54; von den baumwollenen Decken sind mit den Reklamationen 37 und 46 im ganzen 27 Ballen reklamiert. Die übrigen baumwollenen Decken sind vom Vorderrichter ebenfalls als Konterbande behandelt. Von den Abladern ist zwar deswegen keine

Reklamation erhoben; auf die Berufung der Reederei hinsichtlich des Schiffes ist jedoch ihre Konterbandeeigenschaft gleichwohl zu prüfen, weil das Wertverhältnis zwischen Konterbande und Nichtkonterbande dadurch beeinflußt wird. Von den gesamten Decken gilt indessen das, was oben zu Reklamation 37 und 46 gesagt ist. Sie sind alle nicht zugunsten der Reederei zu berücksichtigen. Der Wert der Ladungas, die durch dieses Urteil freigegeben sind, ist bei obiger Berechnung bereits berücksichtigt, kommt also hier nicht weiter in Frage.

Nr. 6. Leere Fässer 80.11 £. Sie sind vom Vorderrichter im Teilurteil über das Schiff bereits zugunsten der Reederei berücksichtigt.

Nr. 7. Krabben (Garnelen) im Gesamtwerte von 66.18.4 £. Das Oberprisengericht trägt keine Bedenken, dieses Nahrungsmittel als zur Heeresverpflegung geeignet zu erklären, da sie im weiten Umfange zum Volksnahrungsmittel geworden sind und bei ihrem häufigen Vorkommen und niedrigen Preise nicht ersichtlich ist, warum sie nicht zur Ergänzung der Truppenverpflegung herangezogen werden sollten. Der Gegenbeweis gegen die Vermutung der feindlichen Bestimmung ist nicht geführt.

Nr. 8. Zwei Posten Austern im angeblichen Wert von 2 und 12 £. (Konnossement Nr. 35 und 37.) Die drei Faß des Konnossements 37 bilden den Gegenstand von Reklamation 11. Dort sind aber nur 3.10 £ als Wert gefordert und dieser Betrag ist bei obiger Berechnung bereits zugunsten der Reederei berücksichtigt. Der andere Posten ($^1/_2$ Faß) ist nicht reklamiert und von dem Prisengericht mit einem Werte von 2 £ als Konterbande berücksichtigt. Dieser Betrag sowie die Differenz zwischen 12 £ und 3.10 £ für den anderen Posten Austern, insgesamt also 10.10 £ sind noch vom Wert der Konterbande ab- und dem Wert der Nichtkonterbande zuzusetzen.

Nr. 9. Muscheln und Austern laut Parcel Manifest im Gesamtwerte von 40.10 £ sind vom Prisengericht als Konterbande behandelt. Es handelt sich um 135 Körbe

Muscheln und 9 halbe Fässer Austern. Hier gilt dasselbe, was oben zu Reklamation 3 hinsichtlich der reklamierten Austern gesagt ist. Die Muscheln wie die Austern kommen nicht als Konterbande in Betracht. Es sind also weitere 40.10 £ der Nichtkonterbande zu- und von der Konterbande abzusetzen.

Nr. 10. Muster Leinsamen im Werte von 5 £ und 2.10 £. Der letztere Posten ist bereits im Urteil über das Schiff vom Vorderrichter zugunsten der Reederei berücksichtigt. Der andere, nicht reklamierte Posten ist ebenfalls der Nichtkonterbande zu- und von der Konterbande abzusetzen, da nicht erhellt, warum er nicht ebenfalls vom Vorderrichter berücksichtigt ist.

Nr. 11. Wertdifferenz bei der kondensierten Milch 303.13 £. Hier trägt die Reederei vor, der in dem Konnossemente angegebene Wert von 575 £ beruhe nur auf einer Schätzung des Spediteurs; der wirkliche Wert betrage nur 271.7 £. Sie belegt dies durch zwei eidesstattliche Versicherungen. Das Oberprisengericht erachtet dadurch den Beweis des geringeren Wertes als geführt. Der Betrag von 303 £ 13 sh ist danach vom Werte der Konterbande zu kürzen.

Nr. 12. Das zu 11 Gesagte gilt auch von der Wertdifferenz in Höhe von 28.15 £ bei den leeren Körben. Der Betrag ist der Nichtkonterbande zuzusetzen.

Nr. 13. Korbstühle und leere Körbe 147.14.1 £ sind in diesem Urteil bereits zugunsten der Reederei berücksichtigt.

Nr. 14. Wertdifferenz beim Käse 1765.5 £. Der Sachverhalt ergibt sich aus dem Teilurteil des Prisengerichts über das Schiff. Der Beurteilung desselben durch den Vorderrichter ist beizupflichten. Der Preis, den der englische Importeur bezahlt, und die von der holländischen Käsevereinigung vergütete Bonifikation, die einen Ausgleich für die geringeren Preise gewähren soll, die bei der Ausfuhr nach England im Vergleich zu der Ausfuhr nach Deutschland erzielt werden, stellen zusammen den Wert dar, den der Käse für den holländischen Exporteur in England besitzt. Die Bonifikation wird nur gewährt, wenn der Käse in England ankommt; es handelt sich daher keineswegs um den Wert, den er in Holland hat. Würde diese Bonifikation von einer englischen, nicht von einer holländischen Vereinigung gezahlt, so wäre die Berechtigung dieses Standpunktes schwerlich bestritten worden. Es ist aber auch nicht ersichtlich, wieso der Umstand, daß die Vereinigung aus Holländern besteht, an der Beurteilung etwas ändern könnte. Tatsächlich bekommt der holländische Verkäufer für seinen Käse den englischen Preis plus Bonifikation; die Summe dieser Beträge stellt also den Gegenwert seiner Leistung dar, und mit Recht hat er daher auch diesen Betrag versichert. Der Abzug, den die Reederei hier auf der Seite der Konterbande machen will, ist demnach nicht begründet.

Unter Berücksichtigung des zu 1 bis 14 Gesagten ergibt sich schließlich die folgende Berechnung. Es sind weiter:

	der Nichtkonterbande zuzusetzen:	von der Konterbande abzusetzen:
nach Nr. 8	10.10.— £	10.10.— £
„ „ 9	40.10.— „	40.10.— „
„ „ 10	5.—.— „	5.—.— „
„ „ 11 . . .		303.13.— „
„ „ 12	28.15.— „	
	84.15.— £	359.13.— £

Nach der ersten Berechnung betrug:

Der Wert der Konterbande		15580. 1. 2 £
Davon gehen noch ab		359.13. 0 „
	bleibt	15220. 8. 2 £
Der Wert der Nichtkonterbande . .		14176.15.— £
Dazu kommen noch		84.15.— £
	bleibt	14261.10.— £,

sodaß immer noch ein Überschuß des Wertes der Konterbande gegen den der Nichtkonterbande von rund 1000 £ verbleibt.

Hiernach ist auch die Berufung der Reederei unbegründet, und es war daher in der Hauptsache, wie geschehen, zu erkennen. Die Kostenentscheidung folgt aus § 37 Pr. GO. Eine Erstattung der notwendigen Auslagen der drei Reklamanten, welche obgesiegt haben, kommt trotz verbürgter Gegenseitigkeit nicht in Frage, denn für die prisenrechtliche Maßnahme, auf welche die Reklamationen sich beziehen, lagen ausreichende Gründe vor, weil das Schiff, auf dem die betreffenden Waren verschifft waren, Konterbande beförderte.

84.

„Birgit.“

Urteil vom 21. September 1917.

Ölhaltige Sämereien.

Ziff. 23 Nr. 2 der Prisenordnung vom 22. Juli 1916 (Reichs-Gesetzbl. S. 773).

In der Prisensache, betreffend den norwegischen Dampfer „Birgit“, Heimatshafen Haugesund, hat das Kaiserliche Oberprisengericht in Berlin in der Sitzung vom 21. September 1917 für Recht erkannt:

Auf die Berufung der Firma Overvoorde & Zoon wird das Urteil des Prisengerichts in Hamburg vom 30. März 1917 dahin geändert, daß der genannten Reklamantin der Wert der von ihr beanspruchten Partie Blumenkohlsamen vom Reiche zu ersetzen ist und die durch die Reklamation entstandenen gerichtlichen Kosten beider Instanzen dem Reiche zur Last fallen. Zur Verhandlung und Entscheidung über die Höhe des Wertersatzes wird die Sache in die erste Instanz zurückgewiesen.

Die übrigen Berufungen werden auf Kosten der Berufungskläger zurückgewiesen.

Gründe.

Am 15. Dezember 1916 wurde der norwegische Dampfer „Birgit“, mit Stückgütern auf der Reise von Rotterdam nach London, von einem deutschen Kriegsschiff aufgebracht und nach Zeebrügge eingebracht. Auf die Bekanntmachung des Kaiserlichen Prisengerichts in Hamburg haben die Reederei und eine Anzahl von Ladungsbeteiligten Reklamation erhoben. Nach der Zusammenstellung des Dispacheurs bestand die Ladung zum größten Teil aus Konterbande (315 499 kg zu 866 kg), vorwiegend aus Lebensmitteln. Ein Teil der Güter ist schon im Vorverfahren freigegeben worden, wegen eines weiteren Teiles hat das Prisengericht auf Freigabe erkannt, im übrigen hat es entschieden, daß Schiff und Ladung einzuziehen und die Reklamationen als unbegründet zurückzuweisen seien. Drei der Reklamanten haben rechtzeitig und in vorgeschriebener Form Berufung eingelegt und das Rechtsmittel gerechtfertigt.

Die Firma Overvoorde & Zoon in Loosduinen reklamiert wegen zweier Partien Blumenkohlsamen, die für Walkins & Simpson Ltd. in London und für Hursta & Sohn daselbst bestimmt gewesen seien.

Die A.-G. Vianda in Hoek und die Firma Jos. Lion Löwenberg in Boxmeer reklamieren eine jede wegen einer Partie Speck mit der Behauptung, sie seien Eigentümer der Ware geblieben, und diese habe friedliche Bestimmung gehabt.

Die Reklamation der Firma Overvoorde & Zoon ist zu Unrecht zurückgewiesen. Der Vorderrichter will Blumenkohlsamen als „ölhaltige Sämereien" unter die Nr. 2 der Liste der relativen Konterbande bringen, indem er unter Berufung auf das bei den Akten liegende Gutachten des Sachverständigen behauptet, daß Blumenkohlsamen zur Ölgewinnung gebraucht wird. Aber gerade das ist in dem äußerst kurz gefaßten Gutachten nicht gesagt, das vielmehr dahin lautet, „daß der Samen durch Auspressen zur Ölgewinnung gebraucht werden kann". Das ist ein für die zu entscheidende Frage bedeutsamer Unterschied. Denn Spuren von Fett enthält schließlich jeder Samen, und wenn die Prisenordnung gleichwohl an der Stelle, wo sie pflanzliche Öle und Fette einreiht, nicht schlechthin alle Sämereien auf die Liste der Konterbande gesetzt hat, sondern die Einschränkung „ölhaltige" hinzugefügt, so sollen damit offensichtlich nur solche Sämereien bezeichnet werden, deren Ölgehalt auch praktisch irgendwie von Bedeutung ist. Man braucht nicht bei den Arten Halt zu machen, die um der Ölgewinnung halber gezogen werden. Aber doch wird man zu fordern haben, daß die Verwendung zur Gewinnung von Öl immerhin so viel Erfolg verspricht, daß sie praktisch in

Frage kommen kann. Das läßt sich von Blumenkohlsamen nicht behaupten, auch dann nicht, wenn man die gegenwärtigen außerordentlichen Verhältnisse des Verkehrs in Anschlag bringt.

Im übrigen entspricht die ergangene Entscheidung der Sachlage. Die beiden anderen Reklamanten haben zur Rechtfertigung ihres Standpunktes nichts beizubringen vermocht. Aus den in dieser Instanz vorgelegten Erklärungen ergibt sich, daß über die Ware noch nicht in einer Weise verfügt war, welche die Bestimmung für die feindliche Kriegsmacht ausschließt, und insofern können sie nur dazu beitragen, die ergangene Entscheidung zu rechtfertigen, die sich im Rahmen der ständigen Rechtsprechung dieses Gerichts bewegt.

Somit war zu erkennen, wie geschehen.

85.

„Hudiksvall."

Urteil vom 11. Oktober 1917.

Beweis neutralen Eigentums. Zeitpunkt des Eigentumsüberganges bei der Versendung von Gütern aus einem neutralen nach einem feindlichen Lande. Zugehörigkeit der mit der Post beförderten Güter zur Ladung.

Ziff. 115 der Prisenordnung.

In der Prisensache, betreffend den schwedischen Dampfer „Hudiksvall", Heimatshafen Stockholm, hat das Kaiserliche Oberprisengericht in Berlin in der Sitzung vom 11. Oktober 1917 für Recht erkannt:

Auf die Berufung der Reklamanten unter Nr. 21, 24, 38 bis 41 wird das Urteil des Kaiserlichen Prisengerichts in Hamburg vom 9. März 1917 dahin abgeändert, daß die Güter der Reklamantin 38 zum Teil, die der übrigen genannten Reklamanten insgesamt der Einziehung nicht unterlagen. Das

Reich hat Entschädigung zu zahlen in deutscher Reichswährung nach dem Kurse vom 2. August 1916 an:

21.	die Danske Genforsikring A.-S. in Stockholm	26426,07 Kr.
24.	Albert Davidsohn, Stockholm	935,00 „
38.	Statens Krigsförsäkrings A.-B., Oeresund.	420,00 „
39.	dieselbe	523,30 „
40.	dieselbe	2164,55 „
41.	dieselbe	5333,90 „

Zu den Kosten des Verfahrens haben die Reklamanten 21 und 24 nicht beizutragen. Im übrigen fallen die Kosten der Berufungsinstanz den Berufungsklägern anteilmäßig zur Last.

Gründe.

Am 2. August 1916 wurde der schwedische Dampfer „Hudiksvall", mit Stückgütern auf der Reise von Kopenhagen nach Raumo, von einem deutschen Kriegsschiff aufgebracht und, nachdem der Besatzung der Befehl erteilt war, das Schiff unter Mitnahme der Post zu verlassen, mit der Ladung einschließlich der Post, welche von der Besatzung zurückgelassen wurde, zerstört.

Nach der auf Grund der Schiffspapiere vom Dispacheur gemachten Aufstellung hat das Gewicht der als Konterbande anzusehenden Güter 190 782 $^{1}/_{2}$ kg, das der übrigen 113 925,11 kg betragen.

Auf die Bekanntmachung des Kaiserlichen Prisengerichts in Hamburg haben die Reederei und eine Anzahl von Ladungsinteressenten Anspruch auf Schadensersatz erhoben.

Das Prisengericht hat die Entscheidung über einige der geltend gemachten Ansprüche von Ladungsbeteiligten ausgesetzt, im übrigen durch Teilurteil erkannt, daß das Schiff und ein Teil der Güter der Einziehung unterlagen und ihre Zerstörung rechtmäßig erfolgt sei, und daß alle Reklamationen, auf die das Teilurteil sich bezieht, zurückzuweisen seien.

Hiergegen haben die Reederei und eine Anzahl der Ladungsbeteiligten Berufung eingelegt.

Auf Grund der Verhandlung, zu welcher die meisten Reklamanten weiteres Beweismaterial beigebracht haben, gelangt das erkennende Gericht im wesentlichen zu dem gleichen Ergebnis wie die erste Instanz. Nur in den in der Urteilsformel genannten Fällen erschien die Abänderung des Urteils geboten.

Um zunächst auf die Reklamationen der Ladungsbeteiligten einzugehen, so würde diesen, vorausgesetzt, daß das Schiff der Einziehung unterlag, worauf noch zurückzukommen sein wird, Anspruch auf Schadenersatz nach Ziff. 115 Pr. O. insoweit zustehen, als es sich um neutrale Güter gehandelt hat, die nicht als Konterbande der Einziehung unterlagen. Daß die besonderen Umstände vorgelegen haben, unter denen die rechtmäßig aufgebrachte Prise zerstört werden durfte, ist vom ersten Richter mit Recht angenommen und wird von keiner Seite bestritten.

Den Reklamanten liegt ob, den Beweis zu führen, daß die Güter, die nach ihrer Behauptung mit dem Schiff zerstört worden sind, im Schiff sich tatsächlich befunden haben. Für diesen Nachweis dienen ihnen in erster Linie die Schiffspapiere, insbesondere das Manifest. Sie haben ferner den Beweis zu führen, daß die Güter im Zeitpunkt, wo sie zerstört wurden, noch im Eigentum eines Neutralen gestanden haben. Ist letzteres zu der Zeit der Fall gewesen, als die Güter abgeladen worden sind, so ist in Ermangelung entgegenstehender Tatsachen davon auszugehen, daß eine Übereignung an den Empfänger und Käufer der Güter nicht anders als durch Begebung des Konnossements, sofern diese vor der Zerstörung des Schiffes stattgefunden hat, erfolgen konnte. Es ist richtig, daß während des Krieges der Verkäufer am Abladeplatz die Versendung vielfach davon abhängig macht, daß der Kaufpreis am Platze seiner Niederlassung vorausbezahlt oder doch sichergestellt wird. Aber das hat an und für sich auf den Übergang des Eigentums an der Ware keinen Einfluß, und eine Gewohnheit, daß entgegen der ganz allgemein geübten Gepflogenheit, wonach der Verkäufer die Ware dem Käufer zusendet, der das Eigentum an ihr erst mit der Ablieferung oder durch den Empfang des Konnossements erwirbt, ein früherer Übergang des Eigentums in der Form beliebt würde, daß der Spediteur oder gar der Verfrachter oder Schiffer bereits am Abladeplatz und durch die Abladung die Güter in Vertretung des Empfängers entgegennimmt, erscheint dem erkennenden Gericht nicht genügend beglaubigt. Bei der Beförderung von Gütern aus einem neutralen Lande nach einem der kriegführenden Länder hätte ein solches Abkommen auch gar keinen verständigen Sinn, da es die Güter nur in höherem Grade gefährden würde.

Das Schiff ist am 2. August nachm. 4,30 aufgebracht worden. Die beigebrachten Konnossemente sind vom 31. Juli oder 1. August datiert, sodaß es ausgeschlossen erscheint, daß sie an die Empfänger noch vor der Zerstörung des Schiffes begeben sein sollten. Aber der größte Teil der Reklamationen erweist sich dessen ungeachtet als unbegründet.

Dies gilt zunächst von den Ansprüchen der Reklamanten unter Nr. 12, 16, 18, 19, 27, 31, 33 und 43, weil nach ihren Namen und dem Sitz ihrer Niederlassung anzunehmen ist, daß sie finnische oder russische, also feindliche Staatsangehörige sind. Es wäre, wenn es damit anders liegen sollte, Sache der Reklamanten gewesen, den Nachweis zu führen, daß sie Neutrale sind, und wie und wann sie das Eigentum an den reklamierten Gütern erlangt haben.

Die Reklamanten unter Nr. 13 und 34 haben in erster Instanz überhaupt keine Nachweise beigebracht, der Reklamant unter Nr. 26 nur eine Faktura. In zweiter Instanz hat der Reklamant 13 ein Schriftstück vorgelegt, das ein Konnossement sein könnte, aber auch das nur in einer unbeglaubigten Abschrift. Da hier somit dahinsteht, wann das Konnossement gezeichnet worden ist, kann die Begebung desselben sehr wohl vor der Zerstörung des Schiffes stattgefunden haben, und es fehlt in diesen Fällen der Beweis, daß die Güter noch neutral gewesen sind, als sie zerstört wurden.

Bei der Reklamation der A. B. Nordiska Kompaniet (Nr. 14) ist an Beweisurkunden nur das Konnossement in zwei verschieden indossierten Exemplaren und in zweiter Instanz eine ganz formlose eigne Erklärung über die Bestimmung der reklamierten Güter vorgelegt. Die Güter existieren nicht mehr, und was ihren eintretenden Falles zu ersetzenden Wert angeht, so sind Fakturen nicht vorgelegt. Auch fehlt es an jeder näheren Bezeichnung. Nur die Behauptung des Reklamanten selbst liegt vor, daß der Wert 1820,10 Kr. gewesen sei. Die Reklamation mußte danach an der mangelhaften tatsächlichen Begründung scheitern.

Ebenso verhält es sich mit der Reklamation von Wilhelm Hansen, Kopenhagen (Nr. 28).

Unter Nr. 17 und 35 reklamieren zwei Versicherungsgesellschaften wegen Waren, die bei ihnen versichert gewesen seien. Als Beweismaterial sind nur je ein Konnossement vorgelegt. Policen liegen nicht vor. Es wird behauptet, daß die Rechte des Versicherungsnehmers auf die reklamierende Gesellschaft übergegangen seien. Aber weder die Persönlichkeit des Versicherungsnehmers noch die des Eigentümers der Waren wird namhaft gemacht, sodaß es schon der Behauptung, daß die Ware neutral gewesen sei, an jeder tatsächlichen Grundlage fehlt.

Andere Reklamationen sind unbegründet, weil damit Schadensersatz für Güter verlangt wird, die der Einziehung unterlagen. So wegen absoluter Konterbande:

Rekl. Nr. 15: Baumwollsamt (Ziff. 21 Nr. 25 Pr. O.). Mit der Konterbande zugleich unterliegt der Seidenstoff desselben Abladers nach Ziff. 42 Abs. 1 b Pr. O. der Einziehung.

„ „ 25: Teer (Ziff. 21 Nr. 3 Pr. O.).

„ „ 30: Lederriemen (Ziff. 21 Nr. 33 Pr. O.) und mit dem Leder nach Ziff. 42 Abs. 1 b der Rest der ganzen Abladung.

„ „ 36: Eisen. Nach der nunmehr vorgelegten Rechnung handelt es sich um prima Walzeisen in Stangen, das unter den Begriff von Schiffsbaustahl (Ziff. 21 Nr. 14 Pr. O.) fällt; ferner um Pferdestriegel (Ziff. 23 Nr. 8 Pr. O.); Schienennägel (Ziff. 23 Nr. 5 Pr. O.); nach Ziff. 42 Abs. 1 b unterlag ebenfalls der Einziehung die Farbe desselben Abladers.

„ „ 37: Eine Abladung von 23 790 kg Eisen, angeblich prima Lancashire Walzeisen, von dem das zur Reklamation 36 Gesagte gilt.

Wegen relativer Konterbande unterlagen der Einziehung die Güter bei:

Rekl. Nr. 20: Arrak (Ziff. 23 Nr. 1 Pr. O.). Die in der zweiten Instanz in Form einer einfachen Bescheinigung beigebrachte Erklärung des Käufers der Ware, daß diese zur Herstellung von Punsch dienen sollte und für keinen militärischen Zweck bestimmt gewesen sei, erscheint schon inhaltlich zu unbestimmt, als daß sie zur Widerlegung der gesetzlichen Vermutung dienen könnte.

Rekl. Nr. 27: Saft (Ziff. 23 Nr. 1 Pr. O.). Eine Widerlegung der gesetzlichen Vermutung ist hier gar nicht versucht worden.

Auch die Abladung des Reklamanten Holger Petersen A. B. (Nr. 32) bestand zum größten Teil aus Gegenständen (Handschuhen), die sich als relative Konterbande erweisen (Ziff. 23 Nr. 3 Pr. O.). Ein genügender Nachweis ihrer friedlichen Bestimmung ist durch die uneidliche Versicherung des Käufers nicht erbracht.

D. Rotenberg in Scheveningen reklamiert wegen einer in einem Einschreibebrief angeblich enthaltenen Sendung Diamanten (Reklamation Nr. 44). Die Post ist mit dem Dampfer verloren gegangen. Das Prisengericht hat eine Entschädigung versagt, weil die mit einem Schiff beförderte Post nicht zur Ladung im Sinne der Prisenordnung gehöre, ferner weil die Besatzung die Post beim Verlassen des Dampfers entgegen ausdrücklichem Befehl des Kommandanten zurückgelassen und somit deren Vernichtung verschuldet habe, und weil es schließlich auch zweifelhaft sei, ob der Reklamant die neutrale Eigenschaft der Steine genügend dargetan habe. Die Entscheidung ist aufrecht zu erhalten, wenn auch der Begründung nicht überall beizupflichten ist. Namentlich ist nicht zu ersehen, weshalb die mit der Post, gleichviel in welcher Art der Verpackung, zur Beförderung gebrachten Güter nicht zur Ladung im Sinne der Prisenordnung gehören sollten. Gerade vom Standpunkt der Prisenordnung aus, die u. a. Effekten, begebbare Handelspapiere, Schecks, Tratten usw., also Gegenstände, bei denen die Versendung durch die Post die weitaus überwiegende Regel bildet, für absolute Konterbande erklärt und es für erforderlich hält, in Ziff. 7 die Briefpostsendungen ausdrücklich für unverletzlich zu erklären, um sie damit von dem allgemeinen Prisenrecht auszunehmen, erscheint vielmehr die gegenteilige Auffassung geboten. Es kommt aber hierauf wie auf die weiteren Gründe des ersten Richters nicht an, weil das vorgelegte Beweismaterial nicht genügt, um darzutun, daß in dem mitvernichteten Brief sich Diamanten in dem angegebenen Werte befunden haben. An objektiven Beweismitteln liegt nur der Posteinlieferungszettel vor, der weiter nichts beweist, als daß ein eingeschriebener Brief an die angegebene Adresse mit dem zerstörten Schiff befördert worden ist. Weder der Inhalt des Briefes noch der Wert waren deklariert. Über die Persönlichkeiten, zwischen denen der Handel mit den Diamanten von Scheveningen aus über Kopenhagen nach Moskau geschlossen sein soll, über die Herkunft der Steine, die Eigentumsverhältnisse an ihnen, den Anlaß des gegenwärtigen Kaufhandels ist gar nichts mitgeteilt. Das Gericht steht vor einem unaufgeklärten Sachverhalt und vermißt den erforderlichen Nachweis, daß in dem Briefe Diamanten gewesen sind oder, wenn es der Fall gewesen sein sollte, welcher Art sie und wieviel sie wert waren.

Unter Nr. 38 reklamiert die Statens Krigsförsäkringskommission in Stockholm eine Anzahl verschiedener Güter, die eine Sammelladung der Spediteure A. B. Nyman & Schulz gewesen sind und für welche diese laut einer vorgelegten Police bei der Reklamantin Versicherung genommen hatten. Für einen Teil der Güter sind irgendwelche Nachweise über Eigentümer, Empfänger und Art der Ware überhaupt nicht vorgelegt. Es sind dies (nach dem Verzeichnis Bl. 86[1]): 2. Maschinenfilz, 5. 5 Kisten Klobensägen, 6. 17 Bund Stahl, 9. 1 Kiste Schmiedearbeit, 12. 97 Bund Stahl, 13. 4 Kisten Kreissägen. Insoweit waren die Ansprüche der Reklamation ohne weiteres zurückzuweisen. Ein anderer Teil der Güter ist Konterbande, und zwar absolute Konterbande, nämlich die Posten: 4. elektrische Motore (Ziff. 21 Nr. 19 Pr. O.), 7. Drahtseil (Ziff. 21 Nr. 12 Pr. O.), 11. 2 Kisten elektrische Maschinen, nämlich Motore (Ziff. 21 Nr. 19 Pr. O.). Die nach Ziff. 30 a Pr. O. eintretende Vermutung gestattet keinen Gegenbeweis und kann daher durch die beigebrachten Erklärungen, selbst wenn ihnen voller Glaube zu schenken wäre, nicht widerlegt werden. Relative Konterbande ist Posten 3, Kunstlederpappe, die nach der beigebrachten Erklärung zur Herstellung von Schuhwerk bestimmt war (Ziff. 23 Nr. 3 Pr. O.). Durch die uneidliche formlose

Erklärung der Käuferin kann die nach Ziff. 33 Abs. 1 b Pr. O. begründete Vermutung der Bestimmung für die feindliche Streitmacht nicht widerlegt werden.

Freiware waren aus Rekl. 38 nur die Posten 1. Notengestelle, 8. 2 Kisten Maschinengut, nach jetzt beigebrachter Erklärung eine Bandsäge, und 10. Armaturen d. h. nach der vorliegenden Erklärung Schieberventile für Wohnungs-Heizungsanlagen. Indessen ist Ersatz nur für die Notengestelle zu leisten, weil nur bei ihnen der Wert durch Vorlegung der Faktura nachgewiesen ist, und zwar, da es sich nicht um 300, sondern nur um 200 Stück gehandelt hat, mit 420 Kr. Insoweit war mithin der Berufung stattzugeben.

Das Gleiche gilt hinsichtlich der nachstehenden Reklamationen, mit denen Ersatz für Ware beansprucht wird, die als Freigüter nicht der Einziehung unterlagen, und hinsichtlich deren das Eigentum der neutralen Reklamanten sowie der Fakturawert als festgestellt zu betrachten ist:

Rekl. 21. Danske Genforsikrings A. S. Emaillegeschirr, das nicht ohne weiteres als Lagergerät angesprochen werden kann. Fakturawert 26 426,57 Kr.

Rekl. 24. Albert Davidsohn. 2 Kisten Leisten (Schuhleisten), die nicht unter den Begriff Hölzer jeder Art, roh oder bearbeitet, fallen. Es sind fertige Fabrikate. Wert 935 Kr.

Rekl. 39. Statens Krigsförsikringskommission. Eine Säge- und Kurbelachse. Wert 523,31 Kr.

Rekl. 40 und 41. Dieselbe Reklamantin. Hefeseparatoren. Wert 7498,45 Kr.

Wegen der Reklamation der Reederei des Schiffes (Nr. 42) muß es nach dem Vorstehenden bei der Entscheidung des Prisengerichts verbleiben. Nach der Aufstellung des Dispacheurs hat die Konterbande 76 857 kg mehr gewogen als die Nichtkonterbande. Von den Gütern, über welche noch nicht entschieden ist, hat der Dispacheur nur diejenigen des Reklamanten 23 mit 48 kg in die Bannware eingestellt. Die Güter der Reklamanten Nr. 21, 24, 40, 41, über die hier abweichend von der ersten Instanz entschieden wird, hatte bereits der Dispacheur als freie Ware gerechnet. Dagegen hatte er die Abladungen der Reklamanten 4, 4 a (identisch mit 16) und 39 mit 10 076, 15 373, 245 kg unter die Bannware gereiht, während ihre Eigenschaft als solche nicht außer Zweifel steht. Hierüber braucht indessen nicht entschieden zu werden, denn das Gesamtgewicht dieser Abladungen beträgt nur 25 742 kg, während in der Dispache das Übergewicht der Bannware 76 857 kg, also mehr als das Doppelte dieses Gewichts ausmacht.

Die Reklamanten unter Nr. 21 und 24 dringen mit ihren Ansprüchen völlig oder doch im wesentlichen durch und können daher zur Tragung der Gerichtskosten in erster und zweiter Instanz nicht herangezogen werden. Ersatz ihrer Auslagen haben sie nicht zu beanspruchen, weil die Aufbringung und Zerstörung des Schiffes eine rechtmäßige Kriegshandlung gewesen ist. Die Reklamantin unter 38 bis 41 dringt nur mit einem verhältnismäßig kleinen Bruchteil ihres Anspruchs durch. Sie ist daher mit den übrigen Berufungsklägern in die Kosten wie der ersten so auch der zweiten Instanz zu verurteilen.

86.

„Lupus.“

Urteil vom 12. Oktober 1917.

Orderkonnossement im Sinne der Prisenordnung. Benennung des Netherlands Oversea Trust als Empfänger. Vertretung von Ladungsbeteiligten durch den Schiffer im prisengerichtlichen Verfahren.

Ziff. 30 Abs. 2b der Prisenordnung in der Fassung vom 22. Juli 1916 (Reichs-Gesetzbl. S. 773).

In der Prisensache, betreffend den norwegischen Dampfer „Lupus“, Heimatshafen Bergen, hat das Kaiserliche Oberprisengericht in Berlin in der Sitzung vom 12. Oktober 1917 für Recht erkannt:

Die Berufungen gegen das Urteil des Prisengerichts in Hamburg vom 27. April 1917 werden zurückgewiesen. Die

Kosten des Berufungsverfahrens fallen den Berufungsklägern zur Last.

Gründe.

Am 31. Dezember 1916 wurde der norwegische Dampfer „Lupus", mit 300 Tonnen Pyrit und 69 Kisten Fischkonserven auf der Reise von Oierhaven bei Hardanger nach Rotterdam, von einem deutschen Kriegsschiff auf- und nach Hamburg eingebracht.

Die Konnossemente über das Pyrit lauteten auf: The Netherlands Oversea Trust Company, Amsterdam oder deren Order und bezeichneten als Ablader die Varalsø Kisgruber. Das Konnossement über die Fischkonserven trug den Vermerk: for transhipment to Paramaribo und lautete auf het Vrachtbureau V. D. Kon. West. Ind. Maildienst, Amsterdam c/o Netherlands Oversea Trust Company oder Order.

Auf die Bekanntmachung des Prisengerichts in Hamburg haben wegen des Schiffes und der Ladung die Reederei Det Bergenske Dampskibsselskabet in Bergen und der Kapitän Lund, wegen des Pyrits die A. G. Maatschappij voor Zwavelzuurbereiding voorheen C. T. Ketjen & Co. in Amsterdam reklamiert. Eine weitere in erster Instanz erhobene Reklamation interessiert nicht mehr, nachdem der Reklamant die gegen die prisengerichtliche Entscheidung eingelegte Berufung zurückgenommen hat.

Es wird behauptet, es habe sich bei dem Pyrit um die Monatssendung eines größeren Abschlusses gehandelt, für die der Preis durch Überweisung des Betrags nach Bergen bezahlt worden sei.

Entsprechend dem Antrage des Kaiserlichen Kommissars hat das Prisengericht erkannt, daß Schiff und Ladung der Einziehung unterliegen, und hat die Reklamationen zurückgewiesen.

Die von den genannten Reklamanten eingelegten Berufungen sind nicht begründet.

Das Schicksal des Schiffes hängt von der Entscheidung über das Pyrit ab. Pyrit ist absolute Konterbande nach Ziff. 21 Nr. 34 Pr. O. Die gesetzliche Vermutung, daß seine Bestimmung das feindliche Gebiet gewesen ist, besteht nach Ziff. 30 Abs. 2 b, weil, wie der Vorderrichter mit Recht angenommen hat, die Sendung an Order gerichtet war. Die Reklamanten bestreiten das. Sie wollen die gesetzliche Bestimmung auf Konnossemente einschränken, welche **nur** an Order lauten, einen Empfänger überhaupt nicht namentlich bezeichnen, also auf Konnossemente an die Order des **Abladers**. Sie haben sich dafür in erster Instanz auf den § 644 des deutschen Handelsgesetzbuchs berufen. Aber gerade die Ausdrucksweise unseres Gesetzes — wenn sie überhaupt hier in Betracht kommen könnte — spricht deutlich gegen diese Auffassung. Es kennt als Gegensatz zum Orderkonnossement nur das Rektapapier. Vom Konnossement an die Order des Abladers wird gesagt, daß es „lediglich" an Order lautet. Auch ist außer Zweifel, daß die Vorschriften der §§ 648 und 659 HGB. zugleich von Konnossementen an die Order eines namentlich bezeichneten Empfängers gelten, und doch spricht das Gesetzbuch hier schlechthin von Konnossementen, die „an Order lauten".

Es liegt auch kein Grund vor, den Ausdruck in der Prisenordnung anders zu verstehen, als er lautet. Daß Rektakonnossemente im überseeischen Verkehr die Ausnahme bilden, mag richtig sein. Aber daraus folgt nichts für die Auslegung des Gesetzes. Die Bestimmung ist in Erwiderung auf die entsprechende Verschärfung des englischen Prisenrechts erlassen worden, und auch in England wird das Konnossement durch die Beifügung der Orderklausel zu einem negotiabelen Papier. Gerade in dieser Eigenschaft ist aber der innere Grund der prisenrechtlichen Vermutung zu erblicken. Denn ein Konnossement, das geeignet und bestimmt ist, von Hand zu Hand zu gehen, läßt es schon nach seinem Inhalt ungewiß, ob der darin zunächst genannte Empfänger derjenige sein wird, der beim Ende des Transports die Ware zu empfangen hat. Diese Ungewißheit ist es aber, die auch in anderen Fällen für die Rechtsvermutung des Prisenrechts ausschlaggebend ist. Es verhält sich daher bei den hier in Frage stehenden Konnossementen nicht wesentlich anders als bei den reinen Orderkonnossementen. In beiden Fällen wollte man die zugleich leichteste und sichere Form der Übereignung der Ware treffen und nur diejenigen Fälle unberührt lassen, in denen als Empfänger lediglich bestimmte Personen kenntlich gemacht sind.

Dem ersten Richter ist auch hinsichtlich des zweiten Grundes, der er für die Begründung der gesetzlichen Vermutung anführt, beizutreten, nämlich darin, daß der in dem vorliegenden Konnossement genannte Empfänger als der wirkliche Empfänger, wie die Prisenordnung es meint, nicht anzusehen ist, daß also der Empfänger aus den Schiffspapieren nicht zu ersehen war. Der N. O. T. betreibt, wie bekannt ist, weder mit Pyrit noch überhaupt einen Eigenhandel. Er steht der Ware und jeglichem Interesse an ihr ebenso fern, wie ein Spediteur, und wenn die Adressierung an einen solchen den Empfänger im Sinne der Ziff. 30 Abs. 2 b und Ziff. 33 Abs. 1 b Pr. O. nicht ersichtlich macht, so muß das in gleichem Maße von dem N. O. T. gelten, durch dessen Hände die Konnossemente nur gehen, damit er die Ware und ihren Verbleib kontrollieren kann.

Es besteht sonach die gesetzliche Vermutung nach Ziff. 30 Pr. O., und danach ist anzunehmen, daß das Pyrit nach einem feindlichen Gebiet oder zu einer feindlichen Streitmacht gelangt sein würde, sofern die Umstände dem nicht widersprechen. Umstände dieser Art liegen nicht vor. Mit Unrecht meinen die Reklamanten, einen solchen darin finden zu können, daß die Sendung an den N. O. T. gerichtet war, der durch seine hervorragende Stellung und durch die in höchster Achtung stehenden Persönlichkeiten, die ihn leiten, Gewähr dafür biete, daß die Ware in Holland verblieben wäre. Das ist keineswegs der Fall. Es kommt dabei gar nicht darauf an, welchen Einflüssen die Leitung des N. O. T. und ob sie überhaupt fremden Einflüssen unterliegt. Schon der Vertrag, den die holländischen Importeure mit dem N. O. T. eingehen, genügt, um zu erkennen, daß nicht nur der Weiterbeförderung eingeführter Waren nach England nicht das geringste Hindernis entgegensteht, sondern daß die Empfänger — und offenbar auch der N. O. T. — sich so die Hände gebunden haben, daß sie einem Verlangen Englands, Waren, die in holländische Häfen eingeführt sind, nach England auszuliefern, um sie dort einer prisenrechtlichen Entscheidung zu unterwerfen, unter allen Umständen Folge leisten müssen. Man braucht nicht erst den Vereinbarungen nachzugehen, die zwischen dem N. O. T. und der Englischen Regierung geschlossen sein mögen. Der erwähnte Importeurkontrakt liegt vor, unter welchem auch im vorliegenden Falle die Abladung Pyrit nach Holland befördert wurde. Dort heißt es im § 9 Abs. 2:

Der Importeur ermächtigt den N. O. T. hiermit, in niederländische Häfen eingeführte Waren nach einem Hafen im kriegführenden Lande zurückzubringen, falls dies von diesem kriegführenden Lande nach Untersuchung der Schiffspapiere verlangt wird.

Wenn hier der N. O. T. sich eine so weitgehende Ermächtigung ausbedingt, so ist klar, daß er das nicht zu dem Endzweck tut, seinen Machtbereich und seinen Einfluß auf die Güterbewegung zu erweitern, daß er damit vielmehr nur — gleichviel ob mit innerem Widerstreben — dem ausländischen Staat eine Handhabe schafft, mit der dieser seine Macht über den holländischen Import zur Geltung bringen kann.

Liegen mithin die Dinge so, daß auch im gegenwärtigen Falle der Empfänger des Pyrits sich verpflichtet hatte, zu gestatten, daß die Ware auf Verlangen der englischen Behörden an England herausgegeben werde, so ist die Adressierung an den N. O. T. nicht im Geringsten ein Umstand, der der gesetzlichen Vermutung widerspricht. Sonstige besondere Umstände, die in diesem speziellen Falle eine Gewähr im entgegengesetzten Sinne hätten bieten können, liegen nicht vor. Pyrit findet Verwendung bei der Fabrikation von Schwefelsäure, und nach dem beigebrachten Beweismaterial erscheint nachgewiesen, daß die Abladung für die Reklamantin bestimmt war, die eine Schwefelsäurefabrik betreibt. Es läßt sich annehmen, daß die Empfängerin, wenn sie in den Besitz des Rohstoffes gelangt wäre, ihn in ihrer Fabrik verarbeitet haben würde. Unter diesen Umständen mag es sein, daß die englischen Behörden keinen Anlaß gehabt hätten, zu argwöhnen, daß der Rohstoff selbst einen anderen Weg nehmen könnte, und daß sie aus diesem Grunde die Auslieferung des Pyrits nicht verlangt haben würden. Aber es kommt nicht bloß auf den Rohstoff an. Von seiten Englands wird nicht nur in Betracht gezogen, wohin der Rohstoff bestimmt ist, sondern auch, was mit dem aus ihm herzustellenden Fabrikate geschehen wird oder kann (vergl. Prize Cases II S. 798, The Balto), und es liegt gar nichts dafür vor, daß die englischen Behörden die Ausfuhr der aus dem Pyrit herzustellenden Schwefelsäure nach Deutschland nicht für möglich oder wahrscheinlich angesehen und aus diesem Grunde die Auslieferung des Pyrits verlangt haben würden.

Die gesetzliche Vermutung der feindlichen Bestimmung ist daher durch die Umstände des Falles nicht widerlegt, woraus sich ergibt, daß der erste Richter mit Recht auf die Einziehung des Pyrits und zugleich des Schiffes erkannt hat.

Wegen der Fischkonserven haben die Ladungsbeteiligten selbst nicht reklamiert. Nur die Reederei und der Schiffer haben ihre Reklamation auch auf die Ladung im ganzen erstreckt. Die Reederei ist hierzu nicht legitimiert. Der Schiffer ist zwar an und für sich sowohl nach deutschem wie nach norwegischem Rechte berufen und legitimiert, auch wegen der Ladung vor dem Prisengericht aufzutreten. Indessen kann er das immer nur in Vertretung des einzelnen Ladungseigentümers tun, und es wäre daher seine Sache gewesen, nicht nur zu erklären, daß er als Stellvertreter handle, sondern auch zu sagen, wen er vertritt, was um so unerläßlicher war, als die Frage, ob gegebenenfalls ein Anspruch gegen das Reich begründet sein würde, auch davon abhängt, ob der von dem Schiffer vertretene Interessent der Eigentümer der Ware gewesen ist. Schon aus diesem Grunde ergibt sich, daß auch die Reklamation des Schiffers mit Recht zurückgewiesen worden ist.

87.

„Eskimo.“

Urteil vom 12. Oktober 1917.

Vermutung feindlichen Eigentums hinsichtlich der Ladung eines feindlichen Schiffes. Übergang des Eigentums auf einen feindlichen Staatsangehörigen durch Begebung der Konnossemente nach der prisenrechtlichen Beschlagnahme.

Ziff. 20a der Prisenordnung.

In der Prisensache, betreffend den englischen Dampfer „Eskimo“, Heimatshafen Hull, hat das Kaiserliche Oberprisengericht in Berlin in der Sitzung vom 12. Oktober 1917 für Recht erkannt:

Auf die Berufung der Amotfors Pappersbruks A. B. in Wermland wird das Urteil des Prisengerichts in Kiel vom 14. März 1917 dahin geändert, daß die für Evans und Adlard in Birmingham bestimmten 6 und 38 Ballen Papier freigegeben werden. Die durch die Reklamation der bezeichneten Gesellschaft entstandenen gerichtlichen Kosten beider Instanzen haben das Reich zu $^2/_3$, die Reklamantin zu $^1/_3$ zu tragen. Im übrigen werden die Berufungen auf Kosten der Berufungskläger zurückgewiesen.

Gründe.

Am 26. Juli 1916 wurde der englische Dampfer „Eskimo", mit Passagieren und Stückgütern auf der Reise von Kristiania nach Hull, von deutschen Seestreitkräften aufgebracht und nach Swinemünde eingebracht.

Auf die Bekanntmachung des Kaiserlichen Prisengerichts in Kiel haben die Reederei Thos. Wilson Sons & Co. in Hull wegen des Schiffes sowie 13 Ladungsbeteiligte, die in dem der angefochtenen Entscheidung beigefügten Verzeichnis aufgeführt sind, wegen der dort bezeichneten Güter Ansprüche erhoben. Sie reklamieren ihre Abladungen, die sie an englische Firmen verkauft hatten, als neutrale Güter, da das Eigentum an ihnen auf die Käufer nicht übergegangen sei. Zum Nachweis dessen haben sie die auf die Güter bezüglichen Konnossemente teils nur in einem teils in mehreren Exemplaren vorgelegt, welche durchweg an benannte Empfänger oder deren Order ausgestellt sind, ferner Policen, Fakturen und Schlußnoten sowie eidesstattliche und eidliche Erklärungen der Reklamanten selbst oder der Käufer, in denen versichert wird, daß die Güter nicht zum Verkauf an die englische Streitmacht oder an die Englische Regierung bestimmt waren, oder daß nur beabsichtigt gewesen sei, sie an Privatkunden zu verkaufen. Von einem Teile der Reklamanten sind Zessionsurkunden vorgelegt, in welchen die englischen Käufer oder die Versicherer ihre Ansprüche wegen der beschlagnahmten Güter auf den Verkäufer und Reklamanten übertragen. Die Reklamationen Nr. 8 und 10 des erwähnten Verzeichnisses sind zurückgenommen worden.

Das Prisengericht hat auf Einziehung des Schiffes und der gesamten Ladung mit Ausnahme einer von dem Reklamanten unter Nr. 9 in Anspruch genommenen Kiste mit Indikatoren erkannt und die Reklamationen dementsprechend zurückgewiesen.

Die Reklamanten unter Nr. 2 bis 7, 11 bis 14 haben in der vorgeschriebenen Form und Frist Berufung eingelegt.

Die Berufungen sind mit einer Ausnahme nicht begründet.

Es handelt sich um ein feindliches Schiff, und gegenüber der Ladung besteht daher die Vermutung, daß sie feindliches Eigentum ist. Der § 20 a Pr. O. ist eine der Bestimmungen, durch welche die Prisenordnung das materielle Prisenrecht der Londoner Deklaration (Art. 59) in der Form einer an den Schiffskommandanten gerichteten Anweisung übernommen und eingeführt hat.

Diese gesetzliche Vermutung ist nicht schon durch den Beweis widerlegt, daß die Güter neutrales Eigentum waren, als sie zur Abladung kamen. Hierin ist den Ausführungen des ersten Richters nur zuzustimmen. Durchweg waren die Güter abgesandt, um den englischen Käufern übereignet zu werden, und da über sämtliche Abladungen Konnossemente ausgestellt waren, stand nichts im Wege, war vielmehr unmittelbar im Werke, durch Begebung der Konnossemente die Übereignung zu vollziehen, als die Reise angetreten wurde. Bei dieser Sachlage würde, selbst wenn die gesetzliche Vermutung nicht bestünde, der Reklamant, der die neutrale Eigenschaft der Güter als die Grundlage seines Anspruchs zu beweisen hat, den Nachweis zu erbringen haben, daß diese so eingeleitete Übereignung nicht zur Vollendung gekommen ist. Es unterliegt keinem Zweifel, daß auch nach norwegischem Recht durch Begebung des Konnossements das Eigentum an den Gütern übertragen werden kann. Es kommt hierauf aber nicht an, denn die Güter waren nach England bestimmt, und dort sollten die Dokumente auch eingelöst werden. Die Frage, ob durch den letzteren Vorgang Eigentum wie an dem Papier so an der Ladung übergeht, ist daher nach englischem Recht als dem Rechte der belegenen Sache zu entscheiden, und daß nach englischem Recht dem Konnossement die Traditionsfunktion bezüglich des Eigentums an den Gütern beiwohnt, bestreiten auch die Reklamanten nicht. Es hat auch nichts im Wege gestanden, daß diese Übertragung des Eigentums durch Begebung des Konnossements noch stattgefunden hat, nachdem das Schiff aufgebracht war. Im deutschen Recht ist es streitig, ob die dingliche Wirkung der Konnossementsbegebung davon abhängt, daß der Schiffer die Güter noch im Besitz hat. Das englische Recht macht sie nicht davon abhängig. Die englische Rechtsprechung nimmt sogar an, daß das Eigentum an den Gütern durch Begebung des Konnossements auch dann übergeht, wenn die Güter selbst vom Schiffer an einen nicht legitimierten Empfänger ausgeliefert waren. Es kommt hierauf aber nicht an, weil im vorliegenden Falle der Schiffer den Besitz an der Ladung nicht dadurch verloren hatte, daß diese mit Beschlag belegt waren. Es genügt in dieser Beziehung auf die zutreffenden Ausführungen des ersten Richters zu verweisen.

Wenn ferner die Reklamanten den Standpunkt vertreten, daß im Prisenrecht ein Übergang des Eigentums nicht berücksichtigt werden dürfe, der erst nach der Beschlagnahme erfolgt sei, so würde, selbst wenn es richtig wäre, damit doch daran nichts geändert werden, daß mit der vollendeten Übereignung der neutrale Eigentümer aufhört, aktiv legitimiert zu sein. Denn davon kann im prisengerichtlichen Verfahren keine Rede sein, daß wie im bürgerlichen Prozeß der Kläger trotz Veräußerung seines Rechts während des Rechtsstreits zu dessen Vertretung vor Gericht befugt bliebe. Aber jener Standpunkt ist auch nicht richtig. Alle Güter, die auf hoher See beschlagnahmt worden sind, unterliegen der Einziehung, wenn sie in Feindes Eigentum stehen. Es ist kein Grund ersichtlich, die Entscheidung darüber, ob das der Fall ist, auf einen anderen Zeitpunkt abzustellen, als eben auf den dieser Entscheidung. Sind die Güter erst nach der Beschlagnahme feindliches Eigentum geworden, so genügt dies, um auch für die vorausgegangene Beschlagnahme die notwendige Rechtsgrundlage zu schaffen.

An Hand dieser Ausführungen ergibt sich bei den einzelnen Reklamationen das Folgende:

Unter Nr. 3 reklamieren die Böhnsdalen Mills Ltd. eine Partie Sulfit, die für die Firma Andrews & Co. in London bestimmt war. Es ist das Originalkonnossement vorgelegt, aber auch die Erklärung der Reklamantin, aus der hervorgeht, daß der

Empfänger im Besitz des Konnossements gewesen ist. Das legt geradezu die Vermutung nahe, daß Andrews & Co. durch Entgegennahme des Konnossements auch Eigentümer der Güter geworden sind, zumal die Zahlungsbedingung nicht lautet Kasse gegen Dokumente, sondern usual cash before delivery, if required.

Reklamation 1 (Chr. A. Blyhvidt) betrifft Zinkasche. Das Verkehrskonnossement ist überreicht aber erst am 4. November 1916, kann also vom Empfänger nachträglich wieder zurückgegeben sein. Da die Zahlungsbedingung nicht lautet Kasse gegen Dokumente, sondern cash after final assay, besteht keine Gewähr, daß das Papier nicht begeben worden ist.

Reklamation Nr. 5 (Mandalsgardens Hövleri) hat gehobelte Bretter, also relative Konterbande, zum Gegenstand. Die gegen die Abladung begründete gesetzliche Vermutung der kriegerischen Bestimmung zu widerlegen, hat der Reklamant überhaupt nicht versucht.

Zur Reklamation 6 (The Kellner Partington Paper Pulp Comp. Ltd., wegen Papier) ist eine Anzahl von Erklärungen über die Zweckbestimmung der Ware beigebracht, die gegenstandslos sind, weil Papier überhaupt nicht Konterbande ist. Aber es sind nur Konnossemente vorgelegt, von denen man nicht sieht, ob sie Verkehrspapiere sind. Die Möglichkeit, daß die Konnossemente begeben worden sind, ist in keiner Weise ausgeschlossen oder auch nur fernliegend. Der der Reklamantin obliegende Beweis ist also nicht erbracht.

Nicht anders liegt es im Falle der Reklamation 7 (A.-S. Jarlsberg Paper Mills), die ebenfalls Papier zum Gegenstande hat.

Bei den von der Firma Ths. B. Thrige unter Nr. 11 reklamierten elektrischen Motoren läßt sich nicht erkennen, ob das vorgelegte Konnossement nicht nur ein Duplikat ist. Die Zahlungsbedingungen des Kaufvertrags sind nicht mitgeteilt worden. Daher ist die Erklärung der Angestellten der Reklamantin, daß die Maschinen nicht bezahlt worden seien, schon inhaltlich ohne Beweiswert. Die Möglichkeit liegt nicht fern, daß die Käufer das Konnossement auch ohne Bezahlung erhalten haben und damit Eigentümer der Maschinen geworden sind.

Nicht anders liegt es bei der Reklamation unter Nr. 12 (Den Norske Hesteskosomfabrik), die obendrein relative Konterbande, nämlich Hufnägel (Ziff. 23 Nr. 7 Pr. O.), zum Gegenstande hat, ohne daß die Widerlegung der gesetzlichen Vermutung einer Bestimmung für Heereszwecke auch nur versucht wäre.

Die Reklamation unter Nr. 13 (A.-S. Greaker Cellulosefabrik) betrifft wiederum Papier. Die Zahlungsbedingung war nicht Kasse gegen Dokumente, sondern teils monthly cash, teils prompt cash, teils endlich cash on delivery. Die beigebrachten eigenen Erklärungen der Reklamantin, schon als solche von geringem Beweiswert, besagen nur, daß „die Konnossemente noch nicht ausgeliefert waren, als das Schiff aufgebracht wurde", was so klingt, als seien sie später allerdings ausgeliefert d. h. begeben worden. Jedenfalls ist diese Möglichkeit nicht ausgeschlossen.

Die Reklamation Nr. 14 (A.-S. Yoen) bezieht sich ebenfalls auf Papier, weshalb die beigebrachte Erklärung des Käufers über die Zweckbestimmung der Ware gegenstandslos ist. Die Zahlungsbedingung war nicht Kasse gegen Dokumente, sondern monthly term. Obendrein ist von den zwei Exemplaren, in denen das Konnossement ausgestellt sein soll, nur das eine vorgelegt. Die beigebrachte eigene Erklärung der Reklamantin, schon an sich ohne Beweiswert, steht, was die Zahlungsbedingungen angeht, mit der beigebrachten Kommissionskopie nicht in Einklang, besagt aber auch, abgesehen hiervon, nichts Entscheidendes.

Ebenso wie mit den anderen Papiersendungen verhält es sich mit derjenigen Partie der Abladung der Reklamation Nr. 2 (Amotfors Pappersbruks A. B.), welche für Broadbent & Sons in Birmingham bestimmt war. Auch hier ist zwar das Verkehrsexemplar des Konnossements beigebracht, aber erst am 3. November 1916. Die Reklamantin selbst erklärt und versichert, daß sie noch Eigentümerin der Ware sei, aber mit der unschlüssigen Begründung, daß Zahlung dafür noch nicht geleistet sei. Auch die Erklärungen der Käuferin und ihrer Angestellten übergehen gerade die entscheidende Frage mit Stillschweigen. Anders dagegen war wegen des für Evans & Adlard bestimmten Papiers (44 Ballen) zu entscheiden, weil hier durch Vorlegung der unverkennbar echten Kommissionskopien der Nachweis erbracht ist, daß mit der Bedingung Kasse gegen Dokumente verkauft war, sodaß es nach Lage der Sache ausgeschlossen erscheint, daß es zur Einlösung und Aushändigung des Konnossements gekommen ist. Hier kommt auch der Versicherung, daß die Ware nicht bezahlt worden sei, eine sachliche Bedeutung zu.

Somit war zu erkennen, wie geschehen.

88.

„Eemland“ und „Gaasterland“.

Beschluß vom 1. November 1917.

Versenkung neutraler Schiffe im Sperrgebiet. Unzuständigkeit der Prisengerichte zur Prüfung der Rechtmäßigkeit. Begriff der Prise.

Ziff. 112 ff. der Prisenordnung;
§§ 1, 2 der Prisengerichtsordnung.

In der Beschwerdesache der Verzekering Maatschappij Azie und der Noord-Zuid Holland'sche und Zeeuw'sche Zee- und Brandverzekering Maatschappij, beide in Amsterdam, betreffend die niederländischen Dampfer „Eemland“ und „Gaasterland“, hat das Oberprisengericht in seiner Sitzung vom 1. November 1917 beschlossen:

die gegen den Beschluß des Prisengerichts in Hamburg vom 2. September 1917 erhobene Beschwerde auf Kosten der Beschwerdeführer zurückzuweisen.

Gründe.

Nach den Angaben der Beschwerdeführer sind die niederländischen Dampfer „Eemland“ und „Gaasterland“ am 22. Februar 1917 in der Nordsee von einem deutschen U-Boot versenkt worden, weil sie sich auf der Fahrt in einem deutscherseits durch die Kundgebung vom 4. Februar 1917 als Sperrgebiet erklärten Meeresteile befanden. Von dem Admiralstab ist dem Prisengericht eine Mitteilung hierüber nicht zugegangen.

Dagegen haben die im Eingang bezeichneten beiden Versicherungsgesellschaften als Versicherer des Schiffseigentümers Holländischer Lloyd bei dem Prisengericht eine Entscheidung über die Rechtmäßigkeit der Vernichtung der Schiffe beantragt. Diesen Antrag hat das Prisengericht mit der Begründung abgelehnt, daß die Prisengerichte sich nur mit solchen Sachen zu befassen hätten, die ihnen vom Admiralstab überwiesen seien.

Hiergegen richtet sich die Beschwerde. Zur Begründung wird geltend gemacht, daß weder die Prisengerichtsordnung noch die Prisenordnung eine Bestimmung enthielten, wonach die Einleitung des prisengerichtlichen Verfahrens davon abhängig sei, daß die Sache dem Prisengericht von dem Admiralstab überwiesen werde. In Ermangelung einer solchen Überweisung sei es Sache des Prisengerichts, das nötige Material von dem Admiralstab einzufordern. Ziff. 1 Abs. 3 der Prisenordnung übertrage den Prisengerichten ganz allgemein die Entscheidung über die Rechtmäßigkeit der Vernichtung neutraler Kauffahrteischiffe, und dies müsse auch für die Versenkung von Schiffen gelten, die im Sperrgebiet vorgenommen wird.

Der Beschwerde kann keine Folge gegeben werden. Sie erweist sich als unbegründet sowohl aus dem von dem Prisengericht angeführten Grunde als um deswillen, weil auch sachlich die Prisengerichte in Fällen wie dem vorliegenden nicht zur Entscheidung zuständig sind.

Nach der Konstruktion, die das Prisengerichtsverfahren in der Prisengerichtsordnung erfahren hat, ist die Abgabe der eingebrachten Prise an das Prisenamt oder, wenn die Aufbringung nicht zur Einbringung der Prise geführt hat, die durch den Admiralstab veranlaßte Übergabe des Prisenberichts oder der seine Stelle vertretenden Mitteilungen an das Prisengericht die notwendige Grundlage und Voraussetzung für die Einleitung des Verfahrens. Mitteilungen oder Behauptungen von Privatbeteiligten genügen dazu nicht, können insbesondere nicht die im § 26 Pr. GO. vorgeschriebene öffentliche Aufforderung zur Geltendmachung von Ansprüchen veranlassen, die dann ihrerseits wieder die Grundlage für das weitere Verfahren bildet. Das bedeutet selbstverständlich nicht, daß die Einleitung des prisengerichtlichen Verfahrens dem reinen Belieben der Marinestellen überlassen wäre. Diese sind vielmehr verpflichtet, jede Prisensache, die nicht in anderer Weise ihre Erledigung findet, zur Entscheidung der Prisengerichte zu bringen, wie dies denn im gegenwärtigen Kriege auch ausnahmslos geschehen ist. In nicht wenigen Fällen sind sogar Sachen den Prisengerichten vorgelegt worden, in denen diese ihre sachliche Zuständigkeit verneinen mußten.

In dem letzteren Sinne hätte auch im vorliegenden Falle entschieden werden müssen, wenn die Sache dem Prisengericht vorgelegt worden wäre. Die sachliche Zuständigkeit der Prisengerichte wird nicht durch völkerrechtliche Normen, sondern nur durch das nationale Recht bestimmt. Ihr Umfang ist denn auch in den einzelnen Ländern sehr verschieden geregelt. Für die Zuständigkeit der deutschen Prisengerichte ist ausschließlich die deutsche Prisengerichtsordnung in Verbindung mit der Prisenordnung maßgebend. Nach § 1 Pr. GO. ist Gegenstand der Prisengerichtsbarkeit die Entscheidung über die Rechtmäßigkeit der in einem Kriege gemachten Prisen; und Prisen im Sinne der Prisengerichtsordnung sind nach § 2 feindliche oder neutrale Kauffahrteischiffe sowie auf solchen Schiffen befindliche feindliche oder neutrale Güter, sofern sie in Ausübung des Prisenrechts in Beschlag genommen werden. Was als Prisenrecht anzusehen ist, ergibt sich aus der Prisenordnung. Diese enthält aber Bestimmungen über die Vernichtung von Kauffahrteischiffen nur, soweit sie nach Beschlagnahme (Aufbringung) des Schiffes und aus dem Grunde erfolgt, daß das Schiff ein feindliches oder einem solchen gleichzuachten ist, oder daß es Konterbande befördert, eine Blockade bricht oder sich einer neutralitätswidrigen Unterstützung schuldig macht. Erfolgt die Vernichtung eines Kauffahrteischiffes aus einem anderen Grunde, und ohne daß das Schiff als Prise beschlagnahmt ist, so kann die Vernichtung sich zwar als eine Kriegsmaßregel darstellen; sie ist dann aber nicht als ein prisenrechtlicher Akt anzusehen, und über ihre Rechtmäßigkeit haben die Prisengerichte nicht zu befinden.

Von diesen Grundsätzen ist das Oberprisengericht schon in seinem Urteil vom 27. April 1917 in der Sache des niederländischen Fischdampfers „Geertruida“ [1]) ausgegangen. Dort

[1]) Nr. 71 S. 302.

war das Schiff von einem deutschen U-Boot zerstört worden, weil der Kommandant und die Besatzung des letzteren annahmen, daß der Fischdampfer bewaffnet sei und einen durch keinerlei prisenrechtliche Maßnahmen veranlaßten Angriff gegen das U-Boot unternehme. Da lediglich die Abwehr und Niederkämpfung dieses Angriffs beabsichtigt war, hat das Oberprisengericht auch dort die Voraussetzungen eines Prisenfalles und damit die Zuständigkeit der Prisengerichte verneint.

Wenn demgegenüber die Beschwerdeführer sich darauf berufen, daß Ziff. 1 Abs. 3 Pr. O. ganz allgemein bestimme, daß die Rechtmäßigkeit der Vernichtung von neutralen Kauffahrteischiffen durch prisengerichtliches Urteil festgestellt werde, so ist diese Bezugnahme ebenfalls schon in dem vorerwähnten Urteil als fehlsam zurückgewiesen worden. Der Abs. 3 der Ziff. 1 Pr. O., der übrigens schon durch seine äußere Form erkennen läßt, daß damit nur eine Belehrung der Schiffskommandanten und nicht die Aufstellung von Rechtsätzen bezweckt ist, gewinnt seine Bedeutung nur im Zusammenhange mit dem Abs. 1, in dem hinsichtlich der Fälle, in denen feindliche oder neutrale Schiffe nach Prisenrecht vernichtet werden können, auf die weiter folgenden Bestimmungen der Prisenordnung verwiesen wird. Hierfür kommen aber nur die Ziff. 112 ff. in Betracht, in denen keine anderen als die oben bezeichneten Gründe einer solchen Maßnahme angeführt werden. Die besondere Erwähnung der Vernichtung von neutralen Schiffen und von Gütern aus ihrer Ladung erklärt sich aus den Vorschriften der Ziff. 115, 121 Pr. O. Diese machen bei neutralen Schiffen die Zulässigkeit einer im Rahmen des Prisenrechts vorgenommenen Vernichtung von besonderen Voraussetzungen abhängig, und über deren Vorhandensein haben nach § 1 Abs. 3 Pr. GO. auch die Prisengerichte besonders zu entscheiden.

Die Vernichtung eines Schiffes, die lediglich aus dem Grunde erfolgt, weil das Schiff einen deutscherseits als Sperrgebiet erklärten Meeresteil befährt, fällt somit nicht unter den Begriff einer prisenrechtlichen Handlung. Sie ist eine neben und außerhalb der Prisenordnung angeordnete kriegerische Maßnahme, über deren Rechtmäßigkeit im einzelnen Falle die Prisengerichte nicht zu entscheiden haben.

Hiernach war die Beschwerde in Übereinstimmung mit dem Antrage des Kaiserlichen Kommissars zurückzuweisen.

89.

„Reserv."

Urteil vom 2. November 1917.

Prisenrechtliche Bedeutung des Umstandes, daß eine rechtswirksam aufgebrachte Prise auf einer Reede ihres Heimatsstaates ankert.

Art. 10, 23 des dreizehnten Abkommens der zweiten Haager Konvention vom 18. Oktober 1907 (Reichs-Gesetzbl. 1910 S. 343).

In der Prisensache, betreffend den schwedischen Dampfer „Reserv", Heimatshafen Stockholm, hat das Kaiserliche Oberprisengericht in Berlin in der Sitzung vom 2. November 1917 für Recht erkannt:

Die Berufungen gegen das Urteil des Prisengerichts in Kiel vom 30. Mai 1917 werden zurückgewiesen. Die Kosten des Berufungsverfahrens sind von den Reklamanten zu tragen.

Gründe.

Der mit einer Ladung Papiermasse und Eisen auf der Fahrt von Gothenburg nach Rouen befindliche schwedische Dampfer „Reserv" wurde am 22. November 1916 wegen Verdachts des Konterbandetransports von einem deutschen Kriegsschiff angehalten und zur Untersuchung nach Swinemünde eingebracht. Dort löschte der Kapitän freiwillig folgende, demnächst beschlagnahmte Teile der Ladung:

1. 200 000 kg Eisen,
2. 672 + 956 Stücke Stahl,
3. 160 Bunde Stahl,
4. 60 000 kg Eisen.

Am 24. Dezember 1916 wurde das Schiff mit Geleitschein wieder entlassen.

Reklamation wurde erhoben von der Rederiaktiebolaget Nordstjern in Stockholm auf Entschädigung für Zeitverlust, Kohlen und sonstige Unkosten und von der Firma A. Johnson & Co. in Stockholm auf Freigabe des Eisens und Schadensersatz für verlorene Fracht usw. Begründet wurden die Reklamationen damit, daß das beschlagnahmte Eisen keine Konterbande sei, denn es handele sich nicht um Hämatitroheisen. Eventuell ist geltend gemacht, daß, falls das Eisen als Konterbande anzusehen sei, das Schiff samt der Ladung von der Beschlagnahme dadurch wieder freigeworden sei, daß es bei seiner Fahrt nach dem Prisenhafen im Sund schwedische Hoheitsgewässer passiert habe, vor allem aber dadurch, daß es in der auf die Beschlagnahme folgenden Nacht auf der Reede von Malmö innerhalb der Dreiseemeilenzone geankert habe. Dieses Ankern auf der Reede sei einem Einlaufen in den Hafen gleich zu achten, weil die Hafeneinrichtungen über den Ankerplatz hinausreichten und das Schiff durch den Versuch, einen Lotsen zu erhalten, von diesen Einrichtungen auch Gebrauch gemacht habe. Tatsächlich hat das Schiff zu der angegebenen Zeit wegen schweren Nebels einige Stunden bei Malmö geankert.

Durch Urteil des Prisengerichts Kiel vom 30. Mai 1917 sind die beiden Reklamationen zurückgewiesen und die gelöschten Ladungsteile eingezogen worden. Das Prisengericht nimmt auf Grund eines von ihm eingeholten Gutachtens an, daß es sich bei den beschlagnahmten Ladungsteilen um Schiffbaustahl (Ziff. 21 Nr. 14 Pr. O.), Hämatitroheisen (Ziff. 21 Nr. 38 Pr. O.) und gebohrte Stahlstangen (Ziff. 21 Nr. 1 und 16 Pr. O.), mithin um absolute Konterbande, handele. Den zweiten Einwand der Reklamanten hält es für unbegründet, weil das bloße Durchfahren von Küstengewässern (auch des eigenen Landes) eine Prise nicht frei mache. Dasselbe gelte vom Ankern in Küstengewässern. Die Behauptung der Reklamanten, das Schiff habe im Hafen von Malmö geankert, sei unzutreffend, der Ankerplatz habe sich vielmehr im freien Fahrwasser der Flintrinne befunden.

Gegen dieses Urteil haben beide Reklamanten Berufung erhoben. Zur Begründung des Rechtsmittels haben sie ihre Ausführungen erster Instanz wiederholt und dieselben in der mündlichen Verhandlung ergänzt. Der Kaiserliche Kommissar bei dem Oberprisengericht hat um Zurückweisung der Berufungen gebeten.

Die Berufungen konnten keinen Erfolg haben. Mit Recht geht zunächst der Vorderrichter davon aus, daß die bloße Durchfahrt einer Prise durch die Küstengewässer ihres eigenen Landes die Wirkungen der Beschlagnahme nicht aufhebt, wie auch das Oberprisengericht in der Prisensache „Thorsten" [1]) bereits ausgesprochen hat. Auf diesen Punkt haben denn auch die Berufungskläger in dieser Instanz kein Gewicht mehr gelegt.

Sie bleiben aber dabei, daß die Prise durch das Ankern auf der Reede von Malmö ipso jure frei geworden sei, wobei sie davon ausgehen, daß das Ankern auf der Reede dem Einlaufen in den Hafen gleichzuachten ist. Sie berufen sich zur Begründung ihres Standpunktes auf die Verhandlungen der zweiten Haager Konferenz, insbesondere auf die vom Vorderrichter wörtlich angeführte Äußerung des Präsidenten des Comité d'Examen in der Sitzung vom 11./12. September 1907. Sie haben in erster Instanz ferner ein Gutachten des Professors Dr. Niemeyer in Kiel beigebracht, dessen Inhalt sie auch in diesem Rechtszuge für ihre Auffassung zu verwerten suchen. Dabei haben sie allerdings zugegeben, daß dieses Gutachten nicht ohne weiteres ihren Standpunkt zu begründen vermag. In der Tat kommt auch Professor Niemeyer keineswegs zu einem mit der Auffassung der Berufungskläger übereinstimmenden Resultat. Er meint vielmehr nur, der Heimatstaat könne an den Nehmestaat in einem Falle, wie der vorliegende, das Verlangen richten, daß die Prise freigegeben werde und auch dies nur, solange die Prise in den Hoheitsgewässern des Heimatstaates verweile.

Es kann dahingestellt bleiben, ob ein neutraler Staat, wenn eine Prise seiner Nationalität in einen seiner eigenen Häfen gebracht wird, allgemein oder unter gewissen Voraussetzungen befugt ist, einer solchen Prise das Auslaufen zu verwehren und ihre Befreiung zu bewirken, weil ihm nicht zugemutet werden kann, einen Akt der Kriegführung oder die Fortsetzung eines solchen Aktes gegen eigene Staatsangehörige in seinem Staatsgebiet zu dulden. Darum handelt es sich nach dem unbe-

[1]) Nr. 25 S. 103.

strittenen Tatbestand hier nicht. Für den von den Berufungsklägern behaupteten Rechtssatz aber, wonach eine rechtswirksam vollzogene Aufbringung hinterher durch das bloße Berühren eines Hafens des Heimatstaates, auch wenn die Prise ungehindert wieder ausgelaufen ist, ohne weiteres unrechtmäßig und unwirksam werden soll, mit der Wirkung, daß die Freigabe der Prise von jedem Beteiligten gefordert werden kann, fehlt es an jedem inneren Grunde. Aus der Natur der Sache folgt es in keiner Weise. Es bedürfte dazu vielmehr einer positiven Vorschrift. Durch die oben erwähnte Bemerkung des Vorsitzenden der Kommission im Haag — il est bien évident, que cette prise serait libre de plein droit — kann eine solche naturgemäß nicht ersetzt werden. Über die Beweggründe, warum der bei der Beratung gestellte Antrag, auf welchen sich jene Bemerkung bezog, nicht in das Abkommen aufgenommen worden ist, weiß man nichts. Die Annahme der Berufungskläger, der Grundsatz sei allgemein als selbstverständlich angesehen worden, ist willkürlich. Nicht das Geringste ist für die Richtigkeit dieser Auffassung beigebracht. Es liegt näher, anzunehmen, daß man sich bei weiterer Prüfung überzeugte, daß die Frage nicht ohne weiteres in solcher Weise geregelt werden könne, wobei dahingestellt bleiben kann, was der Vorsitzende mit dem Ausdruck „de plein droit" gemeint hat.

Nach alledem kommt es nicht darauf an, wo der Ankerplatz des Schiffes gewesen ist, wie die Reede von Malmö beschaffen ist, und ob das Ankern auf einer solchen Reede dem Einlaufen in einen Hafen gleichzuachten sein würde.

Es bleibt noch zu prüfen, ob der weitere Einwand der Berufungskläger, daß die beschlagnahmten Ladungsteile des „Reserv" nicht aus Konterbande bestanden haben, zutreffend ist. Dies ist zu verneinen. Nach dem in erster Instanz beigebrachten Gutachten des Marineoberbaurats Schulz, gegen das die Berufungskläger irgendwie Erhebliches nicht angeführt haben, handelt es sich bei sämtlichen Partien um absolute Konterbande gemäß Ziff. 21 Nr. 14, Ziff. 21 Nr. 38, Ziff. 21 Nr. 1 und 16 Pr. O. Der Sachverständige ist bei seiner Beurteilung dieser Ladungsgüter von Grundsätzen ausgegangen, welche das Oberprisengericht in ständiger Rechtsprechung als zutreffend anerkannt hat, und an denen festzuhalten ist.

Die Berufungen erweisen sich hiernach als unbegründet und waren daher zurückzuweisen.

Die Kostenentscheidung folgt aus § 37 Pr. GO.

90.

„Lestris."

Urteil vom 29. November 1917.

Vermutung feindlichen Eigentums hinsichtlich der Ladung eines feindlichen Schiffes. Prüfung der Eigentumsverhältnisse. Benennung des Netherlands Oversea Trust als Empfänger einer Ladung, für welche ein kriegführender Staat die Erlaubnis zur Ausfuhr in ein neutrales Land erteilt hat.

Ziff. 20 a, c, Ziff. 33 Abs. 1 b, Ziff. 35 Abs. 2 a der Prisenordnung in der Fassung vom 22. Juli 1916 (Reichs-Gesetzbl. S. 773).

In der Prisensache, betreffend den englischen Dampfer „Lestris", Heimatshafen Cork, hat das Kaiserliche Oberprisengericht in Berlin in der Sitzung vom 29. November 1917 für Recht erkannt:

Auf die Berufungen der Reklamanten M. van Dam & Zonen in Enschede, Margarinefabriek v./h. Cohen & van der Laan in Haarlem, van Gelder Zonen in Amsterdam, Herschel & Co. in Amersfort und Westerveld & Co. in London, A. G. Rademaker's Kon. Cacao und Chocolade-Fabrieken in Amsterdam und Heeneman & Kranen im Haag wird das Urteil des Prisengerichts in Hamburg vom 18. Mai 1917 dahin geändert, daß den bezeichneten Reklamanten der Wert der von ihnen mit den Reklamationen 1, 2, 8, 11, 12 und 16 beanspruchten Güter zu ersetzen ist. Zur Verhandlung und Entscheidung über die Höhe des Ersatzes wird die Sache in die erste Instanz zurückverwiesen. Die Entscheidung über die Kosten dieser Reklamationen bleibt dem Endurteil vorbehalten.

Die übrigen Berufungen werden auf Kosten der Berufungskläger zurückgewiesen.

Gründe.

Der mit einer Stückgutladung auf der Fahrt von Liverpool nach Rotterdam befindliche englische Dampfer „Lestris" wurde am 5. Juli 1916 von einem deutschen Kriegsschiff aufgebracht und nach Zeebrügge eingebracht. Er hatte Liverpool am 29. Juni 1916 verlassen. Von 18 Ladungsbeteiligten wurden Reklamationen erhoben, die durch das Urteil des Prisengerichts Hamburg vom 18. Mai 1917 sämtlich zurückgewiesen worden sind. Gegen dieses Urteil haben 11 Reklamanten Berufung eingelegt. Von diesen Berufungen sind 3 durch Zurücknahme erledigt, sodaß noch 8 zu Recht bestehen. Diese letzteren Berufungen betreffen:

1. Reklamation 1 der Firma M. van Dam & Zonen in Enschede wegen 16 Drums Caustic Soda, abgeladen von der Speditionsfirma van Oppen & Co. in London an The Nederlands Oversea Trust (N. O. T.) im Haag für The Soda Committee Rotterdam für Rechnung der Berufungsklägerin oder Order. In erster Instanz war behauptet, daß der Kaufpreis für die Soda am 15. Mai 1916 von der Geschäftsniederlassung der Firma van Oppen & Co. in Rotterdam an ihre Geschäftsniederlassung in London gesandt worden sei, und daß darauf die letztere am 8. Juli 1916 das Konnossement an erstere gesandt habe, bei der es am 12. Juli eingegangen sei. Damit sei das Eigentum an der Ware durch die Firma van Oppen & Co. als Vertreterin der Reklamantin auf letztere übergegangen. Verlangt werden 165 £ als Wert der Soda und 103,85 fl. für Fracht.

Der Vorderrichter vermißt den Nachweis des neutralen Eigentums, da nicht dargetan sei, daß die Londoner Niederlassung der Firma van Oppen & Co. das Konnossement schon vor der Abfahrt des Schiffes aus Liverpool, und zwar als Vertreterin der Reklamantin für diese, aufgenommen habe.

Diesen Nachweis wollen nunmehr die Reklamanten in zweiter Instanz durch Vorlegung zweier Schreiben — der Reklamantin an die Firma van Oppen & Co. in Rotterdam vom 20. Juni 1917 und die Antwort der Londoner Niederlassung dieser Firma darauf vom 26. Juli 1917 —, die in der mündlichen Verhandlung vorgetragen sind, erbringen.

2. Reklamation 2 der Margarinefabriek v./h. Cohen & van der Laan in Haarlem wegen 137 tierces of premier jus (Schmalz), abgeladen von Cohen & van der Laan an N. O. T. für Rechnung der Berufungsklägerin oder Order. Das Konnossement war ursprünglich datiert Liverpool 14. Juni 1916 und lautete auf einen Dampfer „Ousel"; nachher ist mit Blaustift das Datum in 26. Juni und der Schiffsname in „Lestris" umgeändert. Behauptet war in erster Instanz, daß die Reklamantin das Schmalz durch ihr holländisches Haus in London, welches für sie das Eigentum daran erworben habe, von der Firma Armour & Co. in Liverpool gekauft habe. Vorgelegt sind die Originalfakturen der Firma Armour & Co. vom 5. und 10. April 1916 und eine von der Firma Cohen & van der Laan in London auf die Reklamantin ausgestellte Faktura vom 30. Mai 1916, die sämtlich über 200 tierces premier jus lauten. Verlangt wird Freigabe oder Zahlung von 20 638,85 fl.

Der Vorderrichter meint, einer, wie oben angegeben, geänderten Urkunde könne eine ausreichende Beweiskraft nach der hier maßgeblichen Richtung überhaupt nicht beigemessen werden. Außerdem rügt er, daß das Verhältnis der Londoner Niederlassung der Reklamantin, der angeblichen Abladerin, zu der holländischen Niederlassung nicht genügend geklärt sei, und nimmt daher mangels entgegenstehender Momente an, daß, falls das Londoner Haus das Eigentum an der Ware wirklich vor dem 29. Juni 1916 erlangt habe, die Ware feindliches Eigentum gewesen sei. Falls aber, so führt der Vorderrichter ferner aus, das geänderte Konnossement als maßgebend zu betrachten sei, so stehe dahin, ob der N. O. T. es vor Abfahrt des Dampfers, und zwar als Vertreter der Reklamantin für diese, oder ob etwa die letztere selbst es zu dem fraglichen Zeitpunkt erhalten habe.

Berufung ist eingelegt, weil das Eigentum der Reklamantin nicht als nachgewiesen erachtet ist. In zweiter Instanz sind zwei eidesstattliche Versicherungen der Direktoren der Reklamantin und eines Bücherrevisors in Amsterdam über die Rechtsbeziehungen der Londoner Firma Cohen & van der Laan zu der gleichnamigen Haarlemer Firma sowie mehrere andere Schriftstücke beigebracht, welche die Eigentumsverhältnisse an der reklamierten Ware klarstellen sollen. Alle diese Urkunden sind in der mündlichen Verhandlung vorgetragen.

3. Reklamation 4 der Chemischen Fabrik Kampen in Kampen wegen einer Quantität bulk magnesite ore, abgeladen von der Anglo Creek Magnesite Co. Ltd. in London an N. O. T. für Rechnung der Reklamantin oder Order. In erster Instanz war unter Vorlegung zweier Schreiben (der Abladerin an den N. O. T. vom 29. Juni 1916 und des letzteren an die Reklamantin vom 3. Juli 1916) behauptet, der N. O. T. (für die Reklamantin) und die Reklamantin selbst seien bereits vor der Anhaltung des Schiffes in den Besitz des Konnossements gelangt. Verlangt werden 577.10.11 £ als Wert der Ware und 308.—.6 £ für Fracht und sonstige Spesen.

Der Vorderrichter bemängelt zunächst die äußere Form des Konnossements, welches offenbar nachträgliche Zusätze enthalte. Sodann vermißt er den Nachweis, daß der N. O. T. für die Reklamantin vor dem 29. Juni 1916 in den Besitz des Konnossements gelangt sei. Diese selbst habe es jedenfalls erst nach diesem Tage empfangen.

Berufung ist erhoben, weil das Eigentum der Reklamantin nicht als nachgewiesen angesehen ist.

In zweiter Instanz hat die Reklamantin zunächst ausgeführt, Ziff. 20 c Pr. O. könne auf einen Fall, wie der vorliegende, überhaupt keine Anwendung finden, da diese Bestimmung offenbar nur Schiebungen nach Ausbruch der Feindseligkeiten verhindern solle, wovon hier nicht die Rede sein könne, da die Ware bereits vor Abfahrt des Dampfers verkauft und bezahlt, auch das Konnossement von der Verkäuferin abgesandt sei. Am 4. Juli sei, wie aus einem überreichten Briefe hervorgehe, die Reklamantin bereits im Besitz des Konnossements gewesen.

Eventuell behauptet Reklamantin, daß das Eigentum an der reklamierten Ware auch schon vor Abgang des Schiffes auf sie übergegangen sei. Die Verkäuferin habe das Konnossement an den N. O. T. abgesandt und sich dadurch des Eigentumsrechts an der Ware, die nach dem Konnossement nur an den N. O. T. habe ausgeliefert werden können, begeben. Aus dem überreichten Kaufvertrage über die Ware ergebe sich auch, daß dieselbe bereits vor der Verschiffung bezahlt werden mußte. Dies sei auch geschehen.

4. Reklamation 6 der Firma H. & P. van Schaik in Rotterdam wegen 26 Blöcke Mahagoniholz, abgeladen (nach dem vorgelegten, nicht unterzeichneten Konnossement) von Robert Roberts (Timber) Ltd. in Liverpool an N. O. T. für Rechnung der Abladerin oder Order. Behauptet war in erster Instanz, daß die Reklamantin zur Zeit der Aufbringung des Schiffes Eigentümerin des Holzes gewesen sei, und zum Beweise hierfür sind eine Anzahl von Quittungen und Schecks vorgelegt, aus denen dies hervorgehen soll. Verlangt werden 729.13.4 £ als Wert des Holzes und 7000 fl. Wertsteigerung.

Der Vorderrichter spricht zunächst dem vorgelegten Konnossement mangels Unterschrift jede Beweiskraft ab, meint aber auch, es sei nicht dargetan, daß die überreichten Quittungen usw. sich auf die hier fragliche Abladung bezögen. Zudem werde durch die behauptete Bezahlung an sich der Eigentumsübergang noch nicht bewiesen. Diesen Nachweis sucht Reklamantin nunmehr in zweiter Instanz durch Vorlegung der zwischen ihr und der Abladerin gepflogenen Korrespondenz, die sich auf den hier fraglichen Posten beziehen soll, zu erbringen. Aus derselben geht nach ihrer Auffassung hervor, daß sie das Holz vor der Verschiffung bezahlt hat, und daß es für ihre Rechnung von der Verkäuferin auf Lager genommen ist. Damit sei der Eigentumsübergang vollzogen.

5. Reklamation 8 der Firma van Gelder Zonen in Amsterdam wegen 109 Fässer Aluminous products (angeblich Alaunkuchen), abgeladen von van Gelder Sons an N. O. T. für Rechnung der Reklamantin oder Order. In erster Instanz war geltend gemacht, daß die Ware von der Londoner Agentur der Reklamantin abgeladen und nach einem Vermerk auf der Rechnung vom 26. Juni 1916 spätestens an diesem Tage bereits bezahlt sei. Dies in Verbindung mit der Tatsache, daß sich wenigstens ein Konnossementsexemplar in Händen der Londoner Agentur der Reklamantin befunden habe, ergebe den Eigentumsübergang auf letztere. Verlangt werden Rückgabe der Ware nebst Schadensersatz, eventuell Wertersatz in Höhe von 2211,67 fl. zuzüglich Kosten.

Der Vorderrichter hält nicht für erwiesen, daß das vom 27. Juni 1916 datierte Konnossement schon vor Abgang des

Schiffes in die Hände des N. O. T. oder gar der Reklamantin gelangt sei. Ferner hält er es für möglich, daß das zweite Exemplar schon früher einen anderen legitimierten Inhaber, der kein Neutraler war, gefunden hat. Auch vermißt er den Nachweis, daß die Abladerin eine Agentur der Reklamantin ist, daß sie das Eigentum für die Reklamantin vor Abgang des Schiffes erworben hatte, und daß sie neutralen Charakter besitzt.

Berufung ist eingelegt, weil das neutrale Eigentum an der Ware nicht als dargetan angesehen ist. In der mündlichen Verhandlung vor dem Berufungsgericht hat die Reklamantin eine Anzahl Schriftstücke vorgelegt und vorgetragen, aus denen sie ableitet, daß die Firma van Gelder Sons in London keine selbständige Firma ist, vielmehr nur eine Agentur der Reklamantin, und daß die von ihr getätigten Geschäfte lediglich im Auftrage und für Rechnung der Reklamantin geschlossen worden seien. Ferner hat sie noch den Inhalt der weiteren, mit ihrem Schriftsatz vom 28. November 1917 vorgelegten Urkunden vorgetragen und zum Gegenstande der Verhandlung gemacht.

6. Reklamation 11 der Firma Herschel & Co. in Amersfort (Holland) und Westerveld & Co. in London wegen 39 Ballen und 1 Kiste Tabak, abgeladen von Westerveld & Co. an die erstere Reklamantin oder Order. In erster Instanz ist geltend gemacht, daß die Inhaber beider Reklamantinnen niederländische Staatsangehörige seien und es sich daher um neutrales Eigentum handele. Übrigens sei der Tabak bereits am 14. Juni 1916 von Westerveld & Co. an Herschel & Co. verkauft und am 27. Juni 1916 bezahlt. Dadurch habe Herschel & Co. das Eigentum daran erworben. Verlangt werden Herausgabe der Ware und Schadensersatz, eventuell Wertersatz in Höhe von 8321,94 fl. zuzüglich Kosten.

Der Vorderrichter hält das neutrale Eigentum an der Ware nicht für einwandfrei dargetan. Er stellt zunächst fest, daß durch Konnossementsübergabe ein Eigentumswechsel nicht stattgefunden haben kann, weil die Konnossemente vom Tage der Abfahrt des Schiffes datiert sind. Dafür, daß mit Bezahlung des Kaufpreises das Eigentum übergegangen sei, fehle es an jedem Anhalt, da die bloße Tatsache der Zahlung diese Wirkung nicht habe und eine besondere, auf Übertragung des Eigentums gerichtete Abrede der Parteien daneben nicht dargetan sei. Nehme man an, daß Westerveld & Co. Eigentümer des Tabaks gewesen seien, so scheitere die Reklamation daran, daß nicht erwiesen sei, daß der Kaufmann Westerveld, dessen niederländische Staatsangehörigkeit nachgewiesen sei, nicht auch noch eine feindliche Staatsangehörigkeit besitze, und daß er der alleinige Inhaber der Firma Westerveld & Co. sei.

Berufung ist erhoben, weil die neutrale Eigenschaft der Ware nicht als erwiesen angesehen ist. In zweiter Instanz hat die Reklamantin die mit ihrem Schriftsatz vom 27. November 1917 übereichten Urkunden vorgelegt, um den Nachweis zu erbringen, daß der Inhaber der Firma Westerveld & Co. nur die niederländische Staatsangehörigkeit besitzt und der alleinige Inhaber der genannten Firma ist. Der Inhalt dieser Urkunden sowie der eidesstattlichen Versicherung vom 31. Juli 1917 ist vorgetragen.

7. Reklamation 12 der Firma M. t. E. v. Rademaker's Kon. Cacao und Chocolade Fabrieken in Amsterdam wegen 48 Kisten Tin foil (Staniol), abgeladen von Neal & Wilkinson Ltd. in Liverpool an N. O. T. für Rechnung von Rademaker's Ltd. im Haag. In erster Instanz ist behauptet, die Reklamantin habe die Ware von der Conley Foil Co. in New York gekauft, und diese habe sie zunächst nach Liverpool verschifft, von wo sie durch die auf den Konnossementen als Ablader aufgeführten Spediteure nach Rotterdam weiter verladen sei. Die Konnossemente datieren vom 29. Juni 1916. Sowohl die Verkäuferin wie die Reklamantin seien neutrale Gesellschaften, sodaß es sich auf alle Fälle um neutrales Gut handele. Verlangt werden Herausgabe der Ware und Schadensersatz, eventuell Wertersatz in Höhe von 7559,25 fl. zuzüglich Kosten.

Der Vorderrichter stellt zunächst fest, daß die Reklamantin das Eigentum an der Ware durch Übergabe der vom 29. Juni 1916 datierten Konnossemente nicht erworben haben kann. Falls etwa die Conley Foil Co. Eigentümerin der Ware gewesen sein solle — in welchem Falle die Aktivlegitimation der Reklamantin fraglich erscheine —, hält der Vorderrichter deren neutrale Eigenschaft nicht für einwandfrei dargetan, abgesehen davon, daß jedenfalls zurzeit eine amerikanische Gesellschaft nicht mehr als neutral gelten könne.

Berufung ist erhoben, weil die neutrale Eigenschaft der Ware nicht als dargetan erachtet ist.

In zweiter Instanz hat die Reklamantin eine große Zahl neuer Urkunden vorgelegt, durch welche sie die vom Vorderrichter vermißten Nachweise erbringen will. Desgleichen hat sie den Inhalt ihres Schriftsatzes vom 28. November 1917 zum Gegenstand der Verhandlung gemacht.

8. Reklamation 16 der Firma Heeneman & Kranen im Haag wegen 2 Kisten motor outer covers (Automobil-Gummi-Reifen), abgeladen von der American Expreß Co. in Liverpool an N. O. T. s/c. N. V. Auto-Rijtuig-Onderneming in Rotterdam oder Order. Das Konnossement ist vom 29. Juni 1916 datiert.

Die Reklamantin hat in erster Instanz vorgetragen, sie habe die Reifen von einer amerikanischen Firma gekauft, bezahlt und sie ihrerseits an die im Konnossement bezeichnete holländische Automobilfirma weiter verkauft. Die im Konnossement als Abladerin bezeichnete A. E. C. habe lediglich als Spediteur gehandelt. Mithin handele es sich auf alle Fälle um neutrale Ware, die der Beschlagnahme nicht unterliege. Verlangt wird Herausgabe, eventuell Werterſatz in Höhe von 3675 fl.

Der Vorderrichter hat sein abweisendes Erkenntnis im wesentlichen ebenso begründet wie in dem vorstehend unter 7 behandelten Fall. Er hat daneben noch ausgesprochen, es sei nicht hinreichend belegt, daß die Abladerin lediglich als Spediteur gehandelt, vielmehr nicht auch für sich selbst das Eigentum an der Ware erlangt habe. Mit bezug hierauf hat die Reklamantin in zweiter Instanz eine eidesstattliche Erklärung der A. E. C. vorgelegt, welche ihre bezüglichen Angaben bestätigt. Der Inhalt dieser eidesstattlichen Versicherung ist in der mündlichen Verhandlung vorgetragen.

Der Kaiserliche Kommissar bei dem Oberprisengericht hat den Ausführungen der Berufungskläger widersprochen und um Zurückweisung sämtlicher Berufungen gebeten.

Diesem Antrage war nur zum Teil stattzugeben.

Es handelt sich um ein feindliches Schiff. Nach Ziff. 20a Pr. O. besteht daher die Vermutung, daß auch die Ladung feindliches Eigentum war, und andererseits ist zu berücksichtigen, daß ein erst nach dem Beginn der Reise erfolgter Übergang des

Eigentums an einen Neutralen prisenrechtlich nicht zu berücksichtigen ist (Ziff. 20 c Pr. O.). Die Reklamanten haben mithin den Nachweis zu führen, daß sie oder ein neutraler Rechtsvorgänger schon vor der Abfahrt des Schiffes aus dem englischen Hafen (29. Juni 1916) das Eigentum an den Gütern, sei es durch Übergabe des Konnossements, sei es in anderer Weise, erworben haben. Von diesem Gesichtspunkt aus sind die einzelnen Reklamationen zu prüfen.

1. Was zunächst die Berufung der Firma M. van Dam & Zonen in Enschede (Reklam. Nr. 1) anlangt, so hat das Oberprisengericht den vom Vorderrichter vermißten Nachweis, daß die Londoner Niederlassung der Spediteure van Oppen & Co. das Konnossement bereits vor der Abfahrt des Schiffes von Liverpool als Vertreterin der Reklamantin für diese erhalten hat, durch die in zweiter Instanz beigebrachten Nachweise als geführt erachtet. Nach dem Schreiben der genannten Spediteurfirma in London an ihre Rotterdamer Geschäftsstelle vom 26. Juli 1917 hat sie das Konnossement empfangen, bevor das Schiff Liverpool verlassen hat. Sie teilt darin ferner mit, daß sie die Güter für die Reklamantin gekauft und vor der Verschiffung bezahlt hat. Aus dem bereits in erster Instanz vorgelegten Schreiben der Rotterdamer Geschäftsstelle der Firma van Oppen & Co. vom 20. Februar 1917 ergibt sich, daß dieselbe von der Reklamantin einen Scheck über 165 £ (soviel betrug der Kaufpreis der Soda) empfangen und am 15. Mai 1916 nach London gesandt hat. Bei dieser Sachlage ist davon auszugehen, daß die Firma van Oppen & Co. als Beauftragte der Reklamantin gehandelt und daher, wie es bei ihrer Stellung als Spediteur auch das nächstliegende ist, das Konnossement für Rechnung ihrer Auftraggeberin in Empfang genommen hat. Da gegen die Zuverlässigkeit der in den erwähnten beiden Schreiben gemachten Angaben Bedenken nicht obwalten, hält das Oberprisengericht demnach für dargetan, daß die Reklamantin zu Händen ihrer Bevollmächtigten in London bereits vor dem 29. Juni 1916 das Konnossement über die von ihr reklamierten Waren übergeben erhalten hat und damit deren Eigentümerin geworden ist. Alsdann erweist sich die Reklamation aber als begründet, zumal Soda zu der hier in Betracht kommenden Zeit noch keine Konterbande war.

2. Auch die Berufung der Firma Margarinefabriek v./h. Cohen & van der Laan in Haarlem (Reklam. Nr. 2) ist nach dem neuerdings beigebrachten Material für begründet zu erachten.

Die vom Vorderrichter aus der äußeren Beschaffenheit des Konnossements geschöpften Bedenken sind nicht erheblich, weil es im vorliegenden Falle auf das Konnossement nicht ankommt. Daß die reklamierten Waren sich an Bord der „Lestris“ befunden haben, ist unstreitig, und der Tag der Ausfertigung des Konnossements spielt bei Beurteilung des Falles keine Rolle. Auch die Tatsache, daß die hier fraglichen 137 tierces Schmalz von der Firma Cohen & van der Laan in London an die Reklamantin abgeschickt worden sind, ist durch die beigebrachten Nachweise zweifelsfrei dargetan. Es fragt sich daher nur, ob die Londoner Firma Cohen & van der Laan mit der gleichnamigen Firma in Haarlem identisch ist und bejahendenfalls, ob die erstgedachte Firma bereits vor der Abfahrt des Schiffes das Eigentum an dem Schmalz erlangt hatte. Beide Fragen sind zu bejahen. Aus der in zweiter Instanz vorgelegten eidesstattlichen Versicherung der Direktoren der Reklamantin vom 19. November 1917 ergibt sich, daß die Reklamantin, eine Aktiengesellschaft, bis zum 1. Januar 1917 in London und Manchester durch J. S. Cohen vertreten wurde, der nicht für eigene Rechnung, sondern lediglich für Rechnung der holländischen Gesellschaft handelte, sodaß die von dem Genannten gekauften Waren von vornherein Eigentum der Gesellschaft wurden. Des weiteren versichern die Bücherrevisoren van Dien, van Uden & Co. eidlich, daß nach ihrer aus den Büchern der Gesellschaft geschöpften Kenntnis diese eine Zweigniederlassung in London hat, die jedoch keine selbständige Gesellschaft, sondern in jeder Beziehung von der holländischen Gesellschaft abhängig war. Daß dies wirklich der Fall ist, folgt ferner zur Überzeugung des Gerichts daraus, daß die Londoner Firma der Haarlemer das Schmalz zu genau demselben Preise in Rechnung gestellt hat, zu dem es ihr nach den überreichten Originalfakturen von der Firma Armour & Co. geliefert ist. Aus diesen Fakturen in Verbindung mit dem gleichfalls in erster Instanz überreichten Wiegepakete und der eidesstattlichen Versicherung vom 19. November 1917 ergibt sich endlich, daß die Londoner Zweigniederlassung der Reklamantin das Schmalz am

5. und 10. April 1916 gekauft und es im Mai 1916 bezahlt und übergeben erhalten hat. Damit ist die Reklamantin, für welche der Kauf des Schmalzes getätigt war, vor dem 29. Juni 1916 Eigentümerin desselben geworden. Die neutrale Eigenschaft der Ware ist hiernach als dargetan anzusehen.

Schmalz ist nun allerdings gemäß Ziff. 23 Nr. 1 Pr. O. relative Konterbande und nach Ziff. 35 Abs. 2a in Verbindung mit Ziff. 33 Abs. 1b Pr. O. ist, auch wenn das Schiff sich auf der Fahrt nach einem neutralen Hafen befindet, die feindliche Bestimmung zu vermuten, wenn die Sendung an Order oder an einen aus den Schiffspapieren nicht ersichtlichen Empfänger gerichtet ist. Vorliegend war das Schmalz adressiert an den Netherlands Oversea Trust o/a of Margarine Fabriek v./h. Cohen & van der Laan, Haarlem oder Order. Beide obige Voraussetzungen sind also gegeben; denn bei der Adressierung an den N. O. T. war der wahre Empfänger aus den Schiffspapieren nicht zu ersehen.

Die gesetzliche Vermutung der feindlichen Bestimmung ist indessen vorliegend durch die Umstände des Falles widerlegt. Wie sich aus den zu den Akten überreichten Ausfuhrerlaubnisscheinen ergibt, hat die Englische Regierung die Ausfuhr des Postens Schmalz nach Holland genehmigt. Wenn nun auch, wie dem Oberprisengericht bekannt ist, der N. O. T. durch den bei jeder Einfuhr nach Holland von dem Importeur zu unterschreibenden Vertrag berechtigt wird, in niederländische Häfen eingeführte Waren nach einem Hafen im kriegführenden Lande zurückzubringen, falls dies von diesem kriegführenden Lande nach Untersuchung der Schiffspapiere verlangt wird, so ist doch die Annahme, daß diese Bestimmung auch dann zur Anwendung kommen könnte, wenn die Ausfuhr aus einem kriegführenden Lande mit Genehmigung der betreffenden Regierung erfolgt, zu fernliegend, um ernstlich in Betracht gezogen zu werden. Denn in einem solchen Falle hat es die kriegführende Regierung in der Hand, durch Verweigerung der Ausfuhrerlaubnis den mit obiger Bestimmung verfolgten Zweck auf direktem Wege sicherer zu erreichen. Es ist hiernach davon auszugehen, daß das Schmalz, wenn es Holland erreicht hätte, auch dort geblieben sein würde.

Der Berufung war hiernach stattzugeben.

3. Die Berufung der Chemischen Fabrik Kampen in Kampen (Reklam. Nr. 4) ist dagegen unbegründet. Unbestritten ist, daß das Konnossement über diese Abladung vor Abgang des Schiffes nicht in den Besitz der Reklamantin oder des N. O. T. (an welchen es adressiert war) gelangt ist. Die Reklamantin hält das allerdings für unerheblich und meint, es genüge, wenn das Konnossement nur vor der Anhaltung des Schiffes seine Bestimmung erreicht habe; denn die Vorschrift der Ziff. 20 c Pr. O. könne nur auf einen Eigentumswechsel bezogen werden, zu welchem auch der Grund erst nach der Abfahrt des Schiffes gelegt sei. Diese Rechtsauffassung findet jedoch in dem Gesetze keine Stütze, wird durch dessen Wortlaut vielmehr widerlegt. Es ist dort ganz allgemein von einem während der Reise nach Eintritt der Feindseligkeiten eingetretenen Eigentumswechsel die Rede, und es fehlt an einem Grunde, die Bestimmung nach der von der Reklamantin angedeuteten Richtung einschränkend zu interpretieren.

Daß auf andere Weise als durch Übergabe des Konnossements das Eigentum übergegangen ist, hat Reklamantin nicht dargetan. Die bloße Absendung des Konnossements kann diese Wirkung ebensowenig ausüben, wie die Bezahlung der Ware, die für die Frage des Eigentums bedeutungslos ist.

4. Ebenfalls unbegründet ist die Berufung der Firma van Schaik in Rotterdam (Reklam. Nr. 6). Hier kommt Eigentumsübergang durch Übergabe des Konnossements schon deshalb nicht in Frage, weil das von der Reklamantin überreichte Konnossement nicht unterschrieben ist, mithin keine Urkunde im Rechtssinne darstellt. Die Reklamantin will hier aber das Eigentum dadurch erworben haben, daß sie das Holz vor Abgang des Schiffes gekauft und bezahlt hat, und daß es von der Verkäuferin, der englischen Firma Robert Roberts (Timber) Ltd. in Liverpool, für ihre Rechnung auf Lager genommen ist. Nach Lage des Falles genügen jedoch diese Tatsachen nicht, um den Eigentumsübergang zu begründen. Denn wie die von der Reklamantin überreichte Korrespondenz, insbesondere das Schreiben der Firma Robert Roberts an die Reklamantin vom 12. Januar 1916 ergibt, hat die erstgenannte Firma zwar erklärt, die der Reklamantin verkauften 43 Blöcke Mahagoni-Holz — von denen die mit der „Lestris“ verschifften 26 Blöcke einen Teil bilden — für

Rechnung der Reklamantin auf Lager zu nehmen; sie hat sich aber zugleich das Recht vorbehalten, das Holz anderweitig zu verkaufen und durch gleichartige Ware zu ersetzen. Mit dieser Bedingung hat sich die Reklamantin im Schreiben vom 17. Januar 1916 einverstanden erklärt. Bei solcher Sachlage kann nicht die Rede davon sein, daß bereits damals das Eigentum auf die Reklamantin übergegangen wäre, denn Robert Roberts waren noch immer in der Lage, über das Holz im eigenen Interesse zu verfügen.

Da hiernach das neutrale Eigentum an dem Holz nicht nachgewiesen ist, erweist sich die Berufung als unbegründet, ohne daß auf die übrigen vom Vorderrichter erörterten Bedenken eingegangen zu werden braucht.

5. Der Berufung der Firma van Gelder Zonen in Amsterdam (Reklam. Nr. 8) war stattzugeben. Das Hauptbedenken des Vorderrichters, daß das Verhältnis der Reklamantin zu der Firma van Gelder Sons in London sowie der neutrale Charakter der letzteren nicht genügend geklärt sei, ist durch die von der Reklamantin in zweiter Instanz erbrachten Nachweise beseitigt. Danach unterhält die Reklamantin in Gestalt der Firma von Gelder Sons in London eine Agentur oder, wie es auf den in erster Instanz überreichten Rechnungen heißt, ein Einkaufsbureau, das keine selbständige Rechtspersönlichkeit hat, vielmehr einen Teil der Hauptfirma bildet, von der es in jeder Beziehung abhängig ist. Ist das aber zutreffend, so hat die Reklamantin durch das Einkaufsbureau in London sogleich das Eigentum an den Waren erworben, und deren neutraler Charakter ist damit dargetan. Die aus dem Vorhandensein eines zweiten Konnossements entnommenen Bedenken des Vorderrichters sind in dieser Instanz ebenfalls beseitigt, da durch die überreichte Korrespondenz der Verbleib dieses Konnossements genügend geklärt ist.

6. Auch die Berufung der Firma Herschel & Co. in Amersfort (Reklam. Nr. 11) erscheint begründet. Hier ist davon auszugehen, daß die Firma Westerveld & Co. in London, wie die Reklamantin in dieser Instanz auch nicht mehr bestreitet, zunächst für sich das Eigentum an dem Tabak erlangt und ihn dann an die Reklamantin weiter verkauft hat. Zum Nachweis

der neutralen Eigenschaft der Ware war es also erforderlich, daß die vom Vorderrichter hinsichtlich der neutralen Eigenschaft der Firma Westerveld & Co. bezw. ihres Inhabers angeregten Bedenken, deren Berechtigung nach dem in erster Instanz beigebrachten Material nicht von der Hand zu weisen war, beseitigt wurden. Dies ist nach den in zweiter Instanz neu vorgelegten Nachweisen der Fall. Danach besitzt der Kaufmann Westerveld in London lediglich die niederländische Staatsangehörigkeit und ist der einzige Inhaber der genannten Firma in London. Dieser Berufung war daher ebenfalls stattzugeben, wobei es dahingestellt bleiben kann, ob das Eigentum an dem Tabak zur Zeit der Abfahrt des Schiffes bereits auf die Reklamantin übergegangen war.

7. und 8. Die Berufungen der Firma v. Rademaker's Kon. Cacao und Chocolade Fabrieken in Amsterdam (Reklam. Nr. 12) und der Firma Heeneman & Kranen im Haag (Reklam. Nr. 16) können zusammen behandelt werden, da bei beiden dieselben Gesichtspunkte maßgebend sind. Nach den Behauptungen der Reklamanten sind Verkäufer und Ablader der Waren in beiden Fällen amerikanische Gesellschaften. Ist die neutrale Eigenschaft derselben anzuerkennen, so kommt es auf den Zeitpunkt des Eigentumsüberganges auf die Reklamanten nicht an. Denn auch, wenn die Waren zur Zeit der Abfahrt des Schiffes von Liverpool noch im Eigentum der amerikanischen Ablader gestanden haben sollten, wäre die Aktivlegitimation der Reklamanten gegeben, da diese, wenn auch nach der Abfahrt des Schiffes, so doch jedenfalls vor Erhebung der Reklamationen entweder direkt oder durch ihre Vertreter in den Besitz der Konnossemente gelangt sind, wodurch sie auf alle Fälle die Eigenschaft als Beteiligte im Sinne der Prisenordnung und Prisengerichtsordnung erlangt haben. Auch das Bedenken, welches der Vorderrichter daraus entnimmt, daß jetzt jedenfalls amerikanische Staatsbürger nicht mehr als Neutrale angesehen werden könnten, ist nicht stichhaltig. Mag auch die Tatsache des Eintritts der Vereinigten Staaten in den Krieg zwar unter Umständen erheblich sein, auch wenn die Beschlagnahme eines Schiffes mit amerikanischem Eigentum schon vorher erfolgt ist, so scheidet doch dieses Moment im vorliegenden Falle aus, weil zur Zeit des erst im Laufe des Jahres 1917 erfolgten Eintritts der Vereinigten Staaten in den Krieg das

Eigentum der amerikanischen Verkäufer auf alle Fälle bereits erloschen war, sei es durch Versendung und Übergabe der Konnossemente an die legitimierten Empfänger, sei es jedenfalls durch die im September 1916 erfolgte Überweisung der hier fraglichen Waren an deutsche Behörden gemäß § 46 Abs. 2 Pr. GO. Was ferner die Nationalität der beiden in Betracht kommenden in Amerika domizilierten Gesellschaften anlangt, so liegt keinerlei Anhalt dafür vor, daß sie eine andere Nationalität als die amerikanische besitzen. Hinsichtlich der Conley Foil Co. ist dies überdies durch die in zweiter Instanz überreichten eidesstattlichen Versicherungen und sonstigen Belege in einwandfreier Weise dargetan. Aber auch für die Fisk Rubber Company in New York ist es bei Lage der Sache anzunehmen. Desgleichen bestehen keine Bedenken dagegen, daß die Waren von den amerikanischen Gesellschaften in ihren auf die Fabrikation solcher Waren gerichteten Betrieben hergestellt und somit ihr Eigentum gewesen sind. Von der Conley Foil Co. ist dies zudem ausdrücklich nachgewiesen. Bei der Reklamation der Firma Heeneman & Kranen hat der Vorderrichter noch als möglich angedeutet, daß die mit der Umladung in Liverpool befaßte Speditionsfirma möglicherweise selbst das Eigentum an den Waren erlangt habe. Abgesehen davon, daß für eine derartige, dem natürlichen Verlauf der Dinge jedenfalls nicht entsprechende Annahme gar nichts vorliegt, hat die Reklamantin in dieser Instanz eine eidesstattliche Versicherung überreicht, wonach die Speditionsfirma lediglich als Beauftragte der Reklamantin tätig geworden ist und eigenes Eigentum an den Waren weder hat erwerben wollen noch erworben hat. Hiernach kommt feindliches Eigentum zur Zeit der Abfahrt des Schiffes von Liverpool für die den Gegenstand der beiden Reklamationen bildenden Waren keinesfalls in Frage, denn entweder standen sie im amerikanischen oder holländischen Eigentum.

Das neutrale Eigentum an den Waren ist hiernach in beiden Fällen als nachgewiesen anzusehen. Die Berufung hinsichtlich des Staniols, der keine Konterbande ist, erweist sich damit ohne weiteres als begründet.

Die von Heeneman & Kranen reklamierten Automobilgummireifen waren zwar zu der hier in Betracht kommenden

Zeit relative Konterbande nach Ziff. 23 Nr. 7 und 8 Pr. O., und da sie an den N. O. T. oder Order adressiert waren, kommt auch hier in Frage, ob die gesetzliche Vermutung der feindlichen Bestimmung durch die Umstände als widerlegt anzusehen ist. Dies ist zu bejahen. Die Reklamantin hatte nach den in erster Instanz überreichten Belegen die Reifen bereits vor der Ankunft in England an eine Automobilfabrik in Rotterdam weiter verkauft, und da auch für diese Abladung seitens der Englischen Regierung eine Ausfuhrerlaubnis erteilt ist, gilt hinsichtlich der auf dem Importeurvertrag beruhenden Möglichkeit des Rücktransports nach England dasselbe, was oben unter 2 zur Reklamation Cohen & van der Laan gesagt ist.

Es war hiernach in der Hauptsache, wie geschehen, zu erkennen. Soweit den Berufungen stattgegeben ist, erschien es angezeigt, die Sache in die Vorinstanz zurückzuverweisen, da über die Höhe des zu erstattenden Wertes noch Erörterungen stattfinden müssen.

Die Kostenentscheidung war zweckmäßig dem Endurteil vorzubehalten.

91.

„Helicon.“

Urteil vom 29. November 1917.

Ungerechtfertigte Aufbringung eines neutralen Schiffes. Beschädigung infolge prisenrechtlicher Maßnahmen. Umfang des Schadensersatzes.

Ziff. 115 der Prisenordnung.

In der Prisensache, betreffend das norwegische Segelschiff „Helicon“, Heimatshafen Grimstad, hat das Kaiserliche Oberprisengericht in Berlin in der Sitzung vom 29. November 1917 für Recht erkannt:

Auf die von der Reederei A./S. Henriksen & Skaugen eingelegte Berufung wird das Urteil des Prisengerichts in

Hamburg vom 18. Mai 1917 dahin geändert, daß der Reederei außer dem ihr zugesprochenen Betrag weitere 7873 ℳ nebst 4 % Zinsen seit dem 31. Dezember 1914 vom Reiche zu erstatten sind. Im übrigen werden die Berufungen zurückgewiesen. Die Kosten des Berufungsverfahrens haben die Reklamanten zu tragen.

Gründe.

Der mit einer Ladung von 2604 Tonnen Cardiff-Kohlen auf der Fahrt von England nach Chile befindliche norwegische Segler „Helicon" wurde am 1. November 1914 im Stillen Ozean an der Westküste Südamerikas etwa in der Höhe von Valparaiso von deutschen Kriegsschiffen angehalten. Da der Verdacht bestand, daß die Kohlen für die in jener Gegend kreuzenden englischen Seestreitkräfte bestimmt seien, wurde die Ladung des „Helicon" beschlagnahmt und das Schiff, dessen Einbringung unmöglich war, nach Entnahme von 1768 Tonnen Kohlen mit dem Rest der Ladung als Ballast entlassen. Es kam am 18. November in seinem Bestimungshafen (Antofagasta) an. Das Schiff wies erhebliche Beschädigungen auf, die nach Angabe des Kapitäns dadurch entstanden sein sollten, daß es beim Kohlen in bewegter See längsseit der deutschen Kriegsschiffe gelegen hatte. Auf Veranlassung des Kapitäns wurde das Schiff durch zwei vom Kaiserlich Deutschen Konsulat in Antofagasta ernannte Sachverständige besichtigt, wobei die in dem Protokoll vom 10. Dezember 1914 aufgeführten Beschädigungen festgestellt wurden. Die Gutachter kamen zu dem Ergebnis, daß die Schäden sich an Ort und Stelle nicht reparieren ließen, daß zwar eine Reise in Ballast nach einem anderen Hafen der Westküste, wo die Reparatur erfolgen könne, ausführbar sei, daß jedoch mit Rücksicht auf das Alter des Schiffes (27 Jahre) und das voraussichtliche Verlangen der Eigentümer, alle Schäden restlos beseitigt zu sehen, die Reparatur- und sonstigen Unkosten an der südamerikanischen Westküste den vollen Wert des Schiffes jedenfalls übersteigen würden. Infolgedessen wurde von der Reparatur abgesehen und das Schiff öffentlich versteigert. Der Erlös betrug 31 000 Pesos gleich etwa 900 £. Aus diesem Erlös erhielt die Empfängerin der Kohlen, die aus englischen Staatsangehörigen bestehende angeblich chilenische Firma Geo. C. Kenrick & Co. in Antofagasta, die von ihr zu viel gezahlte Fracht von 343.4.1 £ erstattet. Sie hatte vor Antritt der Reise die 943.19.0 £ betragende Hälfte der Gesamtfracht vorgeschossen und verlangte hiervon denjenigen Teil zurück, der wegen der nur erfolgten Ablieferung von 838 Tonnen Kohlen von der Reederei nicht verdient war. Der Rest des Versteigerungserlöses wurde zur Ablohnung, Verpflegung und Heimbeförderung der Mannschaft sowie für sonstige mit dem Verkauf des Schiffes in Verbindung stehende Ausgaben verwendet. Dadurch wurde nach Angabe der Reklamanten dieser Rest nicht nur aufgebraucht, sondern es wurden darüber hinaus noch Aufwendungen von 55.1.6 £ gemacht.

Es sind zwei Reklamationen erhoben worden:

1. Von der Empfängerin der Kohlen, der Firma Geo. C. Kenrick & Co., wegen der Ladung. Verlangt wurden 4412.12.0 £. Dabei war ein Preis der Kohlen von 50 sh. für die Tonne zugrunde gelegt.

2. Von der Reederei A. S. Henriksen & Skaugen in Risör wegen des Schiffes. Verlangt waren zunächst 17 658.18.7 £. Später wurde diese Forderung auf 16 496.4.6 £ ermäßigt. Diese Summe setzt sich aus 13 Einzelposten (Wert des Schiffes; Restfracht für die Kohlenladung; Aussteuer und Proviant an Bord; Zeitverlust; entgangene Rückfracht; entgangener Verdienst des Kapitäns; desgl. des Disponenten; Auslagen; entgangener Verdienst bis zur Beschaffung eines neuen Schiffes) zusammen.

Durch Urteil des Prisengerichts Hamburg vom 4. November 1915 sind zunächst beide Reklamationen zurückgewiesen und die Einziehung von Schiff und Ladung für rechtmäßig erklärt worden. Diese Entscheidung wurde durch Urteil des Oberprisengerichts vom 17. November 1916 aufgehoben; die Schadensersatzansprüche beider Reklamanten wurden dem Grunde nach für berechtigt erklärt und die Sache zur Verhandlung und Entscheidung über den Betrag des Schadens in die erste Instanz zurückverwiesen. Darauf erging am 18. Mai 1917 ein zweites Urteil des Prisengerichts Hamburg, durch welches zugesprochen wurden:

1. der Firma Geo. C. Kenrick & Co. 49 600 M nebst 4 % Zinsen seit dem 31. Dezember 1914, zahlbar nach Beendigung des Krieges,

2. der Firma A. S. Henriksen & Skaugen in Risör 110 000 M nebst 4 % Zinsen vom gleichen Tage.

Mit dem Rest ihrer Forderungen wurden beide Reklamanten unter anteilmäßiger Belastung mit den Kosten abgewiesen. Hinsichtlich der Reklamation der Firma Geo. C. Kenrick & Co. geht der Vorderrichter davon aus, daß für 1766 Tonnen Kohlen Entschädigung zu leisten ist. Für die Gesamtladung habe die Reklamantin einschließlich Frachtvorschuß 3775.16 £ bezahlt, also abzüglich Frachtvorschuß 2831.17 £ oder 1.1.9 £ für die Tonne, mithin für 1766 Tonnen 1920.10.6 £. Dazu komme die für die empfangenen Kohlen zu viel gezahlte Fracht mit 336.8 £, wonach sich ein Gesamtbetrag von 2256.18.6 £ ergebe. Auf entgangenen Gewinn habe die Reklamantin keinen Anspruch. Zu annähernd demselben Ergebnis gelange man bei Zugrundelegung des Kohlenpreises in Valparaiso zu der hier fraglichen Zeit, der auf 35 bis 36 sh. für die Tonne anzusetzen sei. Nach Abzug der darin enthaltenen Fracht komme man zu einem Satze von 21 sh. für die Tonne. Dies ergebe 1854.6 £ und zuzüglich der zuviel gezahlten Fracht 2190.14 £. Von den beiden hiernach in Betracht kommenden Beträgen hat der Vorderrichter den höheren zugesprochen und diesen nach dem Kurse des Tages der Beschlagnahme in deutsche Währung umgerechnet. Den Zahlungsaufschub begründet er, da die Inhaber der reklamierenden Firma zugestandenermaßen englische Staatsangehörige seien, mit dem Zahlungsverbot an England.

Bezüglich der Reklamation der Reederei erwägt der Vorderrichter, daß nur das zu entschädigen sei, was bei objektiver Beurteilung der Sachlage als Folge der unberechtigten prisenrechtlichen Maßnahme anzusehen sei. Es sei daher unerheblich, ob der Kapitän ohne Verschulden annehmen durfte, der Verkauf des Schiffes sei notwendig gewesen. Nach einem in erster Instanz eingegangenen Gutachten von Hamburger Sachverständigen sei dies nicht der Fall gewesen. Danach seien zu erstatten: an Kosten einer Notreparatur in Chile und der Hauptreparatur in

Europa 15 000 + 35 000 *M* = 50 000 *M*; siebzig Tage Reparatur- und Liegezeit in Chile à 19.7.6 £ = 50 600 *M*; Auslagen 1030 Kr.; Liegezeit während der Reparatur in Europa 8000 *M*, insgesamt 109 800 *M*, gleich rund 110 000 *M*. Diese Summe entspreche auch annähernd dem Versicherungswert des Schiffes mit 80 000 Kr., wobei zu berücksichtigen sei, daß 27 Jahre alte Schiffe von den Versicherungsgesellschaften meist nicht zum vollen Werte angenommen zu werden pflegten. Das Resultat stehe auch im Einklang mit dem vom Sachverständigen auf 5000 £ geschätzten Schiffswert. Einen höheren Betrag als diesen Wert zuzusprechen, sei schon deshalb nicht angängig, weil die Reklamanten nicht besser gestellt werden dürften, als wenn ihr Schiff unberechtigterweise zerstört sei, in welchem Falle sie auch nur den Wert des Schiffes zur Zeit der Zerstörung ersetzt bekommen würden.

Die Berufungsklägerin, Firma Geo. C. Kenrick & Co., hat sich in der mündlichen Verhandlung vor dem Berufungsgericht darauf beschränkt, die Berechnungen des Vorderrichters hinsichtlich des für die Kohlen zu erstattenden Betrages als irrig hinzustellen. Sie meint, daß es auf die Frachtberechnung überhaupt nicht ankomme, da das Schiff doch mindestens die Fracht bis Mas a Fuera verdient habe. Zu erstatten sei auf alle Fälle der Einstandspreis für die Kohlen, den die Reklamantin auf 1.16.3 £ für die Tonne berechnet, und daneben ein kleiner Nutzen, dessen Zuerkennung der Billigkeit entspreche. Im übrigen hat diese Reklamantin das erstinstanzliche Urteil nicht anfechten zu wollen erklärt.

Die Berufung der Reederei rügt in erster Linie, daß der Vorderrichter die Beweislast hinsichtlich der Ursachen und der Höhe des zu ersetzenden Schadens unrichtig beurteilt habe. Er habe ferner, da er ein Verschulden des Kapitäns in dieser Beziehung selbst nicht annehme, das Ergebnis des in Chile vorgenommenen Verkaufs des Schiffes als Grundlage der Schadensberechnung anerkennen müssen und sich nicht auf das Gutachten der Hamburger Sachverständigen stützen dürfen. Auch sei die Kursfrage falsch entschieden, zumal vorliegend der Schaden gewissermaßen in fremder Währung entstanden sei. Endlich sei die

Zubilligung einer Entschädigung für die Zeit bis zur Beschaffung eines neuen Schiffes zu Unrecht abgelehnt.

Der Kaiserliche Kommissar bei dem Oberprisengericht hat diesen Ausführungen widersprochen und um Zurückweisung der Berufungen gebeten.

Die Berufung der Firma Kenrick & Co. konnte keinen Erfolg haben. Der in erster Linie vom Vorderrichter angestellten Berechnung, wonach der Reklamantin nur das zu vergüten sein soll, was sie selbst für die Kohlen bezahlt hat, kann allerdings nicht beigetreten werden. Auch die auf dem Einstandspreise beruhende Berechnung der Reklamantin bietet keine geeignete Grundlage für die Feststellung des zu erstattenden Betrags. Der Reklamantin ist vielmehr gemäß den Grundsätzen, von denen das Oberprisengericht in ständiger Rechtsprechung ausgegangen ist, der Wert zu vergüten, den die Kohlen um die hier fragliche Zeit an ihrem Bestimmungsorte, der Westküste von Südamerika, hatten. Dieser Wert ist in der aus Valparaiso stammenden Auskunft vom 12. Dezember 1914 mit 35 bis 36 sh. für die Tonne angegeben. Die offenbar auf genauer Kenntnis der Verhältnisse beruhende Auskunft darf als zuverlässig gelten, wie denn auch die Reklamantin in dieser Instanz ihre früheren abweichenden Angaben nicht weiter aufrecht erhalten hat. Da jene Werte die Beträge darstellen, zu welchen Kohlen in Valparaiso gehandelt wurden, so ist in ihnen die Fracht bis zur Westküste mit enthalten. Die Reklamantin hat diese Fracht nicht aufgewendet, denn sie hat vor Abfahrt des Schiffes nur die halbe Fracht vorgeschossen und von dieser Summe aus dem Schiffserlös denjenigen Teil zurückerhalten, der auf die an sie nicht abgelieferten Kohlen entfiel. Sie hat also für die Kohlen, die sie nicht erhalten hat, überhaupt keine Fracht gezahlt. Aus diesem Grunde ist es unrichtig, wenn der Vorderrichter bei der von ihm in zweiter Linie angestellten Berechnung der von ihm dort gefundenen Summe die zuviel gezahlte Fracht hinzurechnet. Ebenfalls unzutreffend sind die Ausführungen, welche die Reklamantin hinsichtlich der Frachtberechnung in der mündlichen Verhandlung gemacht hat. Ob das Schiff die Fracht ganz oder zum überwiegenden Teil verdient hat, interessiert hier nicht, weil es sich hier nur um den Anspruch des Ladungsbeteiligten handelt.

Die 1766 Tonnen Kohlen, welche zu ersetzen sind, zu 36 sh. die Tonne berechnet, ergeben 63 576 sh. oder 3178.16 £.

Die halbe Fracht für die ganze Ladung
des „Helicon" hat betragen . . . . 943.19 £
die ganze Fracht mithin. . . . . . . 1887.18 „
= 37 758 sh., also für jede der die Ladung
ausmachenden 2604 Tonnen $\frac{37\,758}{2604}$ sh. = 14,5 sh.

Folglich für 1766 Tonnen 25 607 sh. . = 1280. 7 £.

Bleibt Wert der Kohlen abzüglich Fracht 1898. 9 £.

Diese Summe umgerechnet zum Kurse von rd. 22 *M* für 1 £ ergibt 41 757 *M*, also einen niedrigeren Betrag als den, welchen der Vorderrichter der Reklamantin zugesprochen hat. Bei dem zugesprochenen Betrage muß es zwar sein Bewenden behalten, weil nur die Reklamantin Berufung erhoben hat. Diese Berufung selbst ist aber, da die Reklamantin nach dem angefochtenen Urteil mehr erhält, als ihr in Wahrheit zukommt, jedenfalls unbegründet.

Die Berufung der Reederei ist nur in geringem Umfange begründet.

Hier ist dem Vorderrichter darin beizutreten, daß nur derjenige Schaden zu ersetzen ist, der sich objektiv als eine Folge der prisenrechtlichen Maßnahme darstellt, und daß hierzu nach Lage der Sache der Schaden nicht zu rechnen ist, der nur in dem Verkauf des Schiffes seine Ursache hat. Wenn es richtig ist, daß das Schiff trotz der erlittenen Beschädigungen noch reparaturwürdig war, so sind nur die Kosten, die durch die Reparatur entstanden wären, eine wirkliche Folge des schädigenden Ereignisses. Der Verkauf des Schiffes beruht alsdann auf einem selbständigen Entschluß des Kapitäns, zu dem er durch ein unzutreffendes Gutachten der Sachverständigen in Antofagasta veranlaßt worden ist. Dieses Gutachten war keine Folge des Verhaltens der deutschen Seestreitkräfte gegenüber dem Schiffe und ist vom Deutschen Reiche nicht zu vertreten. Als ein neues Ereignis unterbrach es den ursächlichen Zusammenhang zwischen dem durch den Verkauf entstandenen Schaden und der Schadensursache. Daß aber das von den Sachverständigen in Antofagasta erstattete Gutachten, das die Veranlassung zu dem Verkaufe des Schiffes bildete, tatsächlich unrichtig war, wird durch das Gutachten der in Deutschland gehörten Sachverständigen Dahlström und Behrerdt außer Zweifel gesetzt. Diese haben übereinstimmend erklärt, daß nach dem ihnen bekannt gegebenen Besichtigungsbefunde der Sachverständigen in Antofagasta eine Notreparatur, welche das Schiff in einen seefähigen Zustand zur Beförderung einer Salpeterladung versetzt hätte, sehr wohl in einem Hafen der Westküste ausführbar gewesen wäre, worauf dann die Hauptreparatur in einem europäischen Hafen hätte vorgenommen werden können. Diesen Ausweg, der sich nach Angabe der deutschen Gutachter jedem Fachmann der Schiffahrt sofort aufdrängt, haben die Sachverständigen in Antofagasta offenbar nicht in Erwägung gezogen. Denn sie geben in ihrem Gutachten zwar zu, daß eine Reise des Schiffes in Ballast nach Valparaiso oder Talcabuano ausführbar sei, und daß dort die Schäden repariert werden könnten, sie meinen aber, die Reparatur würde im Verhältnis zum Wert des Schiffes zu kostspielig werden, da die Eigentümer voraussichtlich auf der restlosen Beseitigung aller Schäden bestehen würden. An eine nur vorläufige Reparatur an einem der genannten Orte mit nachfolgender Hauptreparatur in Europa haben sie offenbar nicht gedacht.

Geht man von diesen Gesichtspunkten aus, so erweisen sich folgende Posten der Schadensberechnung — da alsdann das Schiff erhalten geblieben wäre und eine Rückfrachtreise nach Europa hätte ausführen können — ohne weiteres als unbegründet:

1. Wert des Schiffes,
3. Aussteuer und Proviant an Bord,
5. Verlust der Rückfracht nach Europa,
7. Kaplaken des Kapitäns dafür,
(8. ist fallen gelassen),
9. entgangener Verdienst des Disponenten,
13. weiterer Frachtverlust der Reederei bis zur Beschaffung eines neuen Schiffes.

Zu vergüten bleibt gemäß dem Gutachten der deutschen Sachverständigen:

a)	Kosten der Not- und Hauptreparatur 15 000 ℳ + 35 000 ℳ = . .	50 000 ℳ
b)	Zeitverlust während der Notreparatur 70 Tage je 19.7.6 £ = 1356.6 £ zu 22 ℳ (Posten 4 der Schadensrechnung). Hier ist nach dem Charter ein Liegegeld von 3 p. pro Tag und Tonne in Ansatz gebracht	29 832 ℳ
c)	Desgleichen während der Hauptreparatur 20 Tage = 387.10 £ (Posten 4)	8 524 ℳ
d)	Restfracht. Hier ist nicht nur die von Kenrick & Co. nicht bezahlte halbe Restfracht mit 943.19 £, sondern auch der aus dem Schiffserlös der Firma Kenrick & Co. erstattete Betrag von 343.4.1 £ zu vergüten, weil auch dieser Betrag der Reederei nicht zugute gekommen ist, insgesamt also 1287.3.1 £ (Posten 2 der Schadensrechnung)	28 317 ℳ
e)	Auslagen der Reederei (Nr. 10 bis 12 der Schadensrechnung) 1030 Kr.	1 200 ℳ
	Zusammen	117 873 ℳ

Zur Geltendmachung des Postens 6 der Schadensrechnung (Kaplaken des Kapitäns) ist die Reederei mangels Vollmacht des Kapitäns nicht legitimiert.

Aus Obigem ergibt sich, daß der Vorderrichter der Reederei den Betrag von 7873 ℳ zu wenig zugesprochen hat. Insoweit ist ihre Berufung also begründet.

Neben dem hiernach der Reederei zukommenden Gesamtbetrage behält sie den Erlös für das Schiff, welcher an dessen Stelle getreten ist. Die Reederei will zwar diesen Erlös aufrechnen gegen eine Reihe von Auslagenposten, welche sie, abgesehen von den in der Schadensrechnung aufgeführten, aus Anlaß des in Rede stehenden Ereignisses gehabt haben will, und sie stellt in ihrer berichtigten Schadensrechnung darüber hinaus noch einen Betrag von 55.1.6 £ in Rechnung. Dieser Anspruch der Reederei ist jedoch unbegründet. Ein Teil der Auslagen steht mit dem schädigenden Ereignis überhaupt in keinem Zusammenhang und wäre von der Reederei ohnehin zu tragen gewesen. Das gilt z. B. von den meisten Posten der Rechnung Gibbs & Co., welche betreffen: Einschleppen des Schiffes, Hafen- und Zollgebühren, Geldstrafe des Kapitäns, Vorschüsse an den Kapitän usw. Von den Ansätzen der Rechnung Heubel kommen in Fortfall die 11361,24 Pesos, die die an Kenrick & Co. vergütete Fracht darstellen, weil diese Summe in der oben zugebilligten enthalten ist. Auch andere Posten beider Rechnungen sowie der Rechnung des norwegischen Generalkonsulats in Valparaiso sind durch die Urteilssumme abgegolten, weil sie aus der der Reederei zugebilligten Bruttofracht bezw. dem Liegegeld zu decken gewesen wären. Das sind namentlich die Aufwendungen für Heuer und Unterhalt der Mannschaft und des Kapitäns. Wieder andere Posten wären nicht entstanden, wenn das Schiff nicht verkauft wäre, z. B. die Kosten der Rückbeförderung der Mannschaft, des Verkaufstermins usw. Ein Teil der Posten endlich ist in keiner Weise belegt und kann daher schon aus diesem Grunde nicht berücksichtigt werden.

Auch die Einwendungen, welche die Reederei gegen die Kursberechnung des Vorderrichters erhebt, sind nicht stichhaltig. Wie das Oberprisengericht schon wiederholt ausgesprochen hat (vergl. z. B. die Prisensachen „Vandyck", „Trudvang",[1]) „Anvers",[2]) sind Schadensersatzansprüche in Prisensachen in deutscher Reichswährung zu begleichen, weil es sich um von deutschen Gerichten zuerkannte, vom Deutschen Reiche in Deutschland zu zahlende Beträge handelt. Es ist in keiner Weise ersichtlich, warum für eine derartige ex lege begründete Verbindlichkeit Zahlung in fremder Münze sollte gefordert werden können. Diesen Erwägungen gegenüber ist es unerheblich, ob für die Berufungsklägerin ein Teil des Schadens, wie sie ausführt, gewissermaßen in fremder Währung entstanden ist, weil sie Unkosten in fremder Währung aufzuwenden gehabt hat, oder weil ihr in fremder Münze zu begleichende Einnahmen entgangen sind. Denn diese Tatsachen können an der Rechtsnatur der Verpflichtung des Reichs nichts ändern. Die Verpflichtung ist von Anfang an in deutscher Währung entstanden, und hiernach be-

[1]) Nr. 65 S. 276.
[2]) Nr. 32 S. 138.

stimmt sich auch, wenn der Schaden zunächst in fremder Währung berechnet ist, der Zeitpunkt, der für die Umrechnung dieses Betrags in die deutsche Währung maßgebend sein muß. Vorliegend hat daher der Vorderrichter mit Recht den Kurs vom 1. November 1914 als dem Tage des Eintritts des Schadens zugrunde gelegt.

Die Kosten waren nach § 37 Abs. 2 Pr. GO. den Berufungsklägern aufzuerlegen, und zwar auch der Reederei in voller Höhe, weil die Summe, mit der sie in zweiter Instanz obgesiegt hat, im Verhältnis zu der mit der Berufung verfolgten Summe so geringfügig ist, daß eine Kostenteilung nicht angezeigt erscheint.

92.

„Mjölner.“

Urteil vom 30. November 1917.

Vermutung feindlicher Bestimmung. Unbeachtlichkeit eines an Order gestellten Sammelkonnossements des Spediteurs gegenüber Durchgangskonnossementen, die auf den Namen der Empfänger lauten. Widerlegung der Vermutung bei Orderkonnossementen, wenn die Güter nach Plätzen eines neutralen Staates bestimmt sind. Bedeutung eines von diesem Staate erlassenen Ausfuhrverbots.

Ziff. 33 Abs. 1 b der Prisenordnung in der Fassung vom 22. Juli 1916 (Reichs-Gesetzbl. S. 773).

In der Prisensache, betreffend den schwedischen Dampfer „Mjölner“, Heimatshafen Stockholm, hat das Kaiserliche Oberprisengericht in Berlin in der Sitzung vom 30. November 1917 für Recht erkannt:

Auf die eingelegten Berufungen wird das Urteil des Kaiserlichen Prisengerichts in Kiel vom 14. Februar 1917 dahin geändert, daß die von den Berufungsklägern beanspruchten Güter mit Ausnahme der für die Reklamantin 55 (Charles Knutzen) verschifften Waren freizugeben und, soweit das Prisenamt sie an inländische Stellen überwiesen hat, ihre Werte den Berufungsklägern vom Reiche zu erstatten sind. Die Berufung der Reklamantin 55 wird zurückgewiesen. Im übrigen wird die Sache zur Verhandlung und Entscheidung über die Höhe der zu ersetzenden Werte in die erste Instanz zurückverwiesen.

Die Entscheidung über die Kosten des Verfahrens beider Instanzen bleibt dem Endurteil vorbehalten.

Gründe.

Der mit einer Ladung Stückgut auf der Fahrt von Kopenhagen nach Stockholm befindliche schwedische Dampfer „Mjölner" wurde am 24. Juni 1916 von einem deutschen Kriegsschiff angehalten und nach Swinemünde—Stettin eingebracht. Dort wurde vom Kapitän freiwillig ein großer Teil der Ladung, bestehend aus Wein und Spirituosen, getrockneten Früchten, Fahrrad- und Automobilteilen, Mehl und Haferflocken sowie Kaffee, Olivenöl und Kork, gelöscht und das Schiff dann am 9. Juli 1916 mit Geleitschein entlassen. Die Waren stammten hauptsächlich aus Frankreich, Spanien, Portugal und Amerika und waren auf Durchgangskonnossemente, die im prisengerichtlichen Verfahren vorgelegt sind und zum Teil an Order lauten, zum Teil Rekta-Konnossemente sind, zunächst nach Kopenhagen verschifft. Dort wurden sie auf den Dampfer „Mjölner" umgeladen und mit einem Sammelkonnossement, das auf die Speditionsfirma Ohlson & Wright in Stockholm lautet und an Order gestellt ist, nach Stockholm auf den Weg gebracht. Nur dieses Sammelkonnossement befand sich bei der Anhaltung an Bord des „Mjölner".

Es sind im ganzen 56 Reklamationen von Ladungsbeteiligten erhoben worden, die im wesentlichen damit begründet wurden, daß die Waren zu friedlicher Verwendung in Schweden bestimmt gewesen seien. Soweit Rekta-Durchgangskonnossemente vorliegen, ist nach Auffassung der Reklamanten eine Vermutung für die feindliche Bestimmung der Waren überhaupt nicht gegeben, da die Durchgangskonnossemente maßgebend seien. Im übrigen haben die Reklamanten geltend gemacht, daß für die betreffenden Waren in Schweden Ausfuhrverbote beständen, bezüglich anderer Abladungen haben sie Bescheinigungen beigebracht, die zumeist nach Anhaltung des Dampfers ausgestellt sind, und wonach die Waren ausschließlich zur Verwendung in Schweden bestimmt seien und nicht wieder ausgeführt werden sollten.

Durch Urteil des Prisengerichts Kiel vom 14. Februar 1917 sind sämtliche Reklamationen bis auf 7 zurückgewiesen worden. Der Vorderrichter nimmt an, daß für die Beurteilung der Frage, ob die Vermutung der feindlichen Bestimmung gegeben sei, lediglich das Sammelkonnossement in Betracht komme, da nur dieses sich an Bord des Schiffes befunden habe. Danach sei die Vermutung gemäß Ziff. 33 Abs. 1 b Pr. O. aus zwei Gesichtspunkten begründet, einmal weil jenes Konnossement an Order laute, sodann auch weil es an einen Spediteur, der nicht als Empfänger im Sinne der Prisenordnung angesehen werden könne, adressiert sei, mithin auf einen aus den Schiffspapieren nicht ersichtlichen Empfänger laute. Die Vermutung sei in keinem der Fälle, in welchen auf Einziehung erkannt ist, widerlegt. Das Bestehen eines Ausfuhrverbots sei hierzu nicht geeignet, weil bekannt sei, daß derartige Verbote namentlich unter jetzigen Verhältnissen leicht umgangen werden könnten. Die beigebrachten Bescheinigungen über die beabsichtigte Verwendung der Waren in Schweden seien ebenfalls nicht beweiskräftig, weil sie keine Gewähr böten, daß jene Absicht namentlich im Falle einer Weiterveräußerung der Waren auch von den Erwerbern zweiter und dritter Hand berücksichtigt worden sein würde. In einem Falle sei durch das vorgelegte Durchgangskonnossement, das den Vermerk „Petrograd via Stockholm“ trage, sogar das Gegenteil bewiesen. Der Vorderrichter gelangt so, unter weiterer Würdigung der zu den einzelnen Reklamationen sonst noch beigebrachten Nachweise, zu dem oben angegebenen Ergebnis. Die sieben Fälle, in denen er den Reklamationen stattgegeben hat, interessieren in dieser Instanz nicht mehr.

Gegen dieses Urteil des Prisengerichts haben zunächst sämtliche Reklamanten frist- und formgerecht Berufung erhoben. Von im ganzen 10 Reklamanten (und zwar Nr. 19, 30, 35, 43, 44, 45, 46, 48, 50 und 54) ist jedoch demnächst das Rechtsmittel wieder zurückgezogen worden. Von den 46 noch zu Recht bestehenden Berufungen betreffen:

Wein und Spirituosen: die Reklamationen 3, 5, 6 und 15, 7, 9 bis 14, 16 (teilweise), 20 bis 29, 31 bis 34, 36 bis 42, 47, 49, 51, 52 und 55.
Getrocknete Früchte: die Reklamationen 1, 8, 18 und 56.
Fahrrad- und Automobilteile: die Reklamationen 4 und 53.
Mehl und Haferflocken: Reklamation 17.
Kaffee: Reklamation 2.
Olivenöl: Reklamation 16.

Die Berufungskläger haben ihr Rechtsmittel zunächst unter Bezugnahme auf die in der Vorinstanz gemachten Ausführungen begründet. Sie bekämpfen in erster Linie die Auffassung des Vorderrichters, daß bei Entscheidung der vorliegenden Sache das an Bord des Schiffes befindlich gewesene Sammelkonnossement von ausschlaggebender Bedeutung sei, und meinen ferner, daß durch die übrigen beigebrachten Urkunden in Verbindung mit der vom Vorderrichter nicht genügend gewürdigten Tatsache, daß sich das Schiff auf der Fahrt nach einem neutralen Hafen befunden habe, der einwandfreie Nachweis für die friedliche Bestimmung der beschlagnahmten Waren erbracht sei. Ein großer Teil der Berufungskläger hat in zweiter Instanz noch eidesstattliche Versicherungen und sonstige Urkunden vorgelegt, welche diesen Nachweis verstärken sollen. Mit Bezug auf die Reklamation 55 hat der Vertreter des Berufungsklägers in der mündlichen Verhandlung vor dem Berufungsgericht die Erklärung abgegeben, daß die Zusätze im Konnossement: „Petrograd via Stockholm" und „En Transit", die offensichtlich von einer anderen Hand als der übrige Inhalt des Konnossements herrührten, von einem dazu nicht befugten Angestellten im Geschäfte der Abladerin gemacht seien und der Wirklichkeit nicht entsprächen.

Der Kaiserliche Kommissar bei dem Oberprisengericht hat diesen Ausführungen widersprochen und um Zurückweisung sämtlicher Berufungen gebeten.

Dem Antrage konnte — mit einer Ausnahme — nicht entsprochen werden.

Was zunächst die Frage betrifft, ob das Sammelkonnossement oder die Durchgangskonnossemente darüber entscheiden, ob mit Rücksicht auf die Orderklausel die gesetzliche Vermutung der feindlichen Bestimmung begründet ist, so steht das Oberprisengericht hier auf einem von dem des Vorderrichters abweichenden Standpunkte. Das Oberprisengericht hat sich schon einmal mit dieser Frage befaßt und sie damals allerdings im Sinne des Vorderrichters entschieden (Prisensache „Brage“).[1]) Allein damals handelte es sich um einen wesentlich anderen Sachverhalt als jetzt. Dort stand lediglich das Verhalten des Kriegsschiffkommandanten in Frage, und es war nur zu entscheiden, ob ausreichende Gründe für die Beschlagnahme vorgelegen hatten. Dies ist bejaht worden, und zwar auch für den Fall, daß die nicht an Order lautenden Durchgangskonnossemente sich an Bord befunden haben sollten. Das erscheint in der Tat gerechtfertigt. Denn der Kommandant durfte sich an das Konnossement für den letzten Reiseabschnitt halten, das allein vom Kapitän des angehaltenen Schiffes gezeichnet war. Anders im prisengerichtlichen Verfahren, wenn nicht nur über die Berechtigung des Standpunkts des Kommandanten, sondern über die Einziehung der Güter zu entscheiden ist. Hier kommt es darauf an, wie nach dem objektiven Sachverhalt sich jetzt die Frage darstellt, und dabei sprechen andere Gesichtspunkte mit, als bei der vorläufigen Entscheidung des Kommandanten. Der innere Grund für die gesetzliche Vermutung der feindlichen Bestimmung beim Orderkonnossement liegt, wie das Oberprisengericht bereits in der Prisensache „Lupus“ [2]) näher ausgeführt hat, in der aus dem Inhalt des Papiers sich ergebenden Ungewißheit, wer beim Eintreffen des Schiffes im Bestimmungshafen der Empfänger der Ware gewesen sein würde, insbesondere ob es die als solche im Konnossement bezeichnete Person oder ein durch deren Indossament bezeichneter späterer Inhaber gewesen wäre. Für eine solche Rechtsübertragung kommt aber das Sammelkonnossement des Spediteurs nicht in Betracht. Dieser hat vielmehr die Güter den Besitzern der Einzelkonnossemente herauszugeben, und sein Sammelkonnossement dient ihm nur dazu, seinerseits die Auslieferung der Güter von dem Schiffer zu erlangen. Eine Ungewißheit über die Person des Empfängers wird also durch dieses Konnossement nicht begründet. Demzufolge können nur die Durchgangskonnossemente für die Frage entscheiden, ob die ein-

[1]) Nr. 63 S. 267.
[2]) Nr. 86 S. 377.

zelnen Sendungen an Order gerichtet waren oder nicht. Daraus folgt für die vorliegende Sache, daß in der großen Zahl derjenigen Fälle, in denen die Durchgangskonnossemente nicht an Order lauteten, die gesetzliche Vermutung der feindlichen Bestimmung überhaupt nicht gegeben ist. Denn auch der zweite, vom Vorderrichter für die Vermutung der feindlichen Bestimmung angeführte Grund, nämlich die Adressierung an einen Spediteur, fällt für die nicht an Order gerichteten Durchgangskonnossemente weg, da diese die Empfänger der Güter erkennen lassen. Den betreffenden Berufungen war hiernach ohne weiteres stattzugeben.

In den übrigen Fällen ist die Vermutung durch die Orderklausel der Durchgangskonnossemente begründet, und es fragt sich daher, ob hier die Umstände der feindlichen Bestimmung widersprechen. Auch dies ist, abgesehen von dem besonders liegenden Fall der Reklamation 55, zu bejahen.

Bei Prüfung der Frage, welche Anforderungen an den Gegenbeweis im vorliegenden Falle zu stellen sind, kann nicht unberücksichtigt bleiben, daß die Güter nicht nach Feindesland gehen sollten, sondern nach n e u t r a l e n Plätzen bestimmt waren. Dies führt auch in bezug auf die Anforderungen an den Gegenbeweis naturgemäß zu einer unterschiedlichen Behandlung gegenüber den Fällen, in welchen schon die örtliche Bestimmung der Waren nach feindlichen Orten die Verwendung für Zwecke des Feindes als besonders naheliegend erscheinen läßt. Während in den letzteren Fällen die feindlichen Verwaltungsstellen die Möglichkeit haben, die Waren unmittelbar, sei es mit sei es gegen den Willen der Beteiligten, an sich zu bringen, ist für sie ein Aufkaufen im neutralen Gebiet, zumal bei kleinen Mengen, sehr viel schwerer und umständlicher. Auch für die Empfänger der Waren ist es ungleich schwieriger, zugunsten des Feindes über sie zu verfügen, als wenn sich die Ware bereits in Feindesland befindet. Namentlich bei Waren, die — wie die hier in Frage stehenden — auch für die Zivilbevölkerung einen Gegenstand des täglichen Bedarfs bilden, muß es deshalb genügen, wenn nach den Umständen des Falles überwiegende Gründe zu der Annahme führen, daß die Waren im neutralen Lande verwandt sein würden, wenngleich die endgültigen Verbraucher noch nicht festgestellt werden können. Auch das Bestehen eines Ausfuhrverbots im neutralen Lande ist in dieser Beziehung von erheblicher Bedeutung. Für den Regelfall wird dadurch jedenfalls der Verbleib der Waren im neutralen Lande sichergestellt, und daran ändert es nichts, daß im Wege des Schleichhandels oder durch Erwirkung einer Ausfuhrerlaubnis im Einzelfalle Waren trotzdem nach außerhalb gelangen können. Derartige durch unerlaubte Handlungen oder ausdrückliche Genehmigung der neutralen Regierung geschaffene Ausnahmefälle vermögen die Bedeutung der allgemeinen Regel nicht abzuschwächen, sofern nicht die Umstände des Falles die Annahme nahelegen, daß das Ausfuhrverbot unwirksam geblieben wäre. In ähnlicher Weise hat das Oberprisengericht bereits früher die Bedeutung eines Ausfuhrverbots gewürdigt (Prisensache „Brage“) [1]), und daran ist um so mehr festzuhalten, als gerade in einem in letzter Zeit verhandelten Falle zutage getreten ist, mit welchen Schwierigkeiten es in den nordischen Ländern verbunden ist, Güter, die von einem Ausfuhrverbote betroffen sind, in irgend nennenswerter Menge ins Ausland zu bringen.

Hiernach ist in allen Fällen, in welchen das Bestehen eines Ausfuhrverbots dargetan ist, schon aus diesem Grunde die Vermutung der feindlichen Bestimmung für widerlegt zu erachten. Dies bezieht sich auf die Reklamationen, welche betreffen getrocknete Früchte (Nr. 1, 8, 18 und 56), Fahrrad- und Automobilteile (Nr. 4 und 53), Kaffee (Nr. 2) und Mehl und Haferflocken (Nr. 17). Auch bezüglich der letzteren beiden Warengattungen ist in Abweichung vom Vorderrichter das Bestehen eines Ausfuhrverbots als erwiesen anzusehen. Einmal ergibt sich aus dem bereits in erster Instanz überreichten schwedischen Gesetzblatte vom 1. August 1914, daß die Ausfuhr von Getreide und Grütze seit dem 2. August 1914 in Schweden verboten ist; außerdem haben die Reklamanten jetzt amtliche Bescheinigungen überreicht, nach denen sich dies Verbot auch auf Mehl, Grütze und Flocken aus Weizen, Roggen und Hafer bezieht. Endlich ist noch unter dem 15. Juni 1917 amtlich bescheinigt, daß bis dahin seit Erlaß des Ausfuhrverbots kein Gesuch um Ausfuhrerlaubnis nach Finnland oder Rußland eingereicht ist. Außer

---

[1]) Nr. 56 S. 227.

dem Ausfuhrverbot liegen übrigens hinsichtlich der erwähnten Ladungsteile noch eine Anzahl anderer Umstände vor, welche die Absicht einer Wiederausfuhr als ausgeschlossen erscheinen lassen. Insbesondere ist bezüglich des Mehles durch eidesstattliche Versicherungen belegt, daß die Einfuhrfirmen teils selbst seit Jahrzehnten große Bäckereien in Stockholm betreiben, für welche sie das Mehl aus Amerika zu beziehen pflegen, teils das Mehl an Bäckereien verkauft haben, die es ihrerseits selbst verbrauchen. Zu den Reklamationen, welche Fahrrad- und Automobilteile betreffen, liegt eine Anzahl von Schreiben bekannter deutscher Fabrikanten vor, wonach diese im Laufe des Krieges den Reklamanten in zahlreichen Fällen Waren aus Deutschland geliefert haben, nachdem zuvor bei der Deutschen Regierung eine Ausfuhrerlaubnis erwirkt war. Es ist nicht anzunehmen, daß diese Erlaubnis erteilt worden wäre, wenn nicht die betreffenden schwedischen Firmen der Deutschen Regierung als zuverlässig bekannt wären.

Es bleiben hiernach nur noch diejenigen Reklamationen zu erörtern, welche Wein, Spirituosen und Olivenöl betreffen. Insoweit hat zu der in Betracht kommenden Zeit ein Ausfuhrverbot nicht bestanden. Gleichwohl erscheint auch hier nach den zu den einzelnen Reklamationen jetzt beigebrachten Beweisen und in Anbetracht der Quantität und Qualität der in Frage stehenden Weine die Eventualität einer Wiederausfuhr so fern liegend, daß sie nicht in Betracht zu ziehen ist. In den fast zu allen Reklamationen überreichten eidesstattlichen Erklärungen der Reklamanten, die zumeist von Angestellten bestätigt sind, wird versichert, daß der Wein zum Verbrauch in Schweden bestimmt war und nicht wieder ausgeführt werden sollte. Diese Erklärungen werden durch die begleitenden Umstände unterstützt und können deshalb nicht als unglaubwürdig angesehen werden. In vielen Fällen ist daneben noch eidesstattlich versichert, daß der Reklamant den Wein- und Spirituosenhandel lediglich flaschenweise betreibe und sich mit der Ausfuhr überhaupt nicht befasse. In anderen Fällen sind Nachweise über den früheren Import ähnlicher Weine vorgelegt und gleichzeitig Kundenverzeichnisse überreicht, aus denen sich ergibt, an wen und in welchen Mengen der Verkauf zu erfolgen pflegt. Aus alledem ergibt sich eine genügende Grundlage für die Überzeugung, daß die Weine usw. nur zu dem Zwecke nach Schweden eingeführt werden sollten, um im Lande selbst verwendet zu werden, und daß dies auch tatsächlich geschehen sein würde. Damit ist die Vermutung der feindlichen Bestimmung widerlegt, und die Reklamationen, welche sich auf Wein und Spirituosen beziehen, erscheinen daher ebenfalls als begründet. Nur bezüglich der Reklamation 55 ist eine Ausnahme zu machen. Auf dem Seefrachtbrief befindet sich hier die Aufschrift „Petrograd via Stockholm" und der Vermerk „En Transit", woraus sich zweifelsfrei ergibt, daß die Waren von Anfang an zum Weitertransport nach Rußland bestimmt waren. Die Erklärung, welche der Vertreter der Reklamantin hierfür in der mündlichen Verhandlung zu geben versucht hat, ist innerlich unwahrscheinlich, auch durch keinerlei Beweise unterstützt, so daß auf sie kein Gewicht gelegt werden kann. Die auf diese Reklamation sich beziehende Berufung mußte daher erfolglos bleiben.

Soweit die Berufungen begründet sind, waren die beschlagnahmten Güter freizugeben oder, soweit sie inzwischen gemäß § 46 Abs. 2 Pr. GO. an inländische Stellen überwiesen sind, ihr Wert zu ersetzen. Schadensersatzansprüche kommen nicht in Frage, weil ausreichende Gründe für die Beschlagnahme vorlagen, da die Orderklausel des allein an Bord befindlichen Sammelkonnossements für den Kommandanten des deutschen Kriegsschiffes die Vermutung der feindlichen Bestimmung ohne weiteres begründete. Da über die Höhe des zu ersetzenden Wertes noch weitere Erörterungen erforderlich sind, war die Zurückweisung in die Instanz angezeigt, wo zweckmäßig zugleich über die gesamten Kosten zu entscheiden sein wird.

93.

„Alexandra."

Urteil vom 30. November 1917.

Absolute Konterbande. Feindliche Bestimmung eines Schiffes, das einen feindlichen Hafen anlaufen soll, um Kohlen einzunehmen.

Ziff. 30 Abs. 1 b der Prisenordnung in der Fassung vom 22. Juli 1916 (Reichs-Gesetzbl. S. 773).

In der Prisensache, betreffend den dänischen Dampfer „Alexandra", Heimatshafen Kopenhagen, hat das Kaiserliche Oberprisengericht in Berlin in der Sitzung vom 30. November 1917 für Recht erkannt:

Auf die Berufung der United Shoe Machinery Comp. wird das Urteil des Prisengerichts in Kiel vom 4. Juli 1917 insoweit aufgehoben, als es sich auf die zwei Kisten Maschinenteile der Reklamantin bezieht. Die Maschinenteile unterliegen nicht der Einziehung und die beschlagnahmten zwei Kisten mit Inhalt sind der Reklamantin herauszugeben. Die durch diese Reklamation entstandenen gerichtlichen Kosten beider Instanzen hat das Reich zu tragen. Im übrigen werden die Berufungen zurückgewiesen und die Reklamanten 1 bis 3, 5 in die Kosten dieser Instanz verurteilt.

Gründe.

Am 9. Dezember 1916 wurde der Dampfer „Alexandra" der Forenede Dampskibsselskabet in Kopenhagen, mit Stückgütern auf der Reise von Kopenhagen nach Boston, von einem deutschen Kriegsschiff angehalten und zwecks Untersuchung nach Swinemünde verwiesen, wo er auf Befehl des Admiralstabes am 13. Dezember für aufgebracht erklärt wurde. Nachdem der Schiffer einen Teil der Güter freiwillig herausgegeben hatte, wurde das Schiff mit der übrigen Ladung wieder entlassen. Als es angehalten wurde, waren noch 130 t Kohlen an Bord. Es hatte die Weisung, New Castle anzulaufen, um dort 550 t Bunkerkohlen einzunehmen.

Auf die Bekanntmachung des Kaiserlichen Prisengerichts in Kiel ist eine Reihe von Reklamationen erhoben worden, von denen in der Berufungsinstanz noch folgende zur Entscheidung stehen:

1. Carl Setterwall & Co. A. B. in Stockholm reklamiert wegen einer Abladung von 3173 Stangen Roheisen im Gewicht von 101 600 kg, angeblich bestimmt für die Simonds Manufakturing Co. Fitchburg, Mass., die sie zur Herstellung von Sägeblättern habe verwenden wollen.

Der Sachverständige hat festgestellt, daß das Eisen Hämatitroheisen ist.

2. Die Reederei des Schiffes beansprucht Ersatz der ihr durch die Beschlagnahme der Güter der Reklamanten unter 1 und 5 entgangenen Fracht Gothenburg—Boston.

3. Die Uddeholms A. B. fordert Freigabe von 182 Kolli Stahl, bestimmt für die Firma Edgar T. Wardt Sons in Boston. Nach dem Gutachten des Sachverständigen ist die Ware ein Federstahl, der u. a. bei der Herstellung von Waffen aller Art als Zwischenerzeugnis sowie ferner für die Flügel der Wurfgranaten und — in geglühtem Zustande — zur Herstellung von Handgranaten Verwendung findet.

4. Die A. G. United Shoe Machinery Comp. in Kopenhagen reklamiert wegen 2 Kisten Maschinenteile. Es soll sich um Reservemaschinenteile für Schuhfabrikation handeln, welche für die auch in Boston bestehende Firma der Reklamantin bestimmt gewesen seien.

5. Es reklamieren gemeinschaftlich die Firma Nordström & Thulin in Stockholm als Ablader (offenbar Spediteur) und die Firma Horace T. Potts & Co. in Philadelphia als Empfänger und Käufer einer Partie Eisendraht von 1224 Rollen im Gewicht von 50 753 kg. Nach den beigebrachten Erklärungen war der Verkäufer die Boxholms A. B. Als Empfänger war in den Konnossementen die Philadelphia Nationalbank bezeichnet, welche die Konnossemente eingelöst haben soll.

Das Prisengericht hat gegen die genannten Güter auf Einziehung erkannt und die Reklamationen unter Verurteilung der Reklamanten in die Kosten zurückgewiesen.

Die hiergegen von den Reklamanten eingelegten Berufungen sind — mit einer Ausnahme — nicht begründet.

Auf Grund welches Titels unter Nr. 5 die Ablader Nordström & Thulin Ersatzansprüche geltend machen, ist nicht gesagt und nicht zu erkennen. Ihre Reklamation war daher schon deshalb unbegründet.

Die Güter der Reklamanten unter 1, 3 und 5 sind, wie von diesen selbst nicht mehr bestritten wird, absolute Konterbande. Es kann dahingestellt bleiben, ob sie schon deshalb der Einziehung unterliegen, weil nunmehr auch zwischen Deutschland und den Vereinigten Staaten, wohin sie bestimmt waren, Krieg ausgebrochen ist. Denn ihre feindliche Bestimmung ist ohne weiteres als vorliegend anzunehmen, weil das Schiff, ehe es Boston erreichte, den feindlichen Hafen in New Castle anlaufen sollte (Ziff. 30 Abs. 1 b Pr. O.). Daß — wie als nachgewiesen gelten kann — das Anlaufen nur geschehen sollte, um Kohlen einzunehmen, ist ohne Bedeutung. Diese aus dem Wortlaut zu entnehmende Auslegung der Vorschrift findet ihre Bestätigung durch den Art. 31 der Londoner Deklaration und dessen Erläuterung in dem Generalbericht. Es bestehe, heißt es in dem letzteren, für den Kapitän im Falle, daß sein Schiff den feindlichen Hafen anläuft, eine starke Versuchung, die Konterbande, für die er einen vorteilhaften Absatz fände, auszuladen, und für die Ortsbehörde die Versuchung, sie anzufordern. Zugleich wird betont, daß der Beweis, daß die neutrale Bestimmung wirklich besteht und der Absicht der Beteiligten entspricht, nicht zugelassen werde.

Damit entfällt auch der Anspruch der Reederei auf Ersatz der ihr entgangenen Fracht für diese Güter.

Dagegen sind die Ersatzstücke für Maschinen zur Schuhfabrikation der Reklamantin unter Nr. 4 keine Konterbande. Sie lassen sich nicht als Werkzeuge bezeichnen, die ausschließlich zur Anfertigung von Kriegsmaterial bestimmt sind oder bestimmt waren (Ziff. 21 Nr. 18 Pr. O.). Denn wenn auch Schuhwerk für die Truppen zweifellos als Kriegsmaterial anzusehen ist, so müßte man doch ferner unterstellen, daß in den Schuhfabriken der Vereinigten Staaten um die betreffende Zeit ausschließlich Schuhe für die gegen uns kämpfenden Heere der Vierverbandmächte hergestellt worden sind. Das ist offenbar ausgeschlossen. Wenn der Vorderrichter es für wahrscheinlich erklärt, daß insbesondere die Reklamantin für den Kriegsbedarf der Feinde Deutschlands gearbeitet haben wird, so scheint er hierbei von der Voraussetzung auszugehen, daß die Reklamantin eine Schuhfabrik betreibt. Ihrer Firma nach zu schließen, ist sie aber eine Maschinenfabrik zur Herstellung von Maschinen für die Schuhfabrikation. Auch im übrigen liegen für jene „Wahrscheinlichkeit" keine Anhaltspunkte vor, die eine Anwendung der Ziff. 21 Nr. 18 Pr. O., insbesondere in Ansehung der ausschließlichen Zweckbestimmung für die Herstellung von Kriegsmaterial, rechtfertigen könnte. Demgegenüber kann der Umstand, daß die Reklamantin es unterlassen hat, ihrerseits näheren Aufschluß über ihren Geschäftsbetrieb zu geben, nicht in Betracht kommen. Der Berufung dieser Reklamantin war daher stattzugeben.

Gesetzesregister.

I. Prisenordnung vom 30. September 1909.

(Reichs-Gesetzbl. 1914 S. 275.)

[1]) Fassung der Vorschrift vom 23. November 1914 (Reichs-Gesetzbl. S. 481).
[2]) Fassung der Vorschrift vom 18. April 1915 (Reichs-Gesetzbl. S. 227).
[3]) Fassung der Vorschrift vom 22. Juli 1916 (Reichs-Gesetzbl. S. 773).

II. Prisengerichtsordnung vom 15. April 1911.

(Reichs-Gesetzbl. 1914 S. 301.)

III. 6. Abkommen der 2. Haager Friedenskonferenz vom 18. Oktober 1907.

(Reichs-Gesetzbl. 1910 S. 181.)

IV. 11. Abkommen der 2. Haager Friedenskonferenz vom 18. Oktober 1907.

(Reichs-Gesetzbl. 1910 S. 316.)

V. 13. Abkommen der 2. Haager Konvention vom 18. Oktober 1907.

(Reichs-Gesetzbl. 1910 S. 343.)

VI. Preußisch-Amerikanische Friedens- und Freundschaftsverträge vom 10. September 1785 und 11. Juli 1799.

(Martens, Recueil de Traités Bd. IV S. 37, Bd. VI S. 669.)

[1]) Fassung der Vorschrift vom 4. September 1915 (Reichs-Gesetzbl. S. 553).
[2]) Fassung der Vorschrift vom 11. Dezember 1915 (Reichs-Gesetzbl. S. 814).

Sachverzeichnis.

(Die Ziffern bedeuten die Seitenzahlen.)

Druck von Fr. Stollberg, Merseburg.

FSC
www.fsc.org
MIX
Papier | Fördert
gute Waldnutzung
FSC® C083411

Kolibri 360 GmbH
Ferdinand-Jühlke-Straße 7
99095 Erfurt, Deutschland
produktsicherheit@kolibri360.de